革命英杰

司马文森

泉州市政协文化文史和学习委员会 编

中国文史出版社

编辑委员会

1955 年在北京

1941 年 7 月 1 日，司马文森和雷维音结为革命伉俪。摄于桂林。

1949 年，出席第一届全国政协会议及开国大典的侨界友人在卢沟桥合影。
左起：李铁民、陈嘉庚、庄明理、庄秀端、司马文森、张殊明、黄长水。

1950 年，司马文森在广州文艺界聚会上演讲及介绍开国大典盛况。

1950 年，司马文森和香港左翼电影界编剧、导演、演员、明星、化妆师合影。
前左起：黄海涛、司马文森、冯琳、童毅。后左起：马国亮、江汉、严俊、方圆。

1955 年，司马文森、雷维音夫妇出国前全家合影。

1958 年，司马文森为六个爱女在外交部东郊招待所拍照。
前排左起：小加、小萌、小莘、小芹、小维。后排：小兰。

1963 年，第一届新兴力量会议期间，司马文森率中国艺术团参加在雅加达的
多国文艺会演，与印尼共产党总书记艾地和艺术团演员、运动员合影。

1965 年，司马文森（右1）、雷维音（左2）夫妇，黄镇（右2）、
朱霖（左4）夫妇与法中友协名誉会长、著名史学家蒙博（右3）合影。

司马文森六女

司马晓蓝　司马小萌　司马小华　司马小芹　司马小维　司马小加

2001 年，雷维音为 6 个爱女拍照。

第一届全国政协
会议的徽章

第一届全国政协
会议纪念章

司马文森出席会议的座位与
纪念章编号：239

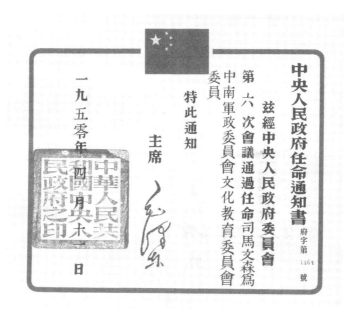

1950 年 4 月 11 日，中央人民政府委员会第 6 次会议毛泽东签署
第 1464 号任命司马文森为中南军政委员会文化教育委员会委员

1955 年 9 月 16 日，国务院周恩来总理签署
第 3366 号任命司马文森为中国驻印度尼西亚共和国大使馆文化参赞

任命司馬文森為對
外文化聯絡委員會第
三司司長

总理 周恩来

1964年2月12日
第7527号

中華人民共和國國務院

任 命 書

1964 年 2 月 12 日，国务院周恩来总理签署
第 7527 号任命司马文森为对外文化联络委员会第三司司长

国 务 院 任 免 名 单

1964 年 6 月 5 日国务院第 145 次会议通过
任命司马文森为中国驻法兰西共和国大使馆文化参赞

注：上述任命均在《人民日报》公告

香江八桂任铁肩，硬骨偏遭鬼魅捐。域外欣传飘海记，鸦林争购淘金篇。
信有好女能继志，闽江潮没起飞舷。　　　　　　——端木蕻良 1986 年 6 月

1948 年柳亚子题《文化扶余》
伟亦文生社，扶余霸业同，文章推司马，意气属元龙。
民众翻身起，幼小革命雄，青年能韧造，影响到无穷。

1948 年郭沫若题：

薰风解愠海之涯，任辇南来文毁家。

后乐先忧吾岂敢，平生志趣在兴华。

横眉冷对千夫指

俯首甘为孺子牛

文森先生

泰华录

鲁迅大师句

著名印尼华侨书画家叶泰华录鲁迅先生名句。

1959 年，叶泰华赠司马文森先生红梅图。

目 录

第一辑
从血泪童工到革命作家

童工出身的作家司马文森 / 002

文韬武略的作家司马文森 / 006

司马文森：忠诚刚毅的革命英杰 / 014

缅怀司马文森 / 021

司马文森开创华侨社会文学先河 / 024

芳园旧踪怀司马 / 026

回忆桂林生活 / 031

忆司马文森在泉州、上海、桂林、香港 / 036

司马文森在桂林的文学活动及成就 / 040

忆达德　怀司马 / 059

回忆作家司马文森 / 064

记启蒙老师司马文森 / 066

良师益友司马文森 / 070

第二辑
家国情怀

家　信 / 074

致任叔 / 079

一支歌的诞生 / 081

致梅龚彬 / 084

七十年前的两本书 / 087

革命英杰司马文森 / 091

司马文森和文艺界友人 / 097

迎接新中国 / 114

司马文森与文化交流印记 / 144

第三辑
司马文森与其创作的作品

司马文森与《风雨桐江》/ 166

司马文森和《文艺生活》/ 170

一个时代的悲剧 / 178

论司马文森的儿童文学创作 / 184

由蠢货到觉醒的蜕变 / 192

司马文森论 / 196

第四辑
文学活动及成就

论《文艺生活》与华南的新文学运动 / 206

现代作家与福建乡土 / 215

司马文森与抗战文艺 / 217

东南亚华文文学的扶持者司马文森 / 224

司马文森：传奇生涯与开阔艺术 / 235

司马文森抗战时期的报告文学 / 249

司马文森的抗战纪实文学 / 257

一个悲剧与英雄的时代 / 259

抗战时期司马文森在桂文学创作成就 / 264

司马文森对桂林抗战文化城的贡献 / 271

第五辑
司马文森创作自述

谈笔名 / 280

新中国小说家及其作品 / 281

文艺习作散记（二）/ 283

学习写作二三事 / 288

谈生活体验 / 290

谈读古典作品 / 294

学习漫谈 / 298

文艺学习谈 / 302

谈文艺修养 / 305

文艺笔谈 / 308

卷头语 / 312

如何阅读世界文学名著 / 314

关于文艺通讯的写作 / 319

怎样去做文艺通讯员 / 324

关于写作题材 / 326

夜记（二则）/ 328

文协六年 / 331

谈普及和提高 / 333

谈　写 / 335

笔的方向 / 337

两件工作 / 340

谈取材 / 341

第六辑
难忘的回忆

生死永相依 / 346

童年的记忆 / 348

司马文森 20 年祭 / 353

《寻亲图》和它背后的亲情 / 356

难忘的回忆 / 360

父　亲 / 367

儿时记忆 / 370

后　记 / 373

从血泪童工到
革命作家

童工出身的作家司马文森

卓　如[*]

作家司马文森，原名何章平。1916 年生于著名的侨乡——福建泉州的一个小贩家里。由于家境贫苦，童年就随"水客"漂洋过海到菲律宾，在工厂做过童工，在农场扛过活，在店铺当过小伙计，小小年纪就饱受了生活的苦难。1931 年回到祖国，在黎明高中预备班读书。当时毛泽东同志、朱德同志率领的中国工农红军开辟了江西、闽西一带革命根据地，群众斗争迅速发展。年轻的司马文森受到了革命思想的启迪："14 岁时一个暴风雨的下午，一个陌生人在一家农家草舍中，在我童稚的心中播下真理的种子，从此，我也知道人类社会中有一个真理，我要向真理飞翔。"[1] 他积极投入反对阶级压迫、争取解放的斗争，16 岁加入共产主义青年团。1933 年他刚 17 岁就加入中国共产党。后来担任泉州特区党委会委员，主持宣传工作，主编党的地下刊物《赤色群众报》，并开始在泉州的报纸副刊发表诗歌。

1934 年，由于党的地下组织遭受破坏，司马文森转移到了上海，加入中国左翼作家联盟。他勤奋自学，刻苦写作，曾以"林娜"为笔名，在一些报刊上发表小说和散文。

抗日战争爆发后，在国共合作期间，他根据党组织的决定，被派到国民党军队中开展工作。广州撤退的第二年，由于国民党反动派加紧反共，他被排挤

---

* 卓如，中国社会科学院文学研究所研究员，中国现代文学研究会秘书长。

[1]　出自《大时代中的小人物》增订本序，上海杂志公司，1945 年版。

出来，随救亡日报社撤至桂林。他担任中华全国文艺界抗敌协会桂林分会常务理事，创办《文艺生活》。这个时期，他以自己的生活感受，创作了数量颇多的小说和散文。他在散文集《过客》一书的后记里说："我写文章的态度，虽有'快笔'之称……我又替自己规定，必须言之有物，这是指两方面而言，一面是指文章内容必须充实、完整，另一面是指作品中的思想成分……这是我的唯一写作信条。"司马文森通过他的作品，控诉了日本帝国主义对中国人民的迫害，赞扬广大民众的觉醒。《行旅》《月夜》等散文，揭露了日本侵略者惨无人道地毁灭村庄，造成尸横遍野、户户流血的悲惨景象。《乡村自卫团》一书描写农民在爱国热情鼓舞下，组织起来，抓汉奸、打鬼子。《来自东江的童话》一书叙述游击队同日本鬼子斗争的事迹。《沉默的人》一书则歌颂宁死不屈的英雄人物。《尚仲衣教授》一书反映知识分子加入抗战的行列，为民族的解放贡献力量。还有一些篇章是暴露国民党官员在抗战中的种种丑恶表演和卑劣的行径。这些作品是在抗日的烽火中完成的，现实感较强，文笔质朴。但有些篇章，写得不够完整，显得有点松散、平淡。

这个时期创作的《磨》，却是一篇别具一格的作品。其内容很单纯，工场主开设麻油工场，先后用小驴子、小雄牛来拖磨，不久都相继累死了，于是就改用人来代替。这在旧时代是常见的现象，作者却以生动的描绘，形象地揭示出阶级社会的最本质问题——剥削和压迫。作者在表现主题思想时，采用拟人化的手法，以驴子身上的鞭痕，簌簌滴下的眼泪；小雄牛由结实而瘦削，直至累死后还要被做成"牛肉干"，供人咀嚼，来象征旧社会劳苦大众的际遇，他们像"驴子一样，拖着一面无形的磨，在人生道上团团的转"，最后是健壮的身体被繁重的劳动摧毁了，心血被吸干了，落得同小驴和小牛一样的结局。作者无法抑制内心的悲愤，向工场主所代表的剥削者发出了严正的斥责。作品用第一人称，把主人公的内心活动写得深沉真切，随着目睹景物的变化，情感波涛的起伏，给人以强烈的感染。全文抒情气氛浓郁，结尾寓意深长。

桂林撤退后，司马文森留在敌后，战争使他放下了手中的笔，拿起了枪，他与地方党组织配合，坚持开展武装斗争，担任桂北游击队的纵队政委。

抗日战争胜利后，国民党反动派背信弃义，发动全面内战，司马文森也成了反动派的通缉对象。在严峻的白色恐怖下，他转移到广州，恢复出刊《文艺生活》，并创刊《文艺新闻》，但是不久均遭国民党反动派查封。他被迫转移到香港，继续坚持斗争，再次恢复《文艺生活》，并担任香港《文汇报》总主笔，香港文协常务理事等职。

司马文森是一位"多产"作家，从 20 世纪 30 年代到中华人民共和国成立的十多年间，先后创作的长篇小说有描写知识分子在抗战中觉醒的《雨季》，以青年生活为题材的《人的希望》，记述旧社会辛酸和苦难的《南洋淘金记》等。还有中、短篇小说多种，以及散文随笔等。

1949 年，司马文森来到北京，参加了第一届全国政治协商会议和开国大典。他为人民的胜利，新中国的诞生欢欣鼓舞，在半个月时间内，完成了特写报告文学《新中国的十月》。

1952 年，司马文森回到广州，任中共华南分局文委委员，中南军政委员会委员[1]，中南文联常委；筹建中国作家协会广东分会，并主编《作品》杂志。这期间，他深入农村，模范人物汪汉国的"高度的社会主义品质，勤勤恳恳，坚定勇敢的工作精神"[2]给他极深的印象，1955 年春写出了《汪汉国的故事》，反映了社会主义新人的精神面貌。

1955 年，司马文森调离文艺界到外交部工作。曾先后担任我国驻印度尼西亚大使馆和法国大使馆的文化参赞。1962 年底，担任对外文化委三司司长。曾随中国作家代表团到印度尼西亚参加亚非作家会议，随中国文化代表团访问北非三国，签订中国和阿尔及利亚的文化协定，并于第一届新兴力量运动会期间率领中国上海杂技团访问印度尼西亚。这个时期，在繁忙的外事工作中，他还抓紧空隙时间，撰写了以国际生活为题材的散文、游记，以及中短篇小说，并为少年儿童写了赞颂世界各国人民友谊和团结的《我们的新朋友》。1964 年1 月完成了长篇小说《风雨桐江》，小说描写红军北上抗日后，东南沿海地区的侨乡人民在极端艰苦的条件下，坚持斗争，英勇打击敌人，巩固和扩大革命

[1]　中央人民政府第六次会议通过，任命司马文森为中南军政委员会文教委员。任命书由毛泽东于 1950 年 4 月 10 日签发。当时他仍在香港从事党的统战工作，他在香港工作生活的时间从 1946 年 6 月 28 日至 1952 年 1 月 10 日。

[2]　出自《汪汉国的故事》后记，华南人民出版社，1955 年版。汪汉国是我国第一代全国农业劳模。

根据地的英雄事迹。可惜，1968 年 5 月 22 日，这位从血泪童工成长为革命作家的司马文森竟不幸去世。他生前还计划撰写以抗战时期党的地下斗争为题材的小说，以及国际题材的散文，这都成为他永远不能完成的遗愿了。

原载《闽中现代作家作品选评》，福建教育出版社，1982 年

文韬武略的作家司马文森

杨益群*

　　司马文森（1916—1968），福建泉州人，著名作家、外交家。中国共产党卓越的统战工作者。1931年参加"互济会"，1932年参加共青团，任泉州共青团特支委员，1933年参加中国共产党，任中共泉州特区委员会委员。1934年参加左联，1937年参加上海文化界救亡协会，以及《救亡日报》工作。1938年任广东文学会理事。1939年至1944年任中华全国文艺界抗敌协会桂林分会理事、常务理事。1941年创办《文艺生活》月刊，任中共桂林地下党文化支部书记。1944年任中共桂北特支书记，组建、领导抗日武装斗争至抗战胜利。1946年任文协港粤分会理事，香港文协常务理事，香港达德学院教授，中国民主促进会顾问，中共香港工委文委委员。1949年作为第一届全国政协代表参加政协成立大会，任《中国人民政治协商会议共同纲领（草案）》整理委员会委员，出席开国大典。新中国成立后先后任华南分局文委委员，中共港澳工委委员，中南军政委员会文教委员，第一届广东省人大代表，民革中央委员，香港《文汇报》总主笔兼社长，华南文联常委，华南电影工作者联谊会理事，中南文联常务理事，中南作协常委，中国新闻社理事，中国人民对外友协理事，中国驻印度尼西亚大使馆文化参赞，中国对外文化联络委员会司长，中国驻法国大使馆文化参赞。全国文代会第一、二、三届代表。

　　司马文森是我国现代文学史上一位有影响的归侨作家，也是一位精力充沛

　　* 杨益群，深圳市社会科学院研究员，原深圳市文化研究所所长、文史学者。

的文艺活动家和卓有贡献的外交家。在烽烟弥漫的抗日战争中，他同广西结下了不解之缘。1939年春，他离开了广东韶关，风尘仆仆辗转来到了西南文化名城桂林，在这里度过了极其艰难的五六个春秋，一直坚持战斗到1944年桂林沦陷前夕。桂林被日寇占领后，他仍留在广西桂北开辟抗日游击区，直到抗战胜利才离开广西到广州。他以饱满的战斗激情和大无畏的英雄气概，始终活跃在桂林抗日文艺运动中，做出了卓著的贡献，并以饱蘸情感的笔触和惊人的毅力，创作了一批熠熠生辉的作品，丰富了我国抗战文艺宝库。

举凡从事我国抗战文学研究，尤其是桂林抗战文化研究者，都要直面司马文森这座丰碑，我也概莫能外。自20世纪80年代初我从事桂林抗战文化研究伊始，便着手搜寻、钩沉司马文森有关资料，遗憾的是彼此早已阴阳两隔，未能当面聆听其介绍阐述，只能沉浸在全国各大图书馆的旧书刊里和访问其生前友好。后在司马文森夫人雷维音、女儿司马小萌的支持、鼓励下，交换有关资料，编写了《司马文森年谱》《司马文森著作系年目录（初稿）》。1983年10月，正式参加《司马文森研究资料》课题编写工作，该书系国家哲学社会科学"六五"规划重点项目之一。同司马小莘合作，先后多次分别到过北京、广州、泉州、福州、上海、南宁、桂林、贵阳、昆明、重庆、成都等地和大学图书馆查阅资料并访问一批有关老同志，然后由我将所得资料汇总编选。1984年10月完稿，共约40万字。1998年4月由北京十月文艺出版社出版。2001年9月获深圳市社会科学第三届优秀成果"优秀工具书"奖。其间，我先后撰写了《司马文森创作论》《司马文森年谱》[1]《漓水涟漪浮瀚藻——司马文森在桂林的文学活动及成就》[2]等文，并和司马小莘合撰《司马文森著作系年》《司马文森著作书目》《司马文森研究资料目录》《收入各种专著或集体合作的作品（书）编目》等。

在编写《司马文森研究资料》一书过程中，鉴于"文革"期间司马文森被抄家，其著作及资料散失殆尽。加之我在广西社科院，司马小莘在北京，双方天南地北，沟通不便，且彼此另有工作。我当时还负责另一课题：国家哲学社

---

[1] 载《抗战文化研究》1985年第2辑。

[2] 载《广西社会科学》1986年12月第4辑。

会科学"六五"规划重点项目"桂林抗战文学史";小莘当时在北京市农业机械研究所任职,工作繁忙。平时主要靠书信来往,交流资料,只有我出差赴京时才偶尔碰碰头。然后将彼此所得资料由我汇总编选和部分抄写。邮来寄去,耗时费力。司马小莘待人真诚质朴,治学讲求效率,埋头苦干。社科研究工作是我的正业,外出查阅、访问经费基本能报销。但小莘则纯属副业,菲薄的课题经费远不足其外出调研开销,为节省开支,查找资料主要靠抄写,曾因劳累过度右手无法执笔而进行过理疗。为提前交稿,我也连续熬夜苦战,还自恃年轻力壮,精力旺盛,"宁可多出书,少活几年无所谓"!结果书稿尚未杀青,却突发心梗住院,幸好及时抢救才转危为安。

司马小莘退休后,依然节衣缩食,不畏艰辛,奔波跋涉,马不停蹄四处寻找家父的残篇遗珠、钩沉整理、出书、办展、开研讨会和撰写不少有关父亲的文章。如2016年正值司马文森一百周年诞辰,在其努力下,由中国左翼作家联盟成立大会会址纪念馆、中国华侨历史博物馆和八路军桂林办事处纪念馆联手联合召开纪念大会暨学术研讨会。她除了负责大量的筹备工作,还编选出版了巨册《司马文森纪念文集》,颇有影响。

"母亲的含义是影响,孩子的成长,成也母亲,败也母亲。"这是童话大王郑渊洁最简单明了的表达。换言之,有什么样的母亲,便有什么样的子女。司马小莘优秀品质的养成,对家父资料的认真发掘、整理,潜心研究的精神,是深受其母亲雷维音生前的言传身教的影响。

雷维音(1924—2013),原名雷懿翘,作家、统战、外交工作者。广西融水县人,出身书香门第。就读融水中学时,积极参加学校抗日宣传队,演唱救亡歌曲和演出《放下你的鞭子》等抗战剧目。1938年10月,受时任《救亡日报》采访部主任、作家周钢鸣的帮助,成为《救亡日报》(桂林版)的通讯员,并到桂林考入欧阳予倩领导的广西艺术馆艺术师资训练班,开始在《救亡日报》上发表文章,并参加桂林抗日文化运动。结识周钢鸣的朋友司马文森,受其影响,投身革命事业。1941年初"皖南事变"发生后,受党组织安排,到《柳州日报》任记者,开始以雷维音为名发表文章。是年7月,与司马文森联姻,从此成为风雨同舟、相濡以沫的革命伉俪。雷维音始终是司马文森文化出版事业和统战、外交工作的得力助手。如司马文森创办的大型《文艺生活》,

跨域宽（桂、港、穗），时间长（1941—1950），影响大（遍及国统区、港澳、东南亚），系我国当年屈指可数的大型文艺期刊。更是我国现代文化出版史上一颗璀璨明珠。其成功离不开雷维音这位贤内助，她从编辑、校对、到联络，事无巨细，持之以恒，并在该刊发表作品。又如司马文森是位杰出的社会活动家，不论是抗战时期他在负责中共桂林地下文化支部工作，抑或是解放战争期间任中共香港工委电影工作组组长，还是新中国成立后出任中国驻印度尼西亚大使馆文化参赞、中国驻法国大使馆文化参赞等，其大量的统战外交工作都得到雷维音的鼎力协助。

1982 年底，雷维音离休前在文化部外联局欧洲司供职。专著有《奇异的乡土》《丁玲学习的故事》《春晓》等。离休后应约为有关单位、刊物撰写回忆司马文森文章，选编司马文森作品选集《彩蝶——新中国外交官的海外散记》《会师新中国的十月》《南线——司马文森抗战纪实文学选》等。更不辞辛苦，到各图书馆查阅有关资料，我便亲眼看见她在女儿小莘的陪伴下，在北京国子监首图特藏部查阅书刊，尤关心支持《司马文森研究资料》的编写工作。在短短的一年时间里，她便亲笔写给我四五封信，对本书的编写工作做了及时中肯的指导，并耐心回答我的提问。在成书过程中，又对书稿作了反复、认真的校对。1984 年 10 月，在双方通力合作下，本书终于定稿。《司马文森研究资料》虽然由于其谦让未署上其名，但此书的付梓，其倾注了其大量心血。

雷维音如今也已升天追随亲密的战友、爱侣司马文森去了，其生前给我的信件，益显难能可贵，特辑录于下，以示纪念：

信之一：

杨益群同志：

由于时间关系，你的材料我只匆匆过目了一下。印象是《抗战时期司马文森在桂林的文学活动》材料收集较详尽，但是，不确切的地方还是不少，有机会可再核对修正为好。

至于《年谱》，我想最好是用《司马的生平和文学创作活动年表》，可把他的生平与文学活动联系在一起来写，使人看来更完整些，可参看《张天翼研究资料》。

你这份《年谱》，当然是费了很多力气收集的，可是还很欠缺；特别是他的童年，上海左联时期以及他参加上海"文救会"的许多救亡活动情况。我的印象是《年谱》从1945年后材料太欠缺了，从抗日战争胜利至整个解放战争期间，他在香港的大量统战、文化活动、创作以及领导香港电影界的工作，是十分繁重的。1952年1月10日凌晨，他被港英当局递解出境，回到华南——广州后，筹备作协广州分会，主编会刊《作品》以及参加中南文联、历届全国文代大会的情况。1955年5月6日调外交部到驻印度尼西亚大使馆工作，1962年底轮换回国任对外文委二、三司长。1964年中法建交，1964年夏我们又到驻法使馆工作至"文革"回国。1968年遭"四人帮"迫害突然离世，这十余年他从事的对外文化交流联络工作活动量大，也极活跃。我们是应较详尽的反映在其生平年谱中的。

如果将来《生平及文学活动年表》初稿完成后，有机会，即时间较充裕些（而不是只能有一天时间来看他们），我会将我了解的情况，尽量补充。

匆此，即颂

近安

雷维音

1993年10月13日

信之二：

杨益群同志：

小苹一直忙于查找材料，收获也颇丰。目前看来最缺的还是司马初期创作（即在福建《泉州日报》、厦门的报纸上的作品），我们托福建省委负责同志查找，也没能找到。小苹听说有些材料各地档案馆可能保存，不知你年初赴福建时能否亲自去查找？如你去福建的话。

上海左联时期的活动材料，最近我查阅了《左联回忆录》（社会科学出版社出版），有一些，你可翻阅一下。

上海左联时期的创作，小莘查到了的均已提供给你，你如能托人或赴上海，可查《申报》本埠增刊《新闻报》《晶报》《大美晚报》和《中华日报》的副刊文艺专刊；《申报·自由谈》及《时事新报·青光》，小莘在北图查到一些，可能还不全（因报纸缺少不全）；另，当时上海出版的《太白》杂志等。上述报刊当时是左翼作家经常发表作品的。

司马同志的老家情况：他的父亲名何恭泽，母郭坠娘，共有兄弟姐妹8人（兄二、姐一、弟二、妹二），因家境贫苦均无法上学受教育，从小就远渡重洋当童工。其父（祖父）均为小贩，以一条扁担挑菜担，卖菜为生，当时的家境困难可想而知。

听李惠贞同志和徐迺翔同志说这本集子原定上半年交稿，年底付印，因而，我的意见最好是现在即动手编写，重点是编写他的传略、他的创作系年目录。如果你确实太忙，可否交小莘编写？

陈乃刚同志的稿子，你可以作为参考，但是，可不受其约束。因为根据我们收集到的材料看，你将来可以写的更丰富、详尽。你掌握的司马在桂林时期的材料，小莘在上海、香港、广州找到的材料，都是陈乃刚同志未曾收集到的。小莘收集到的材料也是去年4月应徐迺翔同志建议与陈乃刚合作后才开始收集的。

小莘目前仍能够每周抽两三天时间（连星期天她也用上了）查找材料，可是到10月她的设计工作上马，她就无法再去查找材料了。

为此，我建议，你可否边写边收集材料，争取能于上半年按期交稿。

匆此，并问你一家

近好！

雷维音

1984年1月24日

信之三：

杨益群同志：

研究集我们仍在补充（小莘已补充了近两万字），从目前情况看，最好的办法是你能抽空来京一趟（哪怕只要一周时间也好），以便能在一起补充、研究和定稿，早日交稿。

如果你实在不能来，我们只好将稿寄给你，这样来回往返，既耽误时间，也不利于我们对一些问题的研究。因为许多问题靠书信是说不清楚的。

望速回信告能否来京。

祝你：

一家安好！

工作顺利！

雷维音

1984 年 11 月 20 日

来信仍寄《北京晚报》小萌转为妥。因为家里信箱常丢失信件。

信之四：

杨益群同志：

信悉。原稿即挂号寄去，望争取早日交稿为盼。

对你的提问，答复如下：

一、孙陵[1]所提由夏公发起围攻巴金事，似无根据。司马更是不可能对巴金（包括胡风等）有过"批判"。这是孙陵的胡说。孙是国民党那边的人，在桂林时期进步文化界对他是有戒备的。在桂林我和

[1] 孙陵（1914—1983），原名孙虚生，笔名梅生、梅陵等。山东省黄县人，作家、知名编辑。1925 年随父母迁徙哈尔滨。1931 年"九一八"事变，经萧军介绍，编《大同报》副刊。1936 年冬同杨朔一起在上海创办雁北出版社。代表作长篇小说《大风雪》。抗战胜利后转回上海。1948 年 12 月离沪赴台。

司马常去看巴金，新中国成立后我们到上海也和巴金见面。前半年巴金在北京，记得有一次意大利作家访华宴会上（我当时主管欧洲工作，参加了宴会），夏公和巴金坐在一起，还和我交谈，绝无任何隔阂。

二、高士其到桂林时，的确生活十分困难。司马为此是做过安排。我记不起周邦了，此人现在何处我也不了解。高当时也常到我家（由人推着轮椅）。

三、胡危舟是有他自己的问题的，当时对他我们也是有戒备的。因为他靠近《扫荡报》，有国民党特务嫌疑。至于野曼文章中有关段落，我也同意可以删去为好。

由于小苹的右手抄写过累，导致劳损，不能写字，已理疗一个阶段，最近正在康复，因此，信只好由我抽空给你写了。

对你写的《评传》，我们当大力支持，只要力所能及，这是义不容辞的，你别客气。

《研究集》我建议不用我的名字，用司马小苹署名为宜，因为实际上也是小苹在做这方面的工作。她掌握了她父亲生平创作活动等全部资料，除了已整理出来的之外，她脑子里尚储存了大量资料。这本《研究集》她是花了大量心血和劳动的。

是否还要将稿子寄去给李惠贞定稿（徐乃翔同志说由三家定稿），由你决定。

此复

祝你工作顺利！

问你爱人、孩子们好。

维音 12 月 4 日草

又及：1. 你把我的名字写错了。

2.《抗战文艺目录索引》望出版后送一份给我们。

12.5.

司马文森：忠诚刚毅的革命英杰

黄宝阳　庄志阳　叶锦灿

司马文森，为共产主义理想和信仰，战斗在一线 37 年，被誉为共产党抗战时期、解放战争时期文化宣传的灵魂人物。参与制定《中国人民政治协商会议共同纲领（草案）》，为建立中国共产党领导的多党合作和政治协商制度做出贡献；率先向海外报道新中国成立盛况；新中国首任驻印度尼西亚、法国大使馆文化参赞，为开拓新中国外交事业做出重要贡献。

菲岛童工　左联战士

司马文森，1916 年出生于泉州市区东街一个劳动人民家庭。1928 年，他随族人到菲律宾做工，备尝艰辛。1931 年回国，就读于泉州黎明高中。

在黎明高中，司马文森加入中国共产党的外围群众组织"互济会"。1932 年，参加共青团，任共青团泉州特支委员会委员，以笔为枪，在泉州多家报刊发表文章，针砭时局。1933 年，加入中国共产党，任中共泉州特区委员会委员，根据厦门中心市委指示复刊地下党《赤色群众报》，传播革命思想；领导南区农会，组织武装斗争，干扰国民党对闽西苏区的围剿。

1934 年秋，中共泉州地下组织遭破坏，司马文森身份暴露，转移到上海。经左联党团与厦门中心市委核实，他参加了左联法租界党小组，任组织干事，负责暨南大学和江湾农民文艺小组，成为左联最年轻的战士，在上海文坛崭露头角。

亦文亦武　投身抗日

司马文森是党领导的文艺界抗战救亡协会在抗战文艺中心上海、广州、桂林的核心成员，他不仅在文艺战线战斗，还拿起枪抗击侵略者，在八年抗战中，司马文森有四年的军旅生涯。

1937 年，司马文森在上海文艺界救亡协会宣传部工作，负责职业青年和学生团体的救亡活动。是年 8 月，《救亡日报》在上海创刊，司马文森成为这家报纸的撰稿人、记者、编辑，直至 1941 年停刊。1937 年底，他随救亡日报社同人转战广州，和文艺界友人一起创办抗战壁报总站、文艺通讯员总站，发起文艺通讯员运动，倡导、组织抗战报告文学的写作，揭露敌人暴行和汉奸出卖民族利益的行为，弘扬抗日英雄事迹，将抗战文艺的种子播撒到工厂、农村、战壕，组织民众同仇敌忾共同抗战。

1938 年 6 月，司马文森根据中共广东省委书记张文彬指示，在抗日民族统一战线的旗帜下，投笔从戎到四战区政治部，为三组少校组员，参与创办战区《小战报》，宣传共产党的抗战主张；培训政工人员，兼《救亡日报》战地记者，在《救亡日报》及《文艺阵地》发稿。1939 年 1 月，国民党掀起第一次反共高潮，司马文森等同志被遣散，由八路军桂林办事处李克农调到桂林广西地方建设干部学校，从事对桂系的统战工作，并负责编辑校刊及对泰国华侨机工归国参战政治培训。

1941 年，国民党掀起第二次反共高潮，八路军办事处撤回延安，救亡日报社被关闭，桂林陷入白色恐怖中。司马文森的组织关系由李克农转到中共南方局，李亚群携带周恩来的亲笔信前来接头。他协助南方局胡邕在一家故衣店设立同南方局联系的电台，领导文化系统部分地下党员。

1941 年 7 月 1 日，司马文森和雷维音结为革命伉俪。9 月，抗战时期的重要文艺期刊——《文艺生活》在桂林创刊。司马文森担任主编，妻子雷维音是他的好帮手，承担了文稿的初选、初校等工作。《文艺生活》始终坚持抗战、进步、团结，反对投降、倒退、分裂，并参与世界反法西斯文艺阵线。因内容丰富、立场坚定，深受读者拥护，尽管有国民党严苛的图书审查，但是销量仍从创刊的 4000 册，两年内激增近 20000 册，成为国统区抗战进步文艺的一面旗帜。1943 年国民党第三次反共高潮，《文艺生活》被停刊。1946 年，司马文森在广州复刊《文艺生活》，雷维音得到父亲支持，承担了四万元开办费，才得以复刊。

司马文森亦文亦武，拿起笔能写，拿起枪能打，冲锋在前，退却在后。1944 年湘桂撤退，根据中共南方局指示，司马文森带领桂林文化支部的同志到桂北融县、罗城一带与地方党组织组建抗日青年挺进队；把国民党散兵统战整编为别动纵队，和柳州日报自卫队协同作战到日本侵略者投降。

笔耕不辍"点灯""先驱"

司马文森写作十分勤奋，抗战期间发表大量反映中国抗战的纪实文学。较有影响的有《尚仲衣教授》《粤北散记》《转形》《一个英雄的经历》《雨季》《人的希望》《大时代中的小人物》《危城记》等。

作为报告文学写作运动的倡导者和组织者之一，《中国现代文学词典》认为司马文森的"特写、报告文学注意写人，表现手法类似小说；他摘取的是大时代急剧变幻中的某一片断或细微的事件，采取的是散文形式的写法，因此富有自己的特色"。司马文森的报告文学、散文、战地作品，以其厚重的历史内涵和独特的创作方式，在战时文学作品中占有重要的位置，成为文学史上有价值的战时报告文学中的名篇之一，对促进我国文学运动的不断向前发展产生了深远的影响。

司马文森的文章是在日寇轰炸下的紧张繁忙工作之余写成的，他认为："我们这次的抗战，意义非常重大，每一片段、每一细节的记录，只要它是真实的，都足以作为历史纪念碑的珍贵材料。自己既生活、呼吸在这动荡的气息中，且又是力所能及的，替历史留一点痕迹，供今后抗战史家参考，似乎也很必要。"因此，即使在混乱的局势中，四战区部队行军打仗行李只允许带 15 公斤，他宁可丢掉其他东西，也把稿件背着跑。据不完全统计，他创作的中、长篇小说，短篇小说集、散文集、报告文学、电影剧本及其他创作逾千万字，其中有近 400 万字抗战纪实文学。

《南洋淘金记》是司马文森的代表作之一，最早连载于 1948 年 9 月创刊的

《文汇报》，在东南亚引起轰动。《南洋淘金记》由黄永玉创作60幅插图，1949年在香港出版，被誉为"开创了华侨社会文学的先河"。在2016年4月举办的"著名作家、外交家司马文森诞辰100周年纪念会"上，来自新加坡的国际知名华文文学代表骆明表示，司马文森是东南亚华文文学的"先驱人""点灯人"。

战斗不息　参与国是

1946年至1955年，司马文森先后负责中共香港文艺、电影、新闻、对外宣传工作，被誉为中共香港文宣工作的灵魂人物。

1946年，司马文森和陈残云在广州复刊《文艺生活》，并创刊《文艺新闻》。但仅仅几天，新创刊的《文艺新闻》《自由中国》《新世纪》《学习知识》被国民党禁售。司马文森带领四杂志代表到国民党社会局抗议迫害进步文化，在报刊发出《我们的抗议》；主持召开记者会，控诉四杂志被反动当局封禁的真相，召开15家杂志联合增刊第一期编前会，连夜编印散发《联合增刊》，15家杂志联谊会迅速发展到29家杂志联谊会。司马文森成为共产党领导的广州"反饥饿、反内战、反独裁、反迫害、争取民主运动"的领头人。

被国民党特务列入文艺界黑名单首位的司马文森，得到共产党左洪涛通知，6月27日在李嘉人掩护下，从天台搭踏板离开被特务监视的家，转移到香港。29日，国民党社会局查抄司马文森的家及《华商报》《正报》营业部，文艺生活社，在车站、码头布控搜捕他。妻子和安置在家中的东江纵队小队员携两个幼女流落街头。党组织派人在公园的长椅上找到她们，安排到香港。生活尚未安顿好的司马文森，马上着手在香港复刊《文艺生活》，开展新的工作。

其后，根据党中央部署，司马文森参与中共和民主党派、爱国人士合作创办香港达德学院，任文哲系教授，为解放战争及新中国建设培养干部，同时从事对民主党派统战工作，为新政协召开做准备。

1947年，司马文森在香港、南洋发起文艺生活社社员运动，成为中华文化在海外传播的先驱。文艺生活社在菲律宾、美洲、马来亚、泰国、新加坡、印度尼西亚、中国香港等国家和地区设分社，通过《文艺生活》月刊及社员运动推动"马华文艺""暹华文艺""菲华文艺"的蓬勃发展，成为中华文化海外传播的灯塔。

　　1949 年 9 月 5 日，司马文森作为中共香港工委的文委委员，秘密北上出席中国人民政治协商会议成立大会，参与共商建国大计。他是《中国人民政治协商会议共同纲领（草案）》整理委员会委员，参与制定新中国奠基的文件《中国人民政治协商会议共同纲领》，讨论、表决建国的三大人民宪章、国旗、国歌、国都、纪年，选举国家领导人；在天安门城楼出席中央人民政府成立大会暨开国大典。一个个深夜，他不断写作，向香港《文汇报》《大公报》发稿，率先向世界报道了发生在北京的新中国诞生的伟大事件，集成册的《新中国的十月》《新人物、新作风》，在海外产生了重大影响。

去国离家　献身外交

　　为突破西方大国对新中国的封锁，1955 年夏司马文森夫妇作为新中国第一代外交官，被派往中国驻印度尼西亚大使馆工作。

　　司马文森担任文化参赞，几乎每天都有外事活动，工作不分白昼，出现问题随时要处理，且当时印度尼西亚的社会局势并不稳定，爆发了一些社会事件甚至威胁到司马文森夫妇的生命安全。当时司马文森一家在北京没有家，除了一起带出国的最小的女儿，其他四个女儿都只能在小学、幼儿园寄宿，节假日在外交部招待所团聚，一年又一年，成为新中国最早的"留守儿童"。当时国家规定两年享有一次探亲假，司马文森在印度尼西亚工作 7 年，仅于 1958 年回国探亲一次。在女儿们成长中最需要关爱的阶段，父母却长期身处万里之外，7 年间，他们只能在信中陪伴女儿们成长。

　　司马文森的女儿司马小莘讲述了父母一段曲折艰辛的回国探亲历程。1960年，轮到司马文森夫妇回国探亲，此时发生了印度尼西亚反华排华事件，局势紧张起来。她们满心的期待泡汤了，父母来信说："我们的岗位是在前哨，特别紧，守住岗位比一切都重要。"在严峻的情势下，司马文森参与组织新中国第一次大规模撤侨，多次和黄镇大使去慰问、看望难侨，到码头送他们回国，并写作了一组来自印度尼西亚迫迁地区的报告文学，记述该国际斗争事件。

　　转眼到了翌年春，局势有所缓和，组织决定他们可以轮换回国了，却因为国内迟迟没有人来接手工作，再次推延。与父母分别多年、极度思念父母的五个女儿，鼓起勇气给陈毅外长写信，请求调父母亲回国工作。对此，陈毅非常重视，指示加强对外交干部子女的关怀。得知此事，司马文森在回信中语重心长地说："为了建设社会主义，什么人都应该把个人利益放在国家和党的利益下……外交工作不是看上去那么轻松，实际工作非常艰苦，比在前线打仗还艰苦。但是这条战线作用却很大，做好了工作，对我们的国家、党贡献都是很大的。"

1962年秋，司马文森夫妇离任回国，全家得以团聚。然而，幸福的时光总是短暂的。1964年春，司马文森夫妇再次告别亲人，奔赴国际斗争前线，司马文森担任中国驻法国大使馆文化参赞至1968年5月22日。

外交工作期间，司马文森曾推动中国与印度尼西亚、与阿尔及利亚第一个文化合作协定的签订及实施，曾推动中国与第一个西欧国家——法国政府的文化交流计划的签订及实施。以此为纲，他推动了两国间新闻、广播影视、科技等协定的签订，为新中国文化外交事业做出重要贡献。

忠诚正直　国家至上

司马文森一生正直做人，忠诚于革命理想、信仰、事业和家庭。新中国成立后，长期在白区工作的司马文森十分渴望回到内地参加祖国的建设，恳切地向周恩来请求回内地工作。司马文森听从组织的安排，把个人利益放在党和国家利益之下，继续战斗在香港。

为大局着想，不计较个人利益，是司马文森的一大特色。著名作家秦牧回忆说，解放战争时期，在香港工作的同志，每人每月有60元的生活津贴。为了不给组织添负担，司马文森主动放弃了这笔津贴。由于辛勤写作，一天夜里，他突然双眼完全看不到东西了。在治疗期间，无任何经济来源，他勉强接受了生活补助，视力一恢复，又谢绝了组织的照顾。

司马文森不仅正直、廉洁，而且非常孝顺，家乡亲属都称他为大孝子。1953年，他回泉州拍摄《故乡》时，终于见到了阔别多年的母亲，此后母亲的生活费都由他负责，直至"文革"中遇害，从未间断。

心系故土　风雨无悔

故乡泉州是司马文森革命与文学生涯的起点。"父亲生于泉州，长于泉州，少年时代又从这座城市出发下南洋。他从南洋回来后，在黎明中学求学，在中共地下组织的影响下踏上革命道路。新中国成立后，他还回泉州拍摄纪录片《故乡》，反映闽南侨乡的人文景观和社会风貌。一生与故乡泉州有着不解之缘。"《中国晚报》摄影学会会长、司马文森的二女儿司马小萌说。

尽管一生为党工作，风雨兼程、四海为家，但泉州一直在司马文森的心底深处。他将笔触对准故乡人民的战斗史，创作出了长篇小说《风雨桐江》。小说讲述了1935年中央红军北上长征后，泉州侨乡人民在中国共产党领导下与敌人展开惊心动魄斗争的故事。叙事宏大，结构严密精巧，堪称一部史诗性质的作品。

专家点评：俞宽宏（上海左联会址纪念馆）

司马文森先生17岁加入中国共产党，为党领导的民族解放、新民主主义革命事业，新中国成立、建设奋力拼搏。1934年，司马文森在上海加入左联，成为中国左翼作家联盟中最年轻的盟员。之后，他亦文亦武，在党的领导下投身旷日持久的中国人民的抗日战争，创办大型抗战期刊《文艺生活》，撰写了大量反映中国人民抗日斗争精神风貌的文学作品，并拿起枪参与对日战斗，为团结御侮贡献了自己的力量。解放战争时期，司马文森参与领导了国统区的反饥饿、反内战、争民主运动，同时为新中国成立做了大量的统战工作。新中国成立后，司马文森作为新中国第一代外交官，先后出任中华人民共和国驻印度尼西亚、驻法国大使馆文化参赞，为开拓中国的外交事业做了很大贡献。司马文森的一生是为民族独立、国家富强和人民幸福奋斗不息的一生，他的光辉事迹永远值得我们学习！

缅怀司马文森

吴　峤

在两次非常危急的生死关头，司马文森曾经毫不犹豫地帮助了我。

1941 年 1 月，震惊中外的皖南事变爆发后不久，中共江西省委书记被捕后叛变，全省党组织遭到了破坏，大批地下党员被关进国民党马家洲集中营。我刚巧从赣州调往梅县，幸免于难。但是我到了梅县，那里的党组织也遭到了破坏，无法立足，只得听从一位被追缉的地下党员的忠告，拿了他的介绍信，赶快离开梅县，去桂林找司马文森。

这时春节已过，阴雨连绵，我从梅县到桂林，坐了黑市汽车再转火车，整整走了七天七夜才到桂林。这时，每天仅吃两个大饼的我，连买大饼的钱也没有了。

我忍着饥饿，徒步走到七星岩附近一家小杂货店的楼上。在一间大约 10 平方米的小房间里正埋头写作的司马文森，看了我带去的介绍信，仔细地打量我，思索了一会儿，然后问我大逮捕的情况，最后又问到我自己。我非常坦率地说明我是怎样在初中毕业后从一个封建官僚的家庭逃跑出来，参加革命，18 岁时入了党，以及如何在赣州接受组织派遣，在 1941 年 1 月调往梅县工作的情况。我谈了将近一小时。听完我的陈述后，司马文森毫不犹豫地在一张便笺上写了几行字，介绍我到他的一位女友家里住宿。他说："你先暂时住下。过几天，我会来找你。"

五天以后，司马文森的女友果然通知我去七星岩，一见面，司马文森就问我：

"小吴，你敢不敢去中学教书？"

他说的中学，是指离桂林一百多里的隆山实验中学。这所中学，建立在群山环抱中的少数民族地区，那里贫穷落后，生活艰苦，一般教师都不愿意去。我听了他的介绍心跳得非常厉害，不知道该怎么回答才好。我倒不怕艰苦，只是想到我自己才21岁，初中毕业的水平，怎能当中学教师？

司马文森看到我红着脸，欲言又止，一副迟疑不决的窘态，估计到我这个初中毕业生是在顾虑自己的学历不够，难以开口，就随和地给我倒了一杯水，用宽慰的口吻说：

"不要有什么顾虑。学历问题，是通过努力可以解决的。"说着，他递给我一张事先准备好的文凭，"你看，这里有一张大学文凭，她也姓吴，你就拿着它去吧。"

我接过文凭一看，是一张写着"吴文楷"姓名的29岁女大学生的毕业文凭，我非常激动，眼睛一亮，像找到了失散多年的亲人似的，脸上立刻绽开了笑容，壮着胆回答说："我愿意去试试，我会努力工作的。"

"这就对了！"司马文森很高兴地笑了笑。他还嘱咐我把辫子剪掉，把头发梳成青年妇女的模样，在填写履历表的年龄时，一定得注意，要写成"29岁"。

从此，我一直化名"吴文楷"，从妇女工作岗位转到了教学的讲坛。

1943年，我应龙城中学的聘请，来到柳州市。第二年夏天，桂林已有沦陷的危险。司马文森和他的几个学生一起，帮助艾芜一家六口，挤上了一列平板火车，来到柳州市我学校暂住。不少从桂林撤出的文化人如周钢鸣等，也都住在我学校的教师宿舍。后来柳州告急，住在教师宿舍的我学校教师和文化人，一批批陆续撤走，只有艾芜一家，因为人多，行李也多，无法撤离。正当艾芜每天跑火车站想办法时，司马文森又带了学生来我学校，帮助艾芜一家上火车。临走时，他发现了我，问我为什么不走。我说我因患病，身体虚弱，挤不上车，也不知道该去哪里。在这生死攸关的紧急关头，他二话不说，立刻从口袋里取出一个笔记本，在我房间的桌子上匆匆写了几行字，撕下递给我，非常果断地说：

"走！我们送你上车，跟艾芜一家一起走。到了贵阳，你去找熊佛西！"

　　我又在司马文森的帮助下，撤离了即将沦陷的柳州，来到贵阳，找到了熊佛西主持的文化人救济接待站，解决了我的食宿问题。

　　进入 20 世纪 80 年代，当我找到了已经改了姓名的原地下党组织的入党介绍人，并由我工作单位的党组织查清了我自 1941 年以来一直为党工作的事实，从而恢复我 1938 年入党的党龄时，司马文森却已经在"文革"初期的 1968 年被"四人帮"残酷迫害致死。对于这位毕生忠于党的事业，热忱对待革命同志，曾经在我非常紧急的生死关头，毫不犹豫地帮助我一再闯关的革命前辈，我是永远也不会忘记的。

原载吴峤著《圣洁的灵魂》，上海百家出版社，2011 年

司马文森开创华侨社会文学先河

江鑫娴

　　香港《文汇报》讯（记者江鑫娴北京报道）：中国现代著名作家、外交家司马文森百年诞辰纪念会日前在北京举行。司马文森后人在会上，向香港《文汇报》赠送了1952年其在担任香港《文汇报》总主笔期间，遭遇港英当局非法逮捕递解出境后，香港《文汇报》社务委员会及全体工作人员写的两封慰问信复印件，以此作为历史的见证。司马文森之女司马小萌表示，1948年9月9日，在香港的反动派文特散布谣言，中间路线混乱思想活跃之时，香港《文汇报》创刊。此后，《文汇报》做了大量工作，有力地打击反动派文特的造谣中伤，揭发美帝的破坏阴谋，把祖国建设的真实情况介绍给海外侨胞，成为一支有力的笔部队。

　　自香港《文汇报》创刊，柯灵邀司马文森为他编辑的《社会大学》栏目写一个长篇通俗小说。司马文森以"何汉章"为笔名，创作了《南洋淘金记》。从香港《文汇报》创刊第二日——1948年9月10日起连载，每天一篇，直至1949年5月16日，一气呵成。在东南亚华侨界引起轰动，很多读者每天打开报纸首先看的就是《南洋淘金记》。《南洋淘金记》不仅开创了华侨社会文学的先河，也为香港《文汇报》的发展做出了贡献。据悉，司马文森1916年生于福建泉州，16岁在家乡参加革命，17岁加入中国共产党。1934年18岁时在上海加入左联，是左联最年轻的成员之一。

　　抗日战争打响后，司马文森在上海文艺界救亡协会宣传部主持职业青年及学生团体救亡运动，参加《救亡日报》工作，为唤起民众投身抗日奔走呼号。

在抗战最艰苦的后期，他还领导了桂北游击区的抗战武装斗争。皖南事变后，他坚守桂林文化城，从事地下党的联络工作和抗战文艺统一战线的领导工作，奋笔疾书发表了大量纪实作品。据不完全统计，司马文森发表的抗战文学作品多达数百万字。

后人赠信证历史

此外，在桂林、广州、香港，司马文森创办并继续发展《文艺生活》杂志，组织发动通讯员运动，影响扩至东南亚及欧美多国。为引导香港电影健康发展，他也做出很大努力，编写的《海外寻夫》《火凤凰》等多部电影上映，反应热烈。

他根据亲身经历写就的长篇小说《南洋淘金记》，在《大公报》、香港《文汇报》连载，被誉为"开创了华侨社会文学的先河"，被评选为香港20世纪中文小说100强的第五名。

据司马小萌介绍，1952年1月10日，在司马文森担任香港《文汇报》总主笔期间，与电影工作者齐闻韶、马国亮、刘琼、舒适等8位电影工作者被港英当局非法逮捕递解出境。香港《文汇报》的社务委员会，以及全体人员给司马文森写了慰问信。

司马小萌在活动现场将两封慰问信复印件赠送给了香港《文汇报》，作为历史的见证。她表示，希望报社工作的后来人珍惜先人创业的艰辛，站稳在海外坚持文化斗争的岗位。一如司马文森所言："那是一条精神桥梁，要紧紧守住它，巩固它！"

新中国成立后，司马文森为新中国的对外文化交流努力工作，他联系、推动、实施中国与印度尼西亚、阿尔及利亚、法国多个文化合作协定，成为新中国走向亚洲、非洲、欧洲的文化使者，为新中国与世界的文化交流打开一扇扇大门。

原载香港《文汇报》2016年4月23日

芳园旧踪怀司马

俞百巍　汤蔼纺

工作中永远焕发着无穷的精力，生活里永远是乐观爽朗的笑声，这是司马文森同志留在我们脑际难忘的印象。他体魄健壮，浓眉亮眼，浑身活力，似乎从来不知道忧虑和困倦；对于一切感伤、颓废、淡漠的情调，他是一个绝缘体。

1968 年夏季，朋友来信说，传闻司马因受"文革"的浊浪冲击而"自杀"了，这我们是绝不相信的。司马是一息尚存就要为革命事业奋斗的共产主义战士；司马从 15 岁参加革命工作，从来不避艰险，不怕困难；他怎么会自绝呢？

果然，后来证实了：司马是被林彪、"四人帮"突然袭击，残酷迫害致死的。那年 5 月 22 日，司马被非法逮捕，当晚突然死亡，非正常的死亡！司马离开人间，也就是我们现在这个年纪吧，他如果活着，将为祖国社会主义现代化建设继续做出多少贡献啊！

我们和司马文森同志认识较晚，是 1947 年和 1948 年先后在香港达德学院学习时认识的，当时司马是达德学院最年轻的教师。因为他年轻而又性格爽朗、随和，善于联系青年群众，我们很快就习惯于称他为司马，而不称他为老师了。达德学院的教学楼是借用的蔡廷锴先生在香港郊区的一座别墅，坐落在九龙青山湾。从尖沙咀码头搭乘"巴士"（类似公共汽车）大约半个小时抵达新墟，就可看见马路旁的别墅围墙和大门。门上"芳园"两字十分显眼，进门侧立着一幢二层灰砖楼房，就是达德学院当时的主要教学活动场所。紧挨着的又有一幢红砖二层楼房，作为女生宿舍使用，大家戏称为"红楼"。1948年秋季以后，由于南洋各地爱国华侨青年和国内受反动派迫害的青年来此求学的人数激增，便在"红楼"侧的山坡上加建了一座木质平房，也做女生宿舍，被戏称为"白楼"，实际上并不是楼房。男生宿舍先是租用了附近基督教会的房屋，后来又在去元朗镇方向的马路两旁陆续租赁了一些民房使用，又修建了一个简易的大礼堂。在寸土寸金的香港，这也体现了党和爱国学者为培育革命青年所耗的心血。旧别墅的名字"芳园"，也因为浇灌革命芬芳的新寓意而永为人民怀念。当时经常住校、尽心教学的楼栖先生前年应邀去香港讲学时，曾重访芳园旧址，据说当年能听见青山禅院悠扬晚钟的新墟已经是高楼栉比，车喧尘嚣，芳园那些简陋的建筑已经无踪无影了。然而，当年芳园火热的革命歌声和司马特有的笑容却长留我们脑际，不会被香港发展的市声、市容所淹没。

司马在达德学院教课，事前我们并不知道。1947年蕉香荔熟时节，我们和外甥祝方明由江西经南京、武汉到达广州，分别匿居石牌中山大学和广州亲友家，等候组织上的联系安排，或去华南革命根据地工作或继续学习。这时，我们第一次读到了司马的长篇小说，写的是广东运动会上一个女青年受伤骨折，但她以坚强的毅力克服困难，继续锻炼，终于重新获得体育竞赛上的优异成绩。小说朴实爽朗，文笔浅明流畅，寓意鼓励青年向上，热爱生活。我们正想通过进步朋友的关系去拜访司马，才知道司马已于1946年夏季匆匆离开广州去香港了。当时国民党军警要逮捕他，他化装成商人，从住宅的露台翻下另一个楼梯口，走下街道乘船出走的。与其说司马因文名而吸引我们，不如说他在蒋管区长期从事文化革命工作，出生入死，无所畏惧的精神使我们由衷钦敬。

达德学院不是在和平环境下从容兴建的学术研究机构，她是"抗大"式的革命大学，又是设在香港那样一个特殊环境，数百名正当英年的男女学生云集在简陋的校舍里，蹲在校园树下吃着廉价的集体伙食。"一箪食，一瓢饮，在陋巷……回也不改其乐"，那是为什么？是为了追求真理，为了学习马列主义和毛泽东著作。学校没有运动场所，青山湾海水游泳便成了唯一的体育项目。记得秋季开学后不久的一个早晨，我们正在芳园大门外漫步，经济系的莫逎群先生晨跑锻炼已经回校了，文学系的黄药眠先生和楼栖先生在新墟小吃店吃着早点在等什么人。忽然，从九龙开来的早班"巴士"徐徐停在新墟站上，车窗里有个身穿深蓝色西装，体格魁梧的青年笑着向黄先生招手。黄先生高兴地向我们说："司马来了！"同学们被司马那爽朗的笑容感染了，一拥而上。司马跳下车来，拍打着他手中鼓鼓囊囊的黑色公文皮包，大声地说："今天上完课要游泳，我带了游泳裤来的！"楼栖先生笑着问："司马公今天得到休息啦？""这期刊物的稿子昨晚编完了！"司马边和大家握手边回答。黄先生爱抚地看着司马，关切地说："不是昨晚，是今早晨才编完。看你眼睛都熬红啦。"经黄先生这一提醒，我们才注意到司马双眼因熬夜工作而充血。当时，司马主编着深受南洋青年欢迎的进步文艺刊物《文艺生活》，通过刊物和答复大量的读者来信，与群众保持着亲密的联系，这已经够忙的了，但他还主动承担党在香港的其他工作以及达德学院的讲课。熬夜甚至通宵伏案是常事，所谓休息一天，实际上也只是下午上完一节课后，和同学们一起上青山湾海滩玩个把小时。就是这个把小时，也仍要回答同学的各种提问，然后匆匆搭车赶回香港去开会、改稿和复信。

青山海湾不是香港著名的浴场，显得分外幽静。司马喜欢和年轻人聊天，没有过去参加黄药眠先生和夏衍先生的谈话，而和我们在一起抚弄着松软的细沙，寻觅着美丽的贝壳。忽然，我们联想到司马少年时代的传奇性经历有点像杰克·伦敦，便好奇地问他："司马，听说你在南洋当过小厨子，当过割橡胶的童工？"司马似乎不习惯描绘自己的经历，他沉默了一会儿，淡淡地讲道："我老家是福建晋江，那里是侨乡。我十来岁的时候，因为家里贫穷，跟'水客'去了菲律宾，在岷尼拉市当童工嘛，买菜、跑腿、倒痰盂、给人抱孩子，什么活都得干，也割过树胶，15岁才回家乡……书读得太少啦，现在我抽时间努力补这个课。"说着说着，他又转了话题，谈我们的习作，谈解放战争的胜利形势，谈解放区的小说，谈这些事比谈他自己的往事更为起劲。说实在话，我们最想知道的也是当时环境下不能过多询问的，那就是司马16岁以后的阅历。那些起初只是传闻，后来才证实了的：司马16岁就加入了共青团，17岁加入了中国共产党，少年时期他就担任过地下党泉州特区委委员，不到20岁在上海成为左联成员，抗日战争后期，他担任过党领导的桂北游击纵队政委，同时，他又是《尚仲衣教授》等小说的作者。当我们逐渐了解到司马的革命战士生涯后，就感到杰克·伦敦不能与司马相比了。司马首先是共产主义战士啊！由于目睹我们时代有司马这样的文学作家，不久我们在上海进步诗刊《新诗潮》上发表了题为《给诗人》的长诗（署名卢璟）。

有一段时间，司马没有来校，听说他因为经常熬夜工作，突然双目失明进了医院。患病期间，没有稿费收入，他才暂时接受党组织每月发给他的 60 元港币生活津贴。后来病好了，他又勤奋写作。有了稿费维持生活，他就不要组织上的津贴，让组织上把来之不易的经费用到更重要的地方。他不但对党的经费十分珍惜，自己生活也很节俭。为了适应香港那样的环境，他才穿西装，然而长年累月总是那么一件半旧的深蓝色普通西装。一头浓发向后分梳，络腮胡子刮得很干净，永远给人以整洁振作之感，没有任何新旧名士那种矫揉造作或不修边幅的气味。

我们是不同班级，司马分别给我们讲《西洋文学史》和《小说选》。他讲《小说选》第一课是选的赵树理的《小二黑结婚》，接着选讲了《李有才板话》和李季的《王贵与李香香》等解放区文艺新作。他要同学每周交一篇习作，非常认真地批改并在文卷右上角用红铅笔分别给以 A+、A、A-或 B+、B、B- 等符号。获得 A+、A 符号的习作，他常常推荐在班级主办的文艺园地《萌芽》《海燕》发表。有一次，司马正上《西洋文学史》课，突然一个英国警察闯进教室来视察，他背着双手聚精会神地听司马究竟在宣传、鼓动些什么。司马带着幽默的笑容，大讲起拜伦、雪莱和惠特曼，他手执粉笔激情地挥动着，说："英国、美国文学遗产中也有民主性精华，这样的英国人、美国人是像样的！"英警视察了十来分钟后默默地走了，我们哄堂大笑。

我们先后离开了达德学院，一个回江西做地下工作，一个去浙江省革命干校学习。全国解放前夕，我们奉命西进，在贵州省委统战部工作。听说司马则坚持在香港为党工作到 1952 年初，最后是被港英当局驱逐出境的。不久又听说司马出任新中国驻印度尼西亚使馆的文化参赞，从此他就一直在外事工作岗位上了。那是多么复杂而又紧张的任务啊，然而我们又读到了他的长篇小说《风雨桐江》等新作。文如其人，仍是那样一种浅明爽朗、热情洋溢的风格，但写得更从容、更熟练了。他给我们寄来一本，无非是鼓励我们不要认为繁忙的政治工作会耽误文艺创作活动。是的，司马就是这样一个榜样。他在驻外使馆工作中，常常放弃不必要的游览，坚持业余创作。甚至可以这样说，司马毕生丰硕的精神劳动成果，都是利用业余时间取得的。从 17 岁入党起，因为革命斗争的需要，司马自觉地从事了印刷、交通、军事、统战、编辑、教育、外事、文化等工作，而同时却又能从一个血泪童工，通过刻苦自学、业余创作而成为著名的文学作家。他饱经生活的苦难和斗争的曲折，然而在他的作品中找不到哀伤失望的情调，难道这还不是对我们最珍贵的启示吗？

为悼念司马文森同志逝世十三周年写于贵阳照碧山下

摘录《星火》1981 年第 5 期

注：原文中关于出洋、回国的时间，根据档案进行了校正。

回忆桂林生活

雷　蕾*

党对抗战时期的文化城——桂林的文化工作是十分重视的。上海、广州沦陷后，以及后来香港沦陷后，在国民党统治区的文化界人士，大部分都撤退到桂林来了，而就文化界当时的情况来看，绝大多数是坚持抗日救亡的，是团结在民主进步阵营方面的，也可以说是相信和向往我们党的。那时文化界的统战工作是大量的，司马文森同志的身份虽然没有公开，但大家都知道他在做党的工作。我们常接待一些来自各地的文化界人士，我们家就是一个联络点，大家都常跑来谈问题和了解情况。

在桂林的文化界老前辈中，如柳亚子、田汉、欧阳予倩、夏衍、安娥等与我们关系非常好。田汉和安娥夫妇是我们家的常客，他们待我就像自己的孩子一样。记得那时大家生活十分艰苦，谁要是请田汉吃饭，他总会来叫我们一起去"赴宴"，借此机会给我们"增加营养"。这是当时桂林文艺界传为佳话的事，文艺界许多朋友都享受过这种"增加营养"的方式。

当时广西桂系和蒋介石有矛盾，党利用这个矛盾在桂林领导开展抗日救亡，各种抗战文艺纷纷出版，各种形式的救亡活动很活跃，八路军桂林办事处

---

* 雷蕾，雷维音的笔名，1939年由周钢鸣发展的《救亡日报》通讯员，第一篇文章在《救亡日报》发表，署名雷螯翘。1939年春到桂林后，考入广西省立艺术馆艺师班，学习一年余，是文协桂林分会会员。1941年初雷维音任《柳州日报》记者，7月1日与司马文森结婚。后随司马到汉民中学教书并协助司马编辑《文艺生活》月刊。离休前，在原文化部对外文化联络局工作。本文根据雷维音口述记录，收入《桂林旧事》，2015年依据时间顺序整理、补充。（司马小莘）

的成立以及以夏衍等同志为首的《救亡日报》在桂林的复刊，对桂林成为名副其实的文化城起了重要作用。许多文化界朋友住在漓江东边，如田汉、安娥、巴金、周钢鸣、杜宣、骆宾基、许之乔、严恭等；宋云彬、邵荃麟和葛琴夫妇等则住在文化供应社，虽隔河，住地相距甚远，葛琴大姐也是我家的常客。我和司马每天走过漓江桥，常常可以碰到文化界的熟人。

当时在桂林办了一个广西地方建设干部学校，杨东莼任教育长，为广西基层训练了大批抗战工作干部。司马和周钢鸣等到桂林初期都曾在该校工作过。司马和钢鸣是好朋友，他们在上海左联时期是相互接工作关系的，他经常和我谈起周钢鸣的许多趣闻。我是在周钢鸣鼓励下从家乡到桂林的（周是我的同乡），我离开家到桂林时才15岁，是《救亡日报》的通讯员。由于我爱好文艺，常写点通讯，也喜欢唱歌，到桂林后，由周钢鸣介绍考进了欧阳予倩领导的"广西艺术馆"艺术师资训练班。也是周钢鸣介绍我认识了司马。当时桂林文艺界抗敌救亡协会还举办青年讲习班，我参加了讲习班，听过文艺界许多人的报告，记得司马、钢鸣以及舒群等都作过报告。东北作家舒群、骆宾基、端木蕻良等是到桂林较早的，聂绀弩、胡风也到得较早，还有王鲁彦、巴金等许多著名作家。

1941年初，"皖南事变"后，八路军驻桂林办事处被迫撤退了。夏衍、林林、钢鸣等撤退到香港去，大部分民主人士、文化界人士也撤退了，司马根据党的决定留在桂林坚持工作。司马留下坚持工作，可能组织上也考虑到利用我父亲在广西的关系。我的父亲雷树蕃在上海暨南大学念书时，是雷沛鸿的学生，和他关系较好。雷沛鸿当时在广西有一定影响。我和司马的共同生活开始于皖南事变的白色恐怖年代。司马要留在桂林坚持党的工作，需要一个职业掩护。我们由张健甫老先生介绍到桂林汉民中学（在郊区）教书，张老先生与杨东莼、司马熟识。在汉民中学，司马教高中语文，我教初中音乐课。生活是艰苦的，斗争环境是十分复杂、严峻的。记得在汉民中学那一段日子，正是桂林白色恐怖年代。夜晚，夜很深了，司马经常伏案写作，每当有危急情况，我常在熟睡中被他唤醒："小雷，快起来！"穿好衣服，我们就等待着……是的，我们就是怀着坚定的信念度过那段白色恐怖的年代，等待和迎接那即将到来的黎明！我们相信，即使我们在黎明未到之前死去，党，我们亲爱的党，我们愿为之献出我们的全部热情，以至我们年轻生命的党，它会了解我们的，同志们会记得我们的。

1941年9月司马创刊的《文艺生活》出版后，许多作家支持这个刊物，积极写稿，因此我们也就和他们比较熟悉。《文艺生活》在广西的西南大后方是较有影响的刊物，对宣传抗日救亡起了它应有的作用的。这个刊物也解决了部分同志的生活问题，因为大家当时都难以找到固定的职业，不少人是靠写作为生的。如艾芜当时生活很困难，住在城郊的观音山一个村子里，我们常去看望他。

在桂林，我和司马开始共同生活初期，租住在"诗人"胡危舟家的楼上。印象最深的是，司马晚上回家路过街头，总是买两个烤红薯塞在棉袄胸口拿回家给我吃，热乎乎的，多香甜啊！和我们同租住在胡家楼上的还有戏剧家焦菊隐、画家余所亚和青年诗人彭燕郊。余所亚与他的一个学生同住。由于我们都是南方人，所以就一起搭伙同做饭吃。大家生活都十分困难，炒鸡蛋就是我们最好的营养和最喜爱的佳肴了。田汉家的饭桌上，也经常是辣椒炒湖南豆豉，偶尔才能吃到点辣椒炒湖南腊肉。

随着形势的恶化，我们的活动受到监视，决定搬迁，余所亚对我们夫妇搬家很不高兴，当时大家都还是些大孩子，艰苦的生活把我们聚到一起，一旦分开了是很难受的，我们为此都感到难过，但又不能为搬家的事给以恰当说明，好在我们的新家离原来的房子不远，可以经常去探望老朋友。当时，张友渔、韩幽桐夫妇在建干路租住的是广西大学农学院一位汪教授的一间房子（隔邻），友渔夫妇离开桂林后，我们就住进他们的房子。房东汪教授的夫人是个善良的日本妇女。那时日机对桂林的轰炸越来越频繁，往往警报一响，我们就往七星岩跑，有一次我们还没跑到洞口炸弹就下来了，我们伏倒在一条小河沟里，解除空袭警报后，我们带着一身泥水回到家，这位日本妇女就流着泪向我们道歉，为日本帝国主义——她的国家对中国人民犯下的罪行而感到痛苦、内疚。她是反对日本对中国野蛮侵略的。[1]

1943年，桂林的政治气氛越来越恶劣，当时广西当局对民族矛盾还是比

---

[1]　这段经历，司马文森写了《危城记》（又名《同居人》），1946年收入小说选集《危城记》中，由文生出版社出版。

较有认识，跟蒋介石有区别，和重庆比较不一样。重庆是国民党政府的所在地，而桂林还是有些空隙。虽然《文艺生活》每期送审，被扣的稿件越来越多，但还有些东西能得以通过，谈抗战还是可以的，因为没有什么理由不准宣传抗日呀！因而，《文艺生活》一直能坚持出版，直到1943年秋，被国民党当局以"节约纸张"为名，被迫停刊。

1944年秋，桂林撤退，党组织决定司马仍留广西坚持工作。我们从桂林到柳州，从柳州撤至罗城。司马通过我父亲的关系认识了融县的县长，并利用《柳州日报》特派记者名义和从东江纵队来的杨繁、何谷等人编印出版了一份油印报纸，宣传抗日救亡。当敌人快打到县城的时候，本地老百姓纷纷逃难，县长也准备撤退。司马说服县长取得一些旧武器，把撤退到罗城的《柳州日报》工作人员和从各地撤至桂北的文化界人士、教师、大学生组织起来，成立了抗日游击队。这段活动时间不长，从1944年底至1945年日本投降。记得在罗城的一个小村子里的一次与日军凌晨的遭遇中，我们这支知识分子武装队伍在敌人即将进村时仓促撤离，竟忘记司马还正睡在队部的炮楼上，敌人进至炮楼附近，司马闻声跑出来时，一个日军正举枪向他瞄准。这次事件后来留给司马脚上一个从脚板下面穿刺到脚面的大伤疤。那是他在向山上冲时，被竹篱笆刺穿的。日本投降后，《柳州日报》全部职工在柳州专署催促下回柳州复刊，党组织研究了当时的形势，决定外地到桂北的同志撤离桂北，从县长那里弄到的武器交给地方党组织（当时与我们联系的地方党组织负责人是陶保恒）分散掩蔽起来。

1945年抗战胜利后，我们告别了生活多年的广西，但生活、工作、斗争已把我们同广西紧紧地联系在一起，使我们终生难忘。

司马对桂林、对广西是有感情的，因为我们在那里度过了最美好的年华，也是最艰难的年代。司马最旺盛的创作时期也是在桂林，即从20世纪30年代后期至40年代初期，他的创作量是惊人的，许多长篇、中篇、短篇小说，如《雨季》《人的希望》和《尚仲衣教授》《粤北散记》等都是在桂林这段时间写作和出版的。在桂林撤退前，司马还写过一部以大革命时期斗争为题材的长篇《夜寒》，由于广西图书审查委员会扣压，未能出版，在日本大轰炸桂林时炸掉了。新中国成立后，我们在我国驻法大使馆工作期间，司马又以抗日战争时期为历史背景，写了一部长篇小说《榕城春》，反映桂林文化界抗日救亡活动的情况，初稿在"文化大革命"中被抄走，和在桂林写的那部长篇《夜寒》遭遇同一命运。

原载《桂林旧事》，漓江出版社，1989 年 10 月

忆司马文森在泉州、上海、桂林、香港

司马小莘　记录、整理

张庚[1]：我是 1933 年在泉州，几乎和丽尼（郭安仁）同时认识你父亲的。当时我和丽尼在黎明高中当老师，那个学校的老师几乎全部是从各地招聘来的。我教语文，大概还有历史。你父亲大概在当时就已加入共产党，以学生身份掩护，做地下工作，从事农民运动了。我记得他带领我们去参加过一些农民会议。

约在 1935 年，你父亲曾和我住在一起，一起住的还有吕骥，大概是上海淮海路以南法租界一带。我当时在"剧联"。我把他介绍到左联的。他开始在一些报刊上写文章，有《申报》《时事新报》等，大概还有《新中华报》《大晚报》，笔名是"林娜"。由于当时"剧联"和左联是不在一起活动的，他在发表了一些文章后就搬走了。我很快也离开了上海。

梅益[2]：我是 1936 年抗战初期在上海认识你们父亲的。当时在上海的闽南人，主要分两批，一批搞新文学，另一批搞文学，你父亲是搞文学的，不过他跟搞新文学的许多人关系不错。

我在 1936 年抗战爆发前和爆发后，有一段时间和你父亲在一起工作过。当时主要是宣传抗日，发动群众、组织群众。如组织了一些合唱队、演剧队、夜校（宣传抗日）、读书会等，为前方募捐衣物、医药、钱，及做救护伤兵、

---

[1]　张庚，左翼总盟剧联常委、全国剧协副主席。

[2]　梅益，中共上海文委书记、中央广播事业局局长、中顾委委员。

救济难民等工作，稳定大家的情绪，使大家对抗战胜利树立信心。经过大量的宣传工作，曾使难民中许多人后来参加了新四军。我们还曾冒着枪弹到前线慰问，当时四行有一个大仓库，在苏州河以北，有一营的军队被日军包围，他们在那儿死守，我们从租界过河，绕过去给他们送给养、医药。这些工作，你父亲当时都参加过的。你们父亲大概在当时的《生活知识》《大晚报》上发表过文章，笔名是"林娜"，记得也用过"林曦"这个笔名。

蔡北华[1]（信件）：司马文森同志是在 1939 年春到桂林广西地方干部学校担任指导员，他的具体工作，作为教育长杨东莼同志政治秘书。他和周钢鸣同志主编"干校校刊"。他在党内，是广西地方干部学校外来干部支部委员会委员（支部书记是周钢鸣，司马文森、叶方、宋之光和我 5 人）。我们 5 人中，司马文森和周钢鸣调到校部工作，我和叶方、宋之光在队部工作。他和周主要协助杨东莼掌握全校工作。杨东莼教育长每一、二周都作一次全校大报告，题目和内容资料，他和周二人都提供意见，杨报告时由记录记稿并整理后，由杨东莼同志加以润色，司马和钢鸣都参与定稿，并在校刊发表，杨的报告当时都受到全校师生欢迎的。

当时地方干部学校是集中大批进步民主人士和进步学生，学校就是进步文化的堡垒，同时又和桂林市（西南重镇）进步文化运动是互相配合和呼应。司马、钢鸣和我都是救亡日报的成员，特别是钢鸣和司马和桂林文化和艺术界都有联系，经常配合开展这方面运动。杨东莼都是通过他们二人和桂林文化界进行联系。在校内和校外的统战工作都为杨所倚重。

"皖南事变"发生后，广西地方当局投靠蒋介石，撕破进步民主面孔，迫害进步民主人士，封闭进步组织和进步报刊，迫害杨东莼，改组地方干部学校。当时由党负责组织进入地方干部学校工作的党员和进步人士都撤出来了，司马文森同志由于社会关系较好，掩护较好就留下在桂林工作。后来在日寇进攻桂林、柳州一带，司马文森和当地党及进步青年学生在当地一带转入地下工

---

[1]　蔡北华，左联东京支部成员，上海市人大常委、副秘书长。

作和打游击战争，一直坚持几年。他什么时候离开广西我就不清楚了。

（1983 年 9 月）

罗培元[1]：1944 年秋，日军为了压蒋投降和打通西南大动脉挽救南洋的败局，从湖南发动进攻，广西沦陷不可避免，我和报社的部分党员商量，决定率领员工响应《新华日报》发出的号召，到桂北敌后从事抗日斗争，但那时粤北和广西的党组织受破坏，中央命令暂停组织活动。没有党组织的联系和统一指示，是难以打开局面的。我和总编张琛判断，在四战区任张发奎上校秘书的左洪涛和何家槐可能有党的关系，不妨大胆找他们。一天晚上我参加四战区长官部的国庆节军政联欢晚宴后，约左洪涛到柳江堤岸散步。我说，在报社的党员打算到柳北敌后搞武装斗争，请他为我们解决和党组织联系的问题。他说："你们报社有党员活动，我大体知道，你们的决定是符合党中央的号召的，同党组织联系的问题，你们可到融县找司马文森联系，我另外通知他。"[2]

我们到融县城，一面迅速恢复出版报纸，一面和文化支部负责人司马书记、郑思副书记联系，又和融县地方党组织的路璠、陶宝恒联系。我和总编辑

---

[1] 罗培元，广西省委统战部副部长、全国政协委员。

[2] 根据司马文森的履历记述，摘录罗培元文章《回忆桂北敌后的抗日斗争》，2015 年补充，说明如下：

根据南方局对撤离桂林后在桂北、桂西、桂南展开游击战的部署，司马文森任中共桂北特支书记带领桂林文化支部党员郑思、杨繁、何谷、吉联抗和进步青年到桂北组织抗日武装斗争。作为长期在南方局领导下的桂林文化支部书记司马文森，同时恢复了柳州日报、融水县两个系统党组织和上级失联两年的局面。司马文森和杨繁、何谷等在融县组建"青年挺进队"（又称"融县抗日挺进队"），交杨繁领导（队长、副队长为何谷），番号"北斗"，挺进队的分支"挺秀队"由融水县地方党组织领导。同时，司马文森与桂军韦善祥部进行统战工作，利用国民党的旧番号，整编成立"别动纵队"，任政治部主任，郑思任镇国政工队队长，吉联抗负责宣传工作，并安插二三十个进步青年进入别动纵队。郑思作词、吉联抗作曲创作了《镇国政工队队歌》。连同"柳州日报自卫队"，在桂北共组建三支抗日武装队伍。为统一武装领导，桂林文化支部、《柳州日报》支部、融水地方党组织成立桂北临时工委（又称"六方联席会议"：司马文森、郑思、罗培元、张琛、陶宝恒、路璠，由罗培元负责召集），共同领导活跃在桂北的三支抗日游击队：青年挺进队（"挺秀队"）、柳州日报自卫队、别动纵队，开展抗战斗争到日本投降。

张琛与他们商定，成立桂北临时工委，作为统一的领导机构，发动和领导整个桂北沦陷区的抗日斗争。

我和司马文森、张琛亲自出面以武装保卫报社器材和员工生命、财产为由，争取了融县县长的支持，拨给一个分队的武装即 27 支步枪、一挺轻机枪、一批子弹和手榴弹以及粮食，建立和后来发展了完全由桂北工委领导的主要武装队伍，即融县抗日挺进队。

齐闻韶[1]：我是在桂林认识你们父亲的，当时我是演剧队队员，他是社会上的名人。真正的认识、来往是 1949 年我到香港后开始的。

你们的父亲给我的印象是一个很热情、中肯、埋头苦干的工作者。他的社会活动很频繁，既做上层的工作，又做文艺界一些人的工作，在香港一提到司马、洪遒、电影界对他们是很尊敬、佩服的。

香港社会是比较复杂的，要把电影界团结好，你们的父亲既要团结老板，又要做他们的工作，不拍黄色反动片，无论拍粤语片或国语片，都要拍健康的戏，在这方面他给我的印象比较深。当时在香港电影界还开展了一些具体活动，如读书小组，你爸爸经常通过读书活动团结电影界人士，使每个人了解到底文艺为谁服务，后由读书小组又发展到读书会以至香港电影界联谊会，还制定了公约。

他是个不怕工作多的人，你们的妈妈是他的好帮手。他编《文艺生活》，写作，做社会工作，办报纸，精力很充沛，他思路很敏捷。我曾说过："司马，你这个人是压不垮的！"他方方的脸，高高的个子，待人很和气的。大家讲，司马人还没见，笑声就先进门了。他的剧本《火凤凰》《海外寻夫》《血海仇》……都拍成电影。当时香港进步电影界人士还成立了"20 世纪 50 年代影业公司"，他是发起人之一。总之，他在香港是做了大量工作。

原载《司马文森研究资料》，十月文艺出版社，1998 年 4 月

---

[1] 齐闻韶，中国共产党党员，导演，抗战时是抗敌宣传一队（剧宣七队）队员，参加导演《南宁克复后》。1948 年任香港工委电影工作组成员，南国影业公司副导演、编导《海外寻夫》（司马文森编剧）、《一板之隔》、《江湖儿女》等。1952 年，和司马文森等 10 名电影工作者被港英递解出境，任职上海联合、天马、上影制片厂。

司马文森在桂林的文学活动及成就

杨益群

　　司马文森（1916—1968）是我国现代文学史上一位有影响的归侨作家，也是一位精力充沛的文艺活动家和卓有贡献的外交家。在烽烟弥漫的抗日战争中，他同广西结下了不解之缘。1939 年春，司马文森离开了广东韶关，风尘仆仆，终于来到了西南文化名城桂林。在这里，他度过了极其艰难的五六个春秋，一直坚持战斗到 1944 年桂林沦陷前夕。桂林被日寇占领后，他仍留在广西桂北开辟抗日游击区，直到抗战胜利才离开广西到广州。他以饱满的战斗激情和大无畏英雄气概，始终活跃在桂林抗日文艺运动中，做出了卓著的贡献。并以饱蘸情感的笔触和惊人的毅力，创作了一批熠熠生辉的作品，丰富了我国抗战文艺宝库。

一

　　春寒料峭，夜幕初降，司马文森按照党组织的安排，和画家黄新波等一道抵达桂林。承蒙周钢鸣诸老战友的盛情款待，暂宿太平路救亡日报社。乱离重逢，兴奋之余勾起了韶关那令人愤慨而又心寒往事的回忆。广州失守后，满腔热血执笔为抗日大业奔走呼喊的司马文森，遵照党的决定到国民党军队做统战工作，随余汉谋的第四战区长官部（后改由张发奎管辖），迁往韶关、翁源等地。司马文森和抗先队的热心宣传抗日，却招致了张发奎忌恨，成了"眼中钉"。因而监视、讥讽、侮辱接踵而来。最后，空有"少校"官衔的司马文森，终于和当时党组织负责人石辟澜及尚仲衣、黄新波等，以"嫌疑重大"之罪名被遣散。他和黄新波来到了比较民主抗日的桂系营地桂林，而石辟澜和历经千辛万苦从广州迁移韶关的抗先队同志们，却仍面临着物质和精神上的双重折磨，尚仲衣教授则不幸车祸身亡。追忆往事，缅怀战友，历历在目，彻夜难眠……

翌日，征尘未除的司马文森，把悲愤深深藏在心间，雄姿英发，精神抖擞地接受了党组织的新安排，到杨东莼同志出任教育长的广西地方建设干校担任教导员，并驰骋于桂林进步的抗日文化运动中，成为这场如火如荼的斗争热潮的中流砥柱，名标青史。

司马文森来到桂林之后，并不是闭门埋头写作，而是"为大局着想，不计较个人利益"[1]，满腔热情地献身于进步的抗战文艺事业，在促进桂林文艺界的团结和推动国统区抗战文化运动的发展中做了大量的组织、发动工作。他对中华全国文艺界抗敌协会桂林分会（简称文协桂林分会）自始至终地大力支持协助，便是其中一例。文协桂林分会是在党的领导下，桂林文艺界抗日民族统一战线的战斗团体，在领导桂林文艺界抗日救国和反对国民党反动派消极抗战积极反共的斗争中，发挥了巨大的作用。该会自1939年10月2日成立以后，每年改选一次理事。司马文森连任六届理事会理事，和王鲁彦、巴金、夏衍、田汉等同志一道，积极从事该会的组织领导工作，分别担任出版组、组织部、儿童文学组等项负责人。该会发起组织的各项活动，他都事无巨细，带头参加。当汪精卫公开投敌叛国时，文协桂林分会曾两次组织作家们，分别在《救亡日报》和《新华日报》上发表文章给予声讨。他和夏衍、艾芜等著文愤怒声讨汪逆，打响了全国文艺界讨汪第一炮。他还及时配合分会的布置，利用其主办的刊物《文艺生活》，出版《寄慰苏联战士》专号，发表了《桂林文协电慰苏联人民》《中国诗歌界致苏联人民书》以及欧阳予倩、邵荃麟、熊佛西、黄药眠、韩北屏、芦荻、张安治、余所亚等著名作家、诗人、画家的文章、诗歌，热情歌颂和声援战斗在反法西斯战争第一线的苏联战友。并代表杨东莼同志参加中苏文化协会桂林分会筹备工作，为加强中苏团结而奔走尽力。为了培养文艺青年，

---

[1] 出自秦牧：《从血泪童工到革命作家》，载《战地》(增刊)1978年第2期。

分会曾办了两期文艺讲习班，他主讲了《文艺写作过程研究》等课，他还以大无畏的英雄气概和出色的斗争艺术，积极参加分会发起的"保障作家合法权益"运动，和茅盾、田汉、胡风等一起被推选为九人领导小组成员，同国民党反动当局压制民主、破坏宣传、出版自由的罪行展开针锋相对的斗争，保障了作家创作自由和合法著作权益。

为了及时引导、推动桂林抗战文艺运动的蓬勃开展，司马文森毫不知倦地参加各个进步文艺团体举办的座谈会，如应邀参加戏剧春秋社主持的"国家至上""包得行"演出座谈会。出席文学创作社熊佛西主持的"战后中国文艺展望"座谈会。1941年桂林乃至整个国统区的抗战文艺运动曾出现过低潮，为了及时总结经验教训，更好地推动新的一年的文艺工作，他以文艺生活社的名义，于11月19日主持召开"一九四一年文艺运动的检讨"座谈会，邀请田汉、邵荃麟、艾芜、宋云彬、杜宣、许之乔、孟超、吕复、魏曼青、徐桑楚、胡危舟、伍禾、雷蕾等新老作家和文艺工作者到会，欧阳予倩、熊佛西、葛琴因故缺席。并将座谈会记录整理，在《文艺生活》上全文发表。他综合与会者的意见，针对这一年文艺刊物"纷纷停刊。作品在量方面减少，质方面贫乏"的局面，总结了8点原因："1.作家们在写作时，深感现实主义的困难，所受的限制太多。2.文化中心转移，大批文艺作家离开原有的文化据点。3.交通困难，影响到书籍、杂志的流通。4.物价飞涨，生活日益艰难，作家的生活得不到保障，纷纷改行，写作时间自然受了剥削。5.文艺理论的批评贫乏，作家失却领导。6.受局势影响。7.作家生活逐渐的和现实脱节。8.市侩主义又在文艺运动中抬头。"接着，他又实事求是地指出文艺低潮中的某些发展，如杂文"非常盛行"，戏剧"相当活跃"，长诗、翻译作品增加，"在内容和表现技巧上，且都有了进步"。最后提出了新的一年文艺运动值得注意的几个问题："1.应该如何克服主客观的困难。2.应如何继续展开民族形式问题的论争，并切实实践。3.应如何建立文艺理论和批评。"（均引自1942年1月15日出版的《文艺生活》第一卷第五期）以上意见，虽不能誉之为完美无缺，也有值得继续讨论之处，但在当时整个国统区来说，则是独一无二的，既是对1941年国统区抗日文艺运动的回顾、总结，也为新的一年文艺运动指明了方向。而对于今天我们研究这一时期的抗战文艺，无疑也是极为珍贵的参考资料。对于繁荣儿童文学创作、出版事业，他也是一名热心者。1940年下旬他具体负责文协桂林分会出版部儿童组工作后，紧接着在11月、12月两月中，先后主持召开了"当前儿童读物之优缺点""儿童文学座谈会""儿童戏剧座谈会""儿童戏剧报告会"等多种形式会议，对促进桂林儿童文学、戏剧创作演出和儿童读物出版工作，发挥了很好的作用，并撰文批评轻视儿童文学创作、出版工作的错误倾向。如在《夜记》（载《野草》第六期）文中谈道，"少年读物的编纂供应问题，现在似乎又重新地引人注意了……这工作的开始被注意，无论做得好与坏，总是一件可喜的事。不过，我们也不应以它的量的众多为满足，更重要的是要注意它的质是否已经比从前提高了，能否满足我们青少年读者的要求"。他还带头创作了《菲菲岛梦游记》《渔夫和鱼》等一批童话故事，深受少年儿童的喜爱。

司马文森不仅时刻关心文坛的新动向，在理论上认真探索造成国统区抗战文艺运动低潮的原因，为掀起抗战文艺运动新高潮而大造舆论；而且以实际行动，力促新潮的到来。正当文艺刊物纷纷停刊，出版业日趋萧条、冷落之际，他暂时抑制住强烈的创作冲动，大办文艺刊物，为振兴桂林的出版业而废寝忘食，操劳不息。单以1941年这年为例，他便创办了大型的文艺月刊《文艺生活》，并和刘健庵、张安治、胡危舟、马卫之、杨纪、宗建庚、李文钊等发起组织艺术新闻社，编辑出版《艺术新闻》，担任社委。主编出版"文艺生活丛书"以后，还应聘为桂林国光出版社的编辑，编辑出版多种文艺书籍。《文艺新闻》以报道艺术消息，介绍艺术作品为主，独树一帜。《文艺生活》则是综合性的文艺刊物，发表小说、诗歌、杂文、随笔、剧本和文艺评论，主要撰稿人有郭沫若、欧阳予倩、夏衍、田汉、邵荃麟、艾芜、周钢鸣、穆木天、熊佛西、骆宾基、黄药眠、何其芳、碧野、姚雪垠、林焕平、陈残云、秦似、秦牧、沙汀、王西彦、何家槐、罗荪、柳亚子、孟超、欧阳凡海、许幸之、韩北屏、臧克家、卞之琳、邹荻帆、芦荻、聂绀弩、靳以、曹靖华、焦菊隐、张安治、余所亚等，实力雄厚，几乎包括了全国各地的知名进步作家、艺术家，充分显示了司马文森杰出的组织才干和活动能力。该刊经他苦心编辑，以崭新的面貌展现在读者眼前，深受全国各地读者欢迎，顿使萧条沉寂的桂林出版界增添了生气。在出版条件极为艰难的情况下，该刊坚持按月出版，至1943年8月被国民党广西当局勒令停刊为止，共出了3卷18期。在宣传抗战救国，抨击国民党反动政策的斗争中发挥了巨大作用，是当时全国屈指可数的进步文艺期刊。关于此时他的生活、创作情况，曾引起新闻界的重视，1943 年 9 月 25 日桂林《大公报》曾以《桂林作家群》为题，报道了他的近况："《文艺生活》奉令停刊后，司马文森的太太，又添了一个掌上明珠，衡量得失，倒也令他苦笑。他的长篇小说《夜寒》被检扣了，另一个长篇传记文学《画家的一生》初稿完成，在修改中。目前，他厌倦于短篇的写作，生活虽不十分艰难，而当你在街上碰到他时，他那奔忙和不修边幅的样子，你是不能说他生活过得优裕的。"

胸襟阔达，善于团结同志，尊重他人劳动成果，关心贫病作家生活疾苦，这是司马文森的一大美德，也是其赢得大家莫大信任的原因。他热心辅导、培养文艺青年，尽力扶持他们。对老作家和战友，更是赤诚相见，想他们之所想，急他们之所急。郭沫若诞辰五十年，田汉诞辰四十四年，他都前往热烈祝寿，并在其主办的《文艺生活》上出版"纪念特刊"。鲁迅逝世三、四、五周年纪念日，桂林均举行大会，他每次都大力支持，积极参加。除在《文艺生活》杂志上出版"纪念专辑"外，还在会上发表激情奔放的讲话或撰写纪念文章，亲切缅怀、热情歌颂鲁迅的可贵战斗精神，号召大家"要发挥先生韧性的战斗精神，挥起驱魔杖和他们周旋到底，抗战到底！一直到我们民族的自由，解放独立获得之后！"[1]夏衍的名剧《心防》欧阳予倩导演，由广西艺术馆实验剧团演出）首演成功，他为之喝彩，应邀出席座谈会。茅盾的新作《霜叶红似二月花》刚问世，他便和留桂作家巴金、田汉、胡仲持、艾芜、端木蕻良、黄药眠、周钢鸣、孟超、林焕平等发起召开座谈会，给予肯定，并联名发一快邮代电给远在重庆的作者深表祝贺。对于别人的成就，他由衷地高兴；对于战友的困难，他设身处地，关怀备至。1944 年夏秋之交，湘桂大撤退，桂林火车站拥挤不堪，好车厢给达官贵人霸占，有顶篷的货车也已堆满了人，连用以载铁轨的光板车，也无插足之处。艾芜一家老少东求西托，均无法上车，正陷入穷途绝路之际，司马文森见状，立即动员其学生帮艾芜一家抢上了光板车。等送走了战友之后，他匆忙撤离桂林。但一到柳州却陷入窘境，诚如当时

---

[1] 出自《三年祭》，载《国民公论》第 2 卷第 8 期。

报纸所说："彷徨在柳州的司马文森……挈妇携雏，和艾芜一样的狼狈。文章无地发表，可怜的稿费收入也绝了来源……司马文森向友人诉苦说：'设法活下去，成了最迫切的问题，今后行踪，不能预卜。'"[1]此时此地的司马文森一家的苦状，可想而知。是年8月底，王鲁彦不幸于桂林病逝。噩耗传来，司马文森暂置家庭困境于不顾，旋即和邵荃麟、曾敏之、端木蕻良等，重聚桂林，刊讣告，写悼文，发起募捐、救助遗孤、筹备追悼会，奔忙不息。冒险在战火中开完王鲁彦追悼会，妥善安置遗孤，于桂林沦陷前夕最后一批撤离桂林，表现了司马文森舍生为战友的可贵品质。司马文森助人为乐的精神及舍生为友的品质，给人们留下了终生难忘的印象，不少同志回顾当年的战斗生活时，都深情地谈到这一点，如夏衍同志在缅怀《救亡日报》（桂林版）经历时，说"我永远不能忘记在极度困难中支持过我们的朋友和同志，而这些朋友和同志中，有不少人，如杨东莼、田汉、司马文森、孟超……都已经在林彪、江青反革命集团的迫害下，永远离开了我们"[2]。去年我们访问艾芜同志时，他也念念不忘当年最苦难时关司马文森对他一家的援助。

尤为宝贵的则是司马文森那种无限忠于党、忠于人民的革命精神和高尚情操。他处处听从党的召唤，勇挑重担，而置个人生死于度外。皖南事变发生后，桂林空气骤变，风雨如磐，夏衍、范长江、周钢鸣等一大批进步文化人士被迫撤往香港。但司马文森坚决服从党的决定，冒着随时有遭国民党反动派逮捕杀害的危险，留下来承担联系和领导桂林文化系统地下党员的工作。"事情相当忙"，任务"相当沉重"，上级党派来联系的人却又迟迟未到。然而，疾风知劲草，他"无犹豫，无担忧，是共产党员就不怕烈火来考验！"[3]沉着冷静地分析、处理好错综复杂的问题，完满地执行党所交给的任务。后来，当他携妻带女夹杂在逃难人流中来到柳州之后，他考虑的并不是继续往贵州、重庆西撤，而是照样斗争下去。于是，他欣然接受党组织的委派，举家深入桂北山区开辟抗日游击区，出任纵队政治部主任，狠狠打击敌人，直到抗战胜利。

---

[1]　出自敏之：《流亡中的文艺工作者》，载桂林《大公报》1944年8月5日。

[2]　出自《白头记者话当年——记救亡日报之二》，载《新闻研究资料》1981年第2辑。

[3]　出自司马文森：《在桂林的日子》，载《广西日报》1962年10月9/11/13日。

二

司马文森从小酷爱文学，靠他的勤奋和熟悉生活，很早便从事文学创作。20世纪30年代，在上海他参加左翼作家联盟时期，就以"林娜"为笔名在文坛上崭露头角，而他创作生涯最旺盛的年代则是来到桂林之后。这一时期，他芳华正茂，精力充沛。加之风雷激荡的伟大抗战斗争生活，为其提供丰富多彩的创作题材。肩负着民族与时代的重任，鞭策他以笔当枪，唤醒民众，奔赴战场。强烈的创作愿望，激越的情感，似咆哮奔腾的扬子江水，一泻千里，难以自控。因此，在他从事大量的社会工作之余，总是争分夺秒，废寝忘食地写呀写，从而被大家公认为这一时期的"高产作家"。1939年2月至1940年2月，这一年并非其创作高峰年，但至少也写了13万字以上的作品。他是一位才华横溢的多面手，诗歌、散文、杂文、报告文学、小说、剧本、文艺评论，均有佳作，而尤以小说的成就最为卓著。由于他的坚忍不拔的毅力和辛勤耕耘，因而取得了创作中空前的大丰收。据不完全统计，在桂林短短的五六年时间里，便创作发表了百多篇（部）作品，创作出版了17部散文、报告文学、短篇小说集及中、长篇小说、童话故事，堪称他文学生涯中的极盛时期。他一生中共创作了6部长篇小说、10部中篇小说、5部短篇小说集和6部童话故事。而这时期编写创作了长篇小说2部、中篇小说9部、短篇小说集4部、童话故事5部。其数量之多，不仅在其本人是空前绝后的，而且在我国现代文学史上也是极为罕见的。

揭露国民党军政机构的腐败，抨击封建恶势力的罪恶，针砭扼杀抗日救国的生机，是司马文森小说创作的最大特点。抗战爆发后，司马文森耳闻目睹国民党的腐败无能，极为反感，尤其是经历过了在国民党军队一段生活之后，对此更为深恶痛绝。他认为"只有使这些卑鄙恶劣的不良现象彻底澄清，才能使我们的抗战更和胜利接近"。因此，他极力"提倡以带有讽刺性、暴露性的短篇小说"[1]，对这些不良现象痛加揭露鞭挞。短篇小说《大时代中的小人物》[2]就

---

[1] 出自《朝低潮走吗》，载《救亡日报》1940年9月3日。

[2] 载《公民公论》1939年9月16日第2卷第6期。

是实践其创作主张的头一篇讽刺小说。作品写一位姓章的国民党准尉司书，见别人升官，他发牢骚，也想升官。于是，对上司竭尽阿谀奉承之能事。他气壮如牛，实则胆小如鼠，他鼓励女同事不要害怕，但空袭警报刚响，却头一个跑去躲。当人们把他从树洞里拖出来时，他哼着"这生活我过不下……"，胆汁也被吓破了，"眼皮往下一合，便断气了"。把一个梦想升官往上爬的庸俗无能之辈讽刺得淋漓尽致，入木三分，初露作者幽默诙谐的讽刺风格，同张天翼的《华威先生》有异曲同工之妙。

如果说像《大时代中的小人物》之类作品，还只停留在对国民党下级军政人员的揭露批判上；那么，中篇小说《南线》，则矛头直指国民党的高级将领，揭露更为深刻，鞭挞更有力。该篇在《国民公论》发表时，编者特地加上按语，盛赞这是"正面表现南线战史最有系统的一部小说"。作者在谈到其创作缘由时，也指出，关于表现南线战场，已在《粤北散记》和《一个英雄的经历》两个集子中有所反映，"然而都是一些比较零碎的断片"。以后，又写了中篇小说《天才的悲剧》（又名《尚仲衣教授》），算是"不完全零碎断片的东西"。现在，"我写《南线》的企图心，比之在写《天才的悲剧》时还要大。过去我所写的东西，只限于零碎的点线而不是完整的面，换一句话说，就是我只能做到表现在整个大海中的某一点小浪泡而已，在这儿，我要的已不是那小小的浪泡，我要表现着整个咆哮着的海洋"。"除此而外我还企图着指出南战场（同样现象也许不只南战场才存在着）初期失败的某一部分内在原因。"[1] 显然，司马文森是打算通过《南线》这部小说，较完整地描写南线战场，从中揭示南线战场乃至整个抗战前期国民党军队节节败退的某一部分内在原因——指挥者的腐朽无能、损公肥私和军纪败坏。小说的主人公是"雄踞南方战线的最高军事负责人徐汉东将军"。他，官运亨通，靠其善于钻营和所谓"显赫的战功"升任军长，委以重任，驻守海防，指挥南线战事。然而，就在驻守海防的一年多里，却带头大搞走私活动。要阻止敌人偷袭登陆的海防，实际上已成了不设防的港口。日寇乘虚而入，连陷两城，迫近旷州（实指广州）。此时，他落荒先逃，临走前将宪兵司令和警察局长叫来当替死鬼，

---

[1]　出自《南线（后记）》，载《野草》1940年12月1日第1卷第4期。

要他们坚守阵地。不久，旷州失守，整个南线战场兵败如山倒。这个被誉为"常胜将军"的徐汉东束手无策，终于成了常败司令，一副狼狈相："把头低着，面上的皱纹和忧愁，随着战况的恶化增多了"，"常常失眠"。与先前那种耀武扬威、骄横跋扈的神态形成强烈对照，完全暴露其色厉内荏、腐败无能的真面目，也揭示了南线战场败北的不可避免。这部中篇小说独具一格，进一步显示了作者善于观察分析事物和高超的艺术手法。通篇人物不多，只有"常胜将军"及"其常胜部队"。俗话说上梁不正下梁歪，有什么样的官便带出什么样的兵。从徐汉东身上，可以懂得其手下的兵；反之，由徐汉东统率的部队，可以看到他本人。作者正是紧紧抓住徐汉东这位冒牌的常胜将军及其冒牌的常胜部队相互关系，环环相扣，步步深入地刻画剖析，生动地揭露了国民党军队的腐朽本质。小说开头，作者以极其简练的文字介绍了这位常胜将军之后，接着便又简略介绍这支由其一手栽培起来的部队，其所以"被称为常胜的铁之部队，主要的特点是打仗不怕死，能狠命地冲"（其实作品指的是亡命之徒，引者）。"另一个特点是军风纪的极端恶劣"。如此大发国难财的乌合之众，惨败无疑。不信，请看："当地人已进了城……士兵们在酣睡中，长官还有许多逗留在他的情妇家里的。当他们听见枪声、喊杀声，刚来得及爬起身，已有大半被围困且缴去武装；仓皇突围而出的，也是残缺不全，不是仅带着枪没带刺刀的，便是只穿裤子没穿上衣，情形是那样的叫人哭笑不得的。战事发展到第二天清早，城市已失去了两个，师部还不知道。当他们知道了，想指挥自己的部队作战，却临时发生了参谋找不到参谋长，参谋长又找不到师长。"这样腐败无能、不堪一击的军队，居然被冠以"常胜的铁之部队"；而靠这种军队起家的人，则居然被捧为"常胜将军"，青云直上。那么，读者不禁要问：号称铁一般的"常胜部队"既如此低劣，则其他的一般部队，其军风纪和战斗力更可想而知。"常胜"二字，确是对国民党反动军队的有力讽刺。应该指出的是像作者敢于这样对国民党高级将领的无情揭露鞭笞，敢于将国民党军队的腐败无能如此痛快淋漓地公之于众，这在当时还属绝无仅有的。

上面提到，作者写中篇小说《天才的悲剧》，主要是为了指出南线战场乃至整个抗日战场初期失败的某一部分内在原因，但却着重于国民党反动派对热心抗日救国的知识分子及其他进步力量歧视迫害的揭露抨击。这部作品又名《尚仲衣教授》，基本上是真人真事。尚仲衣出身较富裕，自幼受到严格教育，到美国留学后回国当教授。1938年上半年，尚仲衣教授和一批进步文化人士参加了国民党第四战区政治部宣传组，出任上校组长，活跃在韶关、翁源一带，满腔热忱地宣传抗日，过着极其艰难的生活。但是，他和同志们的努力，不仅没得到国民党反动派的支持和肯定，反而受到了刁难、打击和迫害。他被"遣散"后，不幸覆车身亡。《天才的悲剧》正是通过尚仲衣教授的不幸遭遇，强烈地控诉了国民党反动派迫害进步知识分子的罪行，引起了广大知识分子的共鸣。这部中篇小说最早发表在《文艺阵地》上，1940年5月由桂林南方出版社出版单行本，1947年4月由香港文生出版社再版。当作品刚问世时，编者即写信给作者，称赞是篇成功之作。南方出版社还特意作了介绍推荐，指出"全书四万言，在生动流利的字中，洋溢着作者的真挚的感情，是传记文学的一种新型作品，与作者的其他作品相比较，显出另一种风格"[1]。香港文协也曾为之举办了座谈，予以肯定。当然，也有人提出非议，认为它既不像小说、传记，也不像报告文学。但作者不以为然，他认为文学形式不是一成不变的，形式考虑得太多容易束缚作者。诚如他在《我怎样写〈尚仲衣教授〉》文中所云："你想怎样写，才能写得更好一点，你就那样写吧。"这是不无道理的。

短篇小说《回乡》，则通过一女青年学生曹碧珍，冲破了重重阻力投考了广西地方建设干部学校，毕业后满怀希望回乡参加抗日救国工作，但横遭封建地方势力和落后群众偏见的围攻，理想破灭的坎坷遭遇，抨击了封建恶势力对抗战生机的扼杀，塑造了在抗战洪流中，报国无门的另一类年轻知识分子的典型。

反映伟大的时代人的精神面貌的变化，表现年轻一代的成长，这是司马文森小说创作的另一特点。短篇小说《路》，写一对青年夫妇分道扬镳的故事。男的叫陈梗，女的叫李芳。李芳是一位有志气、有抱负的热血青年。抗战爆发后，她满怀抗战激情参加战地工作队奔赴前线工作，精神焕发艰苦奋斗；陈梗也有过一股抗战热情，但却贪恋后方生活，留在国民党某军事机关。由于他惯

---

[1]　载《十日文萃》1940年8月30日第1卷第6期。

于巴结钻营，平步青云，早已把当初的抗战热情抛入九霄云外。3年后，李芳回来探亲，目睹其生活奢侈，营私舞弊，极为反感，便想离开，陈梗则以物质享受、金钱地位诱惑，挽留她，即遭到其严词斥责："你自己忘记了你应尽的义务，在战士们的骷髅堆上过喝血日子，还要拖人下水。""你以为我是回来给你当装饰品的？笑话，你把我看成怎样的一个人？你现在也许嫌我穿得难看，长得黑，不像个人样，但这并不是一件可耻的事，只有那些悄悄地躲在大后方，在战士们的骷髅堆上养肥自己的人，才是可耻！"言毕即愤然返回前线，继续战斗。这些掷地有声的语言，在当时是很发人深思的。而他们所走的不同道路，更具有一定的现实意义。

中篇小说《宋国宪》，写于日本宣布无条件投降不久的1945年9月13日，发表于《文艺生活》（光复版）第一号。是根据作者在广西融县和罗城县龙岸一带担任抗日纵队政治部主任时，身边一个18岁勤务兵宋国宪的事迹创作的。宋国宪的经历并不复杂，他念过书，是个独子，诚怕父母反对，便偷偷报名参加志愿兵，决心抗日救国。不久，桂林沦陷，他慌忙突围，赶到融安加入抗日游击队，当名勤务兵。但他不安于职守，迫切希望能扛枪上战场杀敌。加上他突围时丢了枪，又有点书呆气，被同伴们讥为"傻子"冷眼相看。他委实过不下去，便离队到乡下去。在一次战斗中，他用柴刀砍死两名鬼子，夺了轻机枪，遂身价高百倍，为村民们所崇敬。接着，又扛着这架机枪重回游击队，屡立战功，被誉为"来自民间的人民英雄"，广为传颂。作品中虽以幽默的笔调写出宋国宪的稚气、傻气，但始终突出其正直善良，有骨气的一面。尤其是他那一心为抗战，爱枪如命的"傻劲"，更令人过目难忘。当他从鬼子手里夺得机枪回到村里时，便有人给一万元高价买枪，他说："我为这挺机枪，受过人家多少闲气，不卖，交一百万元也不卖！"当游击队大队长亲自动员他交出机枪支援游击队时，他郑重其事地说："我不能给……一个军人和他的武器，就正如一个人和自己生命一样，我不卖，不给任何人！"游击队后来准备给其晋升为分队长来表彰其战功，他出人意料之外不愿意干，而愿当个班长，继续扛机枪参加战斗。综上所述，宋国宪从一个被人讽刺，不屑一顾的"傻子"，成长为名声大震的战斗英雄，靠的是勇气和决心。其不为金钱、地位所动，和机枪相依为命，战斗到底的精神更值得称道。它暗示大家抗战虽胜利了，但斗争并未结束，决不能放下手中枪。这就是《宋国宪》的典型意义。

勇于探索，正确表现爱情生活，是司马文森小说创作的又一特点。抗战初期，国统区文坛上曾出现了两种极端，一种是所谓"抗战加恋爱"；另一种是千篇一律充满"冲呀""杀呀"，过分强调抗战内容而忽视艺术性。对于进步作家来说，爱情题材却成了禁区，谁敢于问津，便会被扣上"与抗战无关"的帽子挨骂。司马文森克服了重重阻力，冲破禁区，连续创作了几部爱情中、长篇小说。

长篇小说《雨季》既是司马文森的头部长篇小说，也是他探索爱情题材的尝试。作者写这部长篇小说，是由于深受一个真实的爱情悲剧所感动。目的是表现"一个真正的人性的觉醒"。青年夫妇孔德明、林慧贞，虽都是知识分子，但由于彼此的家庭出身和爱好各异，因此，他们的结合貌似美满幸福，但"没有共同的认识基础"，"纯粹是建筑在彼此的利害关系上"。林慧贞爱的是孔德明有钱，孔德明则因为林慧贞漂亮，可当"装饰品"。轰轰烈烈的抗战运动，唤起了林慧贞强烈的爱国心，痛下决心改变"像囚犯一样的被幽禁着"的环境，重新探索新的人生道路，追求新的爱情与幸福。恰在此时，孔德明远行到昆明创办新厂，他的大学同窗好友、广东游击队政工部主任方海生出差来到桂县（上海沦陷后孔德明将纺织厂迁至此），突然出现在林慧贞身旁。他同情林慧贞的处境，向她讲述革命道理，介绍战地生活。林慧贞深受感动之余，爱上了方海生，而且简直爱到了发疯的地步。但方海生拒绝她的爱，不辞而别，返回前线。林慧贞也终于悄然离家出走，离开优越富裕的家和患病的独生子，来到了古岭儿童教养院教唱抗战歌曲，开始了新的战斗生活。故事便这样围绕着孔德明等三者间的矛盾冲突而展开。林慧贞和孔德明爱情的决裂，势在必然；林慧贞爱上方海生，表明其敢于追求真正的幸福。林慧贞的爱被拒绝之后，没有倒下来，继续冲破家庭牢笼，投入抗战洪流中去，是其人生道路的一大转折，值得称道。但是，林慧贞对方海生的追求，显得有点刻毒自私，甚至不择手段，几乎到了失却人性的疯狂地步，则是不足取的。作者对她的爱情纠葛，难免有落入旧俗套之嫌，但决然不同于以往的"三角恋爱"或所谓"抗战加恋爱"。我们看到的是新时代的娜拉，富有反抗精神的新女性。林慧贞不迷恋小家庭，不贪图享受，不向封建势力低头，毅然投奔新潮流，追求光和热的勇气与精神，鼓舞了广大的知识青年，具有一定的典型意义，被当时评论界誉为"在抗战中觉醒了"，"要求热情，要求高亢而战斗的爱"，"大胆向旧社会向幽囚过多少女性的牢笼宣战"的"青年而贤惠的女性"。[1]

这部小说颇具艺术特色，感情浓烈，字里行间洋溢着作者炽热的情怀。每个人物都倾注了作者强烈的爱憎。司空见惯的某些景物描写，糅杂了作者深厚真挚的感情色彩，常常达到了情景交融的美妙境地。如当方海生陷入强烈的思想斗争时的雨声描写，就不落窠臼，相当出色：

"从昨晚午夜起，雨果然下了，而且一直下到这时还未曾停止过。他一个人，在这孤寂的、狭隘的室中，无聊地踱着、站着，倾听着那雨点打在屋瓦上的声音。有时他站到窗口去，看见滴溜前，水滴像断珠似的，一颗一颗的密集着滴了下来，正如一个女人的眼泪，无休止的滴溜着，那雨水潭中却幻出一副面孔，一副熟识的逗人怜惜的苍白的面孔，他感慨着，那面孔遂消失了。这炒豆似的雨点滴溜声，使他又起了幻觉，觉得他已经站在前线了，那不就正是千万架机关枪的声音，那雷鸣，就正像敌人大炮的轰击啊！它勾起了他一缕情思，使他想起了敌人的扫荡，和成千成万弟兄为了坚持自己的阵地而挨受的苦难……"

在这里，你根本无法分辨出哪些是纯粹的写景、哪些是抒情。而且同是雨滴和雨声，却随着人物奔腾起伏的内心活动而起变化，成了泪声、枪声、炮声，使读者如临其境，如闻其声，产生了共鸣。作者在展开景物描写时，还熟练地运用了象征手法，收到了预期效果。如题目《雨季》以及小说中反复出现的关于讨厌的梅雨的描写，就是象征着皖南事变后桂林沉闷的政治局势，并暗示雨过天晴，阳光普照，反革命黑暗统治只是暂时的，胜利是属于我们的。关在孔德明厅中笼里的金丝鸟，则象征林慧贞的孤寂处境。而后写笼断鸟飞，则意味着林慧贞的觉醒。小说结尾，写孔德明劝说林慧贞归家无效，回家路上无意中见一群飞雁掠空而过，后面掉了一只倦乏得快飞不动的孤雁，更寓意深长，发人深思。至于小说中的心理描写和细节刻画，也是楚楚动人，相当成功的。不过，美中不足的是有些情节和对话欠缺推敲，显得过于冗长拖沓。人物

[1] 出自桂林《大公报》1943年9月24日。

形象的塑造尚欠丰满。尽管这部小说尚有不足之处，"对推动人民群众走向团结和斗争，迎接新中国的建立起了积极作用"、"在同形形色色的反动文学争夺阵地方面做出了贡献"。[1]不少知识青年受了《雨季》的启发教育，冲破重重阻力，走向革命道路。正如野曼在《抹不去的脚印》一文中所说：这部小说"曾叩动过我青春的心房。当时，我就是在司马的启迪下、怀着在'雨季'中被压抑的感情，写下了组诗《绿色书简》……司马那'倔强的声音'，也曾煽动过我，去追求那隐藏在云层中的阳光"。

继《雨季》之后，司马文森再次探索爱情题材，陆续写了中篇爱情小说《希望》和《折翼鸟》。《希望》是作者拟写的三部既相连又独立的中篇之一（另两部是《战地》《流亡》）。它反映了一个青年剧团在抗战运动中的成长过程。开始，由于爱情纠纷，几乎使剧团濒于解散。后来，年轻的文艺工作者经受了艰难磨炼，正确处理了爱情关系，宁愿牺牲个人利益，服从集体的需要，完成他们的战斗任务。这部小说发表后，被出版界誉为"一篇有血有泪的作品"。《折翼鸟》塑造了一个和林慧贞截然相反的典型——虔。她曾同小说中的"我"有过一段恋情，后来同茹结婚，茹不幸去世，她带着遗孤想超脱封建牢笼，向"我"倾诉热烈真挚的爱，但最后还是屈服于家庭和社会舆论的压力之下。通过"虔"的爱情悲剧，向封建社会制度及封建礼教提出了强烈的控诉。其思想性和艺术性，较之他抗战前期之作，均渐趋成熟，尤其是后者，更富有感染力。擅长抒发感情，工于心理刻画，把一个年轻寡妇不堪寂寞，大胆追求新的爱情的热烈神态心情，写得委婉动人，传神逼真。对象征手法的运用，更达到了出神入化境地。如以较长的篇幅，描写一只被暴风雨摧残而断了翼的白鸽的挣扎，造成了一种令人惋惜怜悯、惊心动魄的气氛和效果，唤起联想，更利于主题思想的表达。这部小说被香港的评论界誉为"是司马文森的另一个杰作"[2]。

司马文森小说创作题材相当广泛，除上述作品之外，还创作了反映大革命时期斗争生活的长篇小说《夜寒》，于1943年下半年被国民党图书检察机关列

---

[1]　出自唐弢、严家炎主编：《中国现代文学史》第三册，人民文学出版社，第458页。

[2]　出自东瑞：《司马文森的小说》，载《开卷》1981年第3期。

为禁书，不给出版发行。同年，创作、出版了反映一个残废青年经过自学奋斗成为画家的长篇小说《人的希望》。还有充满异国情调的儿童小说《菲菲岛梦游记》和《渔夫和鱼》。中篇小说则有《王英和李俊》《落日》《转形》《湖上的忧郁》等。短篇小说集有《一个英雄的经历》《奇遇》《孤独》等。他还打算写一部约一百万字的长篇小说，替被人瞧不起的广大"救亡分子""申冤申冤"，人物一百多个，按抗战分期分三部来写。作者称这为"狂妄"的"计划"。至于具体内容，作者"打算暂时不宣布，到时自有分解"。[1]该书后来因湘桂大撤退，他转而参加了游击战争而辍笔。

除了小说，散文、杂文、报告文学也能体现司马文森杰出的文学成就。如这时期创作出版的报告文学集《粤北散记》，散文集《过客》，就是当年桂林出版的同类作品中的佼佼者。请看当时出版界的评价："大家都以为司马先生只是一个小说家，却不知道他同时也是一个优秀的散文作家，他文章风格的清丽，情感的丰富蓬勃，早已为一般读者所公认。《过客》是他5年来所写的散文作品的总集，里面充满了作者对于现实的热爱和憎恨，刻画出在抗战中各种严肃的和荒淫的身影，可以说是近年来颇为难得的散文作品。"细读司马文森的散文作品，觉得这种评价是确如其云，当之无愧的。只是限于篇幅关系，不拟评述。

三

在文艺创作中充分显示了司马文森的才华，而在文艺理论方面，同样也表现了其敏锐的洞察力和高超的理论水平。他除了踊跃参加各种文艺座谈会，在会上独出机杼，发表了一系列切中时弊的见解，而且还针对某些不良的创作倾向和错误的文艺理论，撰写了一批富有战斗力的理论文章，概括起来，有如下几方面：

（一）反对轻视文艺普及工作，主张文艺深入士兵。

抗战时期，文艺界曾展开了文艺大众化和民族形式的热烈讨论，有助于

---

[1] 出自《作家生活自述》，载《当代文艺》第1卷第4期。

"文章下乡""文章入伍"口号的贯彻。但在抗日文艺队伍中，还在不同程度中存在着轻视普及、不愿下乡下部队的现象，尤其是不重视士兵的文化宣传教育工作。司马文森立即写了《把文艺种子传播到战壕、兵营里去》[1]，指出："大众是能接受抗战文艺的"，而"直到目前为止，还有大部分人把抗战文艺运动局限在出版文艺杂志的圈子里，还只把它局限在写文章上面"，并大声疾呼："抗战的文艺运动也应该成为群众的，打破只编文艺杂志、写文章的圈子，把种子传到各村庄、工场，特别是营房和战壕去，是在师以下部队工作的文艺工作者"应尽的义务。在《论"文章入伍"》[2]一文中，他进一步论述了"文章下乡""文章入伍"与文艺大众化之关系，指出抗战以后，在文艺界中有"文章下乡"和"文章入伍"口号的指出，"这与文艺大众化有不可分离的关系。它是现阶段文艺大众化更进一步，更具体化的表现"。怎样做好"文章入伍"工作？他提出了具体设想："一、彻底纠正一般带兵长官政工人员，对宣传品尤其是对士兵宣传品的轻视态度，认为是狗皮膏药，说来骗骗人的心理。二、在营以上设立文化输送站，解决战线上运输的困难。三、每战区必须创办小型士兵通俗周报一种。"司马文森如此了解、关心士兵的文化宣传教育工作，这与他曾深入军队做宣传发动工作不无关系。只有熟悉下层士兵的苦衷，掌握了实际情况，才能有矢中地提出并分析问题。值得提出的是，像他这样理论联系实际，敢为一般士兵说话的文章，在当时还是寥寥可数的。

（二）正确估价抗战文艺，强调暴露与讽刺。

抗战前期，随着文艺要不要为抗日战争服务论争的展开，文艺界又发生了符合反映抗日的现实生活，要不要暴露黑暗等问题的论争。接着，又鉴于张天翼暴露国民党官吏假"抗日"的讽刺小说《华威先生》，被日本报刊翻译过去，问题的争论又再度掀起。大部分进步工作者认为，暴露黑暗问题是国统区进步文艺面临的一个重要任务，文学创作仍然需要暴露与讽刺。《华威先生》所代表的暴露黑暗的创作倾向是现实生活的真实反映，与抗日民族统一战线原则并不抵触，不会造成消极影响。但，也出现了持相反意见的。其论调之一，便

---

[1]　载《救亡日报》1939 年 2 月 27 日。

[2]　载《救亡日报》1939 年 11 月 17—18 日。

是认为"在这个真正的生死已到了最关头的时候，作家们不去写前方，却在写后方，不去写我们的战士如何英雄杀敌却来暴露自己的弱点，比如什么发国难财呵，某某包庇走私呵，真真是岂有此理"。结论便是：抗战文艺在"朝低潮走"。针对这种论点，司马文森痛加驳斥，针锋相对地指出："在我看来，这不但不是低潮，不是退后，反之却是一个新的开展，从创作上来说已使我们的写作主题更深入和扩大了。从写作技术上来说已进入到能够描写形象，表现正确的地步了，为什么还说是退步？"

文学要不要暴露和讽刺？司马文森的回答是："在彻底执行文艺服务于抗战这一正确目标底下，我们不只应该去表现这些有害于当前抗战的不良现象，且应该是每个工作（者）当前最主要的写作任务。因此，在这时，我们不仅要提倡鲁迅的杂文，且要多多的提倡以带有讽刺性、暴露性的短篇小说、小故事及短剧等。"关于《华威先生》，他则认为，"张天翼的《华威先生》曾替我们画出了一条新的写作路线……但这还不够，我们还得努力，还得更多方面地去发掘，去表现，须知只有使这些卑鄙恶劣的不良现象彻底澄清，才能使我们的抗战更和胜利接近"。[1]司马文森如此独具慧眼的论述，于当时是无懈可击，于今也是言之成理，发人深思的。

（三）戏剧工作者必须到乡间、前线去，在民众、士兵中生活呼吸。

抗战爆发后，戏剧成了宣传抗日救国的轻骑兵，街头剧、活报剧的创作、演出盛极一时，影响很大。但也存在着种种不良倾向，其中最突出的便是怕苦怕累，热衷于在后方大城市中做"学院式的表演"。对此，司马文森作了深刻生动的描绘："要是某些地方，已经成为，或将成为经济、政治、军事文化中心的话，那么就有许多戏剧或非戏剧团体，凑热闹似的挤到那儿去。当你跑进这些工作者的住所，第一眼看见的是大部分工作同志都在忙着，问明了原因，才知道原来是为了'排戏'。接着，他们就会热情地告诉你：这是为了某种纪念或运动，'排'给民众看的！"除此，"应酬主义"的演出也很盛行。针对这种怪现象，司马文森也做了入木三分的揭露抨击，指出："某些团体喊要到前线去，已经半个月了，好容易找到机会，要到前线去，于是事前先替自己宣传了一番，临走

---

[1] 出自司马文森《朝低潮走吗》，载《救亡日报》1940年9月3日。

时又发了告别××同胞书，最后慷慨激昂地走了。他们只到离前线还有三四百里的集团军部，或者是军部便不走了，人家招待他们，他们便也软软地留下。他们在那儿开始施展身手了，做着'战地活动'对那些不用宣传的人进行宣传，士兵同志要看戏吗？慢一步来，我们忙着演给官长看。这样一再的做着应酬演出，然后再回到后方来，第二天报纸就登着自己拟好送去的新闻，对市民做报告说：某某工作大队'已从前线工作归来了'！"由于存在着"学院式的表演主义"和"应酬主义"，严重地阻碍戏剧为抗战服务，"在广大的地区中，有千千万万真正的民众，正在渴望着教育，渴望着宣传，却永远也得不到机会"，"为了民族的生存，为了抗战的辉煌前途，甚至于为了工作者自己，我们都不能对这错误加以宽容"！为了扭转这些不良倾向，真正发挥戏剧宣传、动员群众，努力为抗战服务的作用，司马文森对戏剧工作者发出强烈呼吁："有千万人在牺牲、流血以致死亡，我们就不能更牺牲一点，更吃苦一点吗？抗战已转入第二期，我们所需要的是更切实、更合实际的工作及其方式，那种表演式的作风时代已经过去了。抗战需要着：戏剧工作者到乡间去，到真正的前线去，在民众中、在士兵中去生活呼吸！"[1]

此外，在继承中外古代文学遗产、发展儿童文学创作、文艺工作者的地位作用和战后中国文艺展望等问题上，司马文森也做了一番探索，并阐发了颇有见地的观点。如怎样对待中外文学遗产？他认为："我们不否认世界文学是有许多珍贵的作品，可以给我们借鉴或学习的，特别是苏联、法国。不过我们也不能过于看轻自己，太看轻自己，过分的尊重人家也有危险的。作为一个研究者，人家累积下来的遗产固然不能不设法去了解，用功去究讨，对我们自己祖先遗留累积下来的，也不能一概抹杀，整理文学遗产的呼声已叫了许久了，结果也只是喊喊而已。作家说要建立民族形式必须先对过去的文学遗产来一番清理工作，这是对的，但我希望不要又是喊喊而已。"[2]对于战后中国文艺展望，"司马文森虽赞同战后必须加强肃清文盲的工作，但战时创作自由的限制，却也是不可忽视的阻碍文艺进步的原因"，"战后的作品，我以为不必降低迁就，

---

[1]　出自司马文森《散步在宣传圈内》，载《国民公论》第2卷第1期。

[2]　出自《夜记》，载《野草》第6期。

那时读者的水准自然会慢慢提高"。[1] 他不满进步文艺工作者"小的是被看不起，大的就要吃不少冤枉"的社会现状，"非常厌恶那些把文化人看成垃圾堆的人"(《战后中国文艺展望》)，充分肯定他们在抗战中的地位和作用，强调指出："中国有今日成就，打了 6 年仗，我们还能在桂林'安居乐业'，四强之一的荣誉也得到了，除了将士的艰苦奋斗外，就不能不全沾这批'救亡分子'的光了。而我们那些靠'国难'起家的人，却动不动就把'救亡分子'视为虎狼为鱼肉，这实在是太不公平了。"[2]

综上所述，我们可以清楚地看到，司马文森抗战时期在桂林进步文坛上，引人瞩目，卓有成就。桂林之所以能成为当时国统区文化中心，跟司马文森的努力是密不可分的。这是他一生中的黄金时代，奠定了他成为我国有影响的现代作家的基础。可惜正当他大有作为之年，他服从党的需要从事政治外交工作，只能在百忙中抹暇零星写作。更不幸的是被"四人帮"夭折，使这颗闪烁一时的文坛红星过早陨落，这不能不说是我国文艺界的一大损失。

原载《广西社会科学》1986 年 12 月第 4 期

---

[1] 出自《战后中国文艺展望》，载《当代文艺》第 1 卷第 4 期。

[2] 出自《作家生活自述》，载《当代文艺》第 1 卷第 4 期。

忆达德　怀司马

刘梦华

　　1947 年 1 月寒假中，广东省文理学院悬牌勒令十几个思想进步的学生退学，我当时在该院英语系学习，也是被勒令退学的一个。对学校的这一反动措施，我既感愤怒，又觉得也是好事，因为它使我下定了去达德学院学习的决心。

　　早在 1946 年秋末冬初的一天，我在中山大学一位进步同学处看到香港出版的《华商报》上刊载了关于达德学院的情况报道，说这是一所充满民主自由的新鲜空气的高等学校，有许多著名的进步学者和教授在执教，其中有司马文森。对司马，我久怀倾慕之情。早在抗战中期我读中学的时候，便非常喜爱他那种诗一样的富有感情和文采的文章。考入文理学院英语系后，仍然是司马主编的《文艺生活》的长期读者。

　　从司马的作品中，我感到他是一个十分热情的富有正义感的进步作家（当时和进达德后我都不知道他是共产党员）。有一次，为了想使我一位倾向进步、喜爱文学，但因家境贫寒不得不在武汉一个国民党机关当小办事员的朋友跳出苦海，到香港找一家进步的文化机关边工作边学习写作，便给司马写了一封信，请他代为设法。很快我就接到了他的回信。他对我那位朋友很同情，他说，像我那朋友一样有志气、有才华的青年，因家境贫寒无法展其志的现象，是一个普遍的社会问题。只有把这个不合理的社会制度根本改变了才能做到人尽其才。他告诉我香港找工作很困难，一时无法为我的朋友帮忙，但如果我那朋友写了作品可寄去给他，他可以帮助修改，并告诉他如何写作。

以后，我还为如何学习写作的问题和时局问题同司马通过两次信，他都及时回信做了详尽的解答，并鼓励我在黑暗面前不要退缩，不要悲观消极（当时我因为看不惯国民党政府的腐败和家庭的纠葛无法解决而悲观厌世，想当和尚去），要积极斗争。由于对司马的倾慕，我看到《华商报》上这条消息之后，就想到达德学院去学习，但又怕那里生活费用过高，家里负担不起，迟疑未去。

现在好了，文理学院勒令我退学，就迫使我不得不下决心去达德学院学习，这就使我有机会当面向司马请益求教了。

我就这样怀着对达德的民主自由的向往和对司马的敬仰，于1947年2月10日到了九龙新墟附近的达德学院，被编入文哲系一年二期学习。我们的教室和食堂都在校本部蔡廷锴将军的别墅内，而宿舍却在青山湾的道德会里。

达德果然名不虚传，它有许多不同于内地各大学的特点。

首先，最使我兴奋的是老师们在课堂上结合讲课或分析形势公开宣讲马列主义和解放区的革命情况，揭露国民党政府的腐败现象和反动本质。邓初民老师1947年4月30日初到学院任课时的讲演，充满了革命的激情，赢得了如雷的掌声。乔冠华的时势报告对国际、国内形势做了透彻分析，指出了人民革命必胜的前途。司马文森给我们讲授小说选，教材大多是选的解放区的作品，如《小二黑结婚》《李有才板话》《洋铁桶的故事》等，也有当时国统区进步作家所写的揭露美、蒋罪行的报告文学作品，如《臧大咬子传》等。他结合讲解、分析解放区的这些文艺作品，宣讲《在延安文艺座谈会上的讲话》的精神，深入浅出，使我们开始懂得文艺必须为人民服务，文艺工作者必须与工农兵相结合。其他大部分课程的讲授和大多数名流学者的讲演都具有这样的特点。这对我们后来正式走上革命道路起了极大的作用。我认为这是达德在教学内容上不同于内地各大学的一个最突出的特点。

其次，在学习方法上达德的突出特点是在自学和老师讲解的基础上，组织学生进行小组讨论。在讨论会上，各抒己见，畅所欲言，展开争辩，甚至可以批评老师和讲演者的观点。司马老师有时也参加我们的小组讨论，对正确意见总是鼓励、支持，对不正确的意见总是耐心说服，从不疾言厉色地进行批驳。这种学习方法极大地调动了学生学习的积极主动性。

最后，达德的师生关系是极为融洽的。从老院长陈其瑗到各种教授和一般老师，对学生都是如父兄关心、爱护自己的子弟一样，不但关心学生的学业，生活上也嘘寒问暖。实在交不起学费的就减交或免交。还组织学生进行勤工俭学，以解决部分生活费用。司马老师则常常鼓励我们多练习写作。他曾对我说："你为什么不多写呢！写了拿给我看。你不必顾及什么形式，只需要看怎样能充分表达出你的情感你就怎样写。初学写作的时候如果顾虑太多，便往往不能写了。"他替我看过好多篇稿子（教我们写作的并不是他，而是楼栖老师），还介绍我向《华商报》和《群众》杂志投稿。1947 年下半年，《华商报》副刊刊登过我的《取鸟的故事》（署名文华）、通讯版上登过我一篇通讯，《群众》杂志上登过我一篇《读书随感》（读《被开垦的处女地》，由达维多夫批评一位怜悯被斗的富农的同志的谈话引申到驳斥当时港九一些人对解放区土改的责难）和一篇通讯。司马还把我的一篇题为《黄昏海滨》的散文刊登在《文艺生活》某期的底页上。这就不但使我练习了写作，在经济上也不无小补。司马老师在政治上也很关心我们。我生性比较孤僻，怕出头露面，在会议上很少发言，也不喜欢参加集体活动，平时除与曾惠存、张克朗、俞百巍等少数同学关系较密切，交谈较多外，与其他同学很少交往，总是一个人坐在房里看书。因此，司马老师多次劝我要胸怀阔大一些，多参加集体活动。有一次我到九龙他的住所去看望他，他拿出两本小册子要我学习。我仿佛记得一本封面题签《锻炼》，一本是《一往无前》，里面的文章好像是新中国成立后我看到的《整风文献》上的几篇文献。但那时我没有认真学习这两本小册子，也没有向他表示要入党的意思（我当时仍不知他是党员），我的主要精力仍放在读小说和学习写作。离开学校直到我加入地下党后，才回想到这是司马老师从政治上关心我，启发我的积极觉悟，引导我走无产阶级革命的道路。可惜我当时觉悟太低，没有领会他的这番苦心。

达德的同学之间也是很亲切和团结的。同学们除部分是国外回来的华侨青年外，大部分是从内地各省、市去的，广东籍的最多，其次以广西和湖南为多，再就是鄂、闽、赣三省和其他省、市的。他们大都是对国民党反动统治不满，向往达德的民主自由和有众多的进步知名教授而去的，其中不少人还是因参加学生运动而受到国民党反动派迫害而出走的。因为思想基本一致，关系也就自然亲切了。在香港复杂的政治环境中，同学们的政治警惕性是高的。但也有捕风捉影、处理不当的事。有一位广西去的女同学，有人看见她在广州同一个穿了国民党军服的男子走在一起，就被怀疑为特务，竟把她逼走了。司马文森老师对此很不以为然。有次，他对我说那个女同学有写作能力，是可以培养的，亲友中有国民党军政人员的，并不见得她本人也就是特务，不应该随便怀疑人家；革命总要人多才行呀！

正是由于达德的这些特点和司马老师的热情引导教育培养了我，使我克服了悲观消极的出家思想，决心走为人民服务的革命道路。我在1947年12月18日下午，到青山下面一个湖南籍的和尚家，借一套僧衣穿着照了一张相，作为我过去10年来想当和尚出家思想的一个终结。我在相片后面写了两句话："抛却僧衣入世尘，从今志壮敢屠龙。"

1947年底和1948年初，许多粤籍和湘桂籍的同学，在学校党组织的号召下，先后离校回内地参加革命斗争去了，曾惠存等十多位同学就是在1948年初奔赴东江游击队的。我也于1948年4月初离开达德回到湖南，在地下党组织的领导下从事学生运动，以后参加了地下党。1949年上半年在地下党湖南省工委的一个斗争据点——长沙市立补习学校主持工作。7月，被派回老家南县组织地下党南华区工委，发动南县和华容县部分地区的工农和学生起来同国民党反动派斗争，迎接解放。如果说38年来我也为党和人民做了一些有益的工作，那是与达德和司马老师所给我的初步的马列主义教育分不开的。

在纪念达德学院建校40周年的时候，我交上这篇文章算是对母校的培育之恩的一点谢意，也是向在十年动乱中被林彪、江青两个反革命集团残酷迫害致死的我们敬爱的司马文森老师献上的一瓣心香。

最后，我想用下面八句话来结束我对母校师友追怀之情：

往岁峥嵘记尚鲜，

龙潜虎卧青山边。

为传马列开蒙宇，

欲扫魔尘习诵弦。

唤起工农除暴政，

图描山水献英年。

桑榆莫叹时将晚，

余照为霞尚满天。

注：司马文森在达德学院教授《小说选》《小说概论》《修辞学》《写作方法》《西洋文学史》等科目。

回忆作家司马文森

艾　芜

　　重庆、桂林的文化人，大批去香港的时候，有一年轻作家留在桂林，他在中学教书，又在出版社办一文艺刊物，还编一套丛书，把文艺的大旗高高举了起来，这人就是司马文森。他已去世多年了，但一回忆到他，仍很活生生地出现在眼前。他极其活跃，但不虚浮，对人热情，却又十分沉着。他作为编辑向我约稿，我都满口答应，毫不推辞。我的一本短篇小说集《黄昏》就是交他编辑出版的。

　　最使我不能忘记的是 1944 年夏天，衡阳快要失守，日寇将进攻桂林的时候，大家纷纷逃难，争搭火车。火车已不卖票，谁的气力大，谁就挤上车。我和蕾嘉带 4 个小孩，其中有两个还不能走路，要经常抱起，再加行李不少，逃难十分困难。第一天，一家人都没法挤上火车。遇见了不少熟人，也都爱莫能助。一家报纸的记者，平日相见，也还亲热，但在火车站他却变了，他以报馆的势力，搞到一个运货车厢，装满了白报纸。他拿支手枪示威，不准众人上车。但他却让他的一家熟人，大大小小，都上了车。我趁势，同他商量，可否让我一家上车，他摇头拒绝了。我们只好等下一趟车。火车来了几次，都没法挤上去，只好第二天再去。

　　第二天，火车是从没见过的平板车，四面没有护壁板，上面放着许多条铁轨，看来是前线破坏了铁路，把拆下的铁轨全运到后方去。逃难的人不管什么平板车，争着抢上，我家又抢不上去了。就在这个时候司马文森来了，还带一群学生。他们人多，一下子就把我家的孩子和行李搬上了车，大人也挤着上去，真叫人有得救的感觉。司马文森还告诉我，到了柳州，去龙城中学找黄谷农，便能得到安排一个住处。我问他将去何地。他说不逃难，准备到外县参加游击队。到了黄昏，我怕孩子们疲倦了跌下平板车，便在黄冕车站下了车。这是田野中一个孤独的车站，找不到睡觉的客店，只能在候车室坐一夜。幸好有卖把把面的，才让一家人没饿肚子。第二天上午，在黄冕车站，过了不少火车，没法挤上车去。幸好一列伤兵车来了，是把伤兵运到后方去的。火车的车厢是平素运牛、运猪的，只有四面铁板，上无顶篷，我向伤兵商量，可否让我们搭上他们的车子，他们一听我的口音，惊喜地说："你是四川新繁那边的人吗？"我说我是新繁清流场人。大家更高兴地说，他们也是清流场那边的人。这样我家全上了车。半夜到了柳州，找到了龙城中学，不好夜深麻烦主人，就在学校传达室安排地铺过夜。

第二天早上，周钢鸣等人来才知道，桂林来的文化人，已有好几十个，都住在龙城中学，我一家人的逃难暂时告一段落。后来，周钢鸣还代党组织给了一笔钱，在桂林还有邵荃麟给的逃难费用，可以看出党对文化人的关怀，无微不至，而一些党员热忱的帮助，令人难忘。新中国成立后，司马文森在我国驻印度尼西亚大使馆做文化参赞，见面很少，但一遇见桂林熟人，总要问到他。在"文化大革命"中，他从国外回到北京，被"造反派"拉去，被斗死，这是多么叫人痛惜，多么叫人难受。

摘录《新文学史料》1992 年第 4 期

记启蒙老师司马文森

黄展鹏

1948 年，当我在福建泉州市读初中的时候，我迷上了文学，贪婪地阅读各种文艺作品，读高尔基的《母亲》，读郭沫若的《创造十年》，也试着写点新诗，写点随笔，竟然在报纸的副刊上发表了 20 来篇文章。我渴望能够读到更多的文艺作品。恰好我的挚友、当时就读于香港华侨大学的刘以健同学鼓励我到香港去读书。于是，我第一次远离父母，偕同初认识的泉州培元高中生李伦晴（他到港后即到达德学院读书）经厦门飞抵广州，由广州乘火车到香港。

初到香港，学校还未曾开学，我在刘以健的引导下，如饥似渴地阅读解放区的文艺作品和香港出版的进步书刊。也许可以说，我接受革命道理是从阅读文艺作品开始的。

我怎么也忘不了我的启蒙老师司马文森以及他与陈残云主编的《文艺生活》杂志（后来我回内地参加革命后，才知道司马文森不仅是一位著名作家，而且是中国共产党华南分局的文化工作委员会委员）。开学前，我和刘以健、李伦晴暂住在一位同乡开办的工厂阳台上木屋里（九龙土瓜湾），每逢《文艺生活》出版，我们都饶有兴致地争着读起来，往往边读边议论。记得司马文森连载小说《一个家庭的故事》，讲的是他故乡泉州发生的事情，更加唤起我们的兴趣。当时，我们也很爱读《华商报》《文汇报》上的文章。没多久，经刘以健介绍，我也参加了文艺生活社成为社员。

记得有一天，刘以健领着我到九龙尖沙咀码头附近的一处住宅区，走访司马文森。我仍然记得，一位保姆模样的妇女来给我们开门。我们顺着狭窄的楼梯上楼，轻轻地走进司马文森的书房。文森先生放下手里的笔，笑眯眯地同我们寒暄。只见桌上、床上零散地摆放着不少稿纸。看样子，文森先生正在写作哩。

文森先生显得很年轻，约莫 30 岁，端正的脸庞，宽阔的前额，蕴含着旺盛的创作力。他同刘以健谈得很投机。因为刘以健的一位堂伯父是司马文森的笔友，以健一到香港就去求教于文森先生。看来以健同文森的交往已有好些日子，所以交谈显得热情、自然。文森先生对我这个初次见面的文学少年，表示出了一种信赖和关切。我们是来求教的，所以提出了不少问题：怎样写作？写作应当注意什么问题？应当读什么样的书？等等。说实在的，当时我很幼稚，也没有见过世面，有的只是一种酷爱文学的热情。我不太讲话，认真地倾听着司马文森侃侃而谈。我第一次听到这么多新鲜的话。

司马文森讲到作家首先要解决立场问题。他说：要写"革命文"，先要做"革命人"。要投身到革命活动中去，在革命活动中接受锻炼，改造自己的思想。他表示要同福建同学讲解毛主席《在延安文艺座谈会上的讲话》。当我们谈到香港的报纸正在连载他的长篇小说《南洋淘金记》时，他谦虚地向我们"请教"闽南民俗里有关"关三姑"的咒语全文（《南洋淘金记》一文里涉及"关三姑"）。我们表示可以找几个闽南同学一起来回忆有关"关三姑"的传说（后来为他提供了这方面的材料）。从这里文森又谈到了作品要保持民族风格问题。此外，司马文森还针对港英当局有关社团组织"活动不许超过七人"的规定，他提出：我们的对策是"化整为零"，你们那里的文生社员活动可把大组改为小组，每个小组五人。文森说，这是黎明前的黑暗时期，要经得住考验。

司马文森的一席话，对我影响很大。虽然当时有些话听懂了，有些话听不太懂，但在我以后的革命生涯中，都在不同程度地发生着积极的作用。

司马文森的工作非常繁忙，担任着香港达德学院教授、《文汇报》总主笔、《文艺生活》杂志主编等职。他在香港积极地发展文艺生活社社员，不断壮大革命力量，宣传共产党的主张。

香港华侨大学开学了。我们福建泉州地区来侨大求学的有 20 来人，在学校附近——沙田火炭村租了农民的房子住下来。文生社沙田小组积极开展活动，其中有一项活动是举办"文学讲座"。前后邀请了在港作家司马文森、周钢鸣、黄秋耘、林林、黄谷柳、秦牧、陈残云、芦荻、楼栖、林伯子等来我们住处讲演。记得司马文森讲的是美学方面的问题。每一讲，刘以健都专程到香港城里去迎接作家。课堂就设在火炭村我们福建同学住处。每次讲演，我都早早地到"临时课堂"，专注听，认真记。这是多么难得的机会啊，这些作家都是我所景仰的老师，我读过他们的作品，能够当面聆听他们的真知灼见，真是太幸福了。我们这些福建同学，并没有辜负这些进步作家的殷切期望，大部分同学都在全国解放前后，到内地参加革命。

主要有两批。一批是于 1949 年 8 月间，从香港乘船通过国民党海上封锁区，到广东省惠来县甲子镇，进入粤东解放区南山，经闽粤赣边纵批准，组成"中国人民解放军福建文化服务团"，于 1949 年 11 月下旬抵达福州，由福建省委宣传部组织学习后分配工作。另一批是于 1949 年 10 月广州解放后不久，投考广州南方大学。我属于后一批。我们这批有 11 人于 1949 年 12 月来广州投考，经过笔试、口试、体检，最后有 7 名被录取了。我是这 7 名中的一个。当时我年龄还小，自己只知认真备考，其他事有年长同学办理，我极少过问。我是过了许多年以后，才知道司马文森时时刻刻在关心、爱护这批青年，并多次将香港的进步青年输送到解放区。据倪子传等同志说，当时在港的司马文森，特意为我们这一批文生社社员给中共中央华南分局负责同志写了介绍信（华南分局叶剑英书记兼任南方大学校长）。

司马文森将自己毕生的经历和心血都倾注在革命事业上，倾注在党的文艺事业上，倾注在对文学青年的培养上，但是他自己在漫长的革命历程中却不是一帆风顺的，遇到不少艰难险阻。

司马文森原籍福建泉州，原名何应泉。12 岁起到菲律宾当童工，15 岁回国。16 岁即从事革命活动，并发表文艺作品，不久，在上海参加左联；日军侵华后，司马文森先后在上海、广州、桂林等地从事抗日救亡宣传工作。司马文森从事文艺创作 30 多年，著述甚丰，著有《雨季》《粤北散记》《南洋淘金记》《成长》《危城记》《南海渔歌》（电影剧本）、《汪汉国的故事》《风雨桐江》等。1952 年 1 月，司马文森被港英当局非法逮捕，并递解出境。不久，司马文森担任中国作家协会广东分会执委、《作品》杂志主编、华南分局文委委员、中南文联常务理事等职。1955 年，曾先后担任我国驻印度尼西亚、驻法国大使馆的文化参赞。"文化大革命"中受"四人帮"迫害,《风雨桐江》被作为"毒草"批判。1968 年 5 月 22 日,司马文森含冤去世,终年 52 岁。1970 年 8 月得到平反。

几十年过去了,我仍在怀念这位作家。

在革命的道路上,司马文森是我的第一位老师,是一位难能可贵的启蒙老师。

由于受到司马文森和《文艺生活》的启蒙,我才开始懂得革命的道理。

由于读到司马文森的《雨季》和黄谷柳的《虾球传》等进步作品,我才懂得进一步去读《李家庄的变迁》《小二黑结婚》(赵树理)《大众哲学》(艾思奇)和毛主席《在延安文艺座谈会上的讲话》《新民主主义论》《目前形势和我们的任务》《中国革命和中国共产党》《论人民民主专政》等著作。

在革命的队伍里,只要为人民做过有益的事,人们是会记住他的、怀念他的。从香港回到内地的许多文学青年,至今仍在念叨着司马文森。

附记:撰写这篇文章,涉及几十年前的人与事。为尽可能写得准确些,我邀请泉州市泉州晚报社刘以健同学同我一起回忆当时的一些情节,他提供了一些素材。对于刘以健同志的热情帮助,谨表示深深的谢意。

原载《谷雨杂笔》,民族出版社,2002 年

良师益友司马文森

黄新聪[*]

2016 年是我国著名作家、外交家司马文森 100 周年诞辰，我虽未曾同司马文森谋面，但 60 多年前我们保持了连续数年的书信交往，他对我有谆谆的教导和细致的关爱，可以说是我"书信中的良师益友"。

写作上的良师

1947 年夏，我在印度尼西亚坤甸《黎明报》当电讯抄写员，经常在编辑部翻阅一些香港和星马等地出版的进步书刊。其中我最爱读的是文艺色彩浓郁的杂志《文艺生活》。每当新的《文艺生活》一到，我便如饥似渴地从扉页读到底页。

一次，我在《文艺生活》底页读到文艺生活社（简称文生社）征求海外社员的启事，当即给主编司马文森写了一封申请参加文生社的信。

很快，我便收到复信，和随信附寄的一个编号为"1948/B23"的社员证。复信中说："文生社已接纳你为海外社员，今后每月会寄给你一册《文艺生活》，希望你能多向同学和朋友介绍《文艺生活》。"

"你喜欢写作，如有作品可寄给我们，我们会考虑将你的优秀作品在《文艺生活》上发表。"信末署名：司马文森。

---

[*] 黄新聪，《羊城晚报》原国际部主任，印度尼西亚归侨。

接到司马文森这封亲笔信，我激动不已，翻来覆去地看了好几遍，几乎都能把信背熟了。此后，从 1948 年初到 1950 年夏回国前，我几乎每月都给司马文森写信，他从未延误过复信。

司马文森常在信中指导我写作，我每有习作必先寄给他审阅修改，然后才给《黎明报》或校刊投稿。

司马文森先生很少在我的习作上大删大改，而是在信里给我提出修改意见和建议。我当时喜欢模仿马凡陀和马雅可夫斯基的风格写些短诗。他看过我写的一些诗后给我回信说："初学写诗的人，开始时模仿别人的风格是可以的，但一首好的诗是取决于诗的内涵，因此不必太专注于写作技巧。"司马文森在信中还说诗歌和其他文艺作品一样，要坚持为人民服务的方向，希望我多学些哲学理论，树立正确的革命人生观。

1949 年末，我们学校爆发了一场护校斗争。我以此为题材写了一出独幕剧《中华儿女》，将原稿复写后寄给司马文森先生阅改，他阅读后给我提了几点意见，大致是：剧本反映海外华侨学生的爱国活动，写得还算成功；不足之处是剧本中有些口号式的句子，缺少生动、活泼和口语化的对白。剧本中还应多写些中间派学生的思想和行动，要注意团结大多数同学。看来司马文森对我这篇处女作是看得很认真细致的，我立即按照他的意见做了修改，剧本后来刊登在《黎明报》的副刊上。

不久，有两个外埠华校来信索取剧本，准备将我编剧的《中华儿女》搬上舞台。

生活中的益友

1948 年夏，我在印度尼西亚坤甸中华中学读初中二年级时，时为国民党员的校长禁止学生阅读进步书刊，还命令搜查一些思想倾向进步的学生书桌，我是被搜查的一员。同学们很气愤，不少人打算退学。

我不知道该何去何从，便写信向司马文森反映了这个情况。出乎我的意料的是，他没有支持我退学，也没有鼓励我们和反动校长做坚决斗争，反而希望我要珍惜读书的机会，不要轻易退学，要我相信学校中还有很多心地善良、有正义感的老师和同学，相信社会上有很多和我们站在一起的人。语气极为平和、低调。果然，在进步侨社的支持下，训导主任宋庆玉另组新的中华中学，我们得以继续读完初中课程。

1950年初中毕业前夕，我汇款给司马文森，请他帮我在香港买一本精致的纪念册，并恳请他题写赠言。但在收到的纪念册上，司马文森并没有给我题写赠言，而是附了一纸简单的信："黄新聪同学，你要的纪念册，我帮你买了，你要我题写赠言，我想就不必了，你还是请你的老师和同学题写吧，他们给你的赠言才是最宝贵、最永恒的。"信末给我留下他在香港九龙的地址和电话，约我会面。

同年7月我回国路过香港，住在港岛一处专门接转归国华侨学生的接待站。接待站严禁归国华侨学生外出，以防国民党特务的绑架劫持，我几次要求去九龙弥敦道拜访司马文森均未获准，最后只好打电话给他。在电话中，我同司马文森简单交谈了几句，他鼓励我要为建设新中国努力学习和工作。年底，我参军离开广州，就和司马文森失去了联系。

1956年国庆节刚过，我到北京出差，遇到从印度尼西亚回国参加国庆观礼的《黎明报》总编辑张世成。张世成说，他回国时在大使馆的欢送会上，文化参赞司马文森特意向他打听我回国后的情况。当得悉我在东北航校工作，司马文森风趣地对张世成说："他当年读了沙平的《少年航空兵》（沙平为胡愈之的笔名），幻想当新中国的航空兵，现在投笔从戎，当了新中国的空军战士，算是圆了他的少年梦。"

没想到，失去联系六七年后，这位未曾见过面的启蒙老师，指引我走上写作和人生道路的人，还能记住我这个海外青年学生。

原载《人民政协报》2016年5月5日

第二辑

家国情怀

革命英杰田马文森

家 信

雷维音

　　这是一些普普通通的家信。它们写于 1957 年至 1962 年那许多日日夜夜。写信的是我的爱人司马文森，收信的是我们的几个女儿。

　　就是这些普普通通的家信，却有一番不平常的经历。在"文化大革命"的动荡年月里，它们和它们的主人一起，经受了一场空前的浩劫！1968 年 5 月 22 日，一群暴徒冲进我家翻箱倒柜，四处搜寻，把司马的手稿、照片、文件、书籍，哪怕是只有他点滴墨迹的纸片，都洗劫一空。所谓"罪名"是没收"走资派的黑材料"。在当时严密的监视下，我们的大女儿小兰冒着极大的风险，从她书桌的抽屉里偷偷取出爸爸写给她们的部分家信，藏到褥子下面，她强压着怒火，镇静地坐在床上，才使这部分信件免遭"围剿"。从此，小兰带着它们，开始了艰难的生活。大学毕业后，作为"走资派子女"，她被分配到一个农场劳动。风风雨雨，春去秋来，度过了整整 3 年。每天晚上，当劳动结束，她拖着疲惫的身体躺在床上时，总要情不自禁地从随身提包的最底层取出这一小包信件来，抚摸它们一会儿。在那些乌云遮日的日子里，正是这些信给予了她顽强斗争、忍辱生活下去的力量！自从爸爸在被抄家的当天被毒打致死后，这些信件成了她唯一的安慰，唯一的纪念。她一遍一遍地读它们，在这些信纸上，不知留下了多少痛苦，多少眼泪！是的，她永远不会相信，她亲爱的爸爸——革命了几十年的爸爸，竟然被打成"反革命"，她永远不会忘记爸爸对她们的亲切鼓励和教诲！

　　1955 年我们离开了祖国，走上外事工作岗位，先后在我国驻印度尼西亚大使馆、驻法国大使馆工作。在这期间，即使是在紧张繁忙的外事工作中，司马始终没有放下笔，他为对外文化交流而写。同时，他也认真担负了一个革命前辈教育下一代的责任。在驻外使馆工作近 10 年的时间里，他给孩子们写了数以百计的家信，他用他整个身心、用他全部热情和爱在写……

从那时起经过了多少岁月，那些热带的炎热的日日夜夜，我又重温了珍藏在心灵深处的、永生不忘的一切……司马、我亲爱的朋友，你又重新显现在我眼前……我永远怀念你、爱你、感谢你；为了我们的孩子们，也为了我。

由于工作需要，我们第一次出国工作时，不得不把 4 个女儿留在国内上学，她们最大的才 11 岁，最小的年仅 5 岁。1958 年我们又送回两个女儿，当时一个 7 岁，一个 5 岁，我们身边就只留下了一个刚满周岁的小女儿。说句实话，我们的几个女儿真是好孩子，她们虽常年远离父母，独立生活，但是她们用思想上的不断进步，用学习上的优异成绩，宽慰了我们。

我牢牢记得在驻外使馆工作期间，每逢有信使来，司马都像是过节一样高兴。他常常是迫不及待地打开孩子们的信，情不自禁地念出声来：哦，小兰入团了！"祝贺你，孩子，愿你严格要求自己，做一个名副其实的革命事业接班人！"小萌得了金质奖章，"很好，孩子，记住千万不要骄傲！"小莘怎么不爱护眼睛，不分日夜看书？"孩子，这可不行。"……他为孩子们的点滴成绩高兴，又为她们的微小疏忽不安。10 年来他始终坚持自己动手给孩子们回信，他常常是在一天紧张工作过后，还伏案疾书，直到深夜。

那些个蓝色的、明亮的夜晚啊，我也怀念你们！因为你们是和司马伏案疾书的形象永存的。他像孩子们的大朋友，和她们谈思想、谈学习、谈工作，谈生活；他把给孩子们写信称作"一件十分愉快的事情"。这个对自己向来不知道爱惜的人，对孩子们的柔情和细心会叫人吃惊。他甚至知道哪个孩子没有雨鞋，应该买一双。是的，一个真正的革命者，最懂得爱，也最懂得生活。

司马，我亲爱的朋友、亲人和同志，在你和我们永别十几年后的今天，我要告诉你：我们的 6 个女儿经过了严峻的生活磨炼，已经健康地长大成人了。她们正在不同的岗位上勤奋工作，并做出了优异成绩。记得你曾说过："如果有可能，我希望孩子们都能受到高等教育"，还希望她们当中有外语工作者、新闻工作者、医生、文艺工作者以及科学工作者……是的，是的，一切正如你所愿，我们的 6 个女儿中已有 5 个受到了高等教育。你所宠爱的大女儿小兰已经是一个外语工作者了。在你不幸去世后，这沉重的打击曾使这孩子失去了精神的平衡，可怜的孩子！但是，她以顽强的毅力战胜了病魔和苦痛，重返工作岗位。小萌，这个聪敏活泼的孩子，你曾一再夸奖她作文写得好，现在她已经是一个新闻工作者了。我们在报刊上能经常看到她拍摄的照片和写的文章。我们的小莘莘，在你去世后到陕北农村插队劳动了整整 4 年，又到工厂劳动了整整 6 年。但是，10 年来她始终没有放下书本，她热爱科学，憧憬未来，她多么渴望有受高等教育的机会啊！感谢党中央粉碎了"四人帮"，人民胜利了！胜利，原谅我用眼泪来迎接你吧，是欢欣的眼泪。我们的小莘莘在近 30 岁的年龄上，以优异的成绩考上了大学。我们那个文静的小芹，已经成了一个认真负责的内科医生。至于那个调皮的小维，现在长到 1.70 米高了，她和小兰一样搞翻译工作。而我们那个在印度尼西亚使馆出生的小女儿、娇气的小加加，她正如你所料的那样，成了一位文艺工作者。如果你有机会去参加音乐会，就会看到她那稚气的小脸已变得多么严肃、成熟。她还被评过北京市的"三八红旗手"呢！

时光疾流，岁月飞逝，过去的一切一切，正离我们越来越远。但是，司马，我亲爱的朋友、亲人和同志，孩子们亲爱的朋友和父亲，你将永远在我们前进的行列里，你将永远生活在我们中间！

附：司马文森给在北京的 5 个孩子的一封信。

小兰、小萌，亲爱的孩子们：

3 月 30 日收到了信，正赶上我们最忙的时候，这封信不会给你们写得长些。陈副总理和中国艺术团都相继来访，我们有许多事要干，但我们还是抽空来给你们写这封信！

关于你们给陈外长写信的事[1]，我们认为是可以理解的，你们离

---

[1] 指由五姐妹联名给陈毅外长写信，对外交部福利科在外交干部家属工作方面提出意见。陈毅外长为此曾指示加强对外交干部子女的工作。

开父母五六年了，谁个不想念呢？如果你们无动于衷，不在乎，倒不那么好。正如我们在国外一样，也时时刻刻在想念你们，每次信使来，接不到你们的信，我们就难过，妈妈甚至于会怀疑你们出了什么事了，不然为什么会没信来呢？几乎要失眠睡不着，这就说明了我们对你们的想念。爸爸也时刻在想念你们，有时见到你们的信几乎高兴得要流泪了。我们理解你们的心情。

不过话得说回来，有许多事情你们是不了解的，在我们伟大的祖国，为了建设社会主义，什么人都应该把个人利益放在国家和党的利益之下，一切服从组织分配，服从组织决定，这是一个原则性问题，不能马虎，什么事都得先考虑国家和党的利益，再考虑个人的！做外交工作，不要以为穿得好看，出出进进都是小汽车，表面看来是吃好、住好的，实际工作非常艰苦，比在前线打仗还艰苦。但是这条战线作用却很大，做好了工作，对我们的国家、党贡献都是很大的。党信任我们，让我们出来做外交工作，是我们的荣誉。你们作为外交干部的子女，也是光荣。

从这意义上说，你们没征求我们的意见，就乱写信，这就不大对了！我们不批评你们，因为我们理解你们的心情，我们不责备你们，因为你们的动机是好的。不过你们在这件事上没有处理好却是真的，应该把你们的意见预先告诉我们，不要随便写信给上级组织乱提意见！

这件事自然已经过去了，我们也不放在心里了，组织谅解你们，也提醒了我们注意一件事，就是对出国干部子女的照顾问题。所以从另一个意义来说，你们的做法对组织是有帮助的。

孩子们，我们衷心地感谢你们对父母的关怀，不要把这件事放在心里，没有什么的，我们并不介意，听到了也就过去。但是小兰的信使我们觉得不安，为什么要这样焦急呢？小兰，最近我发现你很急躁，这是不对的，要设法克服，面对困难要冷静下来想一想，不要那样急躁，性急，容易激动。你这种缺点的养成，我们也有责任，那就是我们分开太久了，不能帮你解决许多困难，许多问题。我们已经注意到了这个了，也在想办法克服。希望你多注意一下，当情绪来时，要冷静，从大的方面着想。小萌倒较冷静，肯用脑筋考虑问题，这是好的。两姐妹要互相学习，取长补短，这样考虑问题就全面了。

小萌就要进高中了，我们多高兴。孩子，你要选什么学校，可以自己考虑，因为你已经大了，能考虑问题了。但也该听听姐姐的意见，不要人家怎么说，自己就跟着倒，要有自己的判断。我们一向是信赖你们的。

这次来不及给小莘、小芹、小维写信了，请你们转告她们，我们对她们是关心，热爱的！你们五姐妹都该成为最优秀的孩子！最优秀的接班人！

小萌对爸爸小说的题目的意见提得很好，以后我们会改。你们不仅是爸爸的最早读者，也该是最好的帮手，对不对？

爸爸

1961.3.30 晚 12 时

摘录《燃尽的红烛》，华夏出版社，1988 年

注：司马文森、雷维音 1955 年赴任中国驻印尼大使馆，留下 4 个女儿，因监护人章洪道、陆蔚芳夫妇即将调离北京，1956 年雷维音回国带走四女。1957 年最小的女儿出生在印尼雅加达，1958 年司马文森夫妇回国探亲，留下四女、五女，带走一岁半的六女返任。司马文森、雷维音夫妇共育有六个女儿：司马小兰、小萌、小莘、小芹、小维、小加。

致任叔 *

任叔同志：

信悉。关于您所需要的资料，我和好些朋友接触过，大家都说从1955年后，印度尼西亚文坛是荒芜不堪的，没有什么新书出版，文学史之类的东西更可怜，没人要出版，发表，因而也没人写。我还在搜集中，如果有，当会带给您。

看见报纸知道你们都在"大跃进"，我们这儿也有了新规划。到印度尼西亚来，一转眼间就是三年了，在写作上成绩有限，不过在材料积累方面却有不少成绩，我在研究红溪事件，如果可能的话，就写一个中篇，那是一个很动人的故事。

稿子太多，交信使带不便，反正我就要回去，亲自带给你们吧。我将在7月底抵北京。

即致

敬礼

司马文森

1958 年 6 月 12 日

---

* 王任叔（1901—1972），名朝伦，字任叔，笔名巴人等，奉化人。1927年加入共产党，"左联"盟员，曾任上海文化界救亡协会秘书长、《救亡日报》编委、中共江苏省委文委委员。新中国成立后，任职中央统战部、外交部、人民文学出版社、中央对外联络部。

任叔同志：

你好。关于集所需要的资料，我和好些朋友特别留意，大家都说从1955年后，印尼文坛是荒芜不堪的，没有什么新书出版，文学史之类的东西更只得一份，没人要出版，写书因也没人写。我还在搜集中，如果有，当会带给你。

看见报纸知道你们都在大欧也，我们这里也有了新剧。到印尼来一转眼间也是三年了，在写作上成绩有限，不过在材料积累方面却有不少成绩，我在研究红溪区件，如果可能的话我想写一个中篇，那是一段很动人的故事。

摆子不多，到底候车不便，反正我就要回去，要自带给你们吧。我将在七月底回北京。

即致

敬礼

司马文森
6.12.

附言：

司马文森和王任叔于 20 世纪 30 年代在上海左联结识。"八一三"上海抗战时期，司马文森和王任叔、胡愈之、钱俊瑞等同志在"文救"宣传部一起工作。他们的友谊在抗日战争、解放战争时期、新中国诞生、开拓新中国外交事业中延续二三十年。

司马文森和很多文艺界友人有广泛来往，大量通信，这封信是"文革"劫后余生、唯一存世的亲笔信，在司马文森百年诞辰之际，由王任叔之子王克平赠予，弥足珍贵。

司马文森曾说："友谊是可贵的，然而更可贵的却是战斗的友谊！无私的友谊、兄弟般的战斗友谊，才是最圣洁和最可贵的友谊！"在无产阶级革命的文学运动中，他们相识、相交，并肩奋斗，他们的友谊是难能可贵的。

司马小莘

一支歌的诞生

——寄自远方的书柬之六

司马文森

在我们两国友好条约和文化合作协定签订两周年纪念的前夕，我写了《中国、印度尼西亚友谊之歌》。这首歌已由我国著名的作曲家马可谱成曲子，并且在人民间唱开了。现在，我们把它献给印度尼西亚的兄弟们，作为我们友谊日益巩固的纪念。

你也许要问："你怎样想起写这支歌的？"

其实，想写这样一支歌的打算早在好几年前就有了。当我还在雅加达的时候，我有很多机会参加你们旨在为加强我们两国人民、两大民族间的友好关系而举行的各种友谊集会，我也有很多机会听到你们唱《雅加达—北京》。这支充满了兄弟般感情、战友般互勉互助斗志的歌，不但词写得好，曲调也很动听。大家唱得是那样的真挚动人，那样的使人难忘。我常常想："为什么我不也写一支这样的歌呢？"

回国后，一天，在北京出版社的《歌曲》月刊编者到我家里来，他代表该刊广大的中国读者对我说："我们的读者有这种要求，我们也有这种打算，请您为我们写一支表现中国和印度尼西亚人民间友谊的歌！"他的话重新燃起我创作的热情，我说："我也有这样的打算！"这时约多同志正在我国访问，在闲谈中，我把计划告诉他，他高兴地说："印度尼西亚人民一定欢迎！"看来，各方面的朋友都在等待这支歌的诞生。我于是开始写作……

在我的工作室里，我喝着岽厘香郁的咖啡，望着窗外北方的蓝天，我在追忆过去，展望未来，热情洋溢地、精神饱满地写下这支友谊之歌的第一句。当我动手写作时，在我脑海里不断地涌现了你们的伟大国家，美丽富饶；不断地涌现了你们的人民，勤劳勇敢；不断地涌现了我们两国人民在历史上结下深厚的兄弟般的战斗友谊！我想到古代的法显、义净、三宝太监郑和在你们国家所进行的友好访问，我想到你们友好使者的足迹遍布大半个古老中国的土地。我也想到"红溪惨案"，想到泗水英雄城里你们为民族独立解放而进行的英勇斗争；在那时，亲爱的朋友，我们兄弟般的友谊不就是用血肉凝成的吗？中国人的血，印度尼西亚人的血，在反抗共同敌人——帝国主义、殖民主义的战斗里，不是曾流在一起，不分你我的吗？

你知道，我不是诗人，也不是歌词作者，然而我觉得在写作中我很舒畅，没遇到任何困难。八亿人民的友谊，站在一条战线上的共同战斗，对我是一股极大的冲击和推动力量，提供我创造源泉。只在一天内，我把这支歌写成了。

马可同志拿着我写好的歌词到我家里来了。他对于能为促进我们两国友好关系、增进文化交流的工作尽自己的一分力量，感到非常兴奋。他对我说："我们两人都到过印度尼西亚，和印度尼西亚人民结下了深厚友谊，我们有责任把这支友谊之歌写好、谱好，让八亿人民共同来歌唱！"不久，他也以同样高度的热情，把曲子谱出来了。当它还没正式发表，就有个合唱团把它唱开了。

我不知道你们是否喜欢这支歌，但我和马可同志却同样抱着真诚愿望，把它献给你们！

我常常在想：八亿人口在世界人口总数中占了多大的比例；八亿人民的团结，又要产生多大的力量！而我们间的团结，正如在我们两国友好条约签订两周年纪念日刘少奇主席和苏加诺总统相互致电祝贺时说的，又是"在反对帝国主义和殖民主义，保卫世界和平和促进亚非团结的共同事业中"的团结；"是在印度尼西亚人民和中国人民要更好地维护和发展久已存在于两个民族之间的合作和友好关系的伟大愿望的基础上"的团结。怪不得帝国主义、殖民主义者那样害怕，那样仇恨中国和印度尼西亚的友谊和团结，那样要千方百计地来破坏、挑拨！可是，它们的阴谋诡计失败了。我们不是在许多重大国际问题上，在支持亚洲、非洲、拉丁美洲人民的解放运动，在反对新老殖民主义者的斗争中，合作得更好、更有力吗？

让帝国主义、殖民主义者失败吧，我们一定要高声歌唱，唱八亿人民的伟大友谊，唱我们的坚强团结，唱共同反帝反殖的战歌！

原载《人民中国》（印度尼西亚文版），1963 年第 6 期

注：这是一首颂扬"万隆会议"精神的歌，表达了 20 世纪五六十年代亚非人民为争取民族独立进行的相互支持，团结斗争的精神。发表于《人民日报》及《歌曲》期刊，在广播电台播出，由两国艺术家演唱。

司马文森为这首歌词做附记：晋朝高僧法显曾于公元 399 年到印度研究佛经，经锡兰返国，曾到过印度尼西亚巨港，住了一段时间，留下深远影响。三保即郑和，七下西洋经 30 余国，先后历 28 年。1405 年 6 月第一次下西洋时曾到三宝垅，以后又到过苏门答腊岛、爪哇岛等一些大城市。这位友谊使者不仅促进了两国友好往来，还进行了文化交流工作。"红溪惨案"发生在 1740 年，是震动世界的一次大屠杀暴行，当时侨居雅加达的中国人被荷兰殖民主义者屠杀达两万人，被迫进行武装起义，与荷兰东印度公司军队打了好多仗，在武装斗争中曾得到印度尼西亚爱国者的支持。在为印度尼西亚民族独立解放而进行的英勇斗争中，中国人的血、印度尼西亚人的血，在反抗共同敌人——帝国主义、殖民主义的战斗里，曾流在一起，不分你我。1945 年，日本投降后英荷联军企图在印度尼西亚恢复殖民统治，在泗水登陆与宣告独立的印度尼西亚人民军发生战事，激战 15 天，当时侨居在东爪哇各地的中国人拿起武器与印度尼西亚人民并肩作战，这个历史纪念日（11 月 10 日）后来被印度尼西亚政府追认为"英雄节"。

致梅龚彬

梅龚彬同志：

　　从 1 月 10 日被香港英帝国主义逮捕押解出境后，因为忙于支持香港反迫害斗争，一直没有信向中央汇报。从 2 月 6 日起，又负了直接领导"四联"（即大公、文汇、国新社、周末报四单位在广州办事处）的"三反"斗争，原拟给中央写的报告，及 1951 年来的工作总结，又因忙于打虎抽不出时间拖了下来。现在"三反"虽已基本上结束了，正在进行追赃退赃以及民主建设工作，怕要到 4 月底才能完全抽身。

　　从 1 月 10 日到现在，有几件关于我个人及港九分部的事情要向你及中央报告的，请把这几件事代向中央报告：

　　一、我离了香港后，仍在《文汇报》工作，负责领导文汇广州办事处，主要为主持国内各种爱国主义运动，以及各种建设情势，对海外同胞宣传业务，亦即"输送炮弹"工作使海外宣传工作得以加强。

　　二、负责港九分部与华南临工会及中央联络工作。

　　三、我离港后，港九分部工作及组织未受任何影响，因为环境更加恶劣，活动方式不能不有所改变，分部筹委会不再每周举行例会一次，而改为每月一次，必须时得临时召集，从筹委会中由我指定三个人，即李子诵同志、梅文鼎同志、曾放同志任常务工作，还是每周举行会议。其余筹委只作个别联系。三位常务同志直接领导各党组活动，目前主要任务为：进行反迫害斗争，宣传"三反""五反"及"反细菌战"，重新调整组织，纯洁内部。三个常务同志的工作分配为：李子诵同志任召集人，梅文鼎同志任上层工商统战，曾放同志任党组调整领导。分部的一切活动与各友党均直接取得配合。

我想向中央提出的是：我离港后，可否任李子诵同志为召集人，我在临工会，仍可以协助他们的工作。

四、一年来的工作总结，因为"打虎"始终未及动手，决定在最短时间内写好寄上。中央会议日期决定后，我将尽可能争取赴京参加，并向中央报告港九分部一年多来的工作情况。

五、有一个较为严重的问题应该注意，就是干部问题。新干部未提出来，而旧干部都相当"红"，况且李、梅两位同志都因为《文汇报》关系被告。如何配备新的领导干部，目前是一个伤脑筋的事，希望中央能予协助。

我的通讯处由《文汇报》广州办事处转。

致

敬礼

司马文森

1952 年 3 月 21 日

注释：梅龚彬（1901—1975），中共情报史上的杰出人物，抗战三杰中的隐杰。

1924 年加入中国共产党，任中共徐家汇支部第一任书记。"五卅"运动时，负责召集全市学生代表会并任总指挥。中共中央决定组织反帝统一战线，他作为上海学生界代表进入上海工商学联合会，被推选为向帝国主义者提出交涉条件的审查员之一。他编写了《上海英、日帝国主义者屠杀同胞之经过》一文，在全市印发。当时梅电龙名气很大，被誉为"五卅"运动的五虎将。

1932 年，梅电龙正式改名为梅龚彬。1933 年，福建事变。梅龚彬和陈希周等中共党员便受潘汉年派遣，入幕陈铭枢。1934 年，闽变失败，潘汉年指示梅龚彬和陈希周随十九路军撤香港，做长期卧底国民党民主派的准备。1935 年，中华民族革命同盟在香港正式成立，梅龚彬任宣传处处长。梅龚彬感觉敏锐，深谋远虑，是中华民族抗日同盟活动的中心人物。梅龚彬在香港铜锣湾的寓所，实际上是中共抗日联合战线的一个地下机关。

西安事变后，抗日同盟解散。梅龚彬先后跟随陈铭枢、叶挺和李济深，并任全国战地委员会委员。结识了众多的民众党派和国民党左派人士，包括李任仁（白崇禧的老师）、陈此生、杨东莼、林崇墉（林则徐的孙子）、柳亚子、何香凝、彭泽民、李章达等。1947年梅龚彬又受潘汉年的指派，到香港协助李济深等人筹建中国国民党革命委员会。不久，中国国民党革命委员会在香港成立，宋庆龄当选为名誉主席，李济深为主席，梅龚彬为中央执行委员会委员。中国国民党革命委员会成立时大多的重要文件，都是梅龚彬亲自起草的。其中的中国国民党革命委员会成立宣言，曾被冯玉祥将军称赞为："有诸葛武侯文风。"1948年，中共"五一号召"发表后，得到以香港为基地开展民主斗争的各民主党派和民主人士的热烈响应。与此同时，中共中央开始想方设法接送在香港的各民主党派领导人进入解放区，筹备新政协。当时的香港，国民党特务云集，港英当局倾向国民党，大批的民主人士离开香港去解放区，困难很大。潘汉年、梅龚彬、廖承志等人，根据中共中央和周恩来的指示，把民主人士从香港安全接送到解放区。

中华人民共和国成立后，梅龚彬历任中央财经委员会委员，第一届全国人大代表，第二、三届全国人大常委会委员，第二、三届全国政协委员。1949年11月、1956年2月、1958年11月，中共党员梅龚彬又先后当选为中国国民党革命委员会第二届至第四届中央常务委员兼中央秘书长。著有《太平洋上之争霸战》。

七十年前的两本书

司马小萌

　　我的爸爸司马文森要是还活着，应该 103 岁了。他万万不会想到，70 年前自己写的两本书，现在成了何等珍贵的历史资料。

　　书叫《新中国的十月》，另一本叫《新人物、新作风》。记述了他 1949 年 9 月 21 日至 30 日参加第一届中国人民政治协商会议、10 月 1 日参加开国大典的亲身经历和见闻。

　　《新中国的十月》一书收纳了他发表在香港《文汇报》的 11 篇文章，时间为 1949 年 10 月 18 日至 11 月 20 日。1950 年 1 月 5 日由香港前进书局结集出版，向海内外发行。

　　《新人物、新作风》一书收纳了他发表在香港《大公报》的 36 篇文章，时间为 1949 年 11 月 6 日至 12 月 22 日。我们查到了当时的新书预告，可惜至今没找到原书。

　　1949 年 9 月 5 日，他作为中共香港工委的文委委员，秘密北上，从香港到北平出席第一届全国政协会议和开国大典。应邀从香港北上出席会议的共分六批，他应该是第五批或第六批。同行的有李铁民、胡子昂等。

　　一个长期在国民党的白色恐怖下为中国人民的解放事业奋斗的年轻共产党员，终于盼到了解放，盼到了翻身做主人，心情何等激动！

　　这种激动，在《新中国的十月》一书 11 篇文章的标题中就显露无遗：

　　"到了第一个人民城市。""奔驰在山东平原。""闸门打开了，水头涌动着。""一群真实、智慧而有光辉的人们。""北京，翻了身的城市。""毛泽东，我们的亲人！""欢呼啊，中华人民共和国！""胜利的红旗在人民广场上招展。""人民首都，在欢乐的海里。""携手在为人类幸福共同的斗争里面。""再会，北京！"

他在《新人物、新作风》一书的"后记"中写道："我只想把我亲身的见闻写出来，供海外的读者参考一下，使大家明白我们这个从苦难中解放出来的祖国是光明灿烂，有前途有远景的！我们每个人都该有这样的信心，在新的基础上努力，奋斗下去。一九四九年十二月二十日写于香港。"

《新人物、新作风》的4大章节36篇文章，头两章小标题有："北京——人民首都"；"没有共产党就没有奇迹"；"人民的胜利"；"新社会，新人物，新作风"；"人民公仆"；"多才多艺的人民解放军"；"解放区作家怎样生活的"；"听将军们谈知识分子和人民队伍结合"等等。在"人民政协见闻录"这一章里，小标题有："不开无准备之会"；"北京饭店招待所琐记"；"三大人民宪章是怎样产生的"；"新国旗怎样被选出来的"；"投毛主席一票，是我们的光荣！"；"学习大会的精神和作风"；"我们等待着，终于看见这一天了"；"难以忘却的印象"；"参政人员名单是怎样决定下来的？"；"人民民主统一战线做些什么？"；"在新中国建设中大家怎样分工？"在"人民领袖印象"这章节中，小标题有："毛主席和我们在一起"；"谦恭诚挚的朱总司令"；"我们的政务院总理周恩来先生"。

中国人民政治协商会议第一届全体会议共有6个委员会，司马文森被分配在《中国人民政治协商会议共同纲领（草案）》整理委员会，该委员会的召集人是周恩来。

9月27日政协全体会议通过了新中国的《人民政府组织法》《共同纲领》，通过了国都、国旗、国歌、纪年等，毛泽东宣告新中国成立。父亲记下这振奋人心的一刻："五千年来的第一次，中国人民用自己的手来表决自己的宪章！以国家主人的身份，来处理自己的命运！我们兴奋，多少说不出的情绪，像海涛、像巨浪，在我们心中翻腾起伏，多少热血在我们身上奔腾着。热泪涌在我们眼中，它想流下来，为了快活，兴奋，激动！""那是我们全国人民大团结的标志，我们拥护，我们鼓掌，我们欢呼，我们一致的举手通过！"

父亲记述了开国大典的盛况，记述了这个庄严伟大的日子。10月1日下午，父亲和代表们登上天安门城楼参加中央人民政府成立大会。下午 3 时，隆重的仪式开始了，新中国向世界，向全国人民宣告诞生！国歌《义勇军进行曲》响起，第一面五星红旗在电动旗杆上徐徐上升，连续十分钟没有间断的庆祝礼炮轰鸣。"共和国的首长们和我们，这些来自全国各地的人民代表们在一起，同全国人民站在一起，在检阅这英勇无双的人民解放军。""中国人民能够站在自己的阅兵台上，检阅自己的部队，这还是有史以来的第一次！"

在临时搭建的观礼台上，来自苏联的代表格外引人注目，他们是苏联文化艺术团，远道来参加新中国成立庆典。团长是法捷耶夫和西蒙诺夫，带着红军歌舞团、摄影队。当他们看到人民解放军军旗引导着海军、步兵、坦克兵团、骑兵兵团、炮兵兵团走过检阅台，鼓掌欢呼："乌拉！""终于我们听到一个声音了，那是毛主席在宣读'中华人民共和国中央人民《政府公告》'，站在广场上的 30 万人如同一个人，严肃地立正着静听。"随后全场欢声雷动，游行队伍欢呼着通过天安门……直到暮色笼罩了北京城，天安门广场上红色的旗帜、红色的灯、红色的烟花交织成一片红色的海洋。游行队伍仍有组织、有顺序地走过检阅台，人们唱着热爱自己领袖的颂歌，呼喊着："毛主席万岁！"

10 月 2 日晚上，父亲出席了中国文艺界代表在怀仁堂为苏联文化艺术代表团举行的欢迎会。在欢迎会上，有人拿着电报走近朱德总司令。总司令用激动的声调对大家宣布："我们的伟大友邦苏联，第一个和我们建立外交关系了！"这声音像一声巨雷，响在每一个人的心上。人们起立，疯狂地、持续地鼓掌，这是父亲见证的新中国外交从无到有创建的振奋人心的时刻。

父亲一直珍藏着出席第一届全国政协会议的徽章，他的编号是：239。

父亲是 1949 年 9 月 5 日去北平，10 月 25 日回到香港。作为亲历者，他怀着不可遏制的激动心情，记述了参加开国大典的见闻，许多章节都是一天一篇连夜完成，写就《北行书简》11 篇报告文学，即刻发稿到香港《文汇报》向海外报道。至于文章是陆续寄回还是托人带回香港，我们不得而知。总之，1949 年 10 月 18 日开始在《文汇报》发表时他还在内地。回到香港后集成《新中国的十月》出版。出版时间是 1950 年 1 月。

父亲将参加第一届全国政协会议的经历、见闻，于 1949 年 11 月 6 日至 12 月 22 日在香港《大公报》发表题为《我自北京归》36 篇报告文学，集成《新人物、新作风》一书出版。

这是父亲为新中国的建立留下的永远记忆，是一个忠诚的共产党员留给祖国人民的宝贵历史文化财富。

那年，父亲33岁。

革命英杰司马文森

中共泉州鲤城区委党史和地方志研究室

    司马文森（1916—1968），原名何应泉，福建泉州人。1933年加入中国共产党，著名作家、新中国第一代外交官，中国共产党杰出的统战工作者，曾作为第一届全国政协代表参加政协成立大会，任《共同纲领（草案）》整理委员会委员，出席开国大典。曾任中国驻印度尼西亚大使馆文化参赞、中国对外文化联络委员会司长、中国驻法国大使馆文化参赞。连任全国文代会第一、二、三届代表。他参与中国和印度尼西亚、阿尔及利亚、法国政府间文化合作协定的签订和实施，为新中国文化外交事业做出重要贡献。

在千万条人生道路中，他选择了革命道路

    何应泉1928年随族人下南洋，到菲律宾做工。1931年回国，就读于泉州黎明高中，加入中国共产党的外围群众组织"互济会"。1932年参加共青团，任共青团泉州特支委员，从事学生运动。1933年加入共产党后即担任中共泉州特区委委员。在泉州报刊上发表小品、诗歌和评论文章，针砭时局，传播革命思想。负责与厦门中心市委联络，并奉命复刊地下党的《赤色群众报》。

    在军阀混战、民不聊生的旧中国，有人选择逆来顺受，有人选择袖手旁观坐山观虎斗，有人选择起来反抗改变命运……在千万条人生道路中，何应泉选择了无产阶级革命斗争道路。

亦文亦武，投身抗日战争洪流

泉州是闽南交通枢纽，国民党"围剿"闽西苏区必经之路。泉州党组织为牵制国民党进攻苏区的斗争遭受残酷"清乡"。1934年，根据党的"隐蔽精干"原则，何应泉转移到上海。在上海，他经人介绍加入中国左翼作家联盟（以下简称左联），参加左联党小组，任组织干事，负责暨南大学和江湾农民文艺小组；在左联刊物发表文章，参加左联为鲁迅先生送殡、纪念高尔基等活动。在党的培养下，这位年轻的战士亦文亦武，在上海文坛崭露头角，笔名"司马文森"成了他的常用名，投身抗日战争洪流，为民族解放斗争呐喊。

1936年左联解散，上海各界救国会成立。1937年，在上海文艺界救亡协会宣传部工作的司马文森，负责职业青年和学生团体的救亡活动，参加上海文艺界救亡协会刊物《救亡日报》创办，先后为撰稿人、记者、编辑，并积极推动文艺通俗化运动，出版有《岛上》散文集、《战时文艺通俗化运动》专论。上海沦陷之后，根据党组织安排，司马文森随救亡日报社撤退广州。1938年和文艺界友人创建文艺通讯员总站，举办讲座，培植文艺通讯员，宣传共产党的抗战主张，暴露、抨击敌人的残暴、汉奸的无耻；宣传动员民众组织起来、同仇敌忾投身抗战。1938年夏，根据中共广东省委书记张文彬指示、华南分局统战部的安排，司马文森投笔从戎到四战区政治部，行军打仗，培训政工人员，创办战区《小战报》，刊行两广、福建、江西，在国民党军队中宣传共产党的抗战主张，把抗战文艺的种子撒播到战壕。1939年，根据八路军桂林办事处李克农指示，司马文森5月到桂林广西地方建设干校从事对桂系的统战工作，担任统战工作委员、校部指导员，编辑校刊《建设干部》《干部生活》，对泰国华侨机工归国参战进行政治培训。皖南事变之后，八路军办事处撤回延安，救亡日报社被封，很多同志去香港、海外，桂林陷入白色恐怖中。司马文森坚守党的文艺阵地，承担联系和领导文化系统地下党员的工作，组织关系由李克农转到中共南方局。1941年9月创刊抗战文艺月刊《文艺生活》，为坚持抗战、进步、团结，反对投降、倒退、分裂，争取作家的权益做了大量工作。田汉的《秋声赋》、夏衍的《法西斯细菌》及司马文森的第一部长篇小说《雨季》等都在《文艺生活》上第一次和读者见面。《文艺生活》参与世界反法西斯文艺阵线，声援苏联卫国战争，刊登日本反战同盟鹿地亘、苏联作家反法西斯文章。桂林文协的工作被中华全国文艺界抗敌协会总会评为全国第一，蜚声海内外。1944 年，根据南方局指示，司马文森带领桂林文化支部的同志到桂北组织抗日青年挺进队，任中共桂北工委委员，与融水地方党组织、柳州日报自卫队协同作战到日本侵略者投降。司马文森是共产党领导的国统区抗战文艺中心上海、广州、桂林救亡协会核心成员，为抗战文艺中心的建设，为党的抗战文化宣传做出重要贡献。

迎接新中国诞生

1946—1955 年，司马文森先后任中共中央香港工委文委委员、港澳工委，华南分局文委委员，负责中共香港文艺、电影、新闻、对外宣传工作十年，被誉为解放战争时期中共香港文宣工作的灵魂人物。

1946 年，蒋介石公开撕毁"双十协议"及政协会议和平建国协定，发动内战。年初司马文森刚刚在广州复刊《文艺生活》、创刊《文艺新闻》不久，就遭国民党反动派封禁。为了揭露国民党蒋介石的假民主、真"剿共"面目，司马文森带领中共文化部队和民主党派联合组织的杂志联谊会，发起"反饥饿、反内战、反独裁、反迫害、争民主运动"的号角。鉴于司马文森被国民党特务列入文艺界"黑名单"，党组织通知司马文森转移到香港，复刊《文艺生活》，并参加中共和民主人士合作建立的达德学院，配合解放战争及新中国诞生做干部准备。

1947 年，司马文森在香港、南洋发起文艺生活社社员运动，以月会形式邀请郭沫若、夏衍、邵荃麟、茅盾等主讲当时文艺诸问题。文艺生活社在旧金山、加拿大、巴西、菲律宾、荷印、马来亚、缅甸、越南、中国香港均设有分社，通过《文艺生活》月刊及社员运动推动"马华文艺""暹华文艺""菲华文艺"的蓬勃发展，《文艺生活》成为中华文化海外传播的灯塔。

1949 年 9 月，司马文森出席中国人民政治协商会议成立大会，是《共同纲领（草案）》整理委员会的委员，参与制定三大民主宪章中最重要的文献《共同纲领》（规定新中国的国体、政体、政党制度和国家结构形式），为建立新中国独特的政治制度——中国共产党领导的多党派合作与政治协商制度做出重要贡献，并率先在香港《文汇报》《大公报》向海外报道新中国的诞生。

返香港后，司马文森担任中共华南分局文委委员、港澳工委电影工作负责人、中央电影局香港委员，大力推动香港进步电影事业，使之成为新中国电影走向世界的桥头堡。他坚定执行文宣工作原则，站稳人民立场，与以美国为首的西方文化侵略、渗透作斗争，拍摄好片，兼顾国内外市场，展开合作运动，合理降低成本，协调好片商、院商和电影工作者之间的合作关系。组织影坛人士读书会，学习社会发展史、毛主席《在延安文艺座谈会上的讲话》，树立文艺源于生活、为人民群众服务等观念。司马文森编剧的6部华侨题材电影：《海外寻夫》（"二战"后首部华侨题材电影）《火凤凰》《南海渔歌》《血海仇》《娘惹》《海角亡魂》，在香港及海外上映获得好评。1949年11月司马文森作为香港文化艺术队领队，率队参加广州解放庆祝大会。1950年1月携"香港同胞劳军团"的港粤百余影剧演职人士在广州海珠戏院义演《红军回来了》《起义前后》《胜利公债》《旗》《香港屋檐下》等，受到广东省党、政、军、民热烈欢迎。《胜利公债》是司马文森为新中国政务院发行的第一只国债"人民胜利折实公债"首发而创作的新歌剧，所得收入交华南文联筹备会全部购买"人民胜利折实公债"，支援解放战争。

1948年9月9日香港《文汇报》创刊，这是中共和民革联合创办的面向港澳同胞及海外华侨的报纸，司马文森应邀为《社会大学》栏目创作《南洋淘金记》，从《文汇报》创刊第二天起连载，是《文汇报》连载的第一部小说，在东南亚华侨社会引起轰动。受到广泛关注的《南洋淘金记》为《文汇报》的成长赢得读者的关爱和支持。

1951年，司马文森接手香港《文汇报》总主笔兼社长，负责港澳工委报刊工作。司马文森和《文汇报》《大公报》《周末报》同人在新闻战线进行艰巨的文化斗争，把祖国建设的真实情况传播给海外侨胞，成为一支有力的笔部队，搭起广大侨胞联结祖国建设的一条精神桥梁！

作为总主笔，司马文森写社论、时评，承担把舵导向作用。1952年1月10日，司马文森与8名电影工作者被港英当局非法逮捕递解出境。我国外交部于1月25日向英国政府提出严重抗议。3月5日香港《大公报》转载《人民日报》社论，被港英当局律政司控为"刊载煽动性文字"。5月5日《大公报》

被判从即日起停刊 6 个月。中国外交部于 5 月 10 日再次向英国政府提出严正声明，严重抗议港英当局连续逮捕、驱逐和迫害司马文森等中国居民并无理勒令香港《大公报》停刊的暴行。在中国政府强有力的反击面前，港英当局最终于 5 月 17 日由香港高法合议庭决定终止《大公报》停刊令。司马文森作为当事人参与新中国诞生后第一次中、英外交博弈，撰文《控诉英、美帝国主义的无理迫害》《香港英国政府对我国同胞的迫害》，在记者招待会、广播电台控诉港英政府迫害中国居民的罪行，联名发表《致香港爱国电影工作者公开信》，写作中篇小说《基地》，揭露美、英将香港作为颠覆新中国、反华反共的基地。

回到内地后，司马文森任中共港澳工委海外宣传组负责人，担任《大公报》《文汇报》、中新社联合办事处主任。他参与倡议成立中国新闻社，并担任理事；参加华南文联、中南文联、中国作家协会广州分会筹备，并被选为第一届华南文联常委、第一届中南文联常委、第一届中南作协常务理事，兼任第一届中国作协广东分会常务理事、作协会刊《作品》月刊第一任主编。兼华南文联电影创作组组长，编剧《故乡》，介绍侨乡在新中国成立后的民主政治、经济建设、文化教育各方面的巨变，中央新闻电影制片厂于 1954 年摄制成大型纪录片，对海外放映。1955 年摄制完成的纪录片《华侨学生在祖国》也是司马文森编剧。

新中国第一代外交官

1955 年 5 月，司马文森、雷维音夫妇奉调外交部，7 月司马文森即担任中国第一任驻印度尼西亚使馆文化参赞。

当时和新中国建交的只有大约 20 个国家，其中非社会主义国家仅 10 个。司马文森负责对印文化事务：文学艺术、教育、科技、卫生、体育、新闻出版、广播影视、工青妇、社团等方面。从无到有，司马文森建立和印度尼西亚电影界人士的往来；通过结识画家联系推动第一个资本主义国家总统苏加诺访问新中国，这是一次外交关系的突破。以此为契机，司马文森建议我国新闻电影制片厂与印度尼西亚国家电影制片厂联合摄制了《苏加诺总统访华》纪录片。司马文森联系推动《苏加诺总统藏画集》出版，获得莱比锡国际图书博览会金奖。他联系第一个中国医疗小组走出国门到印度尼西亚，彰显中华精湛医术。1961

年，司马文森联系推动第一个《中国和印度尼西亚文化合作协定》的签订及落实，以此为纲推动两国《广播和电视合作协定》《交换新闻协定》签订。1961年，印度尼西亚亚运会筹委会同时邀请我国大陆和台湾地区参加印度尼西亚主办的1962年第四届亚运会。得知消息后，司马文森多次与印度尼西亚文教部、情报部负责人交涉，成功阻止"两个中国"的局面，捍卫了国家主权。司马文森在任期间是中国与印度尼西亚关系友好鼎盛期，为新中国大文化外交事业做出积极贡献。

1963年，司马文森作为对外文委西亚非洲司首任司长，参与第一个中国与阿尔及利亚文化合作协定的制定。9月，司马文森随丁西林（团长）等作为中国文化代表团到阿尔及利亚，和阿尔及利亚签订了《中华人民共和国和阿尔及利亚民主人民共和国文化合作协定》（以下简称《协定》）。依托该《协定》，联系推动中国广播事业局与阿尔及利亚广播和电视合作协定，两国交换新闻协定签订。

1964年4月，中法建交在国际社会引发"核爆炸"似的轰动，新中国的外交事业开拓了新局面。司马文森作为第一任中国驻法国大使馆文化参赞，6月赴任，联系、推动第一个中国和法国文化合作计划的签订实施。1965年，两国签订《中华人民共和国和法兰西共和国政府1965年和1966年文化交流执行计划书》，这是第一个中、法文化交流执行计划书，也是中国在西欧签订的第一个文化交流执行计划书。司马文森以对党的忠诚、丰富的外交经验，在《关于对法文化往来的意见》中指出："西方对外文化侵略富有经验，有一支庞大的文化侵略队伍和雄厚的物质基础。对我文化政策执行'和平演变'做法，通过文化渗透扩大所谓'自由化'的影响，和我们争夺下一代，中国青年和知识界将成为其主要的文化渗透、影响对象。"司马文森敏锐的政治洞察，对阻击颜色革命具有很强的现实意义。

如今，中国已傲然屹立在世界东方，任列强宰割的屈辱时代已一去不复返，在国际事务中，正发挥着日益重要的作用。"一个强大的祖国，对定居在海外的中国人又意味着什么呢？是无上的尊严、光荣；是海外孤儿屈辱日子的终结，可以挺起腰来做人！"这是作为从泉州走向亚洲、非洲、欧洲的大文化使者司马文森在海外工作这些年，深刻体会到的至高无上的真理。

原载《福建党史》2020年第5期

司马文森和文艺界友人

——抗战烽火淬炼的友谊

司马小莘

文化铸造灵魂

中国在近现代史上，曾积弱百年，改变民族命运的是一代又一代前仆后继的仁人志士，他们是中华民族之魂。

思想指导行动，文化铸造灵魂。从中国的革命斗争历史看，革命的知识分子起到带头作用，出过不少力，他们是先知先觉者，父亲司马文森和文艺界友人正是这样的一群。他们拥有像高尔基笔下"丹科"的心，在民族危难中，在泥沼、黑暗、混沌中，在人们的恐惧、懦弱中，他们是一群志同道合的"丹科"，掏出自己炽热的心举得高高，照亮荆棘中前行的路，引领人们奔向光明。1931 年司马文森参加革命，1933 年加入中国共产党，年仅 18 岁任中共泉州特区委员会委员，编辑地下党的机关刊物《赤色群众报》，终身从事党的统战、文化宣传工作，在人类社会最激烈动荡的 20 世纪风云中、在革命斗争中成长为著名作家、外交家。满怀坚定的革命理想，他的传奇生涯和开阔文学创作交相辉映。

20 世纪 30 年代的上海（及广州）、40 年代的桂林、50 年代初的香港是中国革命文学的中心，司马文森恰恰在那些年代、在进步的文化中心，是无产阶级革命文学运动的核心成员，和文艺界友人共同努力，前仆后继，掀起一波又一波抗战文艺、革命文学的浪潮、唤醒民众，组织、动员民众，为民族解放事业的最后胜利、为新中国的成立奠定基石。他们开创了大众文艺的新纪元，人民文学的历史在辛勤耕耘中，一步一个坚实的脚印走来。

可贵的信念

1929 年中国共产党文化工作委员会成立，在其领导下，左翼总盟在上海成立，声势浩大，佼佼者是左翼作家联盟，"高举反对帝国主义侵略、反对国民党反共媚外政策、拥护苏区和红军的革命斗争"，"在文学艺术疆场上以笔作枪，在国民党反动派的文化围剿中与敌搏击（国民党当局曾发出第 15889 号公函和第 6039 号密函指令上海党政军机关查封社联、左联等左翼文化团体，盟员中柔石等多人被杀害），左联文学创作战果累累"（《左联画史》）。继"五四"新文化运动，在中国古老大地上，左联"领导和战斗的是无产阶级革命文学运动"（鲁迅）；茅盾先生称，左联在我国现代文学史上有着光荣的地位，它是中国革命文学的先驱者和播种者。1934 年冬司马文森参加左联，1936 年在上海文坛崭露头角，他与戴平万、何家槐、林淡秋等在一个党小组，任组织干事，负责江湾一带农民文艺小组和暨南大学文艺小组。父亲参加了上海文化界救国会，在 8 项抗战主张上签名，参加了中国文艺家协会。1936 年，实验小剧场、蚂蚁剧团在租界内上演国防戏剧，因台词有"东北是我们的"，遭到上海公共租界工部局阻挠、禁演。9 月 5 日洪深起草的中国文艺界《为争取演剧自由宣言》得到 176 位文学、戏剧、美术、教授学者等文化人联名签署，要求在中国的土地上，包括租借地内上演戏剧的自由。签名有张庚、田汉、欧阳予倩、洪深、阳翰笙、阿英、袁牧之、蔡楚生、史东山、冼星海、任光、章乃器、沙千里、沈西苓、蔡若虹、赵丹、白杨、金山、章泯、陈白尘、郑君里、钱俊瑞、陈荒煤、于伶、林娜（司马文森）、子冈、王人美、尤竞等，这是以中国"文化人"名义发出的第一个独立自由宣言，用中、俄、英、法、日和世界语 6 种文字向国内外同时发出，影响很大。1936 年秋左联解散。司马文森结识的很多左联盟员：丽尼、周钢鸣、夏衍、陈荒煤、廖沫沙、梅益、田汉、安娥、葛琴、黄新波、王任叔、金丁、洪遒等，他们共同为民族解放事业，为建立没有人压迫人、人剥削人的平等富强新社会奋斗的信念，为建设人类美好未来而奋斗的理想，战斗的友谊一直延续。中国第六个五年计划哲学社会科学方面的重点项目《中国现代文学史资料汇编》认定的、在我国有影响、有代表性的著名现代作家中约 1/3 是当年的左联盟员，其中司马文森最年轻。

抗战烽火下的集结

抗战期间，共产党是坚决抗战的力量，在解放区、国统区的前线、敌后两个战场，在武装斗争和抗战文艺两条战线进行了艰苦卓绝的民族解放斗争。1937年2月—9月，共产党和国民党进行多次谈判，抗日民族统一战线形成。7月28日，上海文艺界救亡协会（简称"文救会"）成立，司马文森和王任叔、胡愈之、钱俊瑞等在文救会宣传部工作。父亲主持上海职业青年、学生团体的救亡工作。钱俊瑞主编了一套"黑白文丛战时特刊"：《论抗战中文化运动》（宰木）、《救济难民》（张劲夫）、《战时的儿童工作》（张宗麟）、《战时文艺通俗化运动》（司马文森）、《战时青年的修养与任务》（满力涛）、《侦查汉奸的方法》（蔡力行）、《战时的农民运动》（孙冶方）、《战时的妇女工作》（罗琼、姜平、寄洪）等。《救亡日报》作为文救会的机关刊物、文化界统一战线的报纸，8月24日在上海创刊，经国共两党协商，由双方派出人员并共同提供经费。社长郭沫若，总编辑夏衍。后期，国民党方面的人员陆续退出，报纸的编辑工作在共产党的领导下进行，《救亡日报》成为立场鲜明、坚决抗战的一面旗帜，报道各党派、各种政治力量的抗日主张和活动；宣传坚持抗战、团结进步，反对投降、分裂、倒退；坚持办报与组织救亡运动相结合，展开"文艺通俗化"问题的讨论，推动文艺通讯员运动，使文艺从少数作家圈中解放出来，使文艺大众化，同群众建立密切关系。《救亡日报》创建时，司马文森和林林、华嘉、陈紫秋等参加了工作（夏衍《廖沫沙的风雨岁月》代序）。从《救亡日报》在上海创刊至停刊，转广州复刊、停刊；转桂林复刊、停刊，父亲平均每个月发表两三篇文章，并参加编辑《文艺通讯员运动》《新干部》《儿童文学》等栏目。《救亡日报》工作量大，经费十分短缺，同志们睡地铺、吃大锅饭，发表文章是没有稿费的。

唤起民众投身抗战是一件艰苦、细致、长期的工作，千千万万共产党统战工作、文宣工作者投身到这项艰巨的工作中，当年占人口90%以上的工农大众大部分都不识字，工作要从在农村、工厂办扫盲班、夜校开始，从解决民众切身利益开始。同时中国是小农经济为主体的半殖民地半封建国家，多数民众并不关心东北的沦陷，只要战火没有烧到自己身边。一些老百姓认为打仗是军队的事，与老百姓无关；一些落后群众贪图小利为敌人带路、通风报信；有的则相信汉奸的谣言："看见日本飞机，只要摇动白毛巾就没有事"；不少老百姓听信汉奸的话，日寇打来时，家家挂起了白旗，结果全村男女老幼被屠杀，无一幸免（司马文森《行旅》）。揭露敌人的残暴罪行，揭露汉奸的无耻出卖民族利益，宣传英雄事迹，增加抗战必胜的信念，批驳消极、悲观情绪，用事实教育民众，组织、动员民众投身民族解放洪流的责任落到革命知识分子的头上。

壁报是大众化快捷的传播方式，在抗战烽火中兴起，延续至今。在广州，司马文森和友人创建了广东文化界救亡协会壁报总站。大家分头负责总站的时事报道和新闻讲话稿件、短评、编排等，一周出两期，组织了学生抄写队和民众张贴队，第一期仅出版15份，3天后第二期增加到36份。一些团体，如妇女会的17个壁报组要求参加成为分站；个别人、三五人自动组织起来的小团体，纷纷请求加入为分站。每当新的壁报张贴出来，有人大声读出来，周围聚集的民众就听得到，针对广州民众都不会讲"官话"（普通话），为将抗战动员深入民众，抗战壁报采用方言书写。我收集到父亲司马文森的专著《怎样办壁报》（1938年2月出版），是最早的关于壁报工作的书之一，也是迄今全国唯一保存完整的孤本。

新形式的群众文艺运动——文艺通讯员运动，在司马文森和文艺界友人的共同努力下迅速展开了，是把抗战文艺和人民结合起来的工作，培养了抗战文艺新军。1938年2月父亲看到陈斐琴在《新战线》上载文《发动乡村文艺通讯运动》，立刻抱有很大的兴趣，于是大家决定把这项工作推动起来。当时广东文学会成立不久，父亲担任理事，负责服务组，其中一部分是关于文艺通讯员的组织工作，为了有计划、有步骤、有组织地来推行这一群众性的文艺运动，在全国率先成立了"广州文艺通讯员总站"（地址：维新路南朝新街九号三楼）。参加总站工作的人很多，实际负责的有周钢鸣、陈斐琴、司马文森、周行、林林和华嘉，大家分别担任了组织、研究、指导等部分工作。在广州版和桂林版的《救亡日报》上出版《文艺通讯员运动专页》，介绍基本理论，征求文艺通讯员。许多通讯员分站、支站成立了，分布在广东、广西、湖南、江西、福建和香港，特别是在两广，深入到各偏僻城乡，到处都能见到文艺通讯员的活动，在农村、工厂、城镇、战壕……文艺通讯员总站先后在广州、桂林举办抗战征文竞赛、专题讲座，为通讯员的写作提供指导，推动通讯员展开集体创作，交流抗战文艺通讯写作心得；举行集会、座谈会讨论和研究文艺通讯员发展问题。广州沦陷，父亲随四战区政治部三组撤到翁源、韶关一带。1939 年 1 月，父亲和何家槐、柳倩、郁风、黄新波等在韶关发起文艺界集会，由司马文森谈文艺通讯员运动，孙慎、左恭、钟敬文、石辟澜、刘火子、陈残云、陈源等参加。随着《救亡日报》停刊，总站停止活动后，广西学生军还继续支持这一运动，出版自己的定期刊物；香港分会设立了文艺通讯部，在青年中加强文艺通讯的创作指导和组织；举办讲习会、研讨会、文艺通讯竞赛，培养了青年文艺队伍，直到太平洋战争爆发才停顿。战后的香港迎来文艺通讯员运动的又一个高潮，并以新的形式——文艺生活社社员运动走向海外。司马文森为推动文艺通讯员运动写作《文艺通讯员的组织与活动》《论文艺通讯员运动》《论文艺通讯员的修养》《怎样做个文艺通讯员》《华南的文艺通讯员运动》《做学生通讯员》等。文艺通讯员运动的影响是深远的，像燎原火种，至今很多报刊仍培植、拥有自己的通讯员队伍。

培养文艺新军的讲习班、函授班从抗战开始延续到解放战争，乃至新中国成立。1946 年在周恩来和董必武的指示下，中共和民主党派、爱国人士合作成立了香港达德学院（校址：蔡廷锴的泷江别墅），院长陈其瑗、杨东莼，聘请黄药眠、沈志远、杨伯恺、千家驹、章乃器、萨空了、丘克辉、刘思慕、司马文森、邓初民、翦伯赞、杜国庠、许涤新、陶大镛、钟敬文、胡绳、石兆棠、朱智贤等任教，教师队伍水平之高，是当时相同学科的国内大学无法相比的，培植了青年文艺工作者队伍。1946 年 10 月达德学院开课，1949 年 3 月被港英当局封闭。

生活艰难，斗争火热

全面抗战期间，司马文森有四年的军旅生涯。1937 年秋，国共合作、抗日民族统一战线建立，根据中共广东省委书记张文彬的指示，1938 年司马文森投笔从戎，到第四战区政治部三组工作，尚仲衣教授被聘为三组上校组长，三组有地下党小组：石辟澜（组长）、司马文森、黄新波；其他进步人士郁风、钟敬文等，编辑战区《小战报》，培训干部。根据张文彬的指示，先后 800 多名青年到四战区政治部的政工总队（内有共产党员 120 人）。1939 年春，国民党五届五中全会掀起反共高潮，司马文森、石辟澜、黄新波被以"嫌疑重大"遣散。恰逢八路军桂林办事处为加强对桂系的统战工作，李克农决定将周钢鸣、司马文森和蔡北华等同志从《救亡日报》抽调到广西地方建设干校，协助教育长杨东莼。接到八路军桂林办事处的指示，1939 年 5 月司马文森和黄新波从粤北战地到桂林广西地方建设干校任指导员。干校是党对桂系进行统战工作的成功典范。周钢鸣和父亲协助教育长杨东莼掌握全校工作，主编校刊《干部生活》《建设干部》，培训从泰国回国参战的华侨机工。司马文森和周钢鸣为杨东莼每周作全校大报告的题目和内容资料提供意见，参与定稿，在校刊发表，很受学员欢迎。杨东莼通过他们和桂林文化界联系。"司马文森在校内外的统战工作都为杨所倚重"（蔡冷枫回忆）。干校设备非常简陋，课堂是临时用木头、稻草、竹篱匆促建成，一切军事化，学员穿军装，军事管理，生活相当艰苦朴素，学员大都是革命青年知识分子，热情很高，有不少是地方党组织派来的。他们把干校称为"广西抗大"，尽可能把作风做得像"抗大"一样。在办学中坚持党的政治方针，参照延安抗大和陕北公学的教学内容，担负起培养抗战干部的使命，使干校成为国统区新型干部学校（干校外来党支部书记：周钢鸣；委员：司马文森、叶方、宋之光、蔡冷枫）。

桂林位于西南大后方的枢纽，是当时广西的省会，全省文化、政治和军事中心，《救亡日报》在桂林的复刊，对于桂林形成全国抗战文艺中心，起到十分重要的作用。中华全国文艺界抗敌协会作为文化界抗日统一战线，于 1939 年 10 月在共产党领导下正式成立桂林分会，推动抗战文艺蓬勃发展，揭开桂学最光辉的一页。很多文艺界友人参加了桂林分会的领导工作，有王鲁彦、夏衍、邵荃麟、胡愈之、田汉、欧阳凡海、艾芜、宋云彬、焦菊隐、黄药眠、欧阳予倩、司马文森、孟超、钟敬文、舒群、聂绀弩、巴金、熊佛西、林林等。从桂林分会成立到 1944 年秋桂林被日寇轰炸为平地，连任 5 届理事会理事（常务理事）的有艾芜、孟超和司马文森。父亲先后负责桂林分会的组织部、出版部、儿童文学部。桂林分会组建了诗歌、小说、戏剧、理论、通俗文艺、儿童文学和鲁迅研究 7 个研究小组，开展学术讨论和群众性文学活动。讨论的题目有"民间文艺问题""文艺中的中国化和大众化问题""民族形式""儿童戏剧"等。诗歌组曾发起桂林街头诗运动，组织诗歌朗诵会，推动诗歌通俗化工作。桂林分会举办暑期文艺写作研究班、文艺讲习班和各种专题讲座传授知识，成立了文艺习作指导小组，由欧阳予倩、王鲁彦、焦菊隐、夏衍、胡愈之、黄药眠、艾芜、周钢鸣、司马文森等22人组成，专为文艺青年评阅稿件。为贯彻"文章下乡、文章入伍"的精神，桂林分会组织文艺工作者奔赴前线。

在桂林云集的文化人有1000多人，全国闻名的有：郭沫若、夏衍、巴金、邵荃麟、司马文森、周钢鸣、林焕平、端木蕻良、田汉、欧阳予倩、瞿白音、张曙、胡愈之、范长江、孟秋江、陶行知、杜宣等，文化机构、演出团体、报社、出版社、书店、印刷厂云集。文化机构有57家：中华全国文艺界抗敌协会桂林分会、全国木刻界抗敌协会、全国戏剧界抗敌协会桂林分会等。演出团体有223个：话剧队、戏曲队、乐队等。报社、出版社、书店180家，印刷厂110家。桂林分会召开关于戏剧、小说、诗歌、音乐、美术、民间文艺的民族形式和通俗化研讨会。当时欧阳予倩在搞桂剧剧改，很有成绩，团结了一批人，导演了不少话剧，成为桂林文化界的核心人物之一。抗战文艺的主战场在国统区，桂林文协的抗战文化工作无论质和量，为全国第一，被文协总会誉为"成绩是全国最好"的分会。

1940年底出现国民党反动派第二次反共高潮，顶点是震惊中外的"皖南事变"，桂林陷于白色恐怖中，广西地方建设干校将改组，杨东莼辞职，父亲和很多同志撤离。八路军办事处、《新华日报》办事处撤退了，夏衍、周钢鸣和《救亡日报》很多同志，大批文化工作者、民主人士从1月28日起陆续撤退，走得秘密、匆忙，去了中国香港、菲律宾、新加坡、马来亚。2月28日《救亡日报》被国民党封闭。党组织对父亲说："桂林工作不能没有人做，许多同志不能没有人负责联系，你得设法留下，继续坚持。"民主人士张健甫介绍父母到桂林的汉民中学，父亲教授高中语文，母亲教授初中音乐，虽然聘期只一年，也是宝贵的。父亲教书，并继续从事党的联络、抗战文艺工作。艾芜《回忆作家司马文森》一文中写道："重庆、桂林文化人大批去香港的时候，有一年轻作家留在桂林"，"把文艺的大旗高高举了起来，这人就是司马文森"。留下的同志肩担的责任很重，工作相当艰难，司马文森承担了联系和领导桂林文化系统地下党员的工作，由中共南方局派李亚群同志来桂林检查、布置工作。战乱年代，家人的生活都难以维持；不断有同志从广东逃了来，他们是千山万水，绕了很大的圈子才到桂林的，找不到八路军办事处，找不到组织，就来找父亲，要到延安、苏北解放区去，父亲帮他们联系；走不了，就得替他们想办法找工作，解决生活，设法隐蔽下来。桂林的进步文化活动没有停止。国民党反动派企图在这个有党坚强领导的桂林文化中心消灭进步的抗战文化活动，以为把几颗"钉"拔走了，党的文化活动就会瘫痪。可是，反动派的打算错了，一个文化中心的形成不容易，而要摧毁这个中心也不容易。国民党中的民主派，真正拥护孙中山的"民族、民权、民生"主义及"联俄、联共、扶助农工"三大政策的人士，不满蒋介石反动派的不抗日专搞内战，加强特务统治，在统一战线影响下，也集结起来，加强活动。尽管目的不尽相同，他们和共产党风雨同舟为抗战文艺出资、出力的事实不应遗忘；他们为抗战胜利做出的贡献，应该受到尊重。虽然省党部图书审查委员会的审查极严，抗战文艺事业依然蓬勃发展，文化供应社出版了不少较好的书，办了文化杂志，出版抗战文学作品不胜枚举，仅《通俗故事》系列（64开的"口袋书"）就有百余种，两年内出版3版。其中有父亲著单行本《保家乡》《砍不断的头》《戚继光斩子》，林仰铮叔叔将父亲的文章《马》改为木刻连环画。文化供应社出版的文学创作丛刊：《荒地》（艾芜）、《忠王李秀成》（欧阳予倩）、《沈吟》（聂绀弩）、《蠢货》（司马文森）、《黎明的通知》（艾青）、《英雄》（邵荃麟）、《吴非有》（骆宾基）等。父亲为文化供应社编辑了《少年文库》，1942年5月初版，1943年再版，1944年三版（1947年在香港再度出版），涵括适合少年阅读的故事、童话、小说、剧本、诗歌、谣曲、游记、自然科学等书籍约20种，并配有插图。书目有：《鹦鹉和燕子》（骆宾基）、《喜酒》（邵荃麟）、《菲菲岛梦游记》（司马文森）、《北极新天地》（陆洛）、《魔鞋》（苏联儿童剧，梁琼译）、《偷火者的故事》（加因）、《水和它的亲族》（陈大年）、《地球和宇宙》（陈大年）、《幸运鱼》（苏联傀儡剧，梁琼译）、《敌后的故事》（桂生）、《在内蒙古的草地上》（童常）、《速算故事》（孙士仪）、《火线上的孩子们》（聂志孔）、《渔夫和鱼》（司马文森）、《苏联儿童诗集》（陈原译）、《星的故事》（陈希真）、《生活的故事》（左林）、《小铁匠》（甦夫）等。这套文库，丰富了少年儿童的生活，并为革命事业做出贡献。根据李克农的指示，新安旅行团向苏北转移，变卖了一些设备仍无法凑足路费，司马文森利用编辑少年文库的机会，发动他们写作，其中《敌后的故事》《在内蒙古的草地上》《火线上的孩子们》等，是新安团同志们的作品，筹到的稿费用于新安团到解放区的路费（新安团成为新四军的文艺骨干队伍）。余所亚等多名画家为这套少年文库配上精彩木刻插图。父亲有许多画家朋友：黄新波、余所亚、郁风、梁永泰、张漾兮、黄永玉、王琦等，他的专著《粤北散记》《尚仲衣教授》《南洋淘金记》《菲菲岛梦游记》《渔夫和鱼》等，封面、插图是画家友人的佳作，他们相濡以沫共同奋斗，他和黄新波的友谊持续了 30 年。

抗战时期在国统区有影响的文艺刊物有很多，如《文艺阵地》《抗战文艺》《新华南》《现代文艺》《野草》《文艺生活》《文艺杂志》《国民公论》《中学生》《自学》《青年生活》《文化杂志》等。秦似主编的《野草》杂志很受读者欢迎，销路达 8000 册，并出版了"野草"丛书：《此时此地集》（夏衍）《冒烟集》（何家槐）《感觉的音响》（秦似）《过客》（司马文森）《蛇与塔》（聂绀弩）《长夜集》（孟超）等。黎丁主编了"今日文艺"丛书：《海沙》（周为）《客窗漫画》（丰子恺）《孤独》（司马文森）《离散集》（塞先艾）《今之普罗蜜修士》（严杰人）《西归》（田涛）《黑夜的呼喊》（林绥）《最后的圣诞夜》（许幸之）《惆怅》（王西彦）等。桂林出版的报纸《广西日报》《力报》《大公报》《大公晚报》也拥有广大读者。

《文艺生活》是 1941 年在桂林创刊，战后在广州、香港复刊，刊行东南亚，是走向世界的一个很有影响的文艺刊物。当时桂林有家新成立的文献出版社，老板陈劭先是民主人士，和孟超是熟人，想办一个文艺杂志，为他的出版社"打打招牌"。孟超来找父亲："请你办个文艺月刊，出版许可证我有办法弄！"经他这一提议，父亲便决定和那个出版社合作了。1941 年 9 月，司马文森主编的大型文艺期刊《文艺生活》创刊，历经抗日战争、解放战争到新中国成立，前后出版 9 年的一个很有影响的革命文艺刊物。它始终高举争取民主、民族解放的旗帜，团结国统区一切进步作家，用文学作为武器，向敌人冲锋陷阵，为反对国民党反动派统治，为民族解放事业，为创造一个美好的新中国而奋斗；它吸引了广大的文艺青年，尤其是在抗战时期的南中国以及东南亚一带产生过很大的影响。从内容之丰富充满，出版期数之多，都称得上是同时期文艺刊物的佼佼者。司马文森是这个刊物的创刊人和主编，母亲雷维音参与选稿、初校，成为父亲最得力的助手。封面上的刊名"文艺生活"是郭沫若同志写的。田汉的《秋声赋》、欧阳予倩的《一刻千金》、夏衍的《法西斯细菌》等剧作，以及司马文森的第一部长篇小说《雨季》都是在《文艺生活》上初次和读者见面（雷蕾：《司马文森和〈文艺生活〉》）。母亲雷维音（雷蕾）1939 年由周钢鸣发展为《救亡日报》通讯员，和司马文森结识，受到司马文森对革命理想、信仰的热忱感召，毅然投身革命事业。1941 年 7 月 1 日党的生日，司马文森和雷维音结为革命伉俪，相濡以沫，成为共患难的朋友、同志、亲人。桂林文艺界友人邵荃麟、葛琴夫妇，田汉、安娥夫妇，穆木天、彭慧夫妇，欧阳予倩、艾芜、孟超、胡危舟、何家槐、周行、熊佛西、焦菊隐、宋云彬、余所亚、李文钊、端木蕻良、骆宾基、彭燕郊、陈芦荻等前来祝贺。

《文艺生活》由于立场鲜明，受到读者的欢迎，从开办时的 4000 册，很快上升到近 2 万册，当时全国人口是现在的 1/3，取得这样的销量很难得。文化供应社消息，每次《文艺生活》运到恩施，很快销售一空。在桂林出版"文艺生活丛书"14 种：《流星》（荆有麟）、《萧》（伍禾）、《黄昏》（艾芜）、《乔英》（梅林）、《转形》（司马文森）、《骷髅集》（孟超）、《回忆鲁迅断片》（荆有麟）、《珍珠》（冼群）、《寒伧之歌》（伍禾）、《海的遥望》（华嘉）、《愁城记》（夏衍）、《塞巴斯托波尔之国》（孙用译）、《建设斯大林工厂的人们》（何家槐）等。《文艺生活》联系了大部分国统区的进步文艺界人士。

《文艺生活》也刊登国际反法西斯的文章，成为国统区抗战、进步文艺的一面旗帜，在桂林文化城最黑暗的日子里坚持了党的抗战文艺阵地。1943 年 9 月被国民党当局以"节约纸张"为名，限令停刊。

文协桂林分会举办了鲁迅逝世三周年、四周年等纪念会；司马文森曾主持召开鲁迅诞辰 60 周年纪念会；1941 年，桂林分会举办了纪念郭沫若 50 岁寿辰和创作 25 周年纪念会；1942 年，文艺界集会庆祝田汉 44 岁寿辰及文艺座谈会；1943 年 5 月，桂林文化界集会祝贺柳亚子先生 57 岁生日，尹瘦石为亚子先生和友人们在一幅名曰《漓江祝嘏图》的长卷上画像，有何香凝老人、欧阳予倩、熊佛西、孟超、安娥、周钢鸣、司马文森等几十人的签名。柳亚子先生在画卷上题诗，其中的两句是："班生九等分人表，青史他年任品题。"

在司马文森负责桂林文协出版部儿童组工作时，于 1940 年底相继主持召开了"当前儿童读物之优缺点""儿童文学座谈会""儿童戏剧座谈会""儿童戏剧报告会"等各种形式的会议，负责编辑《救亡日报》副刊《儿童文学》。他撰文批评轻视儿童文学创作，指出出版工作中的错误倾向，积极带动儿童读物创作，对促进桂林儿童文学和儿童戏剧的创作、演出，繁荣儿童读物的出版，发挥了重要的作用。父亲认为少年读物的编撰已经引起人们的注意，是一件可喜的事，重要的是要注意它的质量，满足抗战时期儿童健康成长的需要。

同年，文艺界友人聚会召开话剧《心防》（夏衍编，欧阳予倩导演）演出座谈会，夏衍、欧阳予倩、司马文森、周钢鸣、孟超等 50 人出席。1941 年 11 月，文艺生活社组织"关于 1941 年文艺运动座谈会"，司马文森主持，对本年文艺运动作全面回顾与检讨，作为对 1942 年文艺运动进一步开展的参考，与会者有田汉、邵荃麟、艾芜、许之乔、杜宣、宋云彬、孟超、伍禾、胡危舟、魏曼青、徐桑楚、吕复等。会议记录由雷蕾（雷维音）记录整理，发表在《文艺生活》上。1942 年 1 月文艺界友人集会检讨《诗创作》六期以来种种问题，与会者有彭燕郊、洪遒、严杰人、司马文森、雷蕾、孟超、伍禾、郑思、胡危舟等。1943 年 10 月，桂林自学杂志社和读书俱乐部《广西日报》副刊联合召开文艺座谈会，讨论茅盾新作《霜叶红似二月花》第一部，会后，司马文森和巴金、田汉、艾芜、周钢鸣、端木蕻良、安娥、林焕平、洪遒、黄药眠、胡明树、孟超、胡仲持等 17 人联名发电往重庆，对茅盾表示祝贺慰问。11 月，由文学创作社熊佛西主持举办"战后中国文艺展望"座谈会，与会者有田汉、邵荃麟、欧阳予倩、黄药眠、司马文森等 20 多人，建议政府改善检察制度，扶植言论自由。抗战期间出版进步的刊物是不易的，国民党成立了图书、杂志审查处，加强审查、控制，《文艺生活》的稿件多次被检扣，包括父亲的长篇小说《夜寒》。国民党当局一向对出版有严格监管，禁止自费出书，叶紫的代表作《丰收》是自费出版的，受到发行商的敲诈、勒索，只能忍气吞声。

值得提到的是在战火纷飞的年代，文协桂林分会为保障作家的权益曾两次与出版商、书商协商提高稿酬。1942 年 4 月 26 日，召开"保障作家合法权益"会议，茅盾、田汉、胡风、宋云彬、秦似、司马文森、艾芜、李文钊、胡危舟被推选为"保障作家合法权益" 9 人成员。1943 年为保障作家在物价飞涨的情况下的合法权益，再次向出版商、书商提出合理的计酬标准和办法。解决了拖家带口、在轰炸下生活的文艺家部分困难。广大的共产党文艺工作者，不仅要为民族解放、革命事业工作，面对国民党反动派"先安内、后攘外"的白色恐怖，工作环境恶劣，还要为党外的文艺界人士提供帮助，生活难上加难。

时过境迁，现在朋友间请客吃饭无足轻重，很难想象战乱年代，被友人邀请吃饭，会让人温暖、记忆半个世纪，也说明文艺界友人生活的艰辛。当周钢鸣夫妇在"太平洋战争"爆发后返回桂林，父亲在蒙蒙细雨中给他们送去只够买一些大米的钱，周伟阿姨作为最难得的、困难中的挚友来记忆。妈妈记忆中，每遇桂林的社会名人请田汉先生吃饭，他总不忘要求摆上两三桌，招呼上友人们一起去"加油"；母亲生育大姐时，年轻没有经验，安娥阿姨前来帮忙，她做了醪糟带来，适逢周伯伯带着他的儿子前来看望。小孩很可爱、漂亮，同志们亲昵地称呼他"小队员"。小队员闻到酒酿的香气，吵吵要吃，喝醉了，小脸红通通的，从白天睡到夜晚才回家，妈妈念叨了很多年。1937年撤离上海时，生活书店约周钢鸣写《怎样写报告文学》。当大家在广州相聚，因为周伯伯写那本书拿到100多元稿酬。拥有区区100元，被大家认定是"富翁"，要他请客。父亲的《风雨桐江》1964年出版时，他已经到中国驻法国大使馆任职，不在北京，1966年临时回国度假，友人们也没有忘记一定要他请客，这也许是战争年代传下来的"有福同享"惯例。父母的家是温馨的，虽然狭窄，无论在桂林、广州，还是香港，都是文艺界友人相聚的地方，临时需要住宿，打地铺是常有的事，大家都不介意。地下工作的同志没有红军制衣厂提供哪怕是最粗糙的军衣遮体，有天周伯伯来了，看见父亲的半新衬衣，比了比说："这件衣服我穿正合适，就将自己的旧衣服脱下，穿走了。"父亲说过：友谊是可贵的，然而更可贵的却是战斗的友谊！无私的友谊、兄弟般的战斗友谊，才是最圣洁和最可贵的友谊！他于20世纪30年代在家乡泉州黎明高中学习时，因从事革命被国民党县党部通缉，得到时任教师张庚的及时通报，迅速离开得以幸免；40年代因领导广州文艺界"反内战、反独裁、争民主运动"被通缉，得到左洪涛及时通知、李嘉人掩护及临危不惧、机智应对而脱险。父亲也为文艺界友人提供无私的帮助，曾在战乱中帮助高士其安排住所，在《文艺生活》刊登马宁的文章《人民科学家的高士其》，特意加编者按，呼吁社会关心贫困中的人民科学家高士其。陌不相识的吴崎在《缅怀司马文森》的文章中提到，"在两次非常危急的生死关头，司马文森曾经毫不犹豫地帮助了我"。有一天，父亲收到化名孟田的求助信和文稿《春雨濛濛中的黎明》，孟田虽然和父亲不相识，也没有朋友的介绍信，只因看到《文艺生活》，对编者产生信任而求助。父亲得知他因病在庙中昏睡，被村民误认为是小偷被扣的困境，立即筹款去相助，赶到时他已经被朋友接走，后来不幸去世，父亲发表了他的文章，新中国成立后才得知他是八路军外派人员，被追认为烈士。令艾芜先生难忘的是1944年夏，衡阳即将失守，大家纷纷逃难，争搭火车，已经不卖票了，全凭力气大才能搭车，因带有四个孩子，一整天一家人无法上车，第二天火车来了，还是挤不上去。这时司马文森领着他在汉民中学任教时的一群学生来了，帮助一家人搭上火车，父亲还嘱咐他，到了柳州去龙城中学找黄谷农，便可以得到住所，体现党在危难中对知识分子的爱护。

桂林文协开展了许多文艺活动：举办了救亡诗歌朗诵会、"万人大合唱"、木刻十年展、鹿地亘领导的日本反战同盟演出的《三兄弟》等，有很大的社会影响。抗战国共合作期间，周恩来逼蒋介石出资成立了10个演剧队，他们的活动十分频繁，影响很大。声势最大的演剧活动，就是1944年2—5月，党领导的西南剧展会演。历时3个月，欧阳予倩、田汉等同志积极筹备和成功主办了"西南剧展"，聚西南五省戏剧工作者，在极度困难的条件下，以百折不挠的努力，为保卫文化、反法西斯战争，在桂林演出话剧、京剧、桂剧、木偶戏、电影等近百个剧目，这样大规模的戏剧会演，在我国有史以来尚属首次，在国际上也属罕见，堪称"中国戏剧史上的壮举"，轰动了国内外，为桂剧发展和抗战戏剧事业做出了杰出贡献。父亲曾写了不少剧评：《祝西南第一届剧展》《欢迎第四演剧队〈家〉的演出》《评〈法西斯细菌〉》《评艺大的〈蜕变〉》等。

1944年5月至12月的8个月时间内，日寇仅以十余万兵力扫荡国民党百万兵马，迅速占领河南、湖南、广西、广东、福建铁路沿线。中国军队的大溃退造成中国人民的大灾难，惨不忍睹的"湘桂大溃退"。1944年6月18日长沙失陷；6月28日日寇进攻衡阳，8月衡阳失陷；9月向广西进犯；11月相继攻陷桂林、柳州、南宁。

桂林当局于1944年5月下旬仓促发布第一道疏散令，全城一片兵荒马乱景象，人心惶惶。桂林文化界在中共桂林文化工作组领导下行动起来，决定开展扩大宣传周活动。田汉出面请李济深将军领衔发起扩大宣传周活动，提出"保卫东南半壁江山"的口号，约请郭德洁、龙积之、欧阳予倩、柳亚子等100多位知名人士共同发起举行宣传周（6月14日—20日）活动，李济深谴责那些只顾发国难财，临阵脱逃的可耻行径。宣传周活动使惊慌中的人们群情激昂，热血沸腾。桂林文化界发表《告民众书》，号召全市民众"为了民族胜利，为了前方""有钱出钱，有力出力"。最后的三天，从18日至20日为"国旗献金大巡行"，游行队伍从桂林艺术馆出发，军乐队为先导，紧跟其后的是"保卫东南半壁江山"的横幅和宣传画；演剧队的演员们分左右两行拉开一面十余米长的国旗作引导，田汉、欧阳予倩先生同军事参议院院长李济深、爱国老人龙积之、柳亚子等长老团乘车在国旗后面。最后是主要由教育文化人士组成的浩浩荡荡的游行队伍。一路上救亡歌声此起彼伏，锣鼓声、口号声震撼全城，振奋和鼓舞了人心士气。路旁商铺、行人纷纷解囊，许多人把现金和金银首饰等向国旗献去，有的人力车夫把当天拉车所得收入全部捐出。万众一心、同仇敌忾的爱国主义精神使人热血沸腾，打击了国民党顽固派的消极抗日、妥协投降。所有"献金"400多万元和一批实物大部分送到了湘桂战场，一部分送给八路军和新四军，都用于慰劳前线将士。

司马文森于1944年6月22日在《大公报》发表《扩大宣传周后之建议成立西南文抗》的文章，论述更广泛地动员团结文化人加入抗战宣传工作的必要性和可能性，提出"为适应当前形势，成立西南（或桂林）文抗"的主张，得到桂林文化界人士的广泛支持。当天由李济深主持召开宣传周工作委员会会议，出席会议的有田汉、欧阳予倩、邵荃麟、周钢鸣、司马文森、陈残云、华嘉、李任仁、陈劭先、陈此生等，推出欧阳予倩、张锡昌、宗维庚、周钢鸣、腾白5人处理"国旗大游行"所募得的款项；研究筹组桂林文化界抗敌工作协会。经过几天筹备，6月28日在桂林艺术馆成立桂林文化界抗敌工作协会（简称桂林文抗协会），欧阳予倩主持、田汉报告筹备经过，通过了由张锡昌起草的组织章程、工作纲领，推举李济深为会长，李任仁、何香凝、柳亚子、白鹏飞、梁漱溟、熊佛西、狄超白、林砺儒、千家驹、司马文森、陈此生等27人为委员，并推举李任仁、张文、陈劭先、田汉、黎民任、欧阳予倩、张锡昌、李文钊、邵荃麟9人为常委。

桂林文抗协会成立后，重庆的文化界知名人士也纷纷来电支持。田汉立即组织抗战工作队，到前线慰劳抗战将士和宣传抗日。几天内，文化界人士和知识青年积极报名"文抗队"，由田汉、邵荃麟、欧阳予倩、张文、司马文森等文抗协会委员分头面试招考，原计划成立10个"文抗队"，由于国民党当局的阻挠、反对，多方面的限制，在1000多名报考者中只录取约100人，7月成立"文抗队"，田汉以饱满的革命激情撰写了队歌词，姚牧谱曲。随即集训，在桂林举行多次劳军演出，8月1日"文抗队"高唱《"桂林文抗队"队歌》和《义勇军进行曲》，出发北上灵川、兴安、全州、黄沙河等地。总领队田汉，队长陈残云，秘书长华嘉，辅导员于逢、甄夫、姚牧，每到一处，大家放下背包投入工作，美术组走上街头画宣传画，音乐组到街上教唱救亡歌曲，戏剧组则编街头剧，排练，搭戏台，准备晚上演出。每到一处激扬抗战热情，气氛热烈。8月24日，"文抗队"受到国民党的阻挠，大部分队员被召回桂林，强制解散。只有田汉率9名队员没有回桂林，继续北上，在炮火中宣传抗战。

1944年8月20日，贫病交迫的著名作家王鲁彦逝世于桂林医院。战火的逼近，出版社、杂志社撤离，文化人都没有生活来源，王鲁彦家人因生活清贫，连入殓的衣着都无钱购买。父亲和邵荃麟、曾敏之、端木蕻良等为筹备王鲁彦追悼会奔忙，刊登讣告、发起募捐买墓地、救助遗孤。30日，文艺界友人在社会服务处礼堂举行追悼会。敌机轰炸中，桂林文化界人士200多人为王鲁彦举办追悼会，由欧阳予倩主持，邵荃麟代表全国文协致悼词。会后，桂林文协在七星岩买下墓地一方为鲁彦营葬，墓碑上刻着"作家王鲁彦之墓"。

9月12日，广西政府发出第三次强迫疏散令，在安排了所有进步文化人士撤离桂林后，父亲和邵荃麟等最后离开桂林。桂林文化城随后被日寇炸为平地。

9月14日，田汉在柳州的住所举行文化界人士的聚会，来自桂林的文化人邵荃麟、葛琴、司马文森、陈残云等，和柳州的文化人、"文抗队"柳州队员都到了。这是分别的聚会，大家议论时局，心情沉重，互相勉励，互道珍重。

根据南方局指示，司马文森担任中共桂北特支书记，带领桂林地下党文化系统党员郑思、杨繁、何谷、吉联抗等，会合《柳州日报》党组织（负责人：罗培元、张琛）及地方党组织（负责人：陶宝恒），在桂中、桂北开辟敌后游击根据地，司马文森、罗培元、张琛、陶宝恒等组成临时工委，共同领导三支抗日武装青年挺进队、柳州日报自卫队、抗日别纵队抗击日寇，到抗战胜利。

经过艰苦的八年全面抗战，中国人民终于迎来了抗战胜利。9月中旬，父母亲去广州，在宜山小住，看到1945年8月1日《新华日报》刊登"司马文森捕获广西罗城大批汉奸，其中有胡危舟"的消息。本着共产党人对人、对历史负责的精神，父亲立即写文章，在11月19日《新华日报》刊文澄清事实：未有此事，并说明根据调查，胡危舟在宜山曾为游击队做过不少好事，认为胡危舟"一个比较有血气的人，在受过如此磨难之后，再与敌人合作，是很难有的"，可能因战乱期间，交通不便，引起误会。

战后，当父亲和文艺界友人在广州相聚，又酝酿展开新的革命文艺运动了。

桂林时期是司马文森创造的高峰期，创作了长篇小说《雨季》《人的希望》；中篇小说《尚仲衣教授》《转形》《希望》；短篇小说集《一个英雄的故事》《人间》《奇遇》《小城生活》《孤独》《大时代中的小人物》《蠢货》《危城记》；散文集《粤北散记》《过客》等。他以在广州及四战区、广西的经历、见闻，写下大量抗战纪实文学作品，以独特视角，从不同侧面、角度反映抗战中发生的事件，为抗战文学做出重大贡献。如谢晋元八百勇士坚守四行仓库、大场战役、京沪线上的空防、南京大屠杀、日寇对广州的大轰炸、对重庆的大轰炸，国统区军民、军队中的知识分子、少年儿童等的抗战英勇事迹等。父亲的专著《转形》揭示了鲜为人知的南方重镇广州沦陷的发生及内在原因，为南中国一段战争史提供了版本……茅盾评价他的作品具有战斗力、有现实感。《抗战时期司马文森在桂文学创作成就》（文丰义）称："司马文森的报告文学、散文、战地作品，以其厚重的历史内涵和独特的创作方式，在战时文学作品中占有重要的位置，至今仍成为文学史上有价值的战时报告文学中的名篇之一，对促进我国文学运动的不断向前发展产生了深远的影响。"

抗日战争不仅是国力、军力的动员，也是民心的总动员。在纪念抗战胜利70周年的日子里，人们在隆重的阅兵式的队伍中，在庆祝活动中只见讴歌胜利的精彩表演，不见为抗战胜利建立了不朽功勋的"笔部队"；但是他们为抗战文艺做出的重要贡献，锤炼了中华民族同仇敌忾、团结抗战的魂魄，锻造了自尊、自信、自强不息的民族之魂，融化在世世代代追求真理的中华民族儿女的血液中，永远伴随着时代前进的步伐。

让我们重温田汉先生为桂林文艺界抗敌工作队作的队歌，发自中华知识儿女先辈们肺腑的悲壮心声：

战旗在飘扬，号角声声悲壮，从中原到三湘，敌人还肆虐疯狂。胜利虽已经在望，当前的困难，待我们这一代担当。起来，中华的知识儿女，快动员一切力量，走上抗日战场。我们是大众的先驱，我们是军民的桥梁，我们是辛勤的播种者，要把文化的种子带到每一条前线，每一个村庄！听吧，祖国在召唤，让我们再出发，再歌唱，直到祖国的原野，洋溢着自由的光芒！

原载《泉州文学》2015 年第 10 期

迎接新中国

——司马文森和文化统战部队

司马小莘

反内战、反迫害斗争的故事

1945 年 8 月 15 日，日本宣布投降，中国人民经历八年艰苦卓绝的全面抗战终于迎来了胜利。胜利虽然到了，时局在混乱中，人民期待一个民主、统一、富强的中国。蒋介石一面邀共产党到重庆谈判，以为中共不敢入虎穴，一面调兵遣将部署进攻解放区。令他没有想到毛泽东、周恩来、王若飞等以极大的诚意前往重庆谈判。9 月 2 日谈判开始了，发现蒋介石根本没有准备和平建国方案，经过反复磋商，国共签订了避免内战，和平建国的"双十协议"。年底，政治协商会议召开，通过政府改组、《和平建国纲领》等五个决议，蒋介石承诺给人民四大自由，一转身便把协议撕得粉碎，向解放区进攻的炮声压倒了新春的雷鸣，并加强对国统区民主力量的迫害。

蒋介石退守台湾后，反省在大陆失败三大原因之一，归咎共产党为核心与爱国民主人士、进步青年在国统区开展的反饥饿、反内战、反迫害运动，给国民党为进攻解放区的征粮、征兵动员以沉重打击，配合解放军打倒蒋家王朝，结束国民党在大陆的统治。

抗战胜利的鞭炮放过之后，国统区的一些城市一夜之间上千个花牌楼扎好，老百姓涌上街头，看见强壮而装备精良的国军，骑高头大马行列齐整地开进市区，眼中充满热泪欢呼着。全国人民期待一个和平、民主、富强的中国。牌楼上的花还没有枯干，旧的中国没有变，物价却涨了几十倍，国民党接收大员们从大后方来了，有崭新的美金，对什么东西都称赞：便宜得很！而穷老百姓却只好在涨潮的顶点上漂浮、叫苦、挣扎。

1945 年 10 月 10 日《救亡日报》改名《建国日报》在上海复刊 15 天被国民党停刊。11 月 1 日《自由中国》（主编张铁生，中联部三局顾问）在穗创刊。不久国民党制造了震惊中外的"一二·一"昆明惨案。因学校师生反内战、呼吁和平集会，国民党军政部第二军官总队和特务暴徒数百人围攻西南联大和云南大学，毒打学生，投掷手榴弹，炸死师生于再、李鲁连、潘琰、张华昌 4 人，打伤 60 余名学生。1946 年 1 月中共国际问题专家杨潮（笔名羊枣）被国民党特务长期拘禁迫害牺牲，生前任永安《民主报》主笔，在福建被捕。1 月 31 日政治协商会议闭幕，2 月 10 日重庆较场口广场举行庆祝政治协商会议成功大会，中统特务将李公朴、施复亮、郭沫若、陶行知、章乃器、马寅初等和新闻记者 60 余人打伤。3 月为了向军调小组反映南通人民反内战、争和平的意愿，中共南通城工委组织了请愿大游行，要求和平，反对内战；要求民主，反对独裁，受到国民党军统、中统特务策划惨无人道的屠杀，杀害了南通文协人员、师生、记者多人。福建地下党城工部亦有多名同志参加反内战运动，牺牲在解放战争中。国民党的屠杀政策，特务在重庆、北平、南通、广州制造事端，激起全国人民一浪又一浪的公愤，掀起广泛的反内战运动。

1945 年中共中央提出，我们应集中于宣传反内战，反对独裁，主张和平，主张民主四个口号（《周恩来年谱》）。文化、统战部队 1946 年 1 月在南方重镇广州打响反饥饿、反内战、反迫害、反独裁，争民主运动第一枪，得到民主人士以及中山大学进步师生的积极响应。中华全国文艺协会总会委托黄药眠、周钢鸣、司马文森等筹组文协港粤分会，2 月成立。中共文化部队及城工部依托文艺界统一战线组织，刊登陪都、昆明文艺界致政治协商会议书，要求和平，反对内战，揭穿国民党假和谈、真反共的真相，联合民主党派、爱国人士、进步青年，团结广大民众展开反饥饿、反内战、反迫害，争民主运动。

1946 年 1 月 1 日父亲司马文森和陈残云合作在广州复刊《文艺生活》月刊，2 月 9 日创刊《文艺新闻》周刊；《华商报》1946 年 1 月 4 日在香港复刊，父亲即成为主要撰稿人之一；用事实揭露国民党政府发动内战的阴谋，宣传中共的和平民主主张。这些由共产党主持的报刊抗议国民党制造"一二·一"昆明惨案；谴责特务对中大学生的暴行；声援重庆郭沫若、李公朴、史良、施复亮等参加庆祝政治协商会议成功集会而遭特务殴打等；发表《为"一二·一"惨案作》（茅盾）、《新"一二·九"》（陈残云）、《羊枣被捕始末记》《论羊枣之死》（黄药眠）、《羊枣先生的"莫须有"》（斐然）、《忆杨潮——为福建冤狱抗议》（司马文森）、《哭杨潮》（夏衍）、《写在寒夜中——忆羊枣》及《该收回禁令了》（司马文森），以港粤分会名义发表《我们的抗议》《为声援南通惨案向当局的抗议》，驳斥文化特务谬论"有言论出版自由，也有限制言论的自由"，抗议蒋介石承诺的四项诺言成一纸空文，背信弃义迫害人民。1946 年 2 月 13 日国民党广州社会局下令封禁《文艺新闻》（司马文森、陈残云主编）《自由世界》（张铁生主编）、《新世纪》（野曼主编）、《学习知识》（邓邦俊主编）四杂志。

　　14 日下午司马文森联合四杂志负责人去国民党社会局交涉，质问社会局代表冯某："你们带着秘密手令，到各书店查禁《文艺新闻》等四杂志，有何根据？"

　　冯某振振有词："查禁四杂志，系奉上峰命令。"

　　"究竟奉何方命令？请你说明。"司马紧紧追问。

　　冯某支支吾吾地说："是奉何方命令，我不便说。这可以说是有，也可以说是无。"

　　"这说明，查禁四杂志完全是你们社会局所为。"司马声调铿锵地说。

　　冯某理屈词穷，无可奈何地说："可以说是，也可说不是。"

　　"你们这是执法犯法！"司马横眉怒目地喝了一声。

　　冯某登时瞠目结舌，呆若木鸡。

　　司马严正声明："社会局必须立即收回查禁四杂志成命，同时保证今后不再有类似情况发生！"说完，便从容告辞。（野曼《追忆作家司马文森》）

　　司马文森随即组织抗议国民党反动派迫害进步文化的斗争，组织四杂志针锋相对发出《我们的抗议》，2 月 15 日在多家报刊登，向全国发出紧急呼吁。

2月16日下午在金汉酒家的吉祥厅召开记者招待会，60多个新闻界、文化界、出版界、学生界代表听主席司马文森控诉四杂志被反动当局封禁的真相，社会局违法剥夺人民出版自由的证据，他指出："这件事情不是简单禁止几个杂志发售的问题，而是中国政治能不能民主的试金石。"会上，发行这些进步刊物的兄弟图书公司的经理曹健飞、记者、文化人士荷子、陈残云等表示要坚持到底。司马文森坚定地说：《文艺新闻》周刊继续出版，下周可以和读者见面，没有人承印，我们用油印，没有人代卖，我们自己设门市部……"当晚，司马文森主持"15家杂志联合增刊"编前会议，制定编辑方针、内容、选题，连夜编排、印刷、散发《联合增刊》。司马文森也在《周刊》《华商报》发表《民主不是出口货》《反民主戏法种种》《置身在民主斗争中的广州文化界》《民主和反民主斗争在广州》《居心》等，揭露特务对《华商报》代理人殴打、拘留、撕毁、没收报纸；用威胁、殴打报贩等手段禁售民主报刊，镇压民主。一周内，《文艺新闻》带头冲破社会局的封锁出版，陆续被封禁的十余家杂志也先后复刊。15家杂志联谊会很快发展到23家杂志联谊会。1946年4月10日，广州杂志联谊会23家会员杂志发出呼吁《呼吁维护言论出版自由》。1946年5月4日，国民党反动派组织了反苏、反共游行，唆使暴徒捣毁《华商报》广州分社、《正报》广州营业处和发售《文艺生活》《文艺新闻》等杂志的兄弟图书公司，把书店里的民主书刊撕成碎片，在地下践踏；把到书店去买民主书刊的青年学生们当作囚犯逮捕。23家杂志联谊会进而发展到广州29家杂志联谊会，5月6日发表《抗议五四特务暴行宣言》，抗议国民党反动派独裁统治，查封民主刊物。6月5日联名发《告国际文艺作家书》抗议国民党禁售民主刊物。

国民党镇压国统区民主的同时，加紧部署进攻解放区，发动内战。司马文森在报刊发表文章《饥饿的广州》《空前严重的广东粮荒》，揭露国民党为进攻东北解放区，在广州屯兵数十万，民粮变军粮，不顾百姓死活，原本4万元一担的米价，飞速上涨到7万元一担，仅仅过了两天涨到11万元一担；1946年3月20日—29日十天内，广州市收殓尸骸972具，浮尸遍地，收尸人感叹："今日我们为他人敛尸，他日不知谁为我们收尸？"文艺界友人和司马文森对国民党民粮变军粮的揭露，有力牵制国民党征兵动员，狙击国民党征粮进攻解放区。中共文化宣传部队揭露国民党阻挠东江纵队北撤阴谋，暴露国民党向广东解放区的围剿，以及对国共谈判协定遣散的、不许北撤的队员迫害、暗杀；围追截杀东撤沙鱼涌集结北上队员的罪行，用事实揭露国民党言行不一的虚伪面目。

1946年6月26日国民党军队大举进攻中原解放区，全面内战爆发，党中央决定在解放区、蒋管区两个战场，文武两条战线推翻蒋家王朝，解放全中国。中共中央领导下，文化、统战、情报部队和解放军相互配合，协同战斗迎接新中国。

一个夜深，司马文森去和左洪涛（中共特别支部书记、港工委党派委负责人）碰面，他见到司马文森吃惊地问："你还没走！必须迅速设法离开，他们在找你。"6月27日夜幕中，父亲仓促和家人告别，在李嘉人掩护下，装束为商人模样，从天台搭踏板离开被特务监视的家，从旁边楼道下来离开。6月29日国民党反动派公开撕破假面具，镇压民主，查封了广州的华商报分馆、正报营业部、文艺生活社、兄弟图书公司（三联书店的前身）。武装警察抓司马文森扑了一空，查封文艺生活社。文艺生活社、文艺新闻社、文协港粤分会会址即为司马文森家的地址：广州西湖路102号二楼。楼上是李嘉人（中共广东区委驻广州文化统战特派员）的家，设有一部电台。司马文森直面特务拿着他的照片在码头布控，沉着通关。照片来自抗战胜利，司马文森从广西抗战游击队解甲到广州站上文化岗位，文艺活动中遇国民党文特以进步青年面目接近，纠缠和他合影。父亲买了一包花生米不停嚼着，沉重冷静应对特务搜身盘查、上了去香港的渡轮。6月29日国民党特务查封司马文森的家，《文艺生活》杂志、稿件和财产被没收，母亲雷维音和安置在司马文森家的东江纵队小队员带着3岁的大女司马小兰和襁褓中的二女司马小萌流落街头。第二天党组织派人寻找，在公园的长椅上找到她们，安排到香港。生活尚未安顿好，司马文森（时任中共南京局香港工委文委委员）和同志们又投入新的斗争中。

1946年7月李公朴、闻一多被国民党杀害。美国戴着中立的面具，借口调解，帮助国民党从陆路、海运兵员和武器进攻解放区。美国兵在中国横行，北平发生学生沈崇被美国兵强暴事件，激起全国人民更大的公愤。司马文森写下《美国灾》在《文艺生活》发表，揭露美国援蒋反共真面目。1947年随着国民党进攻解放区在军事上的失败，通货膨胀，物价飞涨，民不聊生。教育方面不断削减经费，职工长期欠薪，学生生活恶化。中共上海市委根据中央直接指示和部署，组织声势浩大的反饥饿、反内战、反迫害游行；上海交大学生突破重重封锁向南京政府请愿事件鼓舞众志成城反迫害（司马文森《通讯、速写和报告》），令国民党政府焦头烂额。事实教育民众看到共产党是真正为人民的。

以中共文化部队、统战部队为核心，领导了蒋管区反饥饿、反内战、反迫害的斗争持续扩展，揭露国民党执行独裁、内战、卖国三位一体的方针，使中国维持半封建半殖民地；宣传中国共产党的和平、民主、团结主张，得到广大民众拥护，动摇蒋家王朝的统治，极大配合解放全中国的斗争。

附注："抗战时期有重大影响的《文艺生活》月刊"（——《中国抗日战争大辞典》），1941年9月在桂林创刊。此时，国民党掀起第二次反共高潮，《文艺阵地》《抗战文艺》被迫停刊，《文艺生活》成为抗战文艺的齐天大树、疾风劲草。司马文森是该刊的主编，为坚持抗战、进步、团结，反对投降、倒退、分裂、颓废，争取作家的权益，做了大量工作。田汉的《秋声赋》、夏衍的《法西斯细菌》、欧阳予倩的《一刻千金》，司马文森的第一部长篇小说《雨季》等都在《文艺生活》上第一次和读者见面。由于立场坚定、内容丰富，深受读者拥护、作者支持，销量从创刊的4000册，不到两年增加到近20000册，在兵荒马乱时期极为罕见，成为同时期抗战文艺刊物的佼佼者。《文艺生活》参与世界反法西斯文艺阵线，声援苏联卫国战争，刊登日本反战同盟鹿地亘、苏联作家反法西斯文章。1943年国民党掀起第三次反共高潮被停刊。1946年1月在广州复刊，6月底被国民党查封，转香港复刊，后改出海外版，成为中华文化海外传播的灯塔。1950年转广州出穗新版，7月停刊，先后延续九年。

司马文森与达德学院的故事

广东是解放战争时期全国最早爆发内战的地区之一。国民党不承认抗战时期广东存在由中共领导的东江纵队和珠江纵队等抗日人民武装。1945年10月20日，国民党政府军委在广州行营召开粤、桂两省绥靖会议，立即开始向广东解放区大举进攻。

中共广东区委按照中央指示精神多次与港英当局谈判，迫使英方同意中共在香港的合法地位，以半公开的形式在港进行活动。1946 年 1 月 15 日，中共在华南地区革命斗争的指挥中心中共广东区委兼港粤工委迁入香港，书记尹林平。根据中共中央南京局的指示和周恩来的具体部署，中共广东区委建立了秘密和半公开两套机构秘密系统，以香港为中心建立文化宣传、统战、侨运等半公开的工作和农村的隐蔽武装。1946 年初夏，周恩来在南京梅园新邨村接见廖承志和连贯时说："现在国民党反动派坚持内战，反对和平，破坏国共双方协议，不断进攻解放区，在国民党统治区加紧镇压人民，全国内战迫在眉睫。东江纵队北撤后，有些同志要转移到香港，许多爱国民主人士、文化教育界进步人士也将要转移到香港。南方局要帮助他们转移并协助安排他们工作。"6 月 26 日，国民党公开撕毁国共两党签署的停战协议和政协决议，在广东实行清乡计划，联防联剿、联保连坐，并镇压广州和平民主运动，全国内战爆发。父亲司马文森的《大南山散记》一文中，记述了解放战争时期在共产党领导下，在广东大南山成立"潮汕人民抗征队"、民主政府对国民党"清乡"作斗争。6 月 30 日，东江纵队部分人从沙鱼涌离开广东北撤，部分人员疏散到香港。

1946 年 5 月 4 日，国民党在广州组织反苏、反共游行，实行文化专政、独裁专治政策，6 月 29 日查封香港《华商报》《正报》广州办事处、文艺生活社、兄弟图书公司，30 种杂志被停刊。司马文森曾带领被国民党禁售的《文艺新闻》《自由世界》《新世纪》《学习知识》的代表向社会局抗议，被国民党特务机关列在规模巨大的文艺界黑名单之首（野曼《抹不去的脚印——怀念司马文森同志》）。国民党大肆迫害国统区进步民主人士及青年学生，制造白色恐怖，在美国的扶植下从海上、陆路加紧向解放区调兵遣将。面对蒋介石的背信弃义，中共中央决定在解放区、国统区两个战场，文武两条战线推翻蒋家王朝，解放全中国。针对国共兵力对比悬殊，国民党兵力 430 万，共产党的军队 127 万，党中央对局势的估计着眼未来，做了应对长期黑暗的打算。1946 年 9 月底，周恩来听取中共港粤工委连贯的汇报后说，蒋介石完全撕毁和平假面具。有些民主人士文化人以及我们的干部要疏散到中国香港、东南亚一带，香港工委要做好安排。在两个革命高潮之间要重视培养干部，做好干部的准备工作。香港成为南京、上海的二线，"中国革命最后关键时期的一个重要据点"。

香港因得天独厚的地理位置和特殊的政治环境，历史上一向与内地的革命运动紧密相依。1925 年为支援上海人民"五卅"反帝爱国运动，港粤爆发了世界工运史上规模最大、历时长达 16 个月的省港大罢工，打击了英帝国主义在香港经济的统治。抗日战争中，1938 年香港设有八路军办事处——"粤华公司"茶叶商行。太平洋战争爆发，日寇进攻香港，港英总督杨慕琦投降。南方局周恩来致电八路军驻香港办事处廖承志："被困留在香港的许多重要民主人士和文化人士，是我国知识界的精英，要想尽一切办法，不惜任何代价，把他们抢救出来免遭毒手。"中共南粤省委、东江纵队港九独立大队展开秘密大营救，将全部 200 多位知名爱国人士、家属 300 多人及国际友人安全转移到大后方。日寇投降后，被关进东亚集中营的港督杨慕琦 1946 年 5 月返香港复职。在受降权和香港的归属问题上，港英当局与国民党政府斗争激烈。英国人既害怕国民党收复香港也不愿中共在香港扩大势力，但中共抗日斗争中功勋卓著，抢救文化精英及国际友人，发动抗日游击战争等，各方面的建树有口皆碑，治安一度依赖东江纵队港九大队维持。英国对国共两党采取两面政策并借此展示香港为"民主橱窗"的形象。在此背景下，一系列文化机构成为中共的外围组织，将文化、民主人士、青年学生、工人市民团结组织起来。香港《华商报》和达德学院成为解放战争中共华南两大统战单位（载《中国共产党组织史》），是老一辈革命领导人对文化统战工作和战后香港地位的卓有远见的建设。因国民党禁止《新华日报》在上海复刊，《华商报》成为解放区外唯一刊登中共主张的报纸，父亲司马文森自《华商报》创刊成为主要撰稿人之一，同时在香港达德学院文哲系任教。

达德学院 1946 年 9 月经港英政府同意注册备案后，向海内外招生（当时香港人口约 200 万，是现在人口总数的 1/3），学生来自两广、云南、福建及东南亚华侨。10 月 10 日，达德学院开课，院长陈其瑗、杨东莼，聘请黄药眠、沈志远、杨伯恺、千家驹、章乃器、萨空了、丘克辉、刘思慕、胡绳、司马文森、邓初民、翦伯赞、杜国庠、许涤新、陶大镛、钟敬文、石兆棠、梅龚彬、朱智贤等任教授，教师队伍水平之高，是当时相同学科的国内大学无法相比的，师资强大超过香港所有大学。达德学院开设商业经济系、法政系、文哲系。父亲司马文森在文哲系讲授《西洋文学史》《小说选》《小说概论》等科目。达德学院集爱国教育、民主教育、科学教育、理论与实践结合教育为一体，是共产党和民主党派爱国人士团结合作的范例，爱国统一战线在教育方面的一个硕果，享有盛誉的革命摇篮。中共自成立就很重视教育事业，因旧中国劳动人民生活所迫，没有学习机会，80%是文盲，为使民众了解共产党的主张，推翻人压迫人、人剥削人的社会翻身解放，就要有文化，大量的夜校、扫盲班在共产党活动的城市、农村建立。有规模的延安抗大、陕北公学、鲁艺等局限于解放区，面向海内外的高等学府达德学院是中共和民主党派合作办学首创。父亲司马文森时任中共香港工委文委委员，负责文艺工作，除了大量社会工作，是《文艺生活》月刊的主编，并开展文艺生活社（简称文生社）社员运动，在中国香港、马来亚、新加坡、美国、泰国、菲律宾、印度尼西亚等地设分会，成为中华文化海外传播的灯塔。母亲雷维音是父亲的好助手，负责稿件的初校、发行工作，其余编审、终校、排版付印、联络工作，回答文生社员的问题，帮他们改文章等基本是父亲一人承担，经常为赶时间通宵编辑稿件，眼睛熬得红红的，第二天又抖擞精神赶早班车到达德学院讲课。

据刘梦华回忆：

"达德的师生关系是极为融洽的。从老院长陈其瑗到各科教授和一般老师，对学生都是如父兄关心、爱护自己的子弟一样，不但关心学生的学业，生活上也嘘寒问暖。实在交不起学费的就减交或免交。还组织学生进行勤工俭学，以解决部分生活费用。"司马老师则常常鼓励我们多练习写作。他曾对我说："你为什么不多写呢！写了拿给我看。你不必顾及什么形式，只需要看怎样能充分表达出你的情感你就怎样写。初学写作的时候如果顾虑太多，便往往不能写了。"他替我看过好多篇稿子（教我们写作的并不是他，而是楼栖老师），还介绍我向《华商报》和《群众》杂志投稿。1947年下半年，《华商报》副刊刊登过我的《取鸟的故事》（署名文华）、通讯版上登我一篇通讯，《群众》杂志上登过我一篇《读书随感》（读《被开垦的处女地》，由达维多夫批评一位怜悯被斗的富农的同志的谈话引申到驳斥当时港九一些人对解放区土改的责难）和一篇通讯。司马还把我的一篇题为《黄昏海滨》的散文刊登在《文艺生活》某期的底页上。这就不但使我练习了写作，在经济上也不无小补。司马老师在政治上也很关心我们。

杨济安回忆：

作家司马文森也是我们系的主要教授之一，他讲授过几门课程，其中一门课是《小说概论》，介绍、评论中外小说名著，我至今还记得他告诉我们法国著名作家罗曼·罗兰的一句名言："真正的英雄并不是没有卑下的情操，而是永不被它掩盖；真正的光明并不是没有黑暗，而是永不被黑暗遮盖。"（大意如此，回忆的文句可能不大准确）他主编的《文艺生活》月刊我跟随他到印刷厂去校对稿子，我就是在他的指教下学会做校对工作。《文艺生活》在港澳地区青年和南洋各地的华侨青年中拥有广大读者。

学院开课后，港府教育督察员经常到校视学，图书馆、课堂到处转，调查教职员。

俞百巍回忆：

有一次，司马正上《西洋文学史》课，突然一个英国警察闯进教室来视察，他背着双手聚精会神地听司马究竟在宣传鼓动些什么，司马带着幽默的笑容，大讲起拜伦、雪莱和惠特曼，他手执粉笔激情地挥动着，说："英国、美国文学遗产中也有民主性精华，这样的英国人、美国人是像样的！"英警视察了十来分钟后默默地走了，我们哄堂大笑。达德学院不是在和平环境下从容兴建的学术研究机构，她是"抗大"式的革命大学，又是设在香港那样一个特殊环境，数百名正当英年的男女学生云集在简陋的校舍里，蹲在校园树下吃着廉价的集体伙食。为了追求真理，为了学习马列主义和毛泽东著作。学校没有运动场所，青山湾海水游泳便成了唯一的体育项目。

达德学院有教授党小组，组长张铁生，成员有周钢鸣、司马文森、狄超白、侯外庐、翦伯赞、胡绳、黄焕秋、林林、张明生、蒋牧良等。学生中有党、团组织，自治会。在学生会领导下，开展学术性及文艺体育活动，成立歌咏团、剧团、舞蹈团、艺术研究组、壁报组、新闻学会、文艺作品研究会、新闻学学会、英语研究会等。来自各地的学生分别组织成立广西、福建、广东等同乡会。学生十分关心全国革命形势的发展，组织声援、支持内地学生抗议美军暴行，抗议国民党制造"五二○"血案，慰问广州中大学生反饥饿、反内战、反迫害游行被打伤的同学等。达德的学生是优秀的，有的兼文艺生活社社员（香港工委文委领导）或文艺通讯联谊会员（香港工委青委领导）。沈志远称，达德学院的学生是我所遇到的最好的学生，大多是不远千里而来海外的爱国侨生、内地的满腔热血的革命青年，他们有觉悟，有抱负，有理想，有强烈寻求马列主义真理的愿望。随着解放战争形势迅速发展，迫切需要送一大批干部回内地参加解放战争，达德学院的党团员和进步学生百余人从1947年春到1948年底分批奔赴华南各地解放区参加实际工作。

1949年2月23日晚10时许，达德学院宿舍的灯光还未熄灭，港英当局的装甲车和武装人员已开进校园。他们以莫须有的罪名，搜查校本部、封校门。港英当局突然下令撤销达德学院的注册，命令学校停办。五六百名学子告别母校。地下党安排教师、学生转入其他单位工作、学习。商经系学生转入香港工委财经委创办的建中专科学院学习银行、财经业务；部分学员回内地参加革命。

达德学院存在时间虽不长，短短的两年半时间，培养了700多名优秀人才，为发展香港进步文教事业、支持内地爱国民主运动，输送了一大批干部支援解放战争，也为新中国成立后的社会主义建设培养了一大批干部。学院的许多负责人和教授参加了新中国第一届政治协商会议，共商建国大计。新中国的党政机关、文教新闻、经济等部门业务骨干都有达德学生的身影，他们异口同声地说：达德学院是自己教育路程的起点，成长的摇篮，在这里受到革命的启蒙，成为生命史上难忘的一页。

达德学院名师荟萃，群贤毕集，桃李芬芳，在中国革命史上留下很有意义的一页。

1949 年 10 月 1 日新中国诞生，10 月 14 日广州解放。依据中共中央华南分局的指示，10 月 15 日《华商报》终刊，同志们完成使命回广州，10 月 23 日创刊《南方日报》。

为新中国第一只国债创作新歌剧

为支持解放战争，新中国发行了第一只国债——人民胜利折实公债。父亲司马文森为新中国第一只国债第一期的发行创作了新歌剧《胜利公债》。

1949 年底人民革命战争在全国胜利在望。4 月 23 日南京解放，旧政权国都陷落、首脑流亡，标志旧朝代的结束。10 月 1 日，中华人民共和国在北京宣告成立。12 月 2 日，在中央人民政府委员会第四次会议上，陈云作《发行公债弥补财政赤字》的报告，通过发行"人民胜利折实公债"，以折实公债保证信用，支持解放全国，建设新中国。

中国在近现代史上积弱百年，遭到帝国主义列强侵略、瓜分，建立"国中国"——租界达 100 个（1927 年北伐军攻克武汉，在国民政府外长陈友仁主持下收回了英国在汉口和九江的租界）；军阀长期混战，民不聊生。国民党逃离大陆时席卷了全部国库的黄金、钱财，能搬走的工厂设备搬走，不能搬走的就炸毁，留给新中国千疮百孔的废墟。此时，中国大部分国土除海南岛、西藏、台湾外已解放或即将解放。解放军由初期的 127 万与国民党军队 430 万兵力倒置，有的战役消灭国民党军 17 万，起义投诚及俘虏达 16 万都成了共军。国军变共军，有时只需一天，讲明解放军是人民子弟兵，为人民翻身求解放，一次忆苦思甜会，枪口就掉转打国民党了。蒋介石也想把俘虏的共军变国军，但是学不来，做不到，两军对垒，马上跑回去。因为共产党的军队有革命理想武装，官兵平等，团结一致；有军队文化"三大纪律、八项注意"：对待俘虏不许打骂，不许搜腰包，不拿群众一针一线等。从红军时代起，不愿参加红军的俘虏发回乡路费，共产党的军队是打不垮的战斗队、工作队、生产队，得到人民的衷心拥护。国军士兵大部分是被拉夫来的，他们不愿为蒋介石卖命。支援解放全中国，有大量费用要支出；恢复战争创伤，建设新中国，要清理被炸毁的桥梁、交通、工厂，恢复生产需要资金。财政收入来源公粮和税收，老解放区的负担已经很重，不可能再增加；新解放区的生产、建设需要恢复，一时难以征税。通过增加钞票的投入，会导致通货膨胀、物价飞涨，将成为巩固新政权面临的社会动乱。另一途径是发行公债，将社会上暂时闲散的资金动员出来。12 月 30 日《文汇报》刊登政务院发行"人民胜利折实公债"公告，公布 1950 年 1 月 5 日起为支援人民解放战争，迅速统一全国，以利安定民生，走上恢复和发展经济的轨道，发行"人民胜利折实公债"，总额为 2 亿分，年息 5 厘，分 5 年偿还。第一期在 1950 年 1 月至 3 月定期发行，是否发行第二期，何时发行，由政务院决定。解放战争还在进行中，广州 1949 年 10 月 14 日解放，重庆 11 月底解放，广西 12 月底解放；蒋介石在组织反攻大陆，很多地区解放仅半年，社会秩序还没完全走上正轨，发行国债谈何容易。中共香港工委组织了香港工青妇、文艺、工商各界回国观光团，1949 年 11 月 6 日到达广州，参加庆祝广州解放大会，这是港九同胞与祖国人民的胜利大会师。文化艺术队由电影、作家、音乐、绘画、戏剧工作者组成：顾而已、冯喆、刘琼、吕恩、谭友六、戴耘、程步高、李露玲、黄宛苏、舒适、严俊、孙景路、冯刚伯、卢区川、陈海鹰、卢珏、于逢、刘火子、孙师毅、费彝民、陈歌辛、洪遒、马国亮、廖冰兄、莫康时、陶金、李清、容小意、卢敦、王为一、李铁、谭新风、王辛、袁耀鸿、李化、邝山笑、罗承勋、李小红。领队：司马文森；副领队：陈残云。在这一行程里，将广州解放后的具体事实带回香港，粉碎国民党反动派造谣中伤、挑拨离间的阴谋；将港九同胞热爱祖国的情感带回广州，将广州人民对港九同胞的热爱带回香港，加强人民的团结。

11 月 19 日，父亲司马文森和洪遒、陶金、冯喆、马国亮、巴鸿、蒋锐、卢珏、韩北屏、齐闻韶集体讨论、创作大型活报剧《人民万岁》剧本，执笔人约定第二天交稿，连夜工作，仅用 24 小时完成。全剧分三幕，第一幕由司马文森执笔；第二幕由齐闻韶执笔；第三幕由马国亮执笔，最后的统一工作由韩北屏执笔，在《文艺生活》月刊发表。

11 月 29 日、30 日为庆祝华南解放举行游艺大会，由港九影剧界国语、粤语演员联合大演出大型活报剧《人民万岁》、粤剧、谐剧、独唱、合唱、秧歌舞、腰鼓舞等，影剧界人士约 200 人在太平剧场演出。编剧：司马文森、韩北屏、马国亮、洪遒、卢珏、陶金、冯喆、齐闻韶、巴鸿、蒋锐集体创作。导演：苏怡；副导演：齐闻韶、卢珏等。

1950 年 1 月下旬，香港同胞在港英殖民政府的限制下，在国民党特务破坏的恶劣环境中，冲破一切阻挠和困难，发起大规模的劳军运动。从广州解放直至劳军团成行的短短三个月内，香港各界捐献慰劳金共计 404200 港币，还有其他外币、汽车等物资。中共港澳工委组织"香港同胞劳军团"，团长张振南兼劳工界领队，青年界领队陈伟雄，妇女界领队高炎，教育界领队石兆棠，文化艺术界领队司马文森，工商界领队陈祖沛。香港同胞冲破层层阻挠，发起劳军运动是很难得的事。

劳军团除了携带现金、物资等支援解放战争外，组织港粤百余影剧演员人士在广州义演活报剧《红军回来了》《起义前后》《胜利公债》《旗》《香港屋檐下》等剧目。演出受到广东省党、政、军、民热烈欢迎。

1950 年 1 月 22—24 日，劳军团在广州海珠戏院公演，全部票价收入用于购买公债。演出由香港各界回穗劳军大会主办。百余电影演员为响应劝购胜利折实公债大公演，每场演出 6 个节目。父亲司马文森为新中国发行第一只国债"人民胜利折实公债"创作新歌剧《胜利公债》，由戈忻谱曲（刊 1950 年 1 月 22 日《南方日报》）；导演王为一、龚秋霞、王人美、孙芷君、陈风、马孟平、巴鸿、蒋锐等演唱，《胜利公债》由 28 首新歌组成，收入不除开销，由华南文联筹备会和香港各界回穗劳军大会共同购买胜利公债，表达对新中国建设寄予无限厚望。节目中《起义前后》记述了两航起义重大历史事件。

由于中央事先做了周密的测算，对可能出现的问题做了研究和布置，在大家的共同努力下，"人民胜利折实公债"第一期发行顺利，对弥补财政赤字，回笼货币，起到了很好的作用。原定第一期公债 1 万万分超额完成，达到了原拟定发行两期总额的 70.4%。1950 年 3 月，国家财政收支已接近平衡，全国的物价也逐步稳定，第二期公债未再发行。

注：新中国成立后于 1950 年发行的"人民胜利折实公债"，成为新中国历

史上第一种国债。发布、执行日期：1949 年 12 月 2 日，生效日期：1950 年 1 月 1 日。1954—1958 年发行了第二种国债"国家经济建设公债"，发行总额为 35.44 亿元，相当于同期国家预算经济建设支出总额 862.24 亿元的 4.11%。1958 年后国债的发行被终止，1981 年恢复了国债发行至今。

司马文森和左翼电影

1949 年底至 1951 年 4 月，父亲任中共香港工委文委委员，电影工作组组长（组员有洪遒和齐闻韶），兼中央电影局香港委员。他们背靠祖国，面向海外，大力推动现实主义电影的创作和推广，成为苛酷环境中对敌战斗的尖兵。香港的左翼文化中，进步电影声势最大，《野火春风》《火凤凰》《珠江泪》《春寒》《水上人家》《南海风云》《三毛流浪记》……层出不穷，打破西片一统香港影坛局面，给香港及南洋带来清新。鉴于港英当局的严苛统治，禁止 7 人以上结社，电影工作组组织了 9 个读书会，分散活动，将进步的演艺人员组织起来，团结起来。读书会组织大家学习社会发展史、毛主席《在延安文艺座谈会上的讲话》，树立文艺源于生活，为人民群众服务，怎样结合文艺普及与提高等观念，王丹凤曾如是回忆这段历史。电影工作组建立了强大的评论队伍，有高朗、羊璧、黄雨、吴其敏等 10 人影评组、4 人影评组等，在《文汇报》《大公报》专栏刊登影评，为电影事业健康发展导向。父亲司马文森和同志们联名发表评论：《小论〈花街〉》（司马文森、淘金、刘琼）、《斥毒片〈生死同心〉》（曼春、秦淮碧、司马文森等 15 人集体评论）等。父亲发表评论：《看〈野火春风〉》《我看〈恋爱之道〉》《粤语片中的〈万家灯火〉——从〈满江红〉演出想起》《〈珠江泪〉是方言电影的新起点》《可贵的信念》《两种电影看两种制度》《推荐〈南来雁〉》《抵制美片》《论美国电影的侵略性、反动性和堕落性》《粤语电影片论》《要有人民观点》《论粤语片的取材》《粤语电影的民族风格问题》《论香港观众》《论"虽非意识正确，但亦无害"》《论"群众需要什么，我们就给他们什么"》《谈思想性的薄弱》《论电影的客观主义》《论本位主义》《开展群众性影评工作》《谈加强电影的时间性战斗性和地方性》《动机与效果》《如何兼顾国内外市场》等。父亲发表总结文章：《一年来的香港电影》《我们的成就，困难，希望》《香港电影一年间》。

　　父亲司马文森主持、出席粤语片从业人员的烦恼等多个座谈会，讨论如何克服香港电影业的困难，怎样提高港制电影水准；如何突破美帝电影的垄断，抵制美帝倾销色情、谋杀、变态、恐怖的毒片；如何克服检查制度的不合理、成本过高等问题，明确长期打算、站稳人民立场拍摄好片、兼顾国内外市场，展开合作运动，合理降低成本，协调好片商、院商和电影工作者的合作。

　　港澳工委电影工作组为建立、扩大进步电影工作者队伍，开展了从业人员读书会，电影清洁运动，推行影剧界抵制毒片、黄片的劳动公约。父亲在报刊发表文章论粤语电影清洁运动。1949 年 4 月，香港粤语片从业人员 164 人联名，发表粤语电影清洁运动宣言。1950 年 3 月 18 日《文汇报》刊登香港影剧界推行劳动公约，不拍黄片、毒片，很多著名影剧界人士积极响应：王人美、刘琼、王丹凤、顾而已、马国良、舒适、雷维音、司马文森、洪遒等 81 人签名。

　　面对香港成为国产粤语片唯一基地，年出品约 200 部，香港电影业存在美国电影的垄断、片商院商的限制、检查制度不合理等问题，1950 年 5 月 9 日在半岛酒店，举行克服电影业困难的座谈会，提出：扩大合作基础，搞好剧本及影片制作，合理降低成本，建立批评与自我批评，扩大团结加强学习等。参加者费穆、苏怡、程步高、司马文森、袁仰安、洪遒、淘金、刘琼、李萍倩、唐瑜、陶秦、马国亮、费彝民、高朗、李化、孙景璐、王丹凤、龚秋霞、陈娟娟、韩非、卢敦、姜明、黄永玉、卢珏、秦怀璧、羊璧。

　　为扩大合作、团结，香港进步电影从业人员共同创建了华南电影工作者联谊会（简称华南影联）。粤语影人空前大合作，由 10 个编剧、10 个导演联合编导，六大制片公司摄制《人海万花筒》，演员占全部粤语演员约 80%，1950 年 6 月开拍，同年 8 月 23 日港九十家戏院同时上映，盛况空前。义拍上映的十个短剧收入购买华南影联的会址。

　　《人海万花筒》的 10 个短剧如下：《怨天尤人》朱克编剧、赵树燊导演；《黑市婚姻》秦剑编剧、吴回导演；《皇亲国戚》冯凤歌编剧、黄金印导演；《海角亡魂》司马文森编剧、卢敦导演；《吐气扬眉》莫康时编剧、会亮导演；《孽债》黄若海编剧、李化导演；《寸金尺土》吴其敏编剧、李铁导演；《螺丝钉》马国亮编剧、李应源导演；《谣传》李晨风编剧、左几导演；《陈圆圆之歌》

任护花编剧、陈皮导演。

为解决拍摄左翼电影的资金来源，加强电影的时间性、战斗性，坐等内地资助不现实。当年国民党逃台留给新中国千疮百孔的烂摊子，百废待兴，解放大西南——西藏需要资金；西方大国对新中国全方位封锁，产品无法出口，资金匮乏，加之右翼邵氏影业公司带着雄厚资金 400 万美金争夺香港影业市场。父亲和同志们团结进步电影从业人员发起电影合作社——五十年代影业公司。父亲写作《论粤语片的合作道路》《怎样搞好电影合作社》，这是一种合作制度、编剧、导演和演员先不支取薪酬，以薪酬作股本，等影片公映的收入平均分配。五十年代影业公司开拍的第一部电影《火凤凰》，父亲将其长篇小说《人的希望》改编为电影剧本，导演：王为一，演员：李丽华、刘琼、李浣青、姜明、狄梵、舒适等。五十年代影业公司后改名为凤凰影业公司，是香港三大左翼影业公司长城、凤凰、新联之一，《火凤凰》成为凤凰影业公司的"开山作"。为使《火凤凰》融入大家的智慧，举办了编剧、导演、演员座谈会，反复讨论，父亲发表《向火凤凰工作者欢呼——编剧者自白》。《火凤凰》1951 年 1 月在香港上映，反响热烈，经久不衰。

通过电影合作社形式，成功摄制的进步影片还有左几编导，张瑛、冯峰、梅绮等合作的《碧海恩仇》；陈卓猷、黄若海合编，李化导演，张瑛、梅绮等合作拍摄的有《冤无路诉》。父亲负责香港电影工作期间，常常夜以继日工作到凌晨，创作华侨题材剧本 6 部，《海角亡魂》（《人海万花筒》之四）、《南海渔歌》（导演秦剑，演员吴楚帆、白燕、黄楚山、红冰、马孟平、容小意、张瑛等，香港万年影业公司摄制，1950 年 12 月在香港上映）、《海外寻夫》（"二战"后第一部华侨题材电影，司马文森结合他创作的剧本《海国相思》，改编舞台剧《海外寻夫》，导演谭有六，演员王丹凤、兰青、罗维、冯琳、裘萍等，南国影业公司摄制，1951 年 1 月在汕头新华影院上映，盛况空前，破以往一切纪录，头轮上映 11 天爆满）、《火凤凰》（导演王为一，演员李丽华、刘琼、李浣青、姜明、狄梵、舒适等，五十年代影业公司出品，1951 年 1 月香港上映，经久不衰）、《血海仇》（顾而已导演，主演陶金、李丽华、韩非等，被誉为本年度国产片中优异佳构。长城电影公司出品，1951 年 5 月上映，19 日，香港大雨如注，观众冒雨排队，卖座纪录压倒西片，雄居八大戏院之上）、《娘惹》

（导演岳枫，演员夏梦、罗兰、苏秦、严俊、平凡、吴景平等。长城电影公司出品，1952 年 6 月在香港和东南亚上映）。当时内地电影制片厂的编剧，每年工作量是编写 1～2 部剧本，司马文森负责港澳工委电影工作一年半，勤奋创作 6 部现实主义剧本，摄制成片在香港及南洋上映，得到好评，源于其丰富的人生阅历，源源不断的创作源泉和坚定的革命理想、信仰。

电影工作组同志们组织影剧界人士参与社会活动，执行党中央的部署，与解放战争、新中国诞生相呼应。1949 年 3 月组织影剧界作家、导演、演员 170 余人联合发表宣言，抗议国民党"中央电影检查处"解禁汪精卫治下的中华联合电影股份有限公司在日寇对我国沦陷区人民统治压迫下制作的伪华影片《步步高升》《莫忘今宵》等 150 部发准演执照，倾销放映，丧失民族尊严，违反民族利益，博取厚利的无耻罪行。1948 年 3 月 15 日，香港文化界慰问海外民主文化界人士（荷印当局驱逐民主人士泗水张德休、加影陈望虹先生），邓初民、茅盾、叶以群、周钢鸣、郭沫若、章泯、司马文森、周而复、葛琴、蒋牧良等 32 人签名，刊印尼雅加达《生活报》。1948 年，文艺节茅盾、郭沫若、沈志远、廖沫沙、夏衍、司马文森等 64 位文化界人士联名作《纪念五四致国内文化界同仁书》。1948 年 7 月 2 日，茅盾、欧阳予倩、郭沫若、柳亚子、司马文森等 195 位留港文艺工作者联名在《华商报》发表《反美扶日宣言》。1949 年 2 月 25 日，香港文化界在《大公报》发表宣言《反对释放日本侵华首要战犯冈村宁次》，共有陈残云、司马文森、秦牧等 350 人签名。1949 年 3 月 30 日，在港文化人士发表声明《抗议古物外运》，司马文森、林焕平、柯灵、黄谷柳、杜埃等 67 人签名。1949 年 4 月 2 日，香港民主文化界和新闻界同人向全国人民控告国民党特务 1949 年 1 月 27 日在南京狱中秘密残杀《文萃周刊》编辑陈子涛和国新社记者骆何民的罪行。

在新加坡《南侨日报》上发表香港文艺界与新闻界为文萃事件控告蒋帮特务凶徒，有司马文森等百余人签名。根据中央部署，解放战争期间一批受国民党迫害的民主人士、文艺工作者、党内干部转移到香港。1948 年 12 月 12 日，香港文委为受国民党迫害到港的文学作家许景宋、张天翼、蒋天佐、萧乾、马凡陀、何家槐、史东山等在文协会址举行欢迎会。

1949 年戏剧节为 1946 年来三年中香港影剧界盛大集会，戏剧、电影、文化工作者 400 多人，在石塘咀金陵大酒家举行庆祝大会，主席欧阳予倩及蔡楚生、曹禺、阳翰笙、史东山、苏怡、吴楚凡等讲话。1949 年 7 月，第一届中华全国文学艺术工作者代表大会在北平召开，因工作及交通等原因未能出席的司马文森、叶以群、邵荃麟、王琦、黄甫婴等留港的文代会代表举行了茶会，通过贺电祝贺大会召开，拥护大会团结进步、为建设新民主主义的文学艺术而努力，讨论新形势下文协的工作重点。1949 年 7 月 16 日，华南电影工作者联谊会（现更名为华南电影工作者联合会）在九龙培正中学礼堂举行第二届全体会员大会，明星、编剧、技术工作者汇聚一堂，讨论电影工作问题，选出理事长：莫康时，副理事长：吴楚帆、黄曼梨，理事：李化、任护花、卢墩、司马文森、李铁、罗品超、张瑛、李清、朱克等 21 人。

1949 年 11 月 19 日，影剧界人士洪遒、陶金、冯喆、马国亮、巴鸿、蒋锐、卢珏、韩北屏、齐闻韶、司马文森集体创作大型活报剧《人民万岁》，讨论轮廓后，大家分头连夜工作，第二天即交稿。11 月 29 日、30 日为庆祝华南解放举行游艺大会，由港九影剧界国语、粤语演员联合大演出大型活报剧《人民万岁》、粤剧、谐剧、独唱、合唱、秧歌舞、腰鼓舞等，影剧界人士约 200 人在太平剧场演出。编剧：司马文森、韩北屏、马国亮、洪遒、卢珏、陶金、冯喆、齐闻韶、巴鸿、蒋锐集体创作。导演：苏怡，副导演：齐闻韶、卢珏等。

1950 年 1 月下旬，父亲司马文森参加组织"香港同胞劳军团"，领队文化艺术团到广州。香港同胞在港英殖民地政府的限制下，蒋帮特务破坏的环境中，冲破一切阻挠和困难，发起大规模劳军运动。百名港粤影剧工作者为广州党、政、军、民义演，并响应政务院为解放战争发行"人民胜利折实公债"公演，节目：《红军回来了》《起义前后》《旗》《胜利公债》（新歌剧，司马文森词、戈忻配曲）《香港屋檐下》《垃圾的闹剧》《精神不死》。公演收入购买折实公债。

1950 年 2 月 16 日，香港各界同胞拥护中苏新条约。文艺界司马文森、程步高、陶金、林焕平、石兆棠讲话。司马文森讲话指出："当美帝国主义正在叫嚣新战争，并在远东扶植日本帝国主义，以重新布置对远东，特别是对中苏两大民主国家进行侵略战争的时候，中苏友好同盟互助条约在莫斯科签订了。这条约的签订，在今天具有极为重大的意义。"4 月 24 日，为庆祝人民解放军主力部队和琼崖纵队胜利会师，解放海南岛，电影人士陶金、费穆、刘琼、顾而已、岳枫、罗兰、马国亮、舒适、白岑范、李丽华、程步高、狄梵、孙景路、韩非、王丹凤、王人美、龚秋霞、李清、王为一、齐闻韶、陶秦、卢珏、姜明、罗维、沈萍倩、苏怡、司马文森、余省三、顾也鲁、陈琦、徐立、慕容婉儿，联名发表文章向解放军全体指战员及一切献出力量支持解放海南岛的同胞们致敬。4月3日，司马文森、王丹凤、顾也鲁、顾而已、吴家骧、罗维、陶金、刘琼、方圆、舒适、任意之、陈琦、文燕、姜明、郑敏、麦志云、朱祝荣、严德明等慰问原国民党行政院善后事业保管委员会属下五艘机动渔船起义的全体员工。船上挂满了前交通部材料购运处、前资委会起义员工赠送的锦旗及电影工作者献的锦旗，上面写着"为人民服务""正气磅礴""功在人民""起义护产""护产斗争"等。司马文森致慰问："大家都一致站起来，反动派的阴谋必定会失败的，任何的困难都可以克服的。你们的起义，港九200多万同胞都非常兴奋和同情，望你们大家团结起来！把人民祖国的财产安全带回祖国去。"1951年4月，港九劳工教育促进会属下旺角劳工子弟学校建成，厂商会、华商会、文艺界司马文森等社会知名人士前往庆贺并题词。通过社会活动，扩大了左翼电影队伍的话语权及社会影响。

1948年11月底，平津战役即将发动之际，党中央致电上海局、香港分局：望从港、沪调集电影人蔡楚生、司徒慧敏、郑君里、史东山、陈白尘、孙坚白、耿震、王为一、徐韬、章泯、翟白音、王逸、辛汉文、舒横、盛家伦、特伟、丁聪、伍华。未提名者及摄影、布景、录音、拷贝、洗片、剪接与机器制造人员，能来者亦望约来（《周恩来年谱》）。遵照上级指示，司马文森出面动员王为一回内地工作，当时王为一在香港工作得心应手，为此心存芥蒂。父亲从不解释，地下工作是党的秘密。王为一后担任了珠江电影制片厂厂长。

新中国诞生，在港工作的同志纷纷北上，走上新的岗位，国内的反动势力大量逃亡香港，留港的同志担子更重了。司马文森兼中央电影局香港委员，常往返港粤之间，参与筹建华南文联、中南文联，参与策划筹建珠江电影制片厂，任副主任。1951年2月，著名导演费穆先生逝世，21日港九文化界、电影界举行追悼会，300多人参加痛悼费穆先生。主祭团主席司马文森代表大会向费穆先生的灵位献上鲜花，报告追悼费穆先生的意义，发表文章《一个辛勤的工作者倒下，千万人站起来》。香港国泰戏院放映费穆先生导演的《小城之春》，是他十多年导演工作中的最后一部作品，代表他某一阶段的重要遗作之一。1951 年 4 月，司马文森奉命结束港澳工委电影工作，转从事中共港澳工委新闻报刊工作，接手《文汇报》任总主笔，他为革命事业、为党工作勇于担当，哪个岗位需要，就冲向哪儿。

新中国成立，港英当局一度紧张，发现中共尚没有解放香港的计划，英美勾结扶植香港永华影业公司李永祖十万美金，并对司马文森等一批电影工作者驱逐，打击中共在香港的左翼电影力量。我的外甥女通过朋友找到港英总督葛量洪发往英国国务卿的电文："共产党对香港电影业的渗透"：1952 年 1 月 8 日，总督会同行政局批准了驱逐令，涉及 13 名与当地电影业有关联的中国人，理由是他们积极代表中国共产党工作，并为此目的，采用胁迫的方法来诱导在香港制作亲共宣传电影。1 月 10 日凌晨，港英当局出动冲锋车，在港九同时出动，逮捕 8 个电影工作者：司马文森、齐闻韶、马国亮、刘琼、狄梵、舒适、杨华、沈寂，上午 10 时由罗湖递解出境。我国外交部 1952 年 1 月 25 日向英国政府提出严重抗议，抗议港英当局对中国居民司马文森等的迫害（《中华人民共和国国史全鉴·外交卷》）。1 月 21 日，葛量洪发往英国的电文："对中国电影工作者的驱逐出境"，其中五人参加了 1 月 18 日广东官方电台持续一小时的广播。主要发言人是 Szema Wien Sen（司马文森），他比其他人都多几分恶意。不过，这五个人全都发表了相似的言论，谴责香港的中国人居民因"爱国活动"而遭受的迫害。所有的发言都包含香港是中国领土不可分割的一部分的声明，以及"在不远的将来我们会回来"的威胁。

摘录《司马文森和左翼电影》

司马文森与《文汇报》《大公报》

随着新中国的诞生，香港的同志们纷纷回内地工作，内地国民党残余势力涌向香港。英美帝国主义对新中国的政治、经济、文化、外交各领域的层层封锁，香港成为美反华反共、颠覆新中国的基地，也是新中国对外的唯一窗口、对敌斗争的前线，左中各路人马短兵相接博弈的战场。

香港《文汇报》的诞生，缘于上海《文汇报》被国民党政府查封停刊，负责人徐铸成到香港拟复刊，恰逢李济深、何香凝、蔡廷锴创建国民党革命委员会，筹办机关报，商议、合作创刊《文汇报》，属民革中央与中共联合办报纸。郭沫若、茅盾、千家驹、翦伯赞、柯灵、胡绳等同志曾参与采编工作。柯灵接编副刊"社会大学"，邀父亲写长篇通俗小说在该栏目连载，父亲由此与香港《文汇报》结缘。他以"何汉章"笔名创作《南洋淘金记》，是《文汇报》创刊连载的第一部小说，从1948年9月9日创刊的第二期连载，至1949年5月16日，30万字一气呵成，边写边发表。

1949年10月《华商报》迁广州后，香港的进步报纸只有《文汇报》《大公报》《周报》等几种，内地的《人民日报》《南方报》禁止在香港发行，而在英美有计划的扶植下，香港有三四十种反动报刊出版。据1952年初港英总督葛量洪给英国国务卿的电文，对中共在香港力量的评估：工人21%，学生10%，报纸2%。《文汇报》曾走过艰苦、辛酸的日子，在各种困难环境底下苦撑着，遇了几次几乎要"关门"的危机，反动派特务恐吓广告户，禁刊《文汇报》广告，威胁报贩贩卖《文汇报》，封锁它的广告及销路，把炸弹挂到文汇报社院墙铁丝网上。港英当局纵容大批国民党残余部队、特务驻香港，在调景岭为他们安营扎寨，安排工作，对爱国同胞则设立漆咸道集中营拘禁。共产党新闻部队进行艰巨的文化斗争，以一当十，打击反动派文特的造谣中伤，揭发美帝破坏阴谋，把祖国建设的真实情况介绍给海外侨胞，《文汇报》成为一支有力的笔战部队，联结祖国和广大侨胞的桥梁。

父亲的《南洋淘金记》，曾轰动东南亚侨界，大家拿到报纸首看《南洋淘金记》，成为谈论、聚焦的热点，读者打听作者是谁？何时出版单行本？可以说父亲为《文汇报》的艰难创业做出贡献。他根据读者的意见，将《南洋淘金记》由第一人称改写为第三人称，并得到黄永玉60幅插图鼎力支持，1949年12月由香港大众图书公司初版，很快在一些东南亚国家翻印。

《文汇报》创刊两周年，父亲撰文《向一支笔部队的胜利进军欢呼！》，指出：海外的文化斗争，由于敌人采取"以数胜质"的战略，直接干预许多地区的华侨民主报纸，不许抨击美帝对朝鲜、中国台湾的侵略行为，不许介绍新中国的真实情况。在海外坚持文化斗争的工作者任务更沉重，父亲指出，《文汇报》把广大侨胞和祖国的斗争联结起来，是一条精神桥梁，要紧紧守住它，巩固它！

1951 年 4 月，父亲由负责港澳工委电影工作，转为负责新闻工作，任《文汇报》总主笔兼社务会议召集人，每天要工作到半夜，有时遇到临时需要撤下稿件，立即补白，待报纸付印才回家，有时到家已将近凌晨。其间经历、见证新中国三个大事件。

1950 年，美国在侵略中国台湾地区和朝鲜后，入侵我国领空，射杀东北人民，10 月 25 日中国人民志愿军入朝参战，五战五捷改变了朝鲜的战争形势，把战线稳定在"三八线"附近。美国政府由于军事失败和国内、国际压力，从 1951 年 7 月开始同朝、中方面在开城进行停战谈判。美军事行动并未停止，诡计多端，轰炸谈判代表团驻地，号称"地面停战，海空不停战"。1952 年 1 月，美军发动生物战，在志愿军和朝鲜人民军一侧及我国东北，以飞机撒放毒虫细菌，化验证明其中含有鼠疫、霍乱、伤寒等细菌。2 月，我国派飞机多次赶送几百万人份的防疫苗、数千磅杀虫粉剂及喷射器材到前线，派防疫队前往。3 月，中央防疫委员会成立，主任周恩来，副主任郭沫若、聂荣臻，向联合国、世界保卫和平大会抗议美军发动细菌战。朝鲜战争谈谈打打，进行了两年，1953 年 7 月 27 日美国在停战协议上签字。父亲写作大量评论文章，揭露反动派造谣中伤，美帝破坏停战和谈阴谋：《扭转世界局势的一年间——为朝鲜抗战一周年作》《为了幸福富强的祖国》《从东方到西方》《小论开城和谈》《用谈判压倒战争》《杜鲁门往哪儿去》《从开城看旧金山》《十万万人站在一条战线》《保卫和平日——为朝鲜战争两周年作》等。

经历了新中国诞生后的第一次中、英外交博弈。1952 年 1 月 10 日，父亲担任《文汇报》总主笔期间，与齐闻韶、马国亮、刘琼、狄梵、舒适、沈寂、杨华 8 个电影工作者被港英当局逮捕，由罗湖附近小路递解出境。同时被递解出境的有九龙灾民总代表李文兴等 6 人，下午到广州。15 日白沉、蒋伟被驱离。

当天，我因生病发烧和父母同宿。凌晨，被剧烈的打门声惊醒，母亲将一包资料藏在我枕头下面，叮嘱我不论发生什么事都要躺好，一动不动。我目睹了港英军警手持冲锋枪破门而入，翻箱倒柜，抄走父亲的信件、照片、稿件等；当特务走近床边，母亲说孩子正在生病发烧，不能动她。父亲质问带队的英籍帮办，凭什么理由逮捕人？英籍帮办蛮横地说："要逮捕你就逮捕你，没有任何理由！"强行带走父亲。1月11日，父亲和被迫害的电影工作者在广州召开新闻发布会，报告被驱离经过，抗议港英政府的暴行；1月14日发表致香港爱国电影工作者公开信（称离开是暂时的，我们还是要回去的）；18日在广东人民广播电台控诉港英政府迫害中国居民的罪行。父亲投身反对港英暴行的中、英外交博弈，在《南方日报》发表文章控诉英美帝国主义的无理迫害，在《世界知识》发表文章《香港英国政府对我国同胞的迫害》，将帝国主义妄图把香港变为反华、反共大本营和前哨基地，以掀起攻击、颠覆新中国为题材，写作中篇《基地》。

香港《文汇报》《大公报》迅速报道港英当局对司马文森等的暴行。1月24日，母亲雷维音、马思荪、张萍、朱明哲等在《文汇报》《大公报》联名控诉港英警察三更半夜闯入民居抓人，翻箱倒箧地搜查，说不出任何理由，提不出任何证据，强迫出境。为居住香港居民的人身自由，向港英当局提出严重抗议。呼吁社会人士给予正义的支持。《文汇报》全体人员及社务委员会成员写慰问信给司马文森；全国文联、中央电影局发来慰问信。

1952年1月25日，我国外交部提出严重抗议：抗议港英当局逮捕和驱逐中国居民的暴行，各全国性社会团体也发表联合声明。（载入《中华人民共和国国史全鉴·外交卷》）

1952年3月4日，《人民日报》短评抗议英帝国主义捕杀香港的我国居民。3月5日香港《大公报》转载《人民日报》的社论，被港英当局律政司控为"刊载煽动性文字"，5月5日港英政府高级副按察司威廉士法官初审，宣判《大公报》即日起停刊6个月。

《大公报》被控案于4月16日开庭，主控方是港英当局律政司律师胡顿，辩护方是陈丕士、贝纳祺大律师，被告方是费彝民先生等《大公报》人。陈丕士大律师首先指出本案控罪主题，是一篇中文的文字，7个陪审员中有4个英国人、1个瑞士人、1个葡萄牙人，6个人，有1人能读中文。陈丕士说："这真是太奇怪了。"他声明除了一个英籍华人张彼得之外，请求拒绝陪审员名单。他的请求被法官驳回，他声明："我反对在本案记录中未列拘捕状，我反对在本案记录中未列有召被告答辩控词的传票，我反对控词的记录。"历次庭审中，陈丕士据理力争，词锋犀利。在第四次开庭，陈丕士盘问控方证人警察副帮办劳维，数度被法官威廉士制止发言。在激辩中，法官先后两次说，"我可能是错的"，但他仍不许陈丕士继续提出某些问题。劳维答话几次前后矛盾。在询问迫害中国公民的漆咸道集中营时，陈丕士问劳维曾否去过"漆咸道集中营"，并问："你读过集中营那里的名单吗？"劳："没有。"陈："你知道他们被控什么罪名，为什么拘留在那里吗？"劳："不知道。"陈："这是秘密的吗？"劳："我不知道。"陈："你不知道，也没有人知道，那是不是一个秘密呢？"法官高声制止陈丕士抗辩。陈丕士大律师指出："从新中国成立至 1952 年，共有 60 多位香港居民被递解出境。"陈丕士说，司马文森、李文兴等是在凌晨被警察进入家中，非法押送出境的。陈问："你不知道谁能颁布这种非法的命令吗？"劳答不知；陈丕士追问："这种非法行动应否被促起注意呢？"陈丕士又再问：既是"非法"，当然就是暴行。劳说："当然啰。"陈问："是非法暴行可以说是迫害吗？"劳说："可以。"陈再问："有了迫害，应促请香港英政府加以注意吗？"劳答："是的。"我国外交部于 5 月 10 日再次向英国政府提出严重抗议，抗议港英当局连续逮捕、驱逐和迫害中国居民并无理勒令香港《大公报》停刊的暴行。5 月 17 日，香港高法合议庭决定终止《大公报》停刊令。

1952 年 1 月 10 日，父亲司马文森回到广州后，担任三联办事处主任（大公报、文汇报、中国新闻社联合办事处）。他继续在《文汇报》发表大量报告文学，如反映革命老根据地的《大南山散记》，反映电影友人刘琼、舒适、顾而已等生活工作的《上海杂记》，参加全国第二届文工会的文章及途中见证天津、南京、上海的新气象：《金陵古城更新秦淮淤水重流》《柳绿枫红玄武湖》《在妇女管的火车中》《进入中国最大的城市》等。父亲创作的中篇纪实文学《汪汉国的故事》，从 1955 年 4 月 15 日至 6 月 13 日在《文汇报》连载，反映揭阳农业合作化领头人汪汉国，从旧社会要饭到参加共产党的心路历程，到成为全国第一代农业劳模及农村两条路线的斗争。

全家团聚在广州度过的最开心的生活于 1955 年 5 月结束，父母奉调外交部，告别安定的生活，告别祖国和亲人，奔赴驻印度尼西亚大使馆工作。在新闻工作者的努力拼搏和香港各界爱国人士的支持下，香港《文汇报》成长、发展、壮大。"文革"中《文汇报》受到冲击被迫关闭，再度复刊至今成为覆盖全球、极具影响力和公信力的华文报纸。1963 年 1 月 20 日，父亲为上海《文汇报》写作散文《诗岛记——峇厘抒情》，同年 9 月 9 日他为香港《文汇报》创刊 15 周年写作《衷心祝贺》，为其取得的成绩喜悦、骄傲；同年 12 月 25 日父亲在上海《文汇报》发表《到阿尔及利亚旅途中》。1964 年中法建交轰动世界外交界，父亲母亲再度远离祖国亲人，到中国驻法使馆任职；1966 年临时回国探亲、参加高教会议，遭遇"文革"。1968 年 5 月 22 日，被"造反派"借口"不老实"交代外调问题，摧残致死，年仅 52 岁，为共产主义理想、为中华民族在一线奋斗 37 年的父亲，生命的最后一刻竟是这样落幕的！《到阿尔及利亚旅途中》成为父亲给《文汇报》写的最后文章。

与父亲的文学创作渊源最长的是《大公报》，延续 30 年。上海左联时期他开始在《大公报》发表小说，如 1935 年 8 月 27 日的《赶途》、9 月 7 日的《夜航》，1936 年的《古色盎然的泉州城》等。抗战时期《大公报》到香港出版时，有他的抗战纪实文学《不寂寞的行旅》等；《大公报》和《大公晚报》转桂林出版时，有他的文章《湖上的忧郁》《评法西斯细菌》《文协六年》等。1948 年《大公报》到香港出版，父亲曾担任《大公报》编辑，有他的影评及亲历新中国诞生的报告文学《我自北京归》连载；《大公报》在北京出版时，1963 年有他的散文《冬夜抒情》、阿尔及利亚通讯《"圣·乔治"的烦恼》，1964 年 3 月 7 日父亲的散文《颂春》是在《大公报》发表的最后一篇文章。

刘雁廉先生帮我复印了父亲在《大公报》连载的长篇小说《香港淘金记》（第二部），他在香港《文汇报》发表的全部作品小说、散文、评论等是彭主编帮忙找到的，在此一并深表感谢。

附录 1　1950 年 9 月 1 日，父亲为香港《文汇报》创刊两周年作：

向一支笔部队的胜利进军欢呼！

司马文森

　　《文汇报》的创刊，正是香港的文特、反动派走狗的叫嚣，中间路线混乱思想非常活跃的时候，这份民主报纸的出版，就成为一支有力的笔部队了。使当时坚持在民主文化阵线上主力报《华商报》有了得力的友军。从此以后，我们在海外的新闻斗争阵线有了新的发展。我们不但有了《华商报》，而且有了《文汇报》《大公报》和《周末报》。这个坚强阵线的建立，在对国外华侨的教育工作中起了非常重大的作用！

　　两年来，《文汇报》在各种困难环境下苦撑着，特别是经济压迫，使它遭遇了几次几乎要"关门"的危机。在反动派及其特务分子，用恐吓广告户，禁刊《文汇报》广告，威胁报贩贩卖《文汇报》来封锁它的广告及销路。可是，在报社工作同人的坚持下，在广大读者群众热情的支持下，它还是把难关渡过，站稳岗位，为人民解放斗争服务！回顾这两年来《文汇报》辛酸困难日子，我们要向坚守岗位的《文汇报》工作同志致敬！

　　中国大陆的全面解放，特别是华南的解放，使《华商报》转移出版，也使大部分民主文化工作者转进国内工作。相反的，反动派的走狗文特却大量地集中到这个"垃圾码头"来，他们在美帝有计划的扶植下，出版了三四十种反动报刊。面对着这个新形势，我们在海外坚持文化斗争的工作者，有了更沉重的任务了！这任务是打击反动派文特无耻的造谣中伤，揭发美帝的破坏阴谋，同时要把人民祖国建设的真实情况介绍给海外侨胞。这一任务，《文汇报》和其他弟兄报都担当了起来，而且很有成绩。记得去年香港劳军团到广州去劳军时，在文化艺术座谈会上肖向荣部长曾对大家说过："香港现在是成为华南斗争的最前线了，你们在工作中的困难，比在解放后的祖国要大得多了！"这是事实，因为我们要面对反动派残余，要正面地、直接地去和他们展开决战了。这说明全国人民对我们的期待，也说明了我们工作的重要作用。

海外的文化斗争，由于敌人采取"以数胜质"的战略，表面看来我们现在似乎是处在劣势地位。但由于国内形势的普遍好转，反动派文特的无耻造谣，在我铁拳坚决有力的打击下破了产，而侨胞们也从反动派造谣的毒气中慢慢地清醒过来。（比如侨汇的增加，返乡的人日多一日，就充分地说明了这一事实！）这是人民祖国的真实情形教育了侨胞，也是我们坚持海外民主文化阵线工作的人民新闻工作者的功绩！但我们不能自满，这只是起码的成就，更重大的任务还得等待时间来完成。

尽管海外的环境现在是日见恶劣，许多地区的华侨民主报纸美帝直接干预，不许抨击美帝对朝鲜、中国台湾的侵略行为。介绍祖国真实情况的《人民日报》被禁止流通了。相反的他们正在逐渐地加强其他文化侵略。尽管这新压力在日益增加，但海外的民主文化阵线决不能在压力下退却。我们不能放弃近6000万侨胞，我们要坚决地在这些亲爱的弟兄姐妹中生下根。把广大侨胞和祖国的斗争联结起来，那是一条精神桥梁，要紧紧守住它，巩固它！

原载香港《文汇报》，1950 年 9 月 9 日

附录 2

人民公仆

司马文森

在解放区，除了公共汽车和电车外，简直就看不见公务人员和军人乘坐人力车或三轮车。为什么呢？因为各机关首长都曾对大家好好关照过，而大家也都有了这种认识：做了公务人员，就是做了人民的公仆，刻苦耐劳是应该的。如果我们安闲地坐在人力车上或三轮车上，看被我们服务的人辛苦地为我们奔忙，就显得自己对不住他们了。不但做了军人公务人员，自己不敢乘坐人力车或三轮车，就是警察在值勤时，遇有穿制服的军人公务人员乘坐，也会劝导

你，请你自动下来。这件事，在东北据说执行得最彻底。

我到了北京时，一下火车就遇到殊明兄和陈嘉庚先生，他们正从东北参观回来不久。当天下午，我向大会报过到，就和殊明兄去散步了，我问他到东北去参观的观感如何，他说："那种满意情形，真不知该从什么地方说起。"同时，在谈到旅途花絮时，他告诉了我一个很有趣味的故事。

他说他们一行人到了山海关时，有人早就听闻这个天下第一关，却一直没有机会去观光过，有了这样一个机会，还能轻易放过吗？虽然在车站上停的只有很短时间，大家都决心争取这一次见识的机会。从车站到那天下第一关，还有一段路程，他们走路去怕耽搁时间，当时又没有别的交通工具，只好乘坐人力车了。在北京时，他们每个人，除了陈嘉庚先生还是那套薄绒西装外，都换上了制服。公务员乘坐人力车照例是不许的，当他们一群经过了岗警，自然就给警察挡驾了。他对他们说：做了人民公仆，是不该乘坐人力车的，这太对不起人民了。但是经过了大家解释一番，说他们是华侨回国来观光的，只因为要赶时间才这样做。那警察才算通融，但有一个条件，就是只许通过这一次，下一次不管你是什么身份，只要穿的是制服，就对不住了。他们就这样通过了，可是，在天下第一关凭吊了一番之后，因恐车开，又匆匆赶回，还是乘坐那批车，又因为通过的是那些旧警察，刚刚已通融过了，这次自然也可以再通融一次，便又大摇大摆地开回头了。岂知一到了那个警岗又被挡驾了，怎样解释都对不起，只有陈嘉庚先生因为穿的是西装有了乘坐资格，其余的人只好跑步跟在陈老先生车后面，向火车站进发了。这次在回港途中，听见同船来的一个上海商人说了一个故事，他说：为了离开上海到香港来做一笔生意，他到警察分局去登记领出口证，但分局的人告诉他，照规定他该到总局去办。那商人到了总局去了，而总局的人却告诉他：为了便利人民行动自由，刚刚公布了一个新办法，可以到分局去领取，请他还是到分局去。那个人一到了分局，可就大生其气了，他说明明分局可以办为什么一定要我多跑一趟。分局的职员一边对他表示歉意，一边向他解释这个新办法是刚刚公布，他们也还刚收到通知。

在旧社会，是公务人员骑在人民身上，成为一种特殊阶级，而经过了多少年来的坏传统之后，已成了一个自然习惯。人民害怕官，官民之间有了很大距离。一个"官"自比为一个统治者，是来管理人民的，而在新社会，"官"是吃了人民的俸禄，是来替人民做事的，是人民的公仆。两种社会的性质改变了，官民之间的关系自然也改变了。这个新关系的建立，并不是降低了公仆的地位，相反的，一个好的公务人员，不是因为他能对上司吹拍得了信任，而是得到广大人民的信任和爱护，真正成为人民的代表人物，他的荣誉是全体人民给他的。这就是我们常说的，要养成大家服务人民的群众观点。真正有了这种服务人民观点的新公务员，不但自己不会降低了地位，反而到处受了尊敬。在抗日战争时代，在国民党反动派进攻解放区时代，都曾有不少可歌可泣的故事，来说明广大人民大众甘心牺牲自己和子女们的性命，来保护我们的士兵和行政工作干部。这是很不容易的，也就充分说明了这些人民的公仆，这些优秀的人民代表，是用着代价去获得荣誉和尊敬的！

原载香港《大公报》，1949 年 11 月 16 日

司马文森与文化交流印记

——永远的记忆

司马小莘

　　古西域丝绸之路上有中华民族的使者张骞，当代有海上丝绸之路起点泉州走向世界的新中国大文化使者司马文森，著名作家、外交家，中国共产党杰出的统战工作者。

　　司马文森 1933 年加入共产党，在党的培养下成长为具有著名作家身份的新中国第一代外交官。司马文森为共产主义理想信仰在隐秘战线及外交战线的一线拼搏 37 年，其革命生涯与文学创作交融，他用生动、质朴的笔触记述时代前进的脉搏，他投身时代进步的前线，付出心血以文字、视频留存于世的永久记忆，具有文学和史料价值，是宝贵的精神财富。

　　司马文森是首任中国驻印尼大使馆文化参赞，首任中国对外文化联络委员会西亚非洲司司长，首任中国驻法国大使馆文化参赞；他联系、推动中国与印度尼西亚政府的第一个文化合作协定的签订及实施；联系、推动中国与阿尔及利亚政府的第一个文化合作协定的签订及实施；联系、推动中国与法国第一个文化交流计划的签订及实施，同时也是中国同西欧国家签订的第一个政府间的义化交流计划。这些政府间文化合作协定是指导两国文化外交工作的总则、大纲。纲举目张，司马文森联系、推动中国和印尼、中国和阿尔及利亚广播影视、科技、新闻出版等专项协定的签订；参与制定中国和印尼、阿尔及利亚、法国文化合作年度实施计划，为开拓新中国的外交事业做出重要贡献。

友好往来的印记

"文化和海水一样是交流的，海洋之大，茫茫无际，海水随着风波流转，而东而西，彼此交流，撞击，影响，这是整个世界的趋向。"（1943 年，司马文森语）

中国对外文化交流凝结着司马文森大量的心血，文化艺术交流硕果累累。

司马文森在从事外交工作十几年间，联系的规模比较大的中国和印尼艺术交流有 1956 年华嘉领队的北京杂技艺术团、1961 年萨空了领队的中国艺术团、1963 年司马文森领队的中国艺术团对印尼访问演出。对应的有 1956 年峇厘艺术团、1957 年马鲁古艺术团、1961 年印尼艺术团、1963 年印尼文协歌舞团访华演出。司马文森代表中国将《马鲁古艺术团访华纪录片》赠送印尼—中国友协。司马文森担任对外文委首任亚非洲司司长期间，联系了 1964 年东方歌舞团对北非、西非的访问演出，对等的有阿尔及利亚、几内亚的民族歌舞团来华演出。

在司马文森担任中国驻法国大使馆文化参赞期间，规模较大的有京剧艺术团、武汉杂技团的访问演出，在巴黎引起轰动。值得一提的还有应法国学联邀请我国学生代表团 15 人，参加了 1965 年 9 月在马赛举行的第 13 届大学生国际文化联欢节（近 20 个国家的代表团参加）。乌兰牧骑式的文艺演出取得很大成功，法国群众反应热烈，十几种地方性和全国性报纸做了报道，登了照片，称我国学生代表团是文化联欢节上的明星和主角，演出质量高超，反映了中国人的"朝气蓬勃的精神面貌，征服了马赛。"父亲联系了中国电影代表团钱筱璋团长带队访问法国，参加图尔国际电影节，他和国际电影节筹委会副秘书长夏马尔到机场欢迎中国电影代表团。我国的参展电影有《半夜鸡叫》等，《差不多》获青年奖。1964 年戛纳国际电影节《小蝌蚪找妈妈》美术片获得荣誉奖。1965 年司马文森作为观察员代表我国参加戛纳电影节，国内推荐参展电影《红色娘子军》《女跳水队员》，推动新中国电影走向世界。

绘画艺术交流也十分活跃。司马文森联系的美术展览有 1955 年 10 月中国绘画和儿童玩具展览会，开幕式上司马文森讲话指出：中国和印度尼西亚之间不断增长的友谊标志着觉醒了的亚洲的新世纪已经到来，标志着亚洲和世界和平力量的增长。1956 年 9 月—10 月，中国文化艺术品在日惹建市 200 周年博览会的中国馆展出,司马文森参加日惹博览会开幕式,并讲话。9 月 12 日,司马文森陪同印尼阿里总理参观了中国馆。1959 年 10 月庆祝中国成立十周年,中国现代国画、版画、图片展在雅加达举行,司马文森陪同印尼苏加诺总统及萨多诺议长参观了画展。他联系在北京举办的印尼画展有 1956 年印尼华侨美工团李曼峰、叶泰华、张乙鸥等的作品展,1961 年印尼总统府画家杜拉绘画展,1963 年印尼画家画展等。

他在《文艺报》《世界知识》等报刊上发表《美丽的江山,美丽的图画》《印尼作家、艺术家在战斗中》《让我们欢呼,让我们前进》《印度尼西亚进步艺术的新成就——记人民文化协会成立九周年纪念画展》《〈苏加诺总统藏画集〉在印度尼西亚》《战士·画家》等,把印尼作家、艺术家及其作品介绍给中国人民。绘画交流最具影响的是父亲联系出版的《苏加诺总统藏画集》第一至四集。苏加诺是著名的收藏家也是一位画家,收藏世界各国领导人赠送的画。这些藏画挂在总统的独立宫、行宫和别墅,人民无法欣赏。1955 年 12 月,总统府画家杜拉邀请父母亲到家中做客(住总统府内)。谈话间,苏加诺身着浅蓝色便装来访,称自己是平民总统,邀请司马文森夫妇观看他的藏画。随后杜拉表达了希望中国出版《苏加诺总统藏画集》的意愿。父亲随即起草报告向国内请示,很快得到肯定的答复。1956 年 3 月,人民美术出版社副社长邵宇带队,和姜信之、安靖、杨荣敏到达印尼,父母和杜拉陪同他们去苏加诺在国家宫、茂物行宫和新棠拉耶别墅参观、选拍藏画。《藏画集》第一、二集于 1956 年 9 月由人民美术出版社出版,苏加诺收藏的精华画作主要集中在第一、二集,每集 100 幅彩色画,大四开本,每幅画配有中文、印尼文、英文、俄文说明,组织动员了全国优秀的编辑设计人员和最好的印刷力量。在印尼发行时引起轰动,被誉为中国与印尼文化交流的典范。在 1959 年莱比锡国际图书艺术博览会上,《藏画集》获得了金质奖章,为国家争得了荣誉;并出口苏联,为国家净盈利 14 万元。《藏画集》第三、四集于 1961 年出版。1964 年中法建交,父母亲到驻法使馆工作。《藏画集》第五、六集由林风参赞和新任总统府画家李曼峰联系于 1965 年 6 月出版。

体育交流也十分活跃,仅 1957 年我国到印尼的体育代表团就有网球队、羽毛球队、篮球队、举重队、足球队。对应的也有多支印尼的体育运动队举重队、羽毛球队等到中国访问。1957年6月5日，司马文森举行茶会欢迎中国举重队到印尼；6月19日，即为印尼举重队访华送行。1964年中国体操队访问法国，1965年中国乒乓球队访问法国。

中国卫生部国际合作组织成立了第一支中国医疗队，即是1963年4月派遣到阿尔及利亚。而父亲联系的"中国医疗队"，1962年1月已走出国门到印尼，高超的医术影响很大。

1961年11月杜拉夫妇访问，提出苏加诺希望到中国治病的请求。父亲多次了解病情，经请示国内，周总理提出治疗的意见和建议：中国派出医疗小组到印尼；11月13日姚仲明大使正式向苏加诺转达。

1962年1月12日专家医疗小组抵雅加达，组长吴阶平（泌尿科专家），小组成员有方圻（心脏病专家）、胡懋华（放射科专家）、岳美中、邓学稼、张增林等，这是中国第一次派出医疗小组到印尼为苏加诺治疗，也医治了朱安达总理、阿里总理的痼疾，高超的医术影响很大。医疗小组治疗好一些华侨的疾病，并为使馆同志体检，司马文森是其中唯一所有指标都正常的党委成员。5月7日，苏加诺总统在送别医疗组的宴会上讲话，表示感谢，他引用印尼成语说："'欠人的债务可以还清，欠人的恩情只能带进坟墓里去。'是的，直到我死时，也报答不了中国政府和人民的恩情。"

1963年9月，司马文森和丁西林、王匡等组成中国文化代表团，到阿尔及尔签订中国与阿尔及利亚文化合作协定。到达阿尔及尔的第二天意外遇上一批中国大夫，他们从600公里外靠近撒哈拉沙漠的赛义德省赶来参观"中国工业建设展览会"。在国外，特别是在中国人较少的北非地区，很难听到乡音、见到亲人，因此一见面就格外的高兴、亲切。阿尔及利亚独立以后，法国殖民主义者几乎把原在阿尔及利亚的所有技术人员都撤走了，其中包括医生和教师，留下的是一个破烂摊子。因此，工厂停工，学校停课，医院没有大夫，情况极为严重、混乱。阿尔及利亚革命政府没有在困难面前低头，接管一切"无主"工厂、庄园，同时也向中国呼吁支援。就在这种情形下，一支有20多名大夫的中国医疗队，于1963年4月分两批从北京到了阿尔及尔。第二天父亲到使馆招待所看望他们，他们讲述了在赛义德的工作，就只这些人，却要管理一座有 300 多病床的省立医院、几个县和区的医务工作。他们克服了很多困难，以精湛的医术和高尚的医德，赢得了受援国政府和人民的高度赞扬。

这支派遣到阿尔及利亚的医疗队，在我国对外派遣医疗队的历史中占有特殊地位——中国政府首次对国外派出的医疗队。父亲的文章《中国大夫》记述了他们在阿尔及利亚的工作和生活，1963 年 12 月 26 日在《北京晚报》发表，为第一支中国医疗队留下永远的记忆。

司马文森将印尼优秀的文艺作品介绍给中国人民，联系、推荐在中国出版印尼文学作品：小说《错误的教育》《苏巴拉蒂》（阿布都尔·慕依斯著）、《游击队之家》（普·阿·杜尔著）《丹贝拉》（宋塔尼著），剧作《天上有星星》《饭店之花》（乌·达·孙达尼著），诗集（哈拉哈普·班达哈罗著）；歌曲集；《印度尼西亚民间木雕》画集等。父亲联系出版了印尼共产党总书记《艾地选集》两集（1963 年 8 月由人民出版社出版）、印尼共七大文件及《人民日报》创刊 12 周年文集等。现在图书馆藏的印尼作家的作品大部分还是半个世纪前司马文森联系出版的。

我国在印尼发行的有《人民中国》《中国画报》，《跟随毛主席长征》等书刊（印尼文）。

1963 年，司马文森的 13 篇文章被译成印尼文，在《人民中国》发表：《八亿人的伟大团结——为中印尼友好合作条约签订两周年作》《寄自远方的书束》《新居》《花朵》《春光》《祝愿》《一支歌的诞生》《重访雅加达》《寄峇厘》《访非寄语》等。他的文章也被译成俄文、英文、德文。

为促进对外文化交流，司马文森向中国读者介绍国外文艺动态：《接受时代的挑战——印度尼西亚街头的新气象》《印度尼西亚的民间戏剧》《印度尼西亚进步艺术的新成就》《欢乐的歌声——印尼人民音乐的成长发展》《天堂鸟之歌》《读慕依斯的〈错误的教育〉和〈苏拉巴蒂〉》《从庙堂走向街头》等，他的《〈苏加诺总统藏画集〉在印度尼西亚》为文化交流典范留下记忆。

在纪念中国和印尼两国友好条约和文化合作协议签订两周年（1961 年 4 月 1 日签订）的前夕，司马文森作词、马可作曲创作了《中国—印度尼西亚友谊之歌》，分别发表在 1963 年 4 月 17 日《人民日报》《歌曲》月刊上。歌曲还没发表，1963 年 1 月 3 日中央广播电台《友谊的歌声节目》已播放，东风合唱团排练演唱。

这首友谊之歌承载了公元 399 年晋朝高僧法显、1405 年明朝郑和七下西洋曾到印尼的友好往来历史；承载震惊世界的红溪河惨案，1740 年侨居雅加达的华人被荷兰殖民主义者屠杀了两万人，被迫武装起义，对荷兰东印度公司军队作战，得到印尼爱国者的支持；也承载印尼英雄节的由来：1945 年日本投降后，英荷联军企图恢复殖民统治，在泗水登陆与已宣告独立的印尼人民激战 15 天，侨居在东爪哇各地的中国人，拿起武器和印尼人民并肩作战。抗击侵略纪念日 11 月 10 日为印尼政府追认为英雄节。这首友谊之歌很快流传到印尼。1963 年 10 月 9 日，苏纳尔迪为团长的印尼人民文化协会歌舞团访华演出的第一个节目：大合唱，演唱的第一首歌即是《中国—印度尼西亚友谊之歌》。

时隔半个多世纪，2015 年在印尼纪念万隆会议召开 60 周年的《苏加诺—周恩来图片展览》开幕式，这首司马文森、马可创作的颂扬万隆会议精神的友谊之歌再度唱响，受到热烈欢迎。

司马文森为增进与印尼人民的友谊，创作了《班芝兰》《红豆记》《彩蝶》《芝利翁》《在查宛夫人家》《我们的新朋友》《海外游侠传》《伊碧兄弟》《里娜》《多峇湖夜话》《和阿布都尔·慕依斯的见面》《马鲁古姑娘》等，刊登于《人民日报》《人民文学》《作品》。

1963 年第二届亚非作家执行委员会常设局及亚非作家执行委员会会议在印尼举行。7 月 12 日 –21 日，司马文森与杨朔（团长）、杜宣作为中国作家代表团出席亚非作家反帝反殖的盛大聚会，出席在印尼雅加达举行的第二届亚非作家常设局会议，印尼、中国、加纳、日本、喀麦隆、锡兰等 10 个国家的代表出席，以及在峇厘举行的亚非作家执行委员会议，来自朝鲜、日本、中国、越南、蒙古、苏联、加纳、锡兰、苏丹、南罗德西亚、南非、喀麦隆、莫三鼻给给和印尼等 17 个国家的作家代表团参加。亚非人民团结组织主席之一、印尼共产党副主席约多在欢迎会上讲话：今天帝国主义的最危险的形式是新殖民主义，它有时采取残酷的行动，有时又采取苏加诺总统称之为"和平渗入"的行动。要击败文化上的旧有势力，要在文化和文学领域进行反对新殖民主义的斗争，要使文艺为人民的革命斗争服务，作家面前显然还有许多非常艰巨的任务。大会通过了呼吁书和反对帝国主义、殖民主义以及支持民族独立运动的23项决议：呼吁废除帝国主义的侵略性军事条约，把美国"和平队"赶出亚非地区，反对种族主义，支持古巴人民反对美帝侵略战争，支持"非洲统一组织宪章"，及非洲各国人民争取完全独立的斗争等。

失落的文化交流印记

　　司马文森是中国文坛报告文学写作运动的倡导者和组织者，经历了第二次国内革命战争、抗日战争、解放战争、新中国成立的历史变迁，他的文学作品从不同角度反映中国在剧烈动荡时代的变迁，为人类社会前行的步伐留下永远的印记：有反映华侨祖先背井离乡艰辛出洋史实的《南洋淘金记》，开创了华侨社会文学的先河；有反映共产党领导的侨乡人民在第二次国内革命斗争的《风雨桐江》；他的战地文学为抗击日寇侵略做出贡献，并参与世界反法西斯文艺阵线。他的海外题材作品反映第三世界国家人民反帝、反殖、争取民族独立的伟大斗争，歌颂了中国和亚非人民朋友、同志和兄弟的友谊。司马文森以厚重的历史内涵和独特视角创作了大量纪实文学，其中一些作品成为中国文学史上的名篇，产生深远的影响。

司马文森和约瑟夫·卡尔玛

　　20世纪初，中国出版了大量外国作家的译作，但中国作家及作品则很少被介绍到国外，中国的社会状况也很少介绍到国外。人们知道斯诺先生的《西行漫记》，美国贝尔登的《中国震撼世界》，很少有人知道《书畅销、名寂寞》的英国翻译家约瑟夫·卡尔玛（Joseph Kalmer）曾和司马文森推动文化交流，将中国的文学作品介绍到国外。

　　约瑟夫·卡尔玛（Joseph Kalmer）及他的文学社的译作有汉语、法语、西班牙语、意大利语、英语、德语、捷克语，他对中国作家和作品予以极大关注，是少数大量翻译中国文学作品的人，翻译了鲁迅、毛泽东、郭沫若、茅盾、赵树理、萧乾等人的作品。司马文森也引起卡尔玛的注意，他在苏联出版的《中国短篇小说集》见到司马文森的抗战小说《栗色马》，香港出版的《中国文摘》有司马文森的文章《新中国小说家及其作品》（1947 年第 1 卷第 7 期），随即和司马文森联系将中国作家的作品翻译成外文介绍到海外。1947 年司马文森将两人来往的信件集成"七月书简"发表在《文艺生活》新 16 期，将搜集到的解放区及大后方作家的作品多次邮寄给在伦敦的卡尔玛，其中有卡尔玛提到的司马文森的专著《雨季》《人的希望》《危城记》，并欢迎读者推荐中国的优秀作品给卡尔玛。《中国文摘》（China Digest）是中国共产党在香港创办的第一份向海外发行的英文期刊，也是解放战争期间中共向全世界宣传中国革命斗争的唯一刊物，1946 年 12 月创刊，主编龚澎。1948 年《中国文摘》第 3 卷第 7 期—8 期刊登了约瑟夫·卡尔玛翻译的司马文森的抗战纪实文学《渣滓》。

约瑟夫·卡尔玛曾是奥地利的一名记者，二战时期险被纳粹逮捕。千钧一发危难中，他得到中国驻维也纳总领事何凤山救助，何凤山给他签发了去上海的签证，使他得以到英国定居。何凤山向数千犹太人发放前往上海的签证，使他们免遭纳粹杀害，2005 年联合国誉何凤山为"中国的辛德勒"。多年后，司马文森的外孙女刘静找到约瑟夫·卡尔玛在伦敦的公寓，感奋卡尔玛给姥爷的信是从这里发出，姥爷的书信就是从香港寄到这里！她在维也纳图书馆找到约瑟夫·卡尔玛的资料，有卡尔玛将司马文森的文章《渣滓》译成英文和德文的稿件。

约瑟夫·卡尔玛知道要在英国出版中国作家的书不易，因为纸张缺乏，英国人首先考虑出版本国作家的书。但卡尔玛认为，未来世界应该是具有一种国际精神的世界，他不只求能对一种语言及其文学有尽可能多的认识，他还研究该国家的历史及社会政治状况，这一点尤其体现在他翻译的中国作品上（凯泽《忘与亡：奥地利汉学史》）。约瑟夫·卡尔玛对司马文森的协助感到满意，父亲在回信中这样写道："让我们握手，为了全世界进步的民主的文化！"

世界反法西斯文艺阵线

中国是第二次世界大战的战胜国之一，中国的抗日战争是世界反法西斯轴心国德、意、日阵线的组成，中国人民为抗战胜利做出巨大贡献，为保卫世界和平做出持续努力。

1933 年 9 月 30 日，在上海召开了国际反帝反战大会，到会的国际人士有马来（英）、环音考托（法）、波比（比）、瓦扬·古久里（法《人道报》主编）等。大会推举以上代表及宋庆龄等 9 人为主席团，并推举毛泽东、朱德、片山潜、鲁迅、高尔基、巴比塞（法）、台尔曼等为名誉主席。8 月 18 日鲁迅、茅盾、田汉等发表了"欢迎反战大会国际代表的宣言"。

"司马文森是抗战时期报告文学写作运动的倡导者、组织者，对抗战时期报告文学的发展做出重要的贡献。他在抗战期间写了许多特写和报告文学，曾产生了较大的影响。他的特写、报告文学注意写人，表现手法类似小说；他摘取的是大时代急剧变幻中的某一片段或细微的事件，采取的是散文形式的写法，因此富有自己的特色。"（见《中国现代文学词典》）

司马文森同时也参与世界反法西斯文艺阵线。

1938 年 3 月 2 日，为希特勒承认伪满事，广东文化界抗敌协会召集《救亡日报》《诚报》《广州日报》《中山日报》等报社、刊物编辑人抨击希特勒会议，发表宣言。司马文森时任《救亡日报》记者兼《诚报》副刊编辑，出席会议并参与协议宣言。

1939 年 2 月，司马文森参加中苏友协广东分会、广东战时教育座谈会等团体在曲江发起的欢迎卡尔曼先生大会。卡尔曼是莫斯科《消息报》驻华特派记者，他讲中国这次的抗战，"苏联人民，每天看报必先看关于中国抗战情形的电讯。在每一个工厂、每一个学校、每一集体农场、每一个家庭，都挂有中国地图，他们注视着每一天的战况。"他又说到西班牙人民和法西斯斗争的情形："1936 年 11 月法西斯军队进军马德里，事前马德里政府军守备司令米亚哈将军曾接到他们的电话说，明天要到马德里来喝咖啡。可是到今天咖啡也冷了，已经过了两年多了，他们还不能进马德里。"他的话博得欢迎者震耳的掌声。司马文森写作《卡尔曼在曲江》，3 月 4 日在《救亡日报》发表。他曾出席中苏友好协会桂林分会成立大会，代广西地方建设干校教育长杨东莼接受日本反战同盟赠送的锦旗等对外交流活动。

中国是第二次世界大战的主战场之一，全面抗战时期，司马文森有四年的军旅生涯：四战区十二集团军、"军校"广西地方建设干校、创建桂北抗日青年挺进队（番号：北斗）。他亦文亦武，是抗战文艺中心上海、广州、桂林的文艺界抗敌协会核心成员，参与发起创建文艺通讯员总站、抗战壁报总站，对抗战报告文学的发展做出重要贡献。

他的报告文学从不同角度反映抗战，如淞沪抗战：日寇对上海南站手无寸铁民众狂轰滥炸，大场战役，谢晋元率 400 壮士坚守四行仓库；南京防卫战及日寇大屠杀《血泪话金陵》；南战场军民英勇抗击日寇的《粤北散记》《尚仲衣教授》，及反映日寇"银弹"阴谋下广州失陷等历史事件《转形》，揭露日寇的残暴、汉奸的无耻，颂扬军民的抗战决心和英雄事迹。《危城记》记述日本反战同盟在桂林的生活及工作，揭示战争给两国人民造成灾难。

1940 至 1941 年，国民党掀起第二次反共高潮，顶点是皖南事变，1941 年 2 月救亡日报社被国民党封闭，八路军桂林办事处撤退到延安，新安旅行团撤退到苏北根据地，大批同志撤离桂林到香港及海外。司马文森奉命坚守桂林文化城，在中共中央南方局直接领导下，负责地下党的联络工作和文化工作，于 1941 年 9 月在桂林文化城创刊的《文艺生活》，是抗战时重要的文艺期刊，延续到新中国建立，在国内外产生广泛深远的影响。司马文森是这个刊物的主编，坚持宣传党的"坚持抗战，反对投降；坚持团结，反对分裂；坚持进步，反对倒退"方针，参与世界反法西斯文艺阵线。1941 年 6 月 22 日苏联卫国战争爆发，同年 11 月的《文艺生活》1：3 刊出《德苏战争特辑》，刊登了 A·托尔斯泰的《我号召憎恨》、I·爱伦堡的《我看见过他们》、W·挖雪柳斯卡的《在战争的路上》。《文艺生活》1：4 刊登声援苏联卫国战争的文章：欧阳予倩的《寄慰苏联战士》，熊佛西的《为创造一个新世界而战》，荃麟、葛琴的《为了全人类的利益》，陈闲的《希特勒将被洪流淹死》，余所亚的《致苏联漫画家》，张安治的《慰苏联战士》、韩北屏的《声讨暴徒希特勒》，许之乔的《莫斯科是人类精神的堡垒》，冯玉祥等的《中国诗歌界致苏联人民书》，辛克莱的《我们必须联合起来》，及桂林文协电慰苏联人民。《文艺生活》1：6 刊登了 A·托尔斯泰的报告《伏尔加为战争而工作》（秦似译）。《文艺生活》2：4 刊登日本反战同盟会长鹿地亘的文章。在《文艺生活》刊登揭露和控诉日本侵略者给中国人民带来的罄竹难书的战争罪行的作品：碧野的《前路》、钟敬文的

《残破的东洞》、郭沫若的《轰炸后》、蔡磊的《在孤岛》等，引起强烈的反响。

1947年2月《文艺生活社》发起社员运动，司马文森于4月在《文艺生活》光复版13期及7月22日在印尼《生活报》发表文章《为文艺生活社征求社员运动告南洋读者》，得到海外华人文学界进步人士西玲、杨繁、金丁、黑婴、林林、米军、美洲的路斯等支持；在新加坡、菲律宾、泰国、马来亚、越南、印度尼西亚、中国香港等地设有分社。1948年《文艺生活》海外版的《马来亚人民抗敌记》专辑，入选文章：《文律、龙津的屠杀》《牺牲》《线球》《虎口余生》《狼之死》等。《文艺生活》刊登海外文学作品：张殊明的《日本，亚洲凶剧的主角》、美·史诺作《苏联纪行》（李育中译）、丁泰斯作《解围前后》（何家槐译）等，不胜枚举。《文艺生活》开展了马华文艺、菲华文艺、暹华文艺的研讨，成为中华文化海外传播的灯塔，司马文森对东南亚华文文学的扶植，影响是深远的。

中国参与世界反法西斯阵线，还有很多不可遗忘的功绩：中共国际战略情报专家阎宝航，曾获取有关德国闪击苏联、日本突袭珍珠港美军基地等国际战略情报，先后供给战时盟国苏联和美国，为世界反法西斯战争的事业立下不朽的功勋。中国人民曾救助美国飞行员。1941年日寇袭击珍珠港，美国总统罗斯福决定报复，1942年4月18日空袭东京，因燃油不足以返航，美军16架轰炸机除一架降落到海参崴，15架飞机在中国浙江、安徽、江苏等地迫降、坠毁，约60名飞行员跳伞落在国民党军和日军交错的统治区，得到中国抗日军民救助。这些飞行员辗转到重庆、桂林，返回美国。日本派10万军队对浙江等地进行了大规模清乡报复，25万平民被害。

1951年至1952年初，司马文森担任香港《文汇报》总主笔，发表了关于朝鲜战争的时评：《为了幸福富强的祖国》《从东方到西方》《扭转世界局势的一年间——为朝鲜抗战一周年作》《小论开城和谈》《用谈判压倒战争》《从开城看旧金山》《保卫和平日》《杜鲁门往哪儿去》等文章，指出：美国正在进行一种奸猾无诚意的戏法，尽一切可能来打击弥漫全球的和平空气；新中国是远东、世界和平安定的力量；我们反对战争，假如战争真的不能避免时，改造历史的信心，会把进步人类，不分种族、语言、信仰和国界，团结在一起的。

至今65年已过去，半岛局势仍是世界焦点，朝鲜战争的遗留问题还没有得到妥善解决，司马文森写的时评，似乎没有过期！

新中国电影走向世界的先锋队、桥头堡

抗战胜利，蒋家王朝在大陆加强独裁统治、压制民主，一批进步文化人受到迫害，根据党中央部署转移到香港。司马文森时任中共香港工委文委委员，先后分管香港文艺、电影、新闻、海外宣传工作，在进步文化人的共同努力耕耘下，左翼文化阵线声势浩大，香港成为中国的民主文化中心，最具影响的是左翼电影。随着解放军节节胜利，背靠祖国，面向世界，中共文化部队主导的香港左翼电影如日中天。大批进步导演、编剧、明星聚在香港，进步电影公司：南国影业公司、龙马电影公司、五十年代影业公司、凤凰影业公司、长城影业公司、新联影业公司等摄制了大量的现实主义影片《春寒》《珠江泪》《野火春风》《水上人家》《火凤凰》《三毛流浪记》等，打破西片一统天下的局面，给中国香港及东南亚带来一片清新。司马文森编剧了6部电影《海角亡魂》《海外寻夫》《火凤凰》《南海渔歌》《血海仇》《娘惹》，先后于1950至1952年在中国的香港和东南亚上映，引起轰动。香港是左中右三派势力激烈撞击、博弈的战场，共产党领导下的左翼进步电影，是新中国电影的重要组成，成为新中国电影走向世界的先锋队、桥头堡。

新中国外交官十年家信

自1955年至1968年5月22日，司马文森站到外交工作岗位：到中国驻印尼大使馆工作，对外文化联络委员会第三司司长，到驻法国大使馆工作，我们渡过无家可守的时光7年，有家可守的日子3年，父母给孩子们写下新中国外交官10年家信，由大女司马小兰精心保管，面对"文革"浩劫中造反派抄家，她像保护生命一样保藏了其中的8年家信，这些劫后余生的家信弥足珍贵，承载着革命之家的亲情，共产党人对共产主义理想的坚定信仰；承载着中国时代的变迁。

1955年，上级一声令下，父母亲调到外交部，国务院任命父亲为中国驻印尼大使馆文化参赞，告别祖国、亲人，放下一切奔赴国际斗争的前线。2岁的妹妹和父母同行；留下的四个女儿成为新中国的"留守儿童"。我们在北京

没有家，无家可守，两个姐姐寄宿在育才小学，我和大妹寄宿到外交部西郊幼儿园，举目无亲，要学会照顾自己。即将分别时，小兰在发高烧，母亲迟迟不忍离去。父亲让母亲先离开，他对小兰说："不要哭，要勇敢、坚强，照顾好妹妹们。"而小兰还是小学生，正需要父母的关爱。节假日小姐妹团聚在外交部招待所，围坐在大姐旁，尚不识字的妹妹们听她一遍遍读父母的来信。信通常是父母联署，写得最多的是父亲。外交部信使队携带国内外信件往返，信使都知道最牵挂孩子的是司马夫妇，一到使馆，哪怕是半夜，也要到父母住处敲门，唤醒。遇到信使马上要再出发，来不及看来信，父母连夜写回信。父亲一再叮咛，不要等收到信再回，平时就写，多多地写。他们也抽空就写，甚至不知道来信中会提什么问题。遇到信使迟走两天，再写一封。如若同时收到好几封信，父母高兴得像过节；偶尔一封信都没有，母亲会睡不着觉，生病了？还是发生了意外？这时父亲就不停地宽慰她。我们每年到照相馆拍照寄给父母，他们也不时寄照片给我们。每次出国前，父亲都会给我们拍照，这些照片放在父母住所案头，父亲安慰我们："天天看到照片，就像我们在一起生活一样！"可是，怎么能一样呢？在我们成长过程中最需要父母帮助的时候，他们却远在万里之外！连父亲自己在信中也这样写："快三年没见过你们了，也想不起你们现在该有多大。"

无论父母在驻印尼或驻法国使馆工作，父亲担任文化参赞、使馆党委委员，代表中国政府负责上层建筑领域的大文化事务，母亲是使馆秘书、安全保密委员，参与调研工作。在驻外使馆工作，直面国际斗争风浪，几乎每天都有外事活动，工作不分节假日、白昼，遇到紧急情况，连夜立即处理。父亲是勇于担当，有高度责任心、不尚空谈的共产党人，从不怕工作多，从不等万事俱备亦步亦趋，没有条件创造条件，分秒必争为社会主义祖国多做点事。他常说，只要是对党对革命事业有好处的事要多做，尽可能地做。

父母到驻印尼使馆工作时，很多文化交流活动在印尼的独立日8月17日举行。该独立日和日本投降日关联，极易记住。1945年8月15日日本宣布投降，在印尼共产党的动员、支持下，苏加诺签署了独立宣言；8月17日凌晨2时，电台工作的同志即向世界宣告：印度尼西亚共和国成立，印尼共产党（简称印尼共）为印尼建国立下永远的功勋。司马文森给中国读者写作反映印尼争取民族独立建国的文学作品，记述 1925 年泗水海员英勇抗击殖民者的"七省号"起义；英美、荷兰殖民者不承认印尼独立，1945 年 11 月在泗水登陆，爆发了"泗水之战"，11 月 10 日印尼人民和定居印尼的中国人、印度人等揭竿而起武装抗争，这天被定为印尼英雄节。1948 年 12 月 19 日，荷兰殖民者对印尼发动第二次军事侵略，在日惹逮捕苏加诺总统，监禁在多峇湖畔荷兰人庄园。父亲的《访问英雄之城》《独立首都——日惹》《竹枪的故事》《一张牛皮》《唯伪善者最凶残》《依沙和阿里逊夫人》《朱地家出了事》《在日里农园中》《天堂鸟之歌》等为印尼共和人民进行不屈不挠的反帝反殖斗争留下记忆。

　　父母在印尼工作期间，印尼的局势并不稳定，1957 年发生印尼反动派的飞行员驾机谋杀苏加诺总统事件，所幸苏加诺当时不在被炸弹炸毁的房间；架机投弹谋杀总统事件实属罕见。而父母亲的原住所就在附近，这一事件牵动我们的心。根据规定，父母每两年可回国探亲，但父亲在印尼使馆工作 7 年，只在 1958 年回国探亲一次。1960 年本该父母回国探亲，印尼反动派掀起反华排华运动，局势紧张起来；另因自然灾害，国家财政紧缩，使馆党委委员一律不准探亲。父亲和黄镇大使等多次和国内联系撤侨及了解归侨的安置，参与我国第一次大规模撤侨工作；看望、慰问难侨，到码头送行。期间甚至发生副领事被印尼扣押事件。使馆同志的活动范围受限制，汽车一出门就被武装人员跟踪监视。使馆党委动员大家要做最坏的打算，父亲买了一支双筒猎枪，以应对不测发生时保卫使馆机要室，机要室内有发报机、密码和档案。父母来信说："我们的岗位是在前哨，特别紧，守住岗位是比一切都重要。对反动派的斗争我们已经经过了几十年，我们有经验，不用担心，我们被派出来工作是为了党和国家利益，凡有人向我进攻，我们决不会低头，一定会为维护党和国家利益，坚决和他们斗争的。"父亲写作了来自印尼迫迁地区反华排华的报告：《两地相思》《猪仔客"亚九伯"的一生》《"纵火犯"》等在《作品》《新观察》上发表，为国际斗争留下历史记忆。

　　转眼到了 1961 年，局势有所缓和，五姐妹联名给陈毅外长写信，请求调父母回国。得知此事，回信中父亲说："为了建设社会主义，什么人都应该把个人利益放在国家和党的利益下，……外交工作不是看上去那么轻松，实际工作非常艰苦，比在前线打仗还艰苦。但是这条战线作用却很大，做好了工作，对我们的国家、党贡献都是很大的。"5月黄镇夫妇离任回国，新大使未到；父母获准离任，但不能同时离开使馆，因为除黄镇外，司马文森最了解使馆工作，黄镇有时派父亲代他出席在海外的使节工作会议。等姚仲明到任，而接替父亲工作的同志，国内还没有安排。父亲来信说："我们这里工作忙，人手少，爸爸一回去就没有人负责爸爸那份工作，会使工作受影响，要等国内来人接手工作，请你们原谅。不要因为爸爸妈妈不能回去难过，因为为祖国工作是比什么都重要的。"到了接任的林风参赞到了，没有交通工具。父母说："虽然不能同你们度过暑假，我们9月间乘坐我们祖国的远洋大船'光华'回去，这可以给国家节省许多外汇，预计可以在北京和你们共度国庆佳节！这次回国，决心把家安好，不至于老住招待所。"然而9月"光华轮"如期到印尼，发现机件损坏要修。父亲来信说："原打算和你们过暑假，行李已打包，见希望不大，改为想和你们一起过中秋、国庆，现在这第二希望也不那么肯定了，因此也不敢再有什么计划了。"临到差两天船起程，还得再改期，谁也料不到！母亲被感染一种没有中文名称的热带病，昏迷，全身都是血泡，皮肤坏了80%，手脚指甲全部脱落，10多天从口中吐出的全是脓血，肠道、皮肤粘粘，一度被护士推进太平间，所幸使馆同志到医院探视，发现一息尚存推回继续抢救。七八个印尼医生会诊，抢救了半个月才脱离危险。医生说母亲的命是捡回来的，以为进医院的第三天就过不了关，出院后又做了三次小手术。父亲来信说："妈妈的身体正在恢复，不用担心，这里有我，有组织，有同志们。我们的工作是在特殊岗位上执行战斗，一个外交干部调动，国内是要经过多方考虑，来回在交通、安全上，也都需要一番安排，你们的处境、心情，我们全能了解！"直至1962年夏末父母离任，秋初全家人在北京团聚。用伙食费结余，父母给每个孩子买礼物，我的礼物是运动衣和小望远镜；萌姐的礼物是国产工农兵牌手风琴，原期待父母从国外带回意大利手风琴。父亲说，我国外汇来之不易，买出口的产品，就是发展我们的民族工业。处处为国家、人民利益着想，是老一辈共产党人的作风。

幸福的时光总是很短暂。1964年春，中法建交像"核爆炸"轰动世界外交界，父母告别和平的生活和六个爱女，再出发。这一别，不知何时能相见？我和大妹、二妹被禁止去机场送别，父亲说，送行有法国驻华官员，怕我们忍不住号啕大哭，影响不好。姐姐们准予送行，但要保证不许哭！道别时，父母眼眶红红的迅速坚定地走向飞机，似怕回头望眼泪会滴下。

无论成功或挫折，我们和祖国一起成长。父亲信中说，过去闹革命四海为家，哪里工作需要就到哪里去；现在孩子在哪里，我们的心就牵挂哪里。尽管有党和国家、学校老师的爱护培养，因缺乏家长关爱管教，外交部留守子女有的成绩差、学坏，或离家出走；福利科王阿姨期末给父母亲寄去成绩单，六女小兰、小萌、小莘、小芹、小维、小加，个个品学兼优。父母亲的言传身教是我们成长中取之不尽的源泉：要勇敢，勤奋，团结。

父母亲在大时代的变迁中，相濡以沫生活、工作、战斗；他们和同志们前仆后继、流血牺牲奋斗，结束中国积弱百年民不聊生，军阀混战、敌寇侵略的历史，使国家繁荣富强屹立在世界上，使人民过上安定的生活。我们在北京经历了时代的变迁，从新民主主义革命进入社会主义社会，总路线、大跃进、人民公社，大炼钢铁超英赶美，除四害，为 61 个阶级弟兄一方有难八方支援，共度自然灾害，学习向秀丽、雷锋、"八六海战"麦贤德事迹、徐寅生活学活用毛选——"如何打乒乓球"，学习九评苏共中央公开信，批判"赫鲁晓夫修正主义"；备战备荒，学打六〇炮，军训学农……每年我们参加国庆少先队场内队伍、学生游行方队，此时彼岸的父母守在收音机前听国庆时况，跨越时空一起庆贺。已经没人记得张兰香案件了，得知此事，父母在信中一再叮咛我们注意安全，千万不要独自行动。我们则十分关心国际形势，因为父母就在前线风口浪尖。我们得知印尼"九三〇事件"发生，印尼共及进步人士 50 万人被杀害。父亲得知艾地、约多等印尼共同志遇害，整夜无眠。共产主义运动低潮的降临，最终延续为苏联解体、东欧易帜。

父亲教导我们要关心国家大事：不关心政治，就会迷失社会发展的方向。必须有正确的立场观点，共产主义人民观必须树立，无产阶级的立场观点必须确立，这是根本的。做事要坚持原则，但对生活上的小事则要放开。人的认识水平总是不统一的，有先进，有中间，也有落后。要有鲜明的立场，但不能事无大小都提到原则高度，不能把什么都扣上阶级斗争，那就会把事情搞乱了。问道有先后，人的思想水平提高也要有个过程，这就要善于等待，如不这样，你走得太远了，群众跟不上，尽管你正确得很，一切都对，群众认识不到，也要脱离群众，使自己孤立。群众观点问题，是个原则问题。对大姐质疑外语学院的教育路线有问题，父亲指出：现实生活中没有抽象的组织，组织是通过具体的人组成的，作为代表的（当然，除了个别或极少数的情况是组织被破坏分子篡夺或不能正常执行党的方针、政策外）。你们要跟着党走，不良现象也许一时会得逞，困难是暂时的，但从长远看，它还是要失败的，党中央比我们站得更高，看得更远，坏现象是不会"畅行无阻"的。坏人坏事总要失败。面对困难，到底采取什么态度，就显示出一个人的立场来了，是革命者的态度，藐视它，克服它，还是被它吓倒？一个好的士兵，在据点内工作得好，离开据点也工作得好！学会四海为家，到处都可以工作、生活、战斗！

父母亲不希望我们成为老学究，对什么都不关心，都不在乎，而是要有正确认识，要用谦虚态度，多问，多研究。"要足踏实地，实事求是，不要把一切理想化，想得太美，太天真。事物总有两面，正反在斗争，我们的社会主义改造就是要使正义压倒邪气，在斗争中前进，进步。一个年轻人不该怕碰钉子，矛盾到来，不要怕，迎上去，分析，研究，寻找解决办法。""要努力认真学习，过去在资产阶级专政下，劳动人民要认几个字就已非常困难，更谈不上要进大学，攻尖端。""你们今天的幸福得来不容易，是斗争了几十年，千百万计革命先烈的血才争取到的。要有下决心立雄心大志攻尖端的认识，这是一个非常重要的事情。一个无产阶级的国家，仅有政权、军队，如果没有无产阶级的文化，没有一个无产阶级的文化队伍，而不得不长期依靠资产阶级分子，怎么能建设成一个真正的社会主义呢？""要养成每天读报的习惯，毛主席著作要认真钻研，对中国革命斗争历史，更不可不知道。"

父母时常通过回国的同志，如出席印尼国际学联会议的团中央常委钱大卫带回眼药，托回国途经巴黎的驻摩洛哥大使杨琪良带信，有时候带回几盒糖，有时是一把圆珠笔、几件毛衣或者裙子；父亲不时请友人卢耀武、邵公文看望我们表达关爱，请洪遒、王西雄当我们的监护人。

光华轮情怀——走向深蓝的梦想成真

父亲信中多次提到的我国第一艘远洋轮"光华号"，为我国第一次撤侨立功，是众所周知的，但为对外文化交流做出贡献，却是一段被遗忘的历史。历史可以被尘封，被淡忘，但它不会消失，不经意间回眸，历史的印记就在那儿，熠熠生辉。

1959 年印尼政府实行了"印尼化"政策，掀起排华浪潮。1959 年 11 月，印尼颁布《总统 10 号令》，规定外侨不得在县和县以下地区从事零售业，这项法令对华侨影响极大。当时印尼外侨大多数是华侨，约 250 万人，不少人在乡间做小生意。《总统 10 号令》申明："这一规定并不意味着有关的外侨应离开他们居住的地方，除非当地战时掌权者基于安全情况而做出决定。"但在实际执行中，许多地方的掌权者采取"迫迁"手段，逼迫华侨关闭商铺，离开乡间，迁往大城市，50 余万名华侨流离失所。黄镇大使和父亲及使领馆同志多次去看望、慰问难侨，参加新中国第一次撤侨工作。

陈毅外长于 12 月 9 日代表我国政府就全面解决在印尼的华侨问题向印尼外长苏班德里约提出三项建议，要求印尼当局立即停止一切排华活动。建议迅速就华侨的双重国籍条约互换批准书，要求印尼方面切实保护华侨的正当权利和利益外，还提出，我国政府准备把在印尼流离失所或者不愿继续居留的华侨接回国来。1960 年有 23 万华侨登记要求回国。

当时我国还没有远洋轮，第一批回国的侨胞靠租借外国的远洋轮接回。1960 年 2 月 19 日，美上美、福安号轮船载运了 1200 多名西爪哇难侨，离开丹绒不碌港回国。黄镇、司马文森、柳雨峰、茅琛、刘金生，总领事李菊生以及实施双重国籍问题条约的中—印尼联合委员会的中国代表伍治之等冒雨到码头送华侨归国。第一批接侨船：美上美、福安、海皇、大宝康、俄罗斯号，接 3782 华侨摆脱流离失所的困境，启程回祖国。第二批接侨船：福安、海皇、大宝康、俄罗斯、亚库契亚号，接 3225 人。

中国时处国民经济非常困难的时候，自然灾害、物资匮乏，兼苏联逼债，全国外汇储备只有 0.46 亿美元，非常宝贵。为了做好接侨工作，国务院同意中侨委廖承志主任建议将接侨租船的费用购买旧客轮用于撤侨，一艘挪威船舶西卡加轮（定名为新华轮），另一艘希腊船斯拉贝号是用 26 万英镑买进。斯拉贝轮原是英国 30 年船龄的豪华邮轮高原公主号，建于 1930 年，长 165.98 米，宽 21.03 米，14201.42 总吨，参加过二战，曾风光一时，制造技术不过关，使用不到 4 年底座开裂，1959 年停航报废卖给希腊，改名斯拉贝号。

船是千疮百孔的，航海仪器、通信设备不灵，客房、船室、甲板多处漏水，船壳铆钉松动，锚链严重磨损。通风斗有的地方已锈蚀得只剩一层漆皮，两台主机的底座曲拐轴支架有十几道裂纹，气缸盖裂开漏水，电缆绝缘性差，不小心可能漏电短路起火。船在开回中国途中，几乎要停航。但新中国海员并不发愁，他们感慨地说："过去我们没有自己的远洋船，真受气；现在我们一定要修好、开好自己的远洋船，争口气！"经过两年多紧张忙碌，首航筹备工作得以完成。名为"光华"号，意为"光我中华"，交给广州远洋办事处管理。

1961 年 4 月 28 日，一个值得中国人民永远纪念的日子，光华轮奏出了中华人民共和国向远洋事业进军的第一声汽笛，在黄埔港举行了盛大的光华轮首航仪式。交通部部长王首道、广东省省长陈郁、副省长林锵云、南海舰队副司令员曾生、广州各界群众参加了开航典礼。船长陈宏泽驾驶着光华轮，徐徐离开广州黄埔港，驶向印尼首都雅加达。周总理等中央领导时刻关注这次接侨船的首航，南海舰队也采取了特殊的护航保护，海军军舰在光华轮途经区域待命，预防蒋帮的军舰干扰。1961 年 5 月 3 日，光华轮经过六天的航行，到达印尼雅加达。首航的光华轮接回了难侨，还带回了我国的文艺访问团团长萨空了（国务院民族事务委员会副主任）及艺术家张均、阿依吐拉、刘淑芳等，全体 91 人。

该中国艺术团是随陈毅外长到印尼签订两国友好条约、文化合作协定，并进行巡演的。原定 1961 年 3 月 22 日乘俄罗斯号商船从黄埔港启航赴印尼。但船长突然于 3 月 21 日晚提出条件，要得到答复后始起航，要求派两艘军舰护航，理由：这次从印尼回来时候遇到两艘蒋介石的军舰，有些害怕和担心；要求借两支手枪，理由：万一途中发生事情，船长可以借以保护驾驶室，争取时间向外拍发电报等。经商谈，航线改在靠近我国海军控制范围的西沙群岛西边，船长放弃派军舰、借手枪的要求。23 日 4 时艺术团全体乘俄罗斯号经西沙西航线赴印尼。为确保艺术团人员的安全，海军司令部曾组织护卫舰、猎潜艇等四艘，前往西沙巡逻执行掩护俄罗斯号任务，在宣德群岛附近巡逻待机；快艇九十一大队做好出航准备，歼击机部队也加强机场值班，密切关注俄罗斯号的安全。3 月 28 日艺术团与陈总分别由海、空抵雅加达。

4 月 2 日陈毅外长离印尼，艺术团到日惹、梭罗、三宝垄、雅加达等地演出，受到热烈欢迎。原拟 4 月 22 日在万隆演出，因地方当局不友好，不让艺术团住在市内，安排住离万隆市 17 公里的连旺镇（离叛军很近）。司马文森 4 月 21 日连夜乘机飞往万隆处理艺术团住宿演出等问题，在未得到妥善解决前提下，为保护我国艺术家的人身安全，决断撤销在万隆的演出，全体返回雅加达。5 月 7 日艺术团长萨空了举行了告别招待会，原拟乘飞机由雅加达到仰光返回，恰逢光华轮首航 5 月 3 日到达印尼，艺术团 5 月 9 日改乘光华轮返国，只机票一项为国家节省外汇 5000 多英镑。司马文森夫妇、李菊生、赵守一和使馆人员前往码头送行。印尼方接待委员会负责人英德罗·苏贡多，印中友协副主席苏诺多和其他印中友协友人、侨总负责人参加送行。

　　1962 年 7 月 8 日，司马文森、雷维音夫妇结束出使中国驻印度尼西亚共和国的外交工作，携小女乘坐第一艘飘扬着五星红旗的新中国远洋轮光华号乘风破浪返回祖国。光华号是家书中父亲多次提到、引以为自豪的祖国的远洋大船，不仅承担中国首次撤侨任务，首航即带回萨空了领队的中国文化艺术团，并多次承载了文化外交任务。1962 年和父母一起乘光华轮，同行的有参加在我国举办的第八届世青联欢节的印尼青年代表团百余人，印尼电台代表团、印尼运输工会代表团和里沙哥拉夫妇等。同行的另有北京动物园主任崔占平，带回印尼各动物园和华侨赠送的珍贵、稀有的热带动物倭水牛、马来貘、蜘蛛猴、苏门答腊红猩猩、食火鸡、白掠鸟等 31 种，100 多头，是新中国成立以来、一次带回的数量最大、品种最多的动物，回国分送给各地动物园。崔占平是 1962 年 5 月 31 日到印尼，带了大量中国特有的梅花鹿、双峰骆驼、丹顶鹤、鸳鸯、白娴雉鸡、娃娃鱼、青狼等赠送印尼动物园。司马文森曾促成签订印尼—北京动物园动物交换协定，对生物起源、物种进化研究有很大价值；即传递了友谊又丰富了人民生活。司马文森接受爱国华侨赠送的大量经济作物、中草药咖啡、金鸡纳霜等种子，同船运回国，由崔主任送交华南植物园。

　　1963 年秋，为打破西方大国对国际体育运动的垄断，第一届新兴力量运动会在雅加达举行。我国派出荣高棠为团长的最强阵容，229 名运动员组成田径、游泳、举重、体操、篮球、羽毛球等 14 个代表队，以 66 枚金牌、56 枚银牌、46 枚铜牌的成绩名列第一，打破举重和射箭两项世界纪录。以司马文森为团长的中国艺术团 200 人参加新运会期间的多国文艺汇演，并为印尼水灾义演。依照司马文森 1956 年提出的合作摄制《苏加诺总统访华》电影模式，中国与印尼再度合作，联合摄制大型纪录电影《第一届新兴力量运动会》，并于1963 年 12 月 21 日在北京电视台首映。我国邮政为新运会成功举行发行 5 枚一套纪念邮票（纪 100）。1964 年 3 月 10 日《光明日报》发表司马文森写作的《告别国际村——"新兴力量运动会"回忆片断》，为中国首次全面参加国际体育比赛留下永远的记忆。10 月 23 日，光华轮曾满载 666 名中国、朝鲜、越南优秀运动员，及中国艺术团演员从黄埔港启航驶向雅加达。新运会结束后，中国体育代表队和艺术团团员又乘坐光华轮乘风破浪载誉而归。

1963 年，陈毅元帅曾到新中国远洋第一船光华轮视察和海员合影，感慨万千，赋：

> 中国海轮，第一次，乘风破浪。所到处，人民欢喜，吾邦新创。海运百年无我份，而今奋起多兴旺；待明朝舰艇万千艘，更雄放。守纪律，好榜样；走私绝，负时望。真英雄风格，人间天上。载运友谊驰四海，亚非欧美波涛壮。看东方日出满天红，高万丈。

光华轮运行 15 年后变卖，中远公司用这笔资金成立广州海员学校，为中国及世界输送海员人才。2016 年 12 月 8 日，我国有了自己建造的最大的第一艘半潜船，是目前世界第二大半潜船，命名新光华号，在南沙交付使用。这艘船总长 255 米，型宽 68 米，下潜吃水 30.5 米，载重量十万吨，服务航速 14.5节，装货甲板长 210 米、宽 68 米，甲板面积达到 13500 平方米，航母、驱逐舰、潜艇、钻井平台都能运载！正如陈毅外长预言，舰艇千千万不再是梦，中国如今成为世界一流造船大国，不仅能建造自己的航空母舰、驱逐舰、无人驾驶舰艇、核潜艇等保卫祖国的海疆；中国制造的邮轮、远洋轮、半潜船新光华轮在大洋上乘风破浪，为国家建设做贡献。

中国正像一艘巨轮，在党中央领导下劈风斩浪前行，至今我国已和世界上180 个国家建立外交关系，朋友和时间依然是我们要珍惜的。

摘录司马小苹：《司马文森与新中国文化外交》

司马文森与
其创作的作品

司马文森与《风雨桐江》

郑豫广

司马文森（1916—1968），原名何应泉，曾用名何章平，笔名文森、马霖、宋芝、耶戈、林娜、林曦、妄妙等。福建泉州人。是我国现代著名作家、文化参赞。

1916年，司马文森出生于福建泉州的一个小贩家庭。父亲性耿豪爽，粗通文墨；母亲生性善良，贤惠顾家。兄弟姐妹9人，他排行第四。禀性聪异，8岁[1]进教会办的高级小学读书，小学时已熟读《三国演义》《聊斋志异》《封神榜》《七侠五义》等古典小说。由于家境清寒，1928年他跟着"水客"漂洋过海到菲律宾的马尼拉当童工，白天当店员跑腿，晚上进华侨中学夜校读书。1931年回家乡，进黎明中学预备班读书。这时正当红军入闽，他投身于革命斗争的洪流之中。1932年加入共产主义青年团，任团特支委员。1933年加入中国共产党，任泉州特区党委委员，主编党的地下刊物《农民报》[2]，积极从事革命宣传活动，并开始用笔名在《泉州日报》上发表诗歌、散文。1934年，闽西南革命根据地因受党内的"左"倾机会主义路线的干扰，惨遭国民党反动派的

---

[1] 司马文森8、9岁前曾读私塾两年，转读高小学（现泉州东门小学）。1928年随族人去"小吕宋"南洋做工。

[2]《农民报》即为复刊的泉州地下党刊物《赤色群众报》。1934年根据厦门中心市委对泉州特区委员会的指示，恢复中共泉州特支主办的《赤色群众报》（曾出版两期后停刊），改由特区委员会宣传委员何应泉（司马文森）负责编印（用闽南方言书写），由特区书记老庄（又名马路杨）审核，版面为四开，油印，共印制半年，面向赤色农会，由交通员派发。

围剿，但司马文森不畏骤遭此变，仍然坚持斗争。这时期曲折斗争生活为他后来创作《风雨桐江》积累了丰富的素材。在党组织安排下，他于同年 10 月转移到上海。经张庚介绍加入中国左翼作家联盟。他用不同笔名在《申报·自由谈》《申报·本埠增刊》《时事新报》《大公报》《大公晚报》《生活知识》《文学季刊》《光明》《文学界》《中国农村》等刊物上发表许多作品，以稿费维持生活。他曾在左联党团小组任组织干事，负责暨南大学和江湾市郊农民文艺小组的领导工作。

　　1937 年抗日战争爆发，司马文森加入上海文化界救亡协会。上海沦陷后，他与救亡日报社负责人郭沫若、夏衍等由上海撤向广州。1938 年《救亡日报》在广州复刊，司马文森任该报义务记者，并受党的委派到国民党第四战区长官部政治部，从事国民党部队的抗日宣传和统战工作。1939 年到桂林。1941 年创办主编《文艺生活》月刊，积极宣传抗战，号召开展文章"下乡""入伍"等活动。1944 年国民党桂林撤退后，他留桂林北敌后，组织抗日青年挺进队，配合地方党展开敌后武装斗争，任桂北抗日纵队政委。

　　抗战胜利后，他受到国民党反动派通缉，转移到广州，继续从事文艺工作，续办《文艺生活》、创刊《文艺新闻》，不久被国民党查封。他又转移到香港，再次复办《文艺生活》。1947 年，任香港达德学院文学教授、香港文协常务理事、主编"文艺丛书"。1948 年，出席中国国民党革命委员会成立大会，被选为候补中央委员。1949 年，为第一届全国文代会代表。同年 9 月，参加第一届全国人民政治协商会议和开国大典。1950 年 4 月，任中南军政委员会文教委员，9 月出席华南第一届文代会，被选为华南文联常务委员。其后继续在香港从事电影工作及新闻工作，并担任香港《文汇报》总主笔[1]。同年出席中南文学艺术家作者代表大会，被选为中南文联常务理事。1952 年 1 月，被香港英国当局非法递解出境回到广州，任中南作家协会常务委员，主编《作品》月刊。1955 年，出任我国驻印度尼西亚大使馆文化参赞。1962 年秋，离任回国，

---

　　[1] 司马文森任职是香港《文汇报》总主笔兼社长（社务会议召集人），不是主编。香港《文汇报》的管理模式与内地不同，国内报社没有主笔职务，一些编辑主观地将"总主笔"改为"主编"刊在作家词典中。《文汇报》的"老板"为经理。

出任中国对外对外文化联络委员会第三司司长。1964 年春,出任我国驻法国大使馆文化参赞。在两任文化参赞期间创作了《风雨桐江》。1966 年"文革",被迫害致死。1978 年平反昭雪,恢复名誉。

他一生著述宏富,作品繁多,主要有《文艺通讯员的组织与活动》《粤北散记》《过客》《人问》《一个英雄的经历》《菲菲岛梦游记》《奇遇》《转形》《希望》《蠢货》《孤独》《雨季》《大时代中的小人物》《人的希望》《妖妇》[1]《危城记》《成长》《尚仲衣教授》《渔夫和鱼》《南洋淘金记》《海外寻夫记》《风雨桐江》等。

《风雨桐江》系长篇小说,由作家出版社 1964 年 8 月初版。32 开本,541 页,38 万字。封面设计者溪水,画的是一棵古树郁苍,遮天蔽日,远处村墟错杂,烟横雾断,近处男女劳动者各持农具忙碌奔走的图画。书名由司马文森题写。扉页引用毛泽东《论联合政府》中一段话:"……中国共产党和中国人民并没有被吓倒,被征服,被杀绝。他们从地下爬起来,揩干净身上的血迹,掩埋好同伴的尸首,他们又继续战斗了。"

《风雨桐江》创作的缘起。早在 1934 年红军北上长征,作者就想通过一部作品来反映闽西、闽南革命根据地人民与敌人斗争的情况,而这一愿望到 1956 年后作者才有机会完成。

《风雨桐江》主要描写的是 1935 年中央红军北上长征后,我国东南沿海地区侨乡人民对敌斗争的故事。由于当时这个革命根据地地下党的组织中出现叛徒,遭到国民党反动派残酷的镇压,斗争形势极为艰困。但是剩余的人根据党中央和毛主席的指示,一面坚持城市的合法斗争,一面坚决把斗争的重心转移到农村,发动广大群众,建立革命根据地,用革命的武装打击反革命的武装。终于粉碎了敌人的多次疯狂进攻,巩固和扩大了革命根据地。

这部小说故事情况曲折,人物形象传神,语言朴实,具有浓郁的闽南地域特色。书中作者塑造了一大批个性鲜明的党的地下工作者形象。如一不怕苦,二不怕死、舍生取义、舍己救人的特区党委书记兼特区游击支队政治委员黄石匠,归侨工人蔡老六,知识分子大林、蔡玉华、黄洛夫等,以及农村妇女中坚

---

[1]《妖妇》不是司马文森的专著,收入司马文森小说《妖妇》和其他人的一篇译作,由两篇文章组成。

人物，如苦茶、顺娘、天保娘、庆娘等，还描写了那些阴险毒辣，凶狠残暴，豺狼成性的反面人物，如刺州保安司令周雏国，国民党特派员吴启超，飞虎队队长许大头，女头目许大姑等。

《风雨桐江》出版后获内地、香港各作家、专家和学者的称赞。曾敏之说："这部 30 多万字的小说以优秀的民族风格标志了司马文森在创作道路上的里程碑，不论构思、描写、语言、故事情节，都显示了司马文森在探索民族化的艺术上取得了极其可喜的成就。"杨益群说："长篇小说《风雨桐江》堪称其创作高峰，也是其创作成就的标志。它真实生动地反映了 1935 年中央红军北上长征后，我国东南沿海地区侨乡群众对敌斗争事迹，热情地歌颂了毛泽东同志关于以农村包围城市，武装夺取政权的光辉军事思想。"秦瘦鸥："《风雨桐江》里战斗场面特别多，既有革命武装与反革命军队之间的斗争，又有各处地主豪绅和土匪势力之间的'狗咬狗'式的火并，还有一些落后群众受到煽动挑拨而发生的械斗。这些事件在司马的笔下，都被写得非常生动，但又爱憎分明，毫不含糊地表达了作者自己的立场。"

司马文森逝世后，为了感念逝者，报刊还发表了许多纪念文章，如波涛的《香岛忆旧》一文中说："在十年内乱中，这书被当作对他迫害的借口，1968 年司马文森同志惨死在牛棚里，终年仅 52 岁。这样一位很有才华，久经锻炼的作家在风华正茂时就离开我们，真是令人痛惜。"司马小萌写的《战士终究是战士——悼念我的父亲司马文森同志》、秦牧写的《从血泪童工到革命作家——忆念司马文森》、韩萌写的《悼念司马文森同志》、劳荣写的《梦忆司马文森（林娜）同志》、柯文溥写的《司马文森与海外读者》、彭妙艳写的《火凤凰——怀念司马文森》、野曼写的《抹不去的脚印——怀念司马文森同志》、卓如写的《童工出身的作家司马文森》、张垣写的《缅怀司马文森》、黑婴写的《司马文森印象记》、萧栖写的《想起司马文森》、司马小加写的《笑吧，父亲！》、司马小芹写的《爸爸之死》等等，都充满了对司马文森的真诚爱戴和怀念。

原载《福建图书馆理论与实践》1983 年第 4 期

司马文森和《文艺生活》

雷 蕾

　　《文艺生活》月刊，是抗日战争时期创刊于广西桂林、前后出版时间约9年的一个很有影响的革命文艺刊物。它始终高举争取民主、民族解放的旗帜，团结国统区一切进步作家，用文学作为武器，向敌人冲锋陷阵；为反对国民党反动派统治，为民族解放事业，为创造一个美好的未来而奋斗；它吸引了广大的文艺青年，尤其是对国统区——抗战时期的大后方以及东南亚一带产生过很大影响。

　　司马文森是这个刊物的创刊人和主编。它创刊于1941年，封面上"文艺生活"这四个字是郭沫若写的。

　　1941年初，国民党反动政权为消灭我党领导的坚持抗日的武装力量新四军，制造了骇人听闻的震惊中外的皖南事变后，更加紧了对国统区进步人士的迫害和镇压。在国民党反动派疯狂、血腥的镇压下，我八路军驻桂林办事处也被迫撤退；党在桂林文艺界的领导同志和许多进步文艺界人士，如夏衍，和在《救亡日报》工作的同志们根据党的安排大部分撤至香港。当时，党组织决定司马文森留在桂林坚持党的工作。桂林——这个抗日战争的大后方城市，文艺活动曾一度十分活跃的文化城，遂陷于白色恐怖之中。司马文森为了找个职业作掩护，以便能在桂林坚持党的工作，找到了张健甫老先生（他与司马曾在广西地方建设干校一起工作过），由他介绍，我们夫妇到了位于桂林市郊穿山的汉民中学教书（司马担任高中语文教师，我任初中音乐教师）。此期间司马除了忙于担负起地下党的大量工作以及教书外，还创办主编《文艺生活》月刊。

当时这个刊物从约稿、选稿到编排、画版样、跑印刷厂、校对等许多杂事，主要由他一个人负担（我协助他工作，负责阅读群众来信、来稿和初校）。正如司马说过的："什么事情等于要自己全部承担。"他的长篇小说《雨季》就是在这段沉闷、压抑、令人窒息的艰苦年代开始写作，并于《文艺生活》1 卷 2 期开始连载的。（这是他以桂林为背景写的第一部长篇小说，1942 年 6 月完稿，1942 年底在桂林初版，很快又再版，1946 年 9 月又在香港出第 3 版。）

由于战友们大部分已离开桂林，少数留下的文艺界同志，记得有文化供应社的邵荃麟、葛琴夫妇，宋云彬，还有欧阳予倩、艾芜、穆木天、彭慧夫妇等；田汉大概是 1941 年秋天回到桂林的，因此他曾参加 1941 年 11 月 19 日《文艺生活》召开的 "1941 年文艺运动的检讨座谈会"，在会上作了重要发言。（该座谈会由司马文森主持，参加者除了田汉外，还有邵荃麟、艾芜、孟超、吕复、杜宣、许之乔、魏曼青、徐桑楚、胡危舟、伍禾、宋云彬等。由雷蕾记录，刊登于《文艺生活》1 卷 5 期。）但大家也难得相聚；我们感到多么孤独和寂寞！当时我们住在远离市区的汉民中学，白天教书，夜晚司马常对着那暗淡的灯光，首先要批阅那一叠叠的学生作业，然后就是写作，有时直到天将破晓，才休息一下。《文艺生活》的出版，虽然增加了许多工作量，但是它也给我们带来许多温暖和充实感。它可以寄托我们对希望和对理想的追求，通过它我们还可以和朋友、同志们保持联系，感受到党和群众的关怀和支持。这段时间人们常常可以看到司马夹着文稿，匆匆来往于桂林城和市郊的穿山之间。

郭沫若同志对《文艺生活》的关怀和支持是自始至终的。在 1941 年《文艺生活》创始的艰难时期，他常从重庆来信鼓励并寄来稿件，如他的《轰炸后其他二章》（诗，刊于 1 卷 2 期），《丁东草》散文三章，包括：《丁东草》《鸳鸯》《石榴》（刊于 3 卷 4 期），《走向人民文艺》（刊于光复版 7 期），《南昌之一夜》（刊于海外版 5 期），《我怎样开始文艺生活》（作家自白，刊于海外版 6 期），等等。1941 年底太平洋战争爆发，香港继之也沦陷，许多原来撤退到香港的朋友又纷纷先后回到了桂林。我清楚地记得当我们获悉夏衍同志已安抵桂林，司马文森和我赶到夏公寄寓的张云乔家相见时，大家又是拥抱又是流着兴奋的眼泪开玩笑，夏公搂着司马肩膀亲切、戏谑地开着玩笑："少校，你还活着！"（少校，是 "八一三" 后，司马从上海经海路撤退，途经广州时，在党的安排下留在广东四战区军队工作时的"官衔"。）1942年秋季，我们夫妇被汉民中学解聘，又从穿山宝塔村搬回建干路。不久，张友渔、韩幽桐夫妇离桂，我们就由他们介绍搬到他们原来租住的房子（也在建干路）。司马也就得以用更多的精力编杂志。这段时间他的第二个长篇小说《人的希望》完稿于桂林（1943年由桂林国光出版社出版）。桂林时期是司马文森创作的最旺盛时期（从1939年5月至1944年9月，他在桂林生活近6年，即从他22岁到28岁）。除了长篇小说《雨季》《人的希望》，中篇小说《转形》《尚仲衣教授》（又名《天才的悲剧》）、《希望》，短篇小说集《一个英雄的经历》《蠢货》《奇遇》《孤独》，散文集《过客》，报告文学《粤北散记》以及儿童文学《渔夫和鱼》《菲菲岛梦游记》《不要说我们年纪小》（1940年1月在《救亡日报》连载），尚有署名希伦著的《挣脱了枷锁》（曾以题名为《我的间谍生活》于《国民》杂志连载）等。

这段日子，在党的领导下，桂林文艺界开展了许多活动："西南剧展""万人大合唱"，桂林文协举办的各种讲座，由鹿地亘领导的"日本反战同盟"到桂林演出《三兄弟》，以及桂林文艺界为前方战士举办的"大献捐"活动，文艺界所有著名人士都走上街头……桂林——这个抗战的文化城又再度活跃起来了。当时这些活动，我想桂林的群众是不会忘记的！

司马主编的《文艺生活》也由于文艺界朋友的到来而更加活跃、更加充实了。田汉的《秋声赋》（五幕剧，刊于2卷2—6期），欧阳予倩的《一刻千金》（独幕剧，刊于3卷1期），夏衍的《法西斯细菌》（五幕六场，3卷3期一次刊完），等等，这些著名的剧作都在桂林《文艺生活》上初次和读者见面。

1944年秋，由于国民党反动政权消极抗日、积极反共的政策，日寇得以迅速南进，进逼湘桂，导致抗战史上最大的悲剧——湘桂大撤退。后来桂林文化城也被日军炸成了废墟。

在湘桂大撤退前夕，《文艺生活》已被国民党反动当局命令停刊。司马在送走我和我们不满周岁的女儿小兰到柳州后，他又独自返回到桂林。司马对他倾注了许多心血的《文艺生活》是多么难以割舍啊！他还在抱着一线希望，以为局势不至于太快坏下去，仍想千方百计争取要把《文艺生活》办下去。当时作家王鲁彦不幸病逝，司马回到桂林后参加料理王鲁彦同志后事。一直到日军迫近桂林城下才不得不告别了他一向称之为第二故乡的桂林。

当时桂林文艺界朋友都沿铁路线往重庆、昆明撤退了。记得邵荃麟后来在重庆说过："周恩来同志批评了我们，说为什么大家都涌到重庆来？难道广西就没有人民群众，就不可以组织抗日斗争吗？"司马遵照党的指示，仍然留在广西桂北坚持党的工作。在告别了桂林之后，他带着几个同志撤退到柳州、融县、罗城一带，开展敌后的武装斗争。

1945 年日军投降，全国人民艰苦卓绝的八年抗战终于取得了胜利。可是这个来之不易的胜利果实又被国民党反动派据为己有，并且更疯狂地加紧其反共政策。国民党反动派在向我解放区军民发动大"围剿"的同时，对国统区民主进步人士也加紧了血腥的迫害和镇压。司马又和一部分曾经与我们一起在桂林开展敌后武装斗争的同志被迫撤到了广州。司马立即又投身到组织和参加当时在国统区开展得轰轰烈烈的反对国民党反动政权的"反独裁、反内战、反饥饿、争取民主权利"的群众运动；同时积极筹备《文艺生活》的复刊以及创刊《文艺新闻》。

1946 年 1 月，《文艺生活》在广州复刊，并创刊了《文艺新闻》（陈残云同志也参加了编辑工作）。仅半年，遭到国民党反动派的查封。司马由于国民党反动派的迫害又搬至香港，后据香港《华商报》讯，司马被反动派列为黑名单上的第一名（见野曼的文章《抹不去的脚印》）。不久，《文艺生活》又在极端困难下在香港出版了。当时流亡到香港的文艺界朋友都了解，要在香港生活下来就很不容易，要办杂志就更加困难了。关于这段情况，司马在《文艺生活》新 1 号发刊词中说过："1946 年 7 月，我们只出完了 6 期（总 24 期，光复版第 6 期）就被国民党查封了，被迫迁到香港出版。又因反动派对本刊采取封锁政策，香港与广州间，虽一水之隔，许多读者还是看不到本刊，甚至个别读者从香港带了本刊回穗，也被当作'反动分子'捉去。但我们并不屈服在反动派的高压下，我们在极端困难情况下，还是把《文艺生活》维持下来。"可是，要"维持下来"又谈何容易！编辑工作虽增加了陈残云同志，但由于《文艺生活》在开展"文生社"（文艺生活社）社员运动后工作量也增加了。从南洋各地，马来亚、新加坡、菲律宾、印度尼西亚、暹罗（泰国）、安南（越南），以及美国、加拿大、英国、南美、中国港澳和中国内地的广大"文生社社员"和群众来信来稿，有时一个月就达千封。编辑部只有两三个工作人员，经济上更是十分困难，大家几乎除了吃饭，根本没有工资。而且不久陈残云就到香岛中学教书去了。因此，司马仍然把从约稿、送稿到排版、跑印刷厂、校对等杂务几乎全部承担下来。此外，他还怀着愉快的心情和社员通信，答复他们的提问。在繁忙的编辑工作之余，他还写了大量的作品：长篇小说《南洋淘金记》《海外寻夫记》《香港淘金记》，中篇小说《成长》《折翼鸟》，以及许多短篇小说、散文、评论等。他几乎是夜以继日地在写，用他全部身心在写。在香港这段时间，他编写的6部电影剧本也拍成了电影（即《火凤凰》《海外寻夫》《海角亡魂》《南海渔歌》《血海仇》和《娘惹》）。当然，最困难的是经济上的困难，是筹措《文艺生活》的出版经费问题。当时海外侨胞及南洋一带文艺朋友的大力支援是十分感人的，对司马来说，这是极大的安慰和鼓舞，他坚信依靠群众，密切联系群众，就能战胜一切困难。团结、依靠、密切联系群众是他的信念和一贯作风，因为他来自劳动群众，他与群众息息相通。

在香港出版《文艺生活》的3年半中（司马文森是1946年6月底到香港，复刊《文艺生活》光复版，后改海外版，出版到1949年12月，即3年半），他大力开展了"文生社"社员运动。1947年4月版的《文艺生活》，司马发表了《在民主文艺旗子底下团结起来》《文艺生活社征求三千社员运动》后，得到了马来亚、菲律宾、新加坡、暹罗（泰国）、安南（越南）、印度尼西亚以及美国、加拿大、南美等地广大华侨青年、华侨文艺界人士的响应。关于在香港开展"社员"运动，司马在"复刊词"里说道："在海外版3年间，我们一直坚持文艺群众活动，发展文艺通讯员工作使我们的社员遍布全南洋，并通过他们发展当地的民主文艺运动。"

司马在谈到《文艺生活》的任务时曾说过："'文生'创刊于抗日战争时期的桂林，那时我们的任务是担负民族的抗日战争的文艺宣传动员。第一次复刊于日本投降后的广州，那时的任务是坚持和发展民主自由解放斗争的文艺宣传动员。"（同上"复刊词"）在整个解放战争时期（1946年在广州复刊至迁香港出版3年半共4年），《文艺生活》在团结广大海外青年、文艺工作者以及国内各界人士等，开展民主文艺运动，坚持发展民主自由解放斗争的文艺宣传是起过重要作用的。

1949年9月初，司马怀着无比兴奋和喜悦的心情来到解放了的北京，参加我国第一届全国人民政治协商会议和中华人民共和国的开国大典。正是怀着无比喜悦和激动的心情，他在不到一个月的时间写了报告文学集《新中国的十月》和《新社会的新人物、新作风》。同年11月，他率领香港文艺界回国观光团回到了解放了的广州，访问了我们的广州故居。"我在这个解放了的南方大城市，作了别后的第一次巡礼。我到了3年前的故居去。故居依然是3年前的模样，然而却住着完全陌生的人。在这幢房子里面，我曾消耗过不少时日，我们作过揭穿国民党反动派破坏政协阴谋的集会，我们草拟过反对反动派市政府对四大民主杂志查封的抗议书。也是在这幢房子里面，被特务搜查，把我们出版的杂志、家私和稿件查封了。家人们也是在这所房子里面受到特务走狗无数次的恐吓和压迫，而终于不得不离开。

"我在故居外徘徊着。我不知道，我是否该上去看看。

"但我想着，假如我能够再来，在这所房子里编我们的杂志，和朋友举行建设新中国新华南的集会，并草拟改造知识分子的计划，那是一件多么叫人愉快的事。"（见司马写的《会师记》，刊于《文艺生活》总53期。）

是的，司马的这一心愿很快就实现了，《文艺生活》于1950年初就迁到广州出版，但是司马由于工作关系仍留在香港，任香港《文汇报》总主笔，并负责我党港澳工委领导的香港电影小组。《文艺生活》是他编排后送广州出版的，因此给《文艺生活》编辑出版工作带来了困难。迁广州出版后半年，司马在《"文生"半年》一文中总结这阶段工作时说：

> "文生"从香港再迁回广州出版，到这一期止共出6期，现在给这半年来的工作作检讨，就编者个人说，心中实有无比的惶愧。
>
> "文生"从创刊至今，一直是在南方，我们想把它作为反映南方人民生活的文艺刊物，其中曾有一个时期，曾把编辑重心放在反映南洋现实，并对他们介绍国内人民在解放战争中的斗争生活。迁回广州出版后，我们又自己确立了工作任务，"培养华南文艺干部，建设新华南文艺"。半年时间迅速过去了，我们来回顾这半年工作，与原计划颇有出入，这是编者个人的才能和负责精神不够，对不住读者，对不住对这个刊物有过殷切期望的同志们。

一、在"反映华南人民生活"这一点上，我觉得"文生"做得不够，检查这半年来发表的作品，真正能反映华南人民生活的不多，而且大都是随军南下参加解放军工作的同志们所写的，他们因为语言及对华南人民生活的了解上，多少有点差别，因此，即使有这种作品，也还欠深入。而在华南从事文艺工作的同志，又因为大家都去参加实际工作，被事务拖累，无法进行创作，这是原先想不到的。我们也曾想到多注意刚从斗争中成长起来的人民文艺工作者的稿件，一则是他们也很忙，稿件来得不多，再则写作水准还低，在这些稿件中，能够用的占极少比例，这是作为编辑人员最大的痛苦，而我们不能进行动员，组织稿件，也是一个缺点。

二、在编辑个人，对业务处理上有许多缺点，因为自己住在香港，把大半时间用在处理别的业务上去，时间不够支配，又因为帮助处理业务工作的朋友太少，什么事情等于要自己全部来担当，这反映在校对工作上是错字太多，而且错误一再发展下去，这是不负责任的态度。再就是特约撰稿名单的刊登，这本杂志是和书店合作的，书店从营业观点出发，希望有这样一个名单，我自己也实在因为对每个月十万字的稿件的征求没有太大把握，希望能在全国各地的文艺工作同志也来帮帮手，结果在征求过他们之后，就把它发表了。这是旧作风，很不实际。

三、定价太高，这虽说是合作书店的业务范围，为了印数不多，成本过高，书店方面不能老贴本，我们本着照顾书店方面的实际困难，而没有照顾到广大读者的购买力，这也是不对的。

"文生"出到59期，想暂时停一下，原因是：现在的文艺杂志已出版的太多了，重复出版如果有自己的特点也还可以，拿"反映华南人民生活"这一点来说，过去做得很不够，今后该如何加强，确立新的编辑方针，还有对编辑业务的处理上，在"文生社"方面，也是需要一段时间来调整。还有合作书店，到这一期止合同已满，要出版是需要和另一家书店合作，至于新合作书店现在正在商酌中，我希望这次暂时停刊时间不会太长。从60期起，"文生"会用新的面目和大家见面。(《文艺生活》新 6 期，总 59 期。)

可是，这次《文艺生活》的暂时停刊，并未能如司马所希望的是暂时"停刊"。由于上述种种原因，"文生"没能再复刊。在那些日子里，我看得出司马心情极不平静。中国作家协会广东省分会成立后，出版了大型机关刊物《作品》文艺月刊，一度由司马担任主编。但是新的情况、新的战斗任务促使他更要夜以继日的去思考，去工作。很快，我们远离祖国、战友和孩子们，走上繁忙的外事工作岗位。新的工作吸引了他，他又以饱满的激情投入新的工作了。

生活的长河是如此浩瀚、漫长，个人在历史上所起的作用毕竟是有限的。但是，司马为之奋斗终生的事业却是永存的！

《文艺生活》完成了它的历史使命。司马是可以告慰的！

原载《新文学史料》1985 年第 2 期

说明：《文艺生活》月刊（1941 年 9 月创刊—1950 年 7 月结束）

1. 桂林版：1 卷 1—6 期，2 卷 1—6 期，3 卷 1—6 期，总 1—18 期。（时间：1941.9.15—1943.7.15）

2. 光复版（广州）：光复号 1—6 期，总 19—24 期。

（时间：1946.1.1—1946.6）

3. 光复版（香港）：光复号 7—18 期，总 25—36 期。

（时间：1946.8—1947.12）

4. 海外版（香港）：海外版 1—20 期，总 37—53 期。

（时间：1948.2—1949.12.25）

5. 穗新版（广州）：穗新 1—6 期，总 54—50 期。

（时间：1950.2.1—1950.7）

一个时代的悲剧

——司马文森中篇小说《尚仲衣教授》评析

万玉琴*

司马文森，原名何应泉，福建省泉州人，中国著名作家。1933 年参加中国共产党，1934 年参加中国左翼作家联盟，在《申报》《作家》等报刊发表多部揭露现实的小说。1937 年抗日战争全面爆发，加入上海文化界救亡协会，积极从事抗日宣传活动。抗战时期，先后在上海、广州、桂林等地从事救亡宣传工作，其间他撰写发表了大量评论文章和小说。中篇小说《尚仲衣教授》是他 1939 年 5 月到桂林后，10 月间完成的。司马文森回忆尚仲衣教授的文章《片断的回忆》，最早发表在 1939 年 6 月 5 日曲江《新华南》第 1 卷第 1 期，这部作品补充后以《粤北散记》题名，发表于 1939 年 12 月及 1940 年 1 月《文艺阵地》4 卷 4、5 两期上。1940 年 5 月，单行本在桂林出版，改名为《天才的悲剧》，1943 年再版；1942 年 3 月收入初版小说集《奇遇》。1947 年香港文生出版社出版第三版，名《尚仲衣教授》。

一、《尚仲衣教授》创作背景和动机分析

《尚仲衣教授》这部作品的许多事件和人物都是真实存在的，大半都是司马文森亲眼看见的。人物故事主要发生在 1938 年至 1939 年作者从香港撤到广州，在广州及韶关、翁源一带与尚仲衣相处的亲身经历。

---

* 万玉琴，八路军桂林办事处纪念馆副研究员。

尚仲衣，一个毕业于美国哥伦比亚大学的哲学博士，归国后执教于北京大学。1935年北平爆发声势浩大的"一二·九"运动，尚仲衣因支持这场"反内战，一致抗日"的爱国学生运动被捕。不久获释放被逐出北平。后南下广东宣传抗日救亡运动。1938年7月初，广州成立第四战区政治部，尚仲衣抱着满腔抗战热忱，毅然辞教加入，被委任为该部第三组（宣传组）中校组长。10月中旬，广州沦陷前夕，随四战区长官部撤往粤北山区韶关、翁源、曲江一带，继续从事抗日宣传和统战工作。1939年4月初，尚仲衣同司马文森、黄新波、石辟澜等十几位同志一起被从政治部排挤出来。4月底，尚仲衣从曲江赴香港途经广东丰顺因翻车身亡。

尚仲衣教授，一个高级知识分子，他的坚决抗战，一切为了统战工作的精神，以及他的批判立场，造就了他在当时的处境：被造谣，被排挤，到处给他制造摩擦。一个"十足美国式的绅士"，一个对工作认真，对抗战抱有极大希望的教授，一个乐于助人，执着而不同流合污的汉子，没有被当时黑暗的形势所屈，"这样一个书生还不失为强者，我曾亲眼看见他被人家拳足交加地打倒在地上，他只略为挣扎一下就爬起来，把面上的血迹抹去，又向对方扑将过去了……他并不因此而心惊胆跳，而退缩，也似乎永远不会退缩……"这样一个爱国者、一个勇者，最终还是倒在了当时的政治环境之下，"当他到了最后一分钟，他不得不力竭而气绝了"！

尚仲衣教授在作者心里留下了极为深刻的印象，他在《我怎样写〈尚仲衣教授〉》一文中写道："那被我写的人，太使我感动了，给我的印象太过于深刻了。我爱他，他就是热情和民主的象征！他是火星，他照耀过'一二·九'时代无数为救亡流血抗争的学生，他教育了抗战后华南许多热血青年……"[1]

司马文森是抱着满肚子血泪来写完这部小说的，是要向全国广大民众呼吁，这种对待有正义感的进步文化人士不合理的礼遇和事情不应该再发生。他想要告诉那些看不起文化工作的人，他们所想所做的大半都错了，要深刻地进行反省。文化人并不是完全没有用，他们有用的才能是在怎样的一种状态下，慢慢地被消耗，慢慢地被戕杀。司马文森为了要替文化人申辩，要控

---

[1]　出自《我怎样写〈尚仲衣教授〉》，载于广州《文艺修养》1946年6月第1期。

诉，用事实回答那些无理的轻蔑。作者所写的虽然只是尚仲衣教授一个人，然而却是把他作为文化人的典型和代表来描写，这就是作者写作动机所在。司马文森作为一名文化工作者，不能把这些有血有肉的东西流为神话，要把它记录下来作为后人的警示。《文艺阵地》的编者在编后记里写道："作者自己控诉抓住这个题材的动机是因为一般参加作战实际工作的文化人，正被某一部分不怀好意的人所指摘着，在这儿是给他们一个最好的答复。"

1939 年 5 月，司马文森离开广州来到桂林，一个黄昏，在天圣山下，他一个人躺在草地上读罗曼·罗兰的《米开朗琪罗传》，受作品的感动和感应，他决心把那个伟大而不幸的朋友——尚仲衣写出来。这不但是作者对尚仲衣教授个人的追忆，也是他对于抗战几年来进步文化工作者所受反动分子迫害的控诉。司马文森当时心里充满了热力和愤怒，不想吃、不想睡，把自己关闭在小房子里进行创作，这部作品《尚仲衣教授》就这样诞生了。

二、《尚仲衣教授》运用的写作方法和形式

由于这部作品是写实，更多地运用了叙事的方法，偏重于报告式。它没有运用严谨的框架，严密的组织结构。整个作品以时间贯穿前后，脉络清晰，亲切感人。作者在写作时，从来没有考虑应该把它写成一篇小说还是写成一篇传记或者一篇报告文学，而是受到作品中主人翁的感动。他的死，不是一个平凡人的死，他的死是中国抗战史上，是中国的民主运动史上一次大的损失。他虽不死于集中营，反动派的屠杀中，可是他死在了无形的屠杀里……给予这种感动，作者没有考虑运用什么写作形式去完成这部作品，他只想"通过这个活的人，典型的人，来看更广大被迫害觉醒的文化斗士！来反映从抗战开始，到广州武汉撤退后，中国从抗战高潮到走上低潮的这一段历史事实"。

司马文森认为："一个作者在写作前，如果他有很多材料，这些材料经过一番分析组织后，又不断使他激动，到非把它写出来不可的时候，他动手写。这个时候不要太顾虑形式的完整，作家应能开朗地不受任何旧传统习惯牵制，你想怎么写，才能写得更好一点，你就那样写吧。"《尚仲衣教授》就是打破

了过去写小说的旧习惯用一种新形式创作的作品，这种形式，作者可以自由地不受束缚地处置自己所要表现的内容，这部作品叙述得相对比较零散，没有太多的故事情节，不是十分完整，但是它一样非常感人，它用一些零碎的场面来烘托人物形象，注重细节的描写，而且用那些片段和细节把人物刻画得活灵活现。

三、《尚仲衣教授》刻画的人物形象及其内涵

小说《尚仲衣教授》塑造人物的成功，主要是对一些场面的描写和把握，对细节的生动描述。对于抗战时期，一个时代进步文化工作者命运的写实的描写把读者的心牢牢抓住，仿佛让读者也进入了当时的处境。每一个小片段，每一个小故事，每一句话语都那么鲜明。刻画了一个最有热力、最坚决、最勇敢的文化工作者的形象。

尚仲衣，正直、热情、爱国，是我国抗战时期优秀高级知识分子的代表人物。他"体格魁梧，面孔瘦削，上唇微微突出，戴黑框近视眼镜，头发剪成希特拉式，着一身格子条纹的法兰绒色西装"[1]，广东青年当作偶像的青年教授。这在当时国人眼中，与洋人无异。加之他又是留过洋的博士、教授，给人留下敬畏的印象。给司马文森和郁风留下的第一印象是"一个骄傲的人，一个十足美国式绅士"[2]！可是，与其交往过，皆为其高尚正直的人格、认真奔放的工作热情，尤其是为坚定的抗日救国精神所感动。在小说中，由于他"左"的关系，被免职了。尚仲衣的一段话让人肃然起敬："我什么都已经准备好了，只在一个钟头内，我便可以把移交手续完全做好。但是对不住得很，我不能先向他提出辞呈，至于理由却十分简单，因为我是要对国家负责的，他喜不喜欢我是另外一回事，当国家觉得我还可以替它多服务一天的时候，我是没有权利可以把这一天的责任放弃的！"[3]

尚仲衣和妻子感情深笃。他的妻子汪丽芳，是位十足的贤妻良母，曾与他一起在美国留学，对于西洋音乐有很高的造诣。广州沦陷前夕，为了保卫大

---

[1][2][3]　均出自司马文森:《尚仲衣教授》，文生出版社，1947年5月。

南方屏障广州，他毅然再次告别妻子和一对年幼的子女，把她们送往桂林，自己留下来继续坚持抗战宣传工作。而后又率四战区政治部第三组（宣传组）全体成员撤往粤北坚持战斗。尚仲衣抵达韶关、翁源、曲江等地之后，虽然非常记挂着妻儿的安危，但他还是尽量克制住思念之情，全身心投入抗日宣传和统战工作。小说中这样描述着："他充分地了解她的感情，而且是十分懂得怎样去享受这种感情的！他从平凡的日常生活中，看见了从她感情中发出的光和热……"[1]在另外一个片段中，作者以和少雄交流尚仲衣在医院病情时进行了生动的对话描述，在医院，教授失去了理智，在梦游中爆发出自己对社会、对政治的不满情绪，对妻子和孩子的强烈思念，给大家展示了一颗绝望的心，感人至深。

尚仲衣关心下属青年，将仅有急需要寄给妻儿的50元，暗中送给需要帮助的没有找到工作，没有路费的青年，况且交代不要留姓名。作品里这样写道："他热爱着青年，给他们以尽可能的许多帮助，但却不愿使人家知道帮助他们的是他自己。"[2]

尚仲衣有一个宽容的心。当他的钱多次被偷窃成性的勤务兵偷去后，他没有发大火，而是找机会给予耐心教育。当他的结婚金表再次被这个勤务兵偷去，他知道这个消息后，他只是冷静地沉默了一会儿，说："只要能把原物追回来就好了，这个孩子我不相信会没有救药的。"[3]尚仲衣平易近人，团结同志，新朋旧交，相处融洽。这其中有深交十多年的老朋友钟敬文、夏衍，也有年轻同事司马文森、郁风，皆成为莫逆之交。

尚仲衣做事严谨、认真、执着、乐观，内心充满了热情。作品里，尚仲衣在做文化人的思想工作时说："我们都是进步的知识分子，是民族抗日统一战线最先的倡导人，因此坚持和扩大民族抗日统一战线，便是我们的主要任务。但是大家问问自己，这一点我们做到了没有？我们只怪人家对我们不好，却没有仔细地去检讨自己……""他的信条就是从自己做起。"[4]

《尚仲衣教授》这个作品刻画的人物形象鲜明突出，司马文森把一个"以纯洁而崇高的灵魂，面向着祖国的自由与复兴"的知识分子、广州中山大学

[1][2][3][4]　均出自司马文森：《尚仲衣教授》，文生出版社，1947年5月。

教授尚仲衣，刻画得有血有肉，入木三分：尚仲衣以一名教授、一个美国绅士，献身在部队中、在前线。然而他的执着、爱国、热情，他的出淤泥而不染的作风，导致了他受到当局的排挤，受到恶毒的攻击，以"共产分子"的名义被免了职。这伤了教授的心，却没有使他沮丧。因为被免职的原因是他太想做事，他看不惯那些醉生梦死、溜须拍马、不作为的官场黑幕。这不但是他个人的悲剧，也是历史的悲剧。《尚仲衣教授》一文的问世是抗战的产物，是作为一个被迫害的文化工作者，对反动派势力的控诉。从尚仲衣，可以看到抗战中千千万万进步文化工作者的命运。

通过对小说《尚仲衣教授》的文学赏析，我们能够掌握更多的写作方法和写作技巧，能够对文学作品有更加深层次的理解，对尚仲衣教授有更多的崇敬和爱戴。正如叶兆南在《假如尚仲衣先生还在》文章中所说："他忠贞的信念，坚强的意志，高亢的吼声，战斗的态势，今天正引导着千百万勇敢的斗士，站稳了坚定的步伐，朝向着光明的旗帜！"

原载《泉州文学》2017 年 9 月号

论司马文森的儿童文学创作

谢小龙

　　司马文森是我国著名文学家，不仅创作了数百万字的小说、散文，而且在儿童文学上也投入了大量时间、精力，颇有造诣。司马文森在桂林生活期间（1939 年 5 月—1944 年 9 月），连任中华全国文艺界抗敌协会桂林分会第一届理事及第二、三、四、五届常务理事，先后负责组织部、出版部及儿童文学组工作，多次主持关于儿童文学的座谈会，发表了关于儿童文学的重要言论，创作了《菲菲岛梦游记》《渔夫和鱼》《挣脱了枷锁》等一批儿童文学作品，编辑了深受小读者喜爱的《少年文库》。在香港创作了《上水四童军》《黑带》《新少年写作讲话》等作品，主编《学生小文库》和《新中国儿童文库》。新中国成立后，创作了《我们的新朋友》《里娜》《小兵阿里》等反映亚非民族独立、人民间对外友好往来的作品。司马文森热情洋溢，乐观开朗，关爱儿童，用心栽培。其作品生动有趣，通俗易懂，并与大环境紧密结合，深受少年儿童的喜爱，产生了重要影响，既鼓舞了少年儿童的抗战斗志，又促进了抗战文学的发展，不仅是桂林文化城时期宝贵的遗产，也是 20 世纪 30—60 年代中国儿童文学的重要组成部分，为中国的儿童文化事业的发展做出了积极贡献，而且组成了世界反法西斯战争文学的一部分，与世界正义力量一道打击了法西斯的嚣张气焰。

一、坎坷童年与仁爱之心

司马文森幼年经历坎坷，12 岁便随族中人到菲律宾当童工，15 岁回国。在异国他乡，司马文森当过学徒、小厨子和店员，小小年纪便尝尽生活的酸甜苦辣。然而，磨难对司马文森来说是一笔宝贵的财富。正是这段经历让司马文森养成了坚韧不拔，对生活充满乐观的性格。在战火纷飞的抗战年代，司马文森深知离家少年儿童的艰辛，因此对他们给予了格外的关怀。他的女儿司马小莘说："在恶劣环境中生活的人，往往会走向两个极端，或者变得残酷无情，甚至恶毒；或者变得富于同情心与正义感。父亲属于后者，他有一颗金子般的仁爱之心，而且一直保有赤子般的童心。他不仅给了子女幸福的童年，也把他的关爱给了全中国的少年儿童。"[1] 在桂林的 5 年是司马文森儿童文学创作的高产期，据统计，他一生共创作了 7 部儿童文学作品（按出版计算），有 5 部是在桂林创作的。1940 年 1 月，他的《不要说我们年纪小》（创作于广州）儿童独幕剧发表在《救亡日报》（桂林）副刊上。这一部作品，通过 6 个儿童在狱中的遭遇变化突出中国人民只有团结一致、互相友爱才能打败侵略者的主题。这其实是司马文森作为长辈给少年儿童的一个忠诚告诫，目的是教育少年儿童坚定地树立国家和民族的意识，团结一致，一致对外，培养他们成为祖国的栋梁。如果说司马文森在《不要说我们年纪小》一文中，是用正面的事例来教育少年儿童，那么在《挣脱了枷锁》一文中则用反面事例强调了侵略者的可憎可恶。《挣脱了枷锁》一文以第一人称手法讲述一名有着中华民族血统的女孩，童稚时期即被其充当日本特务的母亲训练，被利用于抗战期间在中国从事间谍活动的工具，在梧州被捕入狱，她幡然醒悟。指出家庭、学校、社会教育对儿童成长的重要性，以塑造反面形象昭示了正义必胜的真理，同时激发了少年读者的爱国热情。司马文森不仅带头创作儿童作品，而且还时刻关注市面上少年儿童读物的优劣。他曾在《夜记》的一篇散文中谈道："少年读物的编纂供应问题，现在似乎又重新地引人注意了，文化生活社出了一大批，另一个叫少年出版社的，

---

[1] 出自司马小莘：《菲菲岛梦游记——父亲司马文森和儿童文学》，北京海豚出版社，2012 年 6 月。

也出了不少。这工作的开始被注意无论做得好与坏，总是一件可喜的事。不过，我们还不应以它的量的众多为满足，更重要的是要注意它的质，是否已经比从前提高了，能否满足我们少年读者的要求。"[1]

抗战胜利后，司马文森被组织派遣到香港从事文艺活动，在1946—1952年，他继续过着忙碌而充实的生活，不仅主编《文艺生活》刊物，担任《文汇报》总主笔，而且抽空创作了《上水四童军》《黑带》《新少年写作讲话》等少年儿童读物。1952年司马文森到广州工作，1955年出任外交官，在亚、非、西欧工作，工作更加繁忙，但是他仍不忘长在新中国红旗下的少年儿童，以世界的眼光，以饱满的热情创作了《我们的新朋友》，给中国小朋友带来了浪漫的异域色彩，开阔了他们国际的视野。可见司马文森对少年儿童的一片仁爱之心。

二、创作理念

儿童有儿童的世界，他们天真活泼，单纯无邪，对世界充满好奇心。因此，如何宣传儿童文学创作理念，创作出适宜他们读的作品，又如何与抗战大环境相结合，是儿童文学作家需要重点考虑的。在1940年11月23日召开的中华全国文艺界抗敌协会（简称文协）桂林分会儿童文学组第一次座谈会上，司马文森和与会人员提出了许多儿童文学理念。譬如：一、作为儿童读物的写作者，定要接近儿童，了解儿童。二、所写的故事一定要是大多数儿童所熟悉的，在日常生活中所碰到的。最好是中国的，或者本地的，使儿童能够看得懂。三、故事要能帮助启发儿童合理的幻想，从现实的角度出发，注重于合理的分析。四、故事本身要合乎情理，不能够太奇特。五、能给予儿童明确的指示。六、词语的用法，要注意到儿童的兴趣。

概括之，儿童文学作家要从儿童的视角来写作，熟悉他们的阅读兴趣和生活习惯，抓住他们的心理，促进他们的健康成长。这是一般的创作要求。而在深层次启发儿童的目的上，司马文森认为要和抗战相结合，也就是从"从现实

---

[1] 出自司马文森：《夜记》，《野草》1941年第2期。

的角度出发，能给予儿童明确的指示"。即要和抗战相关，以全局的抗战观念教育少年儿童。

1941 年，文化供应社想出版一批通俗故事用于教育民众和少年儿童，司马文森应邀创作了《砍不断的头》《保家乡》《戚继光斩子》等作品。在这些作品中，司马文森充分抓住少年儿童好奇心与抗战相结合，取得了良好效果。如在《砍不断的头》一文中写了一个叫洪德的士兵，用略带幽默的笔法突出了他的坚韧不拔，里面有一段写道："洪德把他发红的眼睛从弟兄们身上离开，暗自说道：'吃苦算得什么！'于是，又像一匹老鹰，准备从天上飞下来抓小鸡那样地转动着眼睛，向山底下用力地盯着。"[1]老鹰抓小鸡的游戏是少年儿童都熟悉的，如此形象的表达，一方面会让少年儿童会心一笑，另一方面又传达了抗日战士对日本侵略者的仇恨，起到了教育、启发少年儿童的作用。

随社会的变化而变化，反映社会现实，又是司马文森创作的另一理念。如果说《砍不断的头》[2]是略带幽默的有趣的虚构故事，那么在香港创作的《上水四童军》（黄新波先生为其作插画）则是反映社会现实的沉重故事，这也是司马文森紧密结合社会生活进行的创作。《上水四童军》讲述的是 1948 年 4 月香港新界 4 个小学生到深圳游玩被国民党宪兵残杀的事件，曾震惊国内外。《上水四童军》的出版产生了较大的社会影响力。司马文森以报告文学的手法记录了这一事件，给读者揭露了残酷的事实，敲响了警钟。

三、左翼文学思想的影响

司马文森回到祖国，闽西南一带的革命斗争正在如火如荼地开展。他很快就卷入革命的浪潮中，1932 年加入共青团，1933 年加入共产党，并于 1934 年加入中国左翼作家联盟。因为特殊的经历，司马文森始终活跃在革命斗争的第一线，以笔作枪，积极从事革命宣传活动。他创作了大量反映下层老百姓受苦受难的作品，始终表现出鲜明的无产阶级立场，可以说深受左翼文学思潮的影

---

[1]　出自司马文森：《砍不断的头》，文化供应社，1943 年。

[2]　《砍不断的头》，记述的是发生在南京保卫战时的故事。

响。学者杨益群曾评价："（他）没有小资产阶级消极、颓唐的情调，显示其目标明确，态度严肃，一起步就沿着革命现实主义创作大道上稳步前进。"[1]在儿童文学创作上也是如此，如1941年，司马文森的长篇童话《菲菲岛梦游记》（余所亚先生为其作木刻插画）在桂林出版，一出版便受到少年儿童的喜爱。这是一部典型的无产阶级革命文学作品。作者通过主人公安安的梦境描绘了菲菲岛沦为帝国主义国家牙牙国和米米国的殖民地的悲惨命运，殖民主义者为统治菲菲岛，不仅制定了许多严苛的法规，而且百般虐待、剥削人民，人民生活在水深火热之中。作者无情地揭露和鞭挞了侵略者的暴行。在童话的最后，作者绘声绘色地描述了摩洛（土人生番）人下山起义的行动。最终，侵略者在摩洛人的进攻下大败而逃。"革命的现实主义"在这部作品中体现得很明显，这其实也暗喻着受压迫人民应该团结一致起来反抗，只有反抗才有出路。

在实现文艺大众化上，司马文森也是很提倡的。1939年7月，司马文森对文协提出四个希望，之一便是"广泛发展文艺通讯活动，培养大批的文艺干部"。1939年11月，文协桂林分会成立了文艺习作指导组，由司马文森、欧阳予倩等22人组成，专为文艺青年评阅稿件。1943年11月28日，司马文森应邀参加熊佛西主持的"战后中国文艺展望"座谈会，他赞同战后必须加强肃清文盲的工作。同年12月22日，第二次座谈会召开，司马文森指出："战后文艺和抗战文艺一样，也是要表现民众的生活，表现民众的希望。"为提高少年儿童和下层老百姓的文化素质，司马文森创作了《戚继光斩子》等通俗故事。《戚继光斩子》一文刻画了戚继光光明磊落，严于守纪的形象。当他亲生儿子气盛，立下军令状而吃了败仗回来，他毫不留情地斩了自己的儿子。从而在军中树立起了绝对的威严，将士们无不英勇奋战，后来把倭寇全都赶走了。这一方面普及了知识，另一方面也在客观上教育了中国军队和人民：要想打败日寇，必须加强军纪，建立钢铁一般的意志。此外，司马文森还写过《新少年的写作讲话》，编辑《给少年们》《读书的故事》等，均是对少年儿童予以读书、写作、做人等方面的指导。这一系列活动的开展不仅反映了下层百姓的生活状态，也促进了文艺的大众化，提高了人民群众的文艺修养。

---

[1]　出自杨益群等编：《司马文森研究资料》，北京：北京十月文艺出版社，1998年版。

四、艺术特色

　　纵观司马文森的儿童文学创作，表现出独特的艺术特色。

　　想象丰富。没有想象，就没有儿童文学。1942年9月由文化供应社出版的《渔夫和鱼》是司马文森创作的童话剧（伍禾、林路先生为其作插曲），改编自普希金的童话诗《渔夫和金鱼的故事》。但是里面的情节却不完全一样。故事发生在海边，第二场金鱼上场遇见了海鸥，二者拥有人的能力，不仅能说话，还能唱歌、跳舞。作者精心营造出如梦如织的美丽场景。然而就在此时，峰回路转，老渔夫在渔婆的威胁下出海打鱼，捕获了金鱼。金鱼是水族公主，能给人任何想要的东西。金鱼答应给渔夫代价，渔夫便放了它回去。在渔婆的要求下，金鱼给了她皮大衣、好吃的东西、女皇帝。然而她还是不满足，竟然想要吃掉鱼公主。鱼公主非常生气又让渔婆变得一无所有。整个故事充满了离奇的幻想色彩。这样的故事也带给少年儿童无尽的想象和乐趣，大大拓展了他们的思维空间。同时寓教于乐，教会他们做人要本分，不能有贪欲。

　　幽默讽刺。1942年司马文森发表儿童独幕剧《不要说我们年纪小》。其中之一的阿牛一度做过汉奸，并在狱中还想方设法讨好日本人。"阿牛一直不被注意，他状甚焦急，现在看见一个最好的机会就要失掉了，因此便大起恐慌。后来看见再也等候不得了，便以无限的努力，鼓起勇气上前一步，卑恭地鞠着躬。阿牛说：'日本大人。'日本兵凶暴道：'什么？'阿牛又怕又急说：'我……有话……我有证……据我……是汉奸……'"阿牛就是一个小丑，作者生动地刻画和讽刺了汉奸的奴性，可惜他照样不得日本人的喜欢，当他把小铜钱献给他们时，甚至还遭受了毒打。后面，当日本兵老川井听小凤唱了歌之后，高兴得手舞足蹈，并且喝了放了砒霜的毒酒，接连几次说："小朋友们的酒真烈性"，这也极具讽刺性的效果。一方面觉得幽默可笑，另一方面又刻画了日寇丑陋、贪婪的嘴脸。

　　循环叙事。为了切合少年儿童的阅读兴趣和心理，司马文森采用了循环叙事的技巧。所谓的循环叙事即故事的情节相类似的多次出现。如《渔夫和鱼》一文中当渔夫放回金鱼后，渔夫总共求了金鱼四次，但是只有前面三次的要求金鱼答应了。最后一次，金鱼没有答应。那么，三次要求的情节基本相同，就构成了一个循环。不仅如此，开头结尾也构成了循环。渔婆本是个穷困的人，只因为渔夫网住了金鱼，所以她才能够一而再、再而三地要求这要求那的，但是终究因为她的贪婪落得个回到原点的下场，又变回了穷困的渔婆。

侧面描写。1941 年，司马文森创作的《菲菲岛梦游记》出版。这是司马文森在桂林创作的一部中篇童话小说。小说通过主人公安安一路的所见所闻，从买"大字"到船上听到殖民者强奸中国女人，造成那女人怀孕，女人受不了刺激而上吊自杀的悲剧，到听舅舅讲起牙牙人如何强占菲菲岛，米米国人又如何侵略土著人，后来舅舅的生意也被米米国商人抢走了，直到摩洛生番忍无可忍奋起反抗，和米米国人作斗争。以侧面描写的方式，带领着读者了解了外国殖民者的残暴统治，当地土著人和中国华人被殖民者侵略的穷困生活状态，从而达到揭露和控诉殖民者残暴，以及批评一些华人和土著人的弱点，如胆小、愚昧、贪小便宜等的目的。

五、成就与影响

司马文森对待儿童文学事业可谓满腔热情，正如他对待忠诚的革命事业一样。他真切关心少年儿童的发展，不仅自己创作了一批作品，也带动了一批作家关心和支持少年儿童文学的发展。无论是在桂林、香港、北京，还是在中国与外国，无论是过去还是现在，其作品深受少年儿童喜爱。他的作品与实践经验是中国初期儿童文学的重要组成部分，成就显著，影响广泛深远。

首先，丰富了桂林文化城时期儿童文学的内容。在司马文森和一些朋友的带动下，一些作家为孩子们撰写童话、剧本；帮助和指导孩子们的演出。为孩子们提供了许多"精神食粮"。如司马文森的《菲菲岛梦游记》《渔夫和鱼》一经发表便深受欢迎，仅在桂林就二度出版。他还撰文批评轻视儿童文学创作，指出出版工作中的错误倾向，积极带动儿童读物创作，对促进桂林儿童文学和儿童戏剧的创作、演出，繁荣儿童读物的出版，发挥了重要的作用。如著名戏剧家田汉创作的《秋声赋》，里面便有主人公徐子羽的女儿和一批难童的角色。他们的表演客观上丰富了抗战时期桂林文化城儿童文学的内容，为轰轰烈烈的桂林文化城增添了亮丽的一笔。

　　其次，继承与促进了中国儿童文学的发展。中国"儿童文学"真正意义上的启蒙是晚清时期，以梁启超等人为代表，他从"小说乃国民之灵魂"的视角出发，第一次从理论高度提出了儿童文学在启蒙中的重要意义。黄遵宪、曾志忞等则在儿童诗歌和儿童音乐等方面倡导，与梁启超相呼应，人们逐渐认识到儿童文艺的重大意义。真正的发展则是在"五四"新文化运动时期，当时人们提倡"人的现代化"，反对封建迷信，人们把儿童文学作为反对旧思想、旧道德、旧文学，提倡新思想、新道德、新文学的一个重要课题提出来，引起社会的普遍关注。而司马文森关于实现儿童文学的大众化、尊重关爱儿童的创作理念与实践，可以说是继承和发展了"五四"儿童文学的精神。特别是他还具有开阔的视野，敏锐的嗅觉，对东南亚、欧洲、非洲一些国家的风土人情都有涉猎，将其融入作品中，使其成为经典之作，如《菲菲岛梦游记》，对推动当代中国儿童文学的发展具有重大借鉴意义。

　　最后，组成了世界反法西斯战争文学的一部分。司马文森关于儿童文学的创作理念与实践，很大一部分是与抗战相关的，如《菲菲岛梦游记》《谁说我们年纪小》等。在这些作品中最重要的主题便是抵抗侵略。战争与文学的主题历来都有人实践，但是鲜有从儿童的视角来创作的。司马文森以其对国家、民族的忠诚，对少年儿童的热切期盼，对侵略者的愤怒，丰富的阅历，写出了经典的作品。在20世纪反法西斯战争中，中国是主要的参与国之一，理所当然，司马文森的这些理念与实践便也是反法西斯战争文学的一部分，与其他文学体裁一道，鞭挞了侵略者的暴行，捍卫了正义。

由蠢货到觉醒的蜕变

——论司马文森《蠢货》的艺术特色

谢小龙

《蠢货》一文是司马文森在桂林文化城时期创作的一个短篇小说。主人公是一个叫作王大嫂子的普通农村妇女，小说讲述了她在旧时代黑暗社会下的悲惨遭遇，既受到来自中国内部统治阶级的欺凌，又受到日本帝国主义的迫害。最终在日寇的步步紧逼下觉醒：只有反抗才有出路。小说构思精巧，故事一波三折，读来耐人寻味，艺术特色明显。

一、先抑后扬，从戏谑到深切同情

小说一开篇，作者便以诙谐的手法突出了王大嫂子的形象，长麻子、高大、笨拙、能吃等，让人觉得这是一个可笑的"蠢货"。"这个妇人，因为身材壮健肥硕，行动起来极为笨拙，高声笑起来则更愚蠢。"很明显，这是一个不讨人喜欢的农村妇女。"她那一副带着无比蠢相的神气，和那容易发红的，装着羞人答答的面孔，的确是令人一看就兴趣横生。"特别是那些军部及特派员长官们一听到来了一个"蠢货"，便都兴致勃勃起来，"他们的名义是慰劳，实则都是被好奇心所驱使，想去看一看那个怪物"。他们对待"麻子"的态度就像是对待一只可笑的动物一般，一遍又一遍地要求她叙说以前的事情。"'那么，你是十分想他了？'她的麻面又一下子直红到耳朵根来，低下头一言不发。于是去寻找消遣的人，便齐声哄的一声笑了。"这些话语让人觉得这麻子生来就是让人戏谑的，这样一个"蠢货"压根儿就不值得别人去尊重和了解。

然而接下来峰回路转，作者叙述了她的美德：她虽然长得不好看，但是她有一颗善良的心。她除了尽量满足那些想找乐子的听众外，平时还经常帮助别人。"差不多是每一刻每一分钟，她都空闲不得……而且做得十分忙碌。"她不仅给别人洗衣裳，还给部队砍柴火。这么一个善良的人，别人自然是不忍再戏谑的。特别是在了解了她的悲惨遭遇之后，听故事的人变了，对"王麻子"的称呼也变成了"王大嫂子"，别人开始同情她，安慰她，"说着……听的人也都感伤的沉默下去。有些就赶紧来劝解，叫她别那么伤心……"这种深切的同情一方面是国恨家仇的共通性所引起的，大家感同身受；另一方面却是因为王大嫂子的善良所引起的，她的善良不仅表现在对别人的帮助上，当她在伙夫班工作谈到当家的打她时，她也表示谅解，别人提出抗议，她也会辩护。这种善良近乎迂腐，但是让人尊敬。所以，"王大嫂子，在友爱中生活着"。

从一开始的戏谑到后面深切的同情，从"王麻子"到"王大嫂子"的变化，主人公已经不再是那个令人讨厌的"蠢货"了，因为她有心灵的美。作者采用先抑后扬的艺术技巧有助于让故事生动起来，突出王大嫂子的形象，突出她的悲惨遭遇背后的情感。

二、对侵略者的强烈仇恨和控诉

小说创作于抗战时期，因此对侵略者的残暴描写也入木三分。当别人问起王大嫂子的遭遇时，她是这样回答的："有的不肯离开，等日本仔到了便给杀了"，"大家在那儿站着，咬着牙齿，有人说是日本仔已经在放火烧村子，大家听了都纷纷地落下泪来"。几个关键的字"杀""火""牙齿""泪"，突出了侵略者的暴行和人们的愤恨。当家园被毁却无能为力时，可以想象那种刻骨铭心的切身之痛。王大嫂子的悲惨遭遇的根源就是日本侵略者，因此借她来叙述显得合情合理，又能达到强烈的控诉效果。"他们的家境……正慢慢地在改善中……敌人的进攻就把它整个地击毁了。"侵略者的入侵不仅让王大嫂子失去家园，更摧毁了她的幸福和未来，已经过了二十几年的非人生活，正当要开始幸福时，侵略者却结束了这一切。其实，遭受创伤的何止她一个人，她只不过是一个典型罢了。

后来遭遇迷变，她去做了特派员夫人的佣人，但是对侵略者的痛恨描写并没有结束。本来她在伙夫班生活得好好的，但是有一天她忽然开小差溜走了，谁也不知道原因。几个月的时间过去了，却又突然出现了。"有一个人代表了那个队伍出来告诉她，说这位王大哥为了在某一个晚上，奉命带着弟兄们去摸营，给敌人用机关枪射死了。"原来是去见丈夫了，以为可以再见时，却不料这简单的希望也破灭了。这希望的毁灭者就是日本侵略者。此时，小说对日本侵略者痛恨的描写又更深了一层。"她在这只永远沉默着的狮子尸身前面站着，眼中含着泪，却没有哭出声来。"含泪说明王大嫂子心中蕴藏着的巨大悲痛，没有哭出声来凸显了她的隐忍，而隐忍巨大的悲痛需要强烈的仇恨来支撑，这仇恨就是国恨家仇。

王大嫂子终于在悲痛中觉醒只有把日本侵略者彻底消灭，才能赢得安定和幸福。所以，当她到部队时她却说想做点别的："我想有一支枪！""枪"就意味着暴力反抗，武装斗争。这无比精妙的回答，意味着王大嫂子的最终觉醒，她再也不是任人嘲笑戏谑的"蠢货"了，而是一个负有国恨家仇的抗日斗士。一个"枪"字足以表达对日本侵略者的无比仇恨和强烈的控诉，凸显出爱国主义情怀。

三、揭露和批判国民党的歪风邪气

小说花了大量笔墨描写王大嫂子受到的不公正待遇，这是国民党的歪风邪气造成的。本来王大嫂子已经和大家相处和谐了，但是因为种种原因不得不去做特派员夫人的佣人。当王大嫂子去见"官"时，她显得很害怕。之所以怕，就是因为当官的没有真正把民众放在心上。甚至在传达室等待中，她的相貌又引起了别人的"兴趣"。"好像她并不是人，而是一只正从非洲运来供人展览的母熊。他们在门外站住，伸长着头对她窥望，有些甚至于开始嘲笑她那副麻面孔，和那一对大乳子。"这些看客都是一些国民党的官员，他们不仅不尊重底层人民，而且加以肆意侮辱。就连一个小小的勤务兵也是趾高气扬。"那勤务兵神气十足，昂头挺胸，好像他就是这儿的主管似的，在前头跨着大步走……请放心，我不会骗你卖掉……像你这副嘴脸，谁要！"这是一个稍微比王大嫂子地位高一点的人，就如此不把别人放在眼里。勤务兵如此，那他的上司又会怎么样呢？

特派员的夫人只有过之而无不及，"她的脾气大极了……任何温驯的人和她都无法相处上三个月时间，因为她是不大把比她低贱的人当人一样看待的"。她夫人有如此的习性，还不是特派员之类的"官"娇惯的？后面尽管王大嫂子勤勤恳恳，但仍免不了官太太的侮辱，"她公然的叫她做水牛，做蠢货。而这厌恶倾向，又是一天比一天的加剧，以至于当她走路有时走得沉重一点，也会免不了一场冷嘲热讽"。作者描写得极其巧妙，难道别人就真的不是人，生来就是给别人做佣人的？这真是底层人民生活的悲哀，这也是那个时代赤裸裸的现实。

从王大嫂子在传达室等候至见到特派员夫人、特务长，作者以白描手法勾勒出了一群国民党官员丑相，这些人似乎是一些跳舞的小丑，几乎都是不正常的，有的高高在上，不把人当成人看；有的颐指气使，冷嘲热讽；有的干脆狗仗人势。全是国民党的歪风邪气。作者不动声色地揭露了出来，并进行了辛辣的揭露和批判：有这样的一群人骑在人们头上，想不悲惨都难，人们怎又会幸福？

纵观全篇，小说写得并不沉重，大部分的叙述还是显得比较轻松的，有戏谑、有友爱，甚至有一些欢乐，还有对小丑似的国民党官员的刻画和鞭挞。但是看似轻松的背后，隐藏着沉重的包袱，那是关于不共戴天的国恨家仇，关于对国民党腐化堕落，歪风邪气的批判。当深入其中时，会发现真正的蠢货其实不是王大嫂子。因为，王大嫂子的心灵是美的，怎么会是蠢货呢？

原载《青年时代》2015 年第 11 期

司马文森论

王福湘[*]

　　司马文森（1916—1968），在 20 世纪 40 年代的南中国文坛上，十分活跃、颇有影响、勤奋而严谨，是华南作家群的杰出代表。他于 1941 年在桂林创办的《文艺生活》成为当时大后方享有盛名的刊物之一，对抗战时期文学的繁荣做出了重要贡献。1946 年《文艺生活》遭封禁后，他转移香港改出海外版，并在香港及海外华人集中的地方建立分社，发起"文艺生活社"社员运动，社员多达 1500 人，"对香港文学的推动、培养香港本土青年作家也起了积极的作用"[1]。中华人民共和国成立初期，他曾任中国作家协会广东分会的筹建人和《作品》杂志主编，为岭南文学的兴旺尽心尽力。

　　1934 年，司马文森在上海参加左联时开始发表小说、散文，1964 年出版《风雨桐江》，前后 30 年的创作大体有三类题材：写华侨、写抗战、写革命历史。他继承和拓展了鲁迅"改造国民性"的基本主题，不倦地摸索多种艺术因素融合的表现方法，逐渐形成了鲜明的特色，为左翼文学沿着多样化、民族化、现代化的道路健康发展提供了不可替代的宝贵经验。然而，诚如杨义先生在《中国现代小说史》第三卷指出的，20 世纪 40 年代"不少真正具有艺术水准的作品，得不到二三十年代文化中心固定而集中之时的关注。对于那些背负

---

　　[*]　王福湘，北京师范大学中文系毕业，先后任解放军长沙炮兵学院、湖南师范大学中文系、广东西江大学——肇庆学院中文系任副教授、教授，主要从事中国现代文学研究。退休后应聘到广东外语外贸大学——南国商学院中文系任教授。
　　[1]　出自曾敏之 1977 年 5 月 17 日致笔者信。

着历史十字架而又为历史献出心血和智慧的人们，历史应为他们作出公正的申述"。这也正是本文讨论司马文森的缘由。

华侨和侨乡社会的表现者与批判者

抗战爆发后，最能显示华南作家群特色的是他们中许多人曾经流寓异国他乡，或侨生境外而后归国，或迫于生计漂泊南洋，或奔赴海外宣传抗日。其时，英国统治下的香港，在事实上和作家心理上都是华南的一隅，作家辗转于粤港之间乃平常事。这些极富传奇性的阅历，日后升华为多姿多彩的具有华南特色和异域情调的流浪者文学。司马文森 12 岁从福建泉州到菲律宾当童工，15 岁回乡读书。这一段艰难而丰富的童年生活给他留下了刻骨铭心的记忆，催他成熟，促他奋进。在以后的文学生涯中，他对华侨和侨乡社会的描写用情最专，用笔最勤，视野非常开阔，思考相当深刻。

司马文森显然受过鲁迅的影响，他用《过客》命名自己的散文和散文集，列入"野草丛书"出版。他在短篇小说集《小城生活·序》里说道："我们的抗战已经过了这许多年，各方面都有改变，都有进步，而在这个小城，在内地的生活，却依然如旧，和战前比，除了多几条抗战标语，多几个壮丁去当兵上前线，把市面上流通的货币从银毫变为钞票，很少有什么大变化。我又看见从前我们那个古老的国度，以及它的无数悲喜剧了。"这种对现实和历史的深沉感叹，就似乎回响着鲁迅批判国民革命的声音。他写于 1939 年的《模范者》一文更以 2000 余字勾勒了一位口口声声"应该作大家的模范"的"老爷"形象：他命令下属和人民节省汽油，自己却坐着专车一日数次招摇过市，自称俭朴却不忘每天清早喝燕窝汤。类似这样从解剖国民性的视角描绘抗战时期国统区的官场、军队、文坛、民间等社会众生相的中短篇小说和散文，在司马文森的作品中占了不小的比重。他还把这一主题视角移向华侨、侨乡乃至侨居国的广阔空间。

早在上海左联时期，司马文森就写过一组记录他在菲律宾生活的散文，编为《岛上》出版。1941 年，他为"少年文库"写了一部 8 万字的长篇童话《菲菲岛梦游记》，以一个 12 岁的中国儿童梦游菲菲岛的见闻为线索，把写实、夸张、传说、梦幻相交织，讲述了菲律宾先后沦为西班牙和美国殖民地的惨痛历史、华人和土人的传统友谊、共同的屈辱和斗争，暗示中国人出洋淘金梦的破灭。作家的爱憎是鲜明的，但这并没有削弱其现实主义精神，正是由于这种出自正义感和历史感的爱憎，司马文森在童话中也针砭了华人和土人的心理弱点。他写道，当美国殖民当局实行严厉的《移民法》排斥华侨时，那些幻想着去菲菲岛"发了财回来荣耀祖宗"的中国人，仍然一批批、一次次地去，百抓不回。直到发生了中国女性在"水牢里被美国黑人看守长强奸生下小黑人后自杀的不幸事件，才忍无可忍奋起暴动，迫使美国人让步"。这原是童话的一章《小黑人的故事》，作家曾把它改名为《水牢》作为短篇小说发表，以后又写进长篇小说《南洋淘金记》。他在童话中还描写了土著人的落后、愚昧、迷信、贪小便宜等，揭示出他们一败再败长期亡国的内在原因。1943 年他创作的中篇小说《妖妇》，把这种超越种族和国界的对民族文化心理的解剖进一步深化了。他的批评是国际主义的。

正面描写华侨和侨乡社会，并且大大提高了表现生活广度、思想深度和艺术力度的是长篇小说《南洋淘金记》。这部小说修正稿完成于 1949 年 9 月从香港北上的船中，是作者给新中国的献礼，但同时增加了对民族新的生机的追求。小说主要通过一个 14 岁少年何章平的眼睛去看世界。何章平是作家童年用过的名字，由此透露出自叙传的性质，叙述质朴无华而略带抒情色彩。实际上，这是一部社会分析兼风俗人情小说，何章平只是一根贯穿全书的结构线索。小说主要是写 20 世纪 20、30 年代之交的菲律宾华侨社会。人物之多，几乎包括了当时侨界的各个阶层、各种职业、各党各派。虽然笔力略嫌分散，没有塑造出十分丰满的典型，但作家将阶级意识、民族意识和文化意识相错综，对华侨社会的方方面面做了整体的表现，其中对华侨社会的方方面面做了整体的表现，其中对华侨文化心理的深层剖视最具艺术感染力。在司马文森笔下，源于中国本土传统的侨民文化（如小说中描写的迷信、帮会、宗族制度、小农经济观念等），在来自西方宗主国的殖民文化面前根本无力竞争，华侨在军事上和经济上是自觉不如人的弱国子民，在两种文化的对抗中处于劣势和守势，这是他们产生悲凉感的本质原因。作家笔下的不少人物朦胧地意识到这些原因，但是无可奈何，只求安分守己，"不要丢尽中国人的面子"。这种侨民意识实际上成了国民奴性心理的一种变化了的特殊表现形态。小说更用大部分章节写"窝里斗"，而不是写"淘金"。这反映了作者对国民劣根性的深恶痛绝。他在十年前写的短篇小说《瀚江的水流》（以后又写入《风雨桐江》），就沉痛地批判过"打强弱房"即同姓相残的传统恶习，鼓励民众团结抗敌。在《南洋淘金记》一文里，对"窝里斗"的刻画更加入木三分。中间几章写属洪门之后的尚义社与阳春社的械斗，集中剖示了华侨帮会怯于公战而勇于私斗、贪图小利、不顾大局的卑劣根性。司马文森更以交织着同情和憎恶的笔墨，描写了华侨和侨乡社会中妇女同类相残的悲剧。小说笔法纵横开阔，令人战栗又发人深省。

司马文森的时代毕竟不同于鲁迅的时代，鲁迅逝世后才全面展开的伟大的抗日战争，既改变了中国的命运，也振奋了民族的精神。司马文森写抗战时期的作品，记录和塑造了许多鲁迅晚年赞扬的如"筋骨和脊梁"的优秀的中国人。《南洋淘金记》的背景写到"九一八"事变之后，侨界已经掀起要求抗日的浪潮，素有爱国传统的华侨社会显示出新的转机，连帮会先锋吴丑也向革命组织靠拢，成为反日斗争中的英雄。做着淘金梦出洋的少年何章平在回国后奔赴闽西苏区投身革命。小说后几章虽然较为政治化，收束也匆忙一点，但却预示着作家对华侨和侨乡社会的表现和批判，将要从对国民劣根性的鞭挞，朝着正面追求国民性新生的方向翻开新的一页。

大时代中小人物的生命与心灵之歌

八年抗战无论对于整个国家，还是对于作家个人，都具有极其重要的决定的意义，这是作家生命史和创作史上的辉煌时期。1937 年上海沦陷后，司马文森在向武汉转移途中，被广州人民高涨的抗日热情所吸引，受党组织委派，应地方当局和尚仲衣教授之邀留下来，不久即参加了第四战区政治部三组（宣传组），从此进入了一段新的人生历程。他在《粤北散记·题记》里回顾说："因为自己是在广东部队中工作，并且有极多的机会去呼吸这一个动荡中跳跃着的气息。这气息曾使我懂得更多世故，学会做人，使自己从狭隘的世界中摆脱出来，使自己成长了！"他在 1938—1940 年的抗战题材创作，包括二十几篇中短篇小说和几十篇散文，就表现出三个特色：（1）融进了自己的人生体验，笔锋常带感情；（2）中心是写人，写人的心灵，写怎样做人；（3）带有明显的纪实性，不太讲究文体界限。这些特点显示出他与当时其他左翼作家、流亡作家有所不同的风貌：响亮地唱出大时代中小人物的一曲曲生命与心灵之歌。

《大时代中的小人物》，原是司马文森在抗战初期写的关于准尉章司书的短篇小说，1945 年初作家把它用作小说集的书名，其"小人物"由章司书进而指向每个人，意谓无论上层、下层，在"人"的意义上并无本质的区别，个人相对于伟大的时代都是渺小的。这无疑反映了作家思想的发展。在这一时期的抗战题材作品中，司马文森尖锐地暴露和讽刺了抗战营垒中的麻木、自私、腐败、内讧、叛逆等种种国民性的负面，但他的审美倾向显然更关注国民性的正面：沉默的魂灵在战争中苏醒和新生，平凡的生命在战争中迸发出光和热，中华民族的浩然正气在祖国南方升腾磅礴，被敌机大屠杀激发起战斗意志的广州市民（《仇恨的种子》），被俘后宁死不屈的中国军人（《战歌》），到敌人后方去组织民众发动游击战的知识分子（《战工第八十三队》），怀着乡里的荣誉感走上保家卫国战斗岗位的青年农民（《乡村自卫团》），自愿投军、引爆手榴弹与敌同归于尽的少年壮士（《少年队》），从南洋回国参加抗战的勇敢机智的小游击队员（《来自东江的童话》），被抓进慰安所仍找机会做抗日工作的艇家少女（《荔枝姑娘》），死也要逃出敌占区当兵打日本的农村少年（《东江一少年》）……他们组成了一座巨型的民族英雄群雕，合奏出昂扬奋发的时代主旋律，其形象之鲜活逼真，精神之朴实壮美，传于今世而不衰。

在这群雕前面，巍然屹立着两位上层人物和雕像——《天才的悲剧》即《尚仲衣教授》和《徐汉东将军》。这是司马文森抗战"人物志"里的两部中篇力作，可谓文武双璧。他写教授，用夹叙夹议的传记笔法，描绘他的音容举止，分析他的思想进程，展示出教授"一颗苦痛的善良的滴着血的心"，写这位洋博士如何放弃教授的高薪投身抗日，继而被排斥出军队，壮志未酬身先死的过程。他写将军，则更多地运用小说笔法以他为中心反映"南线——从溃退到反攻"的进程和对旧军队的改造。小说浓墨重彩地富有层次地渲染将军在打了败仗后的情绪变化；焦躁不安、伤心愤怒、宣泄然后反省，突出他勇于承担责任、报仇雪耻、抗战到底的不可动摇的决心，通过对比写出将军和他的军队在抗战中获得新生。作家说："这是我近年来最痛快的一件事"，因为这部小说"已不是那小小的浪泡"，它呈现了南战场乃至全中国"整个咆吼着的海洋"。司马文森再现了尚仲衣和徐汉东各自的优点和弱点，赞扬他们崇高的人格，客观真实的记叙与主观的抒情讨论相结合，是这两部作品的共同特色。

　　由于时局的变化，司马文森离开了军队。1941 年以后，由于创作心态的缘故，他停止了抗战"人物志"的写作（见《雨季·后记》）。他有意识地调整了自己的创作心理，不再受纪实性的束缚，更自由地叙述故事，凭着自己的个性特点去体验和探讨人生，创作出两部长篇小说《雨季》和《人的希望》，其主人公一个处于超常的顺境，一个处于极端的逆境，但都表现了作家这一阶段的新的艺术追求，可以看作是他的"人的文学"姐妹篇。第一，他超越了战时人们习惯的从军事与政治层面描写人物的审美定式，而从人与社会、人与人的广泛关系上发掘和歌颂"人类向上的意志和战斗热力"。如年轻美貌的富家太太林慧贞不愿忍受依附于人、庸俗无聊的生活，到社会上去寻求生命的意义和自身的价值；失去双腿的初中生朱可期，身残而志弥坚，终于学画成功。这些人物是在现实社会的背景下思想和行动的，是全民族的抗日战争促使林慧贞改变了自己的生命形态，也赋予朱可期的画以战斗的形象和主题。这也就使《雨季》和《人的希望》具有人生和历史相联系的某种哲理性。第二，两部小说的主要情节都是恋爱中理智和感情的冲突，爱情婚姻中"人性的矛盾和悲剧"。这是作家的艺术冒险。他明知在当时的左翼文坛上写恋爱小说是会"挨骂"的，朋友也警告过他，但他终于挡不住人物和故事的诱惑，"鼓起勇气"写出来了，比夏衍被指责为"非政治倾向"的《芳草天涯》还早两三年。这也是他的艺术突破，表现了中国现代知识分子生存的困境和社会现实投射到知识分子心理上的暗影。方海生唤醒林慧贞沉睡的感情之后，又慌不择路地抽身逃避，竟然教训她要"做一个模范妻子"，连自己都觉得可笑；朱可期的宣传画像投枪一样有力，可是在梅丽影面前却那样无能。两个恋爱故事，一个缠绵悱恻，一个惊心动魄，都深入到了人性的底蕴，显示出司马文森在爱情审美方面的胆识、才能和特色。第三，他继承了五四新文学尤其是鲁迅的开放的现实主义传统，沿着综合多种艺术因素的现代化趋势进行了探索，吸收了较多的 19—20 世纪的外国文学营养。他既遵循现实主义原则努力塑造典型环境中的典型人物，又从罗曼·罗兰那里接受浪漫主义的影响，朱可期身上就有约翰·克利斯朵夫的影子。又在质朴的写实中糅进抒情笔调，间有中国式的象征（如《雨季》中反复出现金丝鸟）或契诃夫式的夸张（如梅丽影的雨伞使人联想到别里科夫）。最有成绩的是心理描写，"既带有几分陀思妥耶夫斯基的残酷，也带有几分罗曼·罗兰的理想主义光泽"[1]，还有几分弗洛伊德精神分析的率真和深邃。与主人公的性格相适应，《雨季》和《人的希望》表现出大同而小异的美学风格，前者柔中有刚，后者刚中含柔，它们都是中国现代知识分子生命与心灵的悲歌，是伟大时代背景下的真正的人的文学。

在与时俱进中保持个性的艺术探索

1949 年 9 月，司马文森到北京参加第一届政协会议，和周恩来同在《共同纲领（草案）》整理委员会。他欣喜若狂地迎接了新中国的诞生，半个月内写出特写报告集《新中国的十月》。1952 年，他被港英当局逮捕递解出境，回到广州工作。他经常深入基层生活，紧跟社会主义前进的步伐。1955 年初，他写出长篇报告文学《汪汉国的故事》，记述广东农村一位互助合作带头人的先进事迹。作家以发展生产为实践标准的高度思想水平和重视政策带头人的道德表率作用，作品充满了务实精神和人情味，不同于充满政治口号的文字。随后，司马文森奉命调外交部，先后任职驻外使馆和对外文委，直到"文化大革命"。他坚持业余创作，发表了不少散文，并在 1964 年 1 月完成了反映十年内战时期共产党领导侨乡农村武装斗争的长篇小说《风雨桐江》，这是他生命的绝唱。

司马文森一直是在时代主潮中奋斗前行的，他少年时就投身家乡土地革命，17 岁担任中共泉州特区委员，主编地下刊物"农民报"，1944 年"湘桂大撤退"后留在桂北从事游击战，曾任纵队政委。这些都成为他写革命武装斗争的积极动因和良好的条件，他的独特之处是没有照搬流行的教条主义理论和阶级对立模式，也不拘泥于史实和经验的记录，他实现了双重的超越：他按照自

---

[1] 出自杨义：《中国现代小说史》第三卷，人民文学出版社出版。

己的艺术个性，将记忆里的人物故事变形重组，放置在虚拟的情境中，进行了一次大规模的审美创造。他苦心孤诣地把刺南特区建立游击队开辟青霞山根据地的时间安排在 1935 年，证明党的路线对革命斗争胜负的决定作用；然而小说叙述的重心不在政治而在人，主旨是要表现革命中侨乡新人的涌现和成长。这是作家一贯坚持的改造国民性主题的延续和发展，是作者带有总结性的艺术探索，在同时代的同类题材叙事作品中具有鲜明的个性特色。

在总体思路上，小说把福建侨乡的革命斗争历史、社会状况分析、风俗民情图画融为一体，反映出三者之间的复杂联系。小说写道："刺州农村发展极不平衡，有平原和山区之分，又有侨区和非侨区之分。一般来说平原比山区好，而侨区比非侨区富裕。但侨区之间也有差别，有富区与穷区的区分。"有无侨汇、侨商和富裕的归侨，对侨乡社会分化极为关键，贫穷的山区和非侨区才是理想的武装革命根据地。作家"重复叙述"的出洋谋生和打强弱房之类相沿成习的侨乡特殊风俗，作为民族和地域文化的历史积淀，对社会状况的形成和革命斗争的发展起着重要作用，绝不仅仅如某些同类作品那样，把风俗描写作为点缀或装饰。这样的总题思路开阔而深远，蕴含着非同寻常的历史感。

在人物角色上，小说把宗族家庭、阶级地位、社会交往、文化教养和道德品质错综结合，展示出丰富多彩的人性和人生形态。例如，对工农群众，以阶级地位即在社会经济体系中的地位作为分类的基本依据，一般来说穷则思变，穷人易于接受革命，但也不尽然：蔡老六是侨工里的硬骨头，优秀的共产党员，其父却是人中的渣滓，奸媳卖儿的烟鬼。而出身没落地主家庭的万歪，其父送他入塾读书是想把他培养为"栋梁"之材，他熟读《三国》，自比"卧虎"，父亲死后却学了看风水，成为土豪的军师，等等。重视和突出人格是其创作的一贯特色，在 20 世纪五六十年代机械决定论和血统论思潮泛滥之时，他难能可贵地在更广阔的范围内对"历史地发生了变化"的人性形态进行了成功的艺术探索。

在结构形式上，小说采用复线情节类型，以老黄来刺州开展农村武装斗争为主线，以若干主要人物的命运为副线，穿插作为背景的小故事和非动作因素，组合成一部容量巨大而严整细密的长篇，比之作家以前的几部长篇，技巧上圆熟、老练得多。主线的故事虽然只有半年，副线的故事却包括整整一代甚至追溯到上代。那些并列或交织的副线，就是一个个人物的小传。全书有名姓者 80 余人，不少人物写得有声有色，描画出清晰的人生和心灵的轨迹。

在叙事方式上，小说运用全知全能视角，角度转换灵活，语调变化自然。反观《南洋淘金记》在人物（何章平）视角和作者（叙述者）视角之间的摇摆不定，可见作家在长篇小说叙事上的成熟。其中的性心理描写，已脱尽《雨季》和《人的希望》中的几分欧化色彩和语调，朴实隽永，活泼多姿，既是现代的，又是民族的。其中最值得注意的是洋学生黄洛夫和渔家姑娘阿玉的恋爱，一个诵新诗，一个唱褒歌，土洋结合，雅俗互补，感情"浓得化不开"，给小说平添一份浪漫色彩。小说以黄洛夫带着阿玉在青霞山上大发诗兴而结束，寄托着作家的审美理想，也是全书现代化民族风格的象征。

30 年勤奋探索，司马文森形成了昂扬而开阔、质朴而隽永、雅俗相济、情理交融的个人风格。他在写华侨和侨乡社会、写抗战时代的人物、写武装革命的历史三个方面，都做出了独到的贡献。遗憾的是当他在艺术上进一步成熟的时候，"窝里斗"的"文革"却夺去了他的生命。正如他在《天才的悲剧》出版序中所说："从他身上看出了整个时代的悲剧，他的命运代表着这个时代进步的文化工作者的命运，他的悲剧代表了大多数文化人遭遇的悲剧。"本文总结司马文森的文学成就，也是对他辞世 30 周年的纪念。

原载《学术研究》1998 年第 6 期

文学活动
及成就

革命英杰司马文森

论《文艺生活》与华南的新文学运动

陈颂声

　　20 世纪 40 年代，是人类尊严经受了一次严峻考验的年代，是中国大地硝烟弥漫的年代，也是华南的新文学运动在艰难中向前发展的年代。由于历史和环境的种种原因，华南的新文学运动一直处于比较落后的状态。抗日战争爆发之后，情况开始发生变化，华南迅速成为全国文艺活动的一个重要中心。出现这种不寻常的局面，《文艺生活》有一份不可抹杀的功劳。

　　在整个 20 世纪 40 年代，它为作家提供了一块得以辛勤笔耕的园地，它为进步作家与广大读者之间架起了一座桥梁。它不仅对华南的新文学运动发挥了推动作用，对海外，特别是南洋一带的文艺活动，也产生了深远的影响。

一

　　20 世纪 40 年代开始，正是抗日战争爆发之后的第三个年头。在那短短的 3 年内，随着我国大片土地相继沦陷，全国许多作家纷纷南移，全国各地的许多文艺刊物被迫先后停刊，于是便出现了这样一种情景：一方面是抗日的呼声日益高涨，另一方面是抗日的文艺阵地日渐减少。《文艺生活》的创办，适应了时代的需要，满足了广大作家和读者的强烈要求。

　　《文艺生活》创办时，不但正处于抗日战争的危急关头，同时也是处于国内政治气氛非常紧张之中，雷蕾在《司马文森和〈文艺生活〉》中写道，1941 年初的"皖南事变"后，"我八路军驻桂林办事处也被迫撤退，党在桂林文艺界的领导同志和许多进步文艺界人士，如夏衍同志和在《救亡日报》工作的同志们根据党的安排，大部分撤至香港。当时，党组织决定司马文森留在桂林坚持党的工作"。由司马文森担任主编的《文艺生活》面世之后，由于留在桂林的文艺工作者不多，因此要办好这样一份大型的文艺刊物，首先碰到稿源问题，加上经济拮据，困难是可想而知。在10年的漫长岁月中，《文艺生活》共出版了59期，走过曲折的道路，中间经历了4个时期。

（一）桂林时期

从1941年9月到1943年7月，出版了1—18期，称桂林版。这个时期的《文艺生活》的中心内容，是反映全国同仇敌忾的抗战激情，揭露和控诉日本侵略者的血腥罪行。很多全国知名的作家都在《文艺生活》上发表作品、评论或译作，如欧阳予倩、焦菊隐、郭沫若、黄药眠、钟敬文、邵荃麟、田汉、熊佛西、何其芳、孙用、荆有麟、臧克家、卞之琳、许幸之、沙汀、姚雪垠、夏衍等等。司马文森的长篇小说《雨季》的连载，以及先后两次的文艺座谈会记录的发表，给《文艺生活》增添了不少特色。第一次座谈会题为"1941年文艺运动的检讨"，参加的有田汉、邵荃麟、宋云彬、艾芜等14人。第二次座谈会题为"新形势与新艺术"，参加的有田汉、欧阳予倩、夏衍、熊佛西等8人。两次座谈会相隔时间不长，与会者根据急剧发展的国际形势、国内的现状，客观地指出整个文艺运动正处于低潮，使广大的文艺工作者认识到自己肩负着长期而艰巨的任务。

（二）抗战后的广州时期

从1946年1月到1947年12月，出版19—36期，称光复版（有个别期又称复员版）。由司马文森和陈残云担任主编。这个阶段的作品，突出反映了随着抗战胜利而来的短暂的欢声，随着内战的再度激发而产生的忧愤。广东作家显得特别活跃，除了前期已在《文艺生活》奋笔的陈残云、芦荻、华嘉、黄宁婴、周钢鸣、易巩、薛汕、荷子、曾敏之、郑思等人之外，此时又加盟参与耕耘的还有楼栖、征军、李育中、于逢、刘仑、杜埃、黄谷柳、金帆、黄阳等人，因而有一批作品，从内容到形式，从景物到语言，都有浓郁的地方特色。

（三）香港时期

从1948年2月到1949年12月，出版37—53期，称海外版。由于解放战争此时正进行得迅猛激烈，国内许多作家云集香港，《文艺生活》一时又成为举国瞩目的刊物，有的作家身在远方，也将佳作遥寄发表，在刊物上出现的名字，除了以前熟悉的郭沫若、茅盾、夏衍、邵荃麟之外，又增加了楼适夷、冯乃超、蒋牧良、沙鸥、洪遒、端木蕻良、萧乾、秦牧、赵树理、金丁、草明、吴伯箫、康濯、林默涵、周而复、葛琴、韩北屏、于伶、胡仲特、黄绳、马凡陀、林焕平、胡风、顾仲彝、瞿白音等。这期间，一方面面向全国"积极参加人民解放斗争及新民主主义的新中国建设"；另一方面面向海外青年，为他们输送精神食粮。

（四）解放后的广州时期

从 1950 年 2 月到 7 月，出版 54—59 期，称穗新号。这个阶段时间最短促，作品比较多的是反映解放初期城乡的社会风貌，宣传新时期的新人物、新风尚、新任务。《文艺生活》出到 59 期，想暂时停一下，希望"从 60 期起，《文艺生活》会用新面目来和大家见面"。可是，这次的暂停却成了最后的结束。它的最终停刊，有三个原因：一是华南的文艺工作者大多参加了实际工作，无法进行创作；二是类似的文艺刊物已出了不少；三是司马文森因工作关系仍羁留香港，对《文艺生活》难以全力照顾。

《文艺生活》是 20 世纪 40 年代华南地区，也是我国的一份大型刊物，它与桂林、广州、香港有着非常密切的关系。在整整 10 个春秋中，它冲破了国民党政府的文化"围剿"，克服了经济上的困扰，排除了各种思想障碍，胜利地完成了历史赋予的任务，从出版期数之多、内容之丰富充满，都称得上是同时期文艺刊物的佼佼者。

二

空前的民族灾难，使每个爱国的文艺工作者都行动起来，勇敢地投身到这场神圣的抗日战争中去，他们发表在《文艺生活》上，以激愤的心情挥写的作品，像镜子一样，多侧面、多层次地反映了 20 世纪 40 年代的历史特点和时代风云，反映了中国人民在反侵略、争民主途程中的仇恨与欢乐。

这些小说、诗歌、散文和戏剧，在同一个时期，锋芒主要集中于对日本侵略者的揭露和控诉。碧野的《前路》，钟敬文的《残破的东洞》，郭沫若的《母爱》，蔡磊的《在孤岛》等作品，对日本帝国主义者给中国人民带来的深重灾难，罄竹难书的残暴罪行，作了形象的反映。这些作品都能贴近人民的生活，都是艺术地再现人民生活中的所见所闻，因而都能牵动人们的心弦，引起强烈的反响。

对无耻的汉奸、叛徒，对骑在人民头上的恶霸，对投机钻营的不法之徒，对破坏抗战的种种邪恶势力，《文艺生活》亦有作品加以有力的鞭挞，把那些丑恶的灵魂暴露在阳光下。透过这些作品，人们像透过一个瞭望孔一样，清晰地看到我们社会的脓疮，看到了抗战中的弊端。

在风云激荡的时代，不同的人有不同的生活遭遇，有不同的思想心态，有不同的理想追求，在《文艺生活》中刻画了不少正气凛然，令人感奋的艺术形象，或为国家民族，不惜赴汤蹈火；或面对黑暗现实，勇于追求光明；或身处逆境，却坚贞不屈。司马文森的《宋国宪》写一个矢志保卫祖国的青年农民。韦昌英的《割弃》，细腻地塑造一位女战士的感人形象。作品中众多坚定的爱国者，无畏的勇士，都是经受了战火洗礼而锤炼出来，他们有的是普通人的相貌，眼泪，爱情；有的是满腔热血；有的是国家兴亡匹夫有责的灼热感情。作家在对美进行歌颂的同时，没有回避对丑的抨击，对于人民群众中客观存在的落后意识、历史痼疾，作品中都有所展现，目的是引起疗救的注意。不论是写苦难还是欢乐，不论是歌颂还是诅咒，不论是怀旧还是向往，《文艺生活》中作品的旋律，始终是积极的、向上的，对正义的力量充满信心，对美好的未来充满希望。

刊登在《文艺生活》上的佳作，主题富有积极意义，题材也十分广泛，触及社会的各个角落，跳跃着时代的脉搏，展示的生活画面既有广度，又有深度，至今仍有其值得充分肯定的认识价值和美学意义。《文艺生活》上的优秀作品，不仅表现在内容上，还表现在艺术上，从形象刻画到艺术构思，从语言运用到地方色彩，都取得了可喜的成就。

因此，我们可以说：《文艺生活》为丰富我国现代文学的画廊做出应有的贡献。

三

《文艺生活》的办刊宗旨是十分明确的，从创刊以来，它坚定地为民族解放，为民主自由呐喊，亦不管碰到多大困难，始终把推动华南的新文艺列为重要目标。为此，它分出相当的篇幅来宣传科学的文艺理论，探讨文艺创作的规律，评论我国古今作家的作品，评介国外的文艺思潮、作家作品，或组织作家写创作体会，或撰写专论。议论所及，范围非常广泛，既有全国性的理论问题，亦有华南地区性的理论问题；既有论及名家名著，亦涉及新人新作，但都是为人们所深切关注的问题。

第一，提倡文艺要为人民、为社会服务，走现实主义的道路，反对为少数歌功颂德的庙堂文艺，反对为侵略者张目的帝国主义文艺。郭沫若的《人民的文艺》是作为《文艺生活》于广州光复版新一号"代发刊词"发表的，文章郑重指出："歌功颂德的庙堂文艺，它是牺牲大众的幸福以供少数人的享乐为使命，它走的路必然是趋向死亡的路。"茅盾也表示："我们要反对，要进攻的是那些反民主思想、封建思想、法西斯思想，是主张特权、主张武断独裁的东西。这些东西，尽管他用白话写，欧化的语句写，我们还是要反对的。"（《和平、民主、建设阶段的文艺工作》）

第二，主张文艺要大众化，要发挥民族形式的作用，要让读者喜闻乐见。大家一致认为，有好的内容，还必须要有好的艺术形式；大家还指出一个严峻的客观事实进步的文艺，正面临着严重的挑战。抗战胜利后，茅盾路过广州时，即敏锐地提出"都市和县镇的小市民，也是我们的工作对象。都市的小市民，例如广州的，现在还有百分之八九十之多是沉湎于低级趣味的富有封建毒素的读物之中的。我们如果以为这是一件小事，就犯了严重的错误，我们应当从这些封建的、低级趣味的读物的氛围中争夺小市民"。邵荃麟在一篇文章的开头也指出问题的严重性："最近港粤文协正在展开一个民间文艺形式以及当地的黄色文化的调查研究工作，若干文艺朋友已经搜集了不少关于这方面的材料，并且已经着手于民间形式改造的尝试。这件工作是富有意义而且是必要的。"在创作实践上，陈残云、芦荻、易巩、荷子、华嘉、黄阳等人都曾在诗歌或小说中，尝试融进广东的地方语言、地方的形式，如芦荻的《粤

210

讴三首》，华嘉的《老坑公和先生秉》，易巩的《珠江》，都有很浓的地方味。此外，马可的《夫妻识字》是秧歌剧，秦黛的《复仇记》是桂林花灯戏，楼栖的《新破镜重圆》是南方采茶戏。这些地方形式的运用，效果不尽一致，但勇于实践的精神，无疑是应该肯定的。

第三，鼓励作家挖掘题材，真实地反映生活的丰富性和复杂性。对于表现的对象，田汉认为首先要写广大人民，此外"我们还要继续写中间层，写他们的知识分子，写他们的苦闷和出路，也要写社会上层，写他们的进步和新法西斯的决裂，但针对一向的缺点，我们要更多地向劳动人民学习，向士兵学习，和他们生活在一起，理解其痛苦、要求，生活风趣"。茅盾还指出要重视重大题材，还要主动地去变不熟悉为熟悉。从总的来看，《文艺生活》刊登的作品，题材的开挖是很成功的，说明了作者在动笔之前是下了一番观察和研究的功夫的，但无可否认，个别作品的选材是失当的，导致作品的质量非常低劣。

第四，认为不应忽视写作技巧，提高作品的艺术性。林默涵注意到这个极其重要但又非常薄弱的问题，他说："作品之能否打动人，当然主要是看它的思想力的强弱，但这思想力所赖以表现的艺术形式之高下，对于它的动人的力量之大小，又有着决定的作用。"可惜的是，把这个问题提得那么高的只是个别人。至于如何提高艺术素养，提高艺术，论文中要不是语焉不详，就是只字不提，比如有些文章接触到这个问题时，也只是笼统地从广义上一笔带过，没有认真地加以探讨，切实帮助解决。当然，离开内容而片面地去追求艺术技巧，去追求"语不惊人死不休"是错误的，但对这样一个关系到作品成败的问题讳莫如深，有意或无意地避而不谈，也是不对的，跟全国好些地区相比，为什么华南杰出的作家那么少，上乘的佳作那么少？究其原因，其中主要一条，就是长期对这个问题没有引起足够的重视，这样一来，华南的一些作家，在走上文坛之前，艺术修养上已是"先天不足"，在动乱的年代中，又未能得到理论上的指引，未能及时得到恰切的批评，创作上要有迅速的发展，自然受到限制。《文艺生活》在这个问题上做得未尽理想，有很多方面的原因，今天，我们在回顾这段历史的时候，对华南新文学运动进行反思时，是值得吸取经验教训的。

四

植根于华南的《文艺生活》，跟香港、海外亦有很密切的关系，特别在香港出版期间，为了适应抗战胜利后广大青年对文艺的渴求，该刊把团结、培养海外文艺青年列为一项突出的任务。为了达到这一目标，《文艺生活》拟订了一套计划，采取了一系列的步骤和措施。

第一是发起征求文艺生活社社员活动。这个活动的开展富有意义而切合时宜，因为几经战乱，广大知识青年对健康、进步的文艺有强烈的要求，有的有写作基础的青年，还希望得到名家的具体指引。因此，司马文森的《文艺生活社征求三千社员运动》公之于众之后，反响相当强烈，其中尤以远处海外的青年文艺爱好者最为雀跃，新加坡、菲律宾、泰国、马来亚、越南、印度尼西亚，以及美国、加拿大、南美等国的华侨青年，纷纷踊跃参加。此举既满足了广大文艺青年的愿望，亦为《文艺生活》筹措了一些经费，使《文艺生活》在极度困难中仍能继续支持下去。

第二是设立文学顾问会，利用多种形式加强指导，顾问会的组成和分工，理论：黄药眠、冯乃超、邵荃麟；小说：葛琴、司马文森、华嘉；戏剧：夏衍、章泯；诗歌：陈残云、黄宁婴、吕剑；批评：胡仲特、陈闲；散文报告文学：周钢鸣、周而复、洪遒。顾问会要求起到"文艺学习研究指导顾问机关"的作用，"它的工作，除了经常回答问题，批阅习作外，并于每月初公布一个月来研究大纲，举办每月征文，使各学习小组、各社员有机会进行学习研究和写作活动"。在《文艺生活》上，先后刊登了《〈马凡陀山歌〉研究大纲》《怎样阅读文艺作品》和《为什么要读文学史？怎样读文学史？》等指导性文章，还刊登了陈残云、司马文森、周钢鸣等回答社员的复信。

第三是为了便于联络，海外好些大都市都指定专人跟社员联系，有的还负责代转刊物。总社负责人是司马文森、张殊明、陈残云，菲律宾是林林（马尼拉华侨导报社），吉隆坡是西玲（吉隆坡民声报社），暹罗是杨繁（曼谷商报社），新加坡是金丁（新南洋出版社）。

第四是组织社员开展各种文艺活动，如发动社员捐款、捐书，建立一个文艺图书馆（后改称进修图书馆），给社员提供方便。组织社员联欢座谈，交流学习文艺心得，如港九的社员 60 多人，曾开过联谊会，还组织到青山和沙田旅行。其他有条件的地方，社员也自动组织小组活动，又选登了一些社员的"自我介绍"。

第五是刊登社员作品，鼓励社员努力创作。向社员发起过"在混乱的日子里"征文活动。在《文艺生活》先后发表的习作有上官豕的《同僚》，陈雅的《读读香港社会中的几种暗语》，铁掌的《海上》，陈漫天的《谁杀死了王乡长》，野笋的《桂林春暮》，亚弟的《烧开了的水》，黎棠的《灌水》，余全的《一个乡村小学教师》，等等。这些习作虽然比较粗浅，但篇幅短小，生活气息很浓，选登这些来自社会各方面的文艺幼苗，意义是很深远的。

第六是就海外某些重要的文艺问题开展讨论。夏衍有《"马华文艺"试论》发表，郭沫若写过《申述"马华化"问题的意见》，都是有的放矢之论。有针对海外文艺青年在写作中普遍存在的不善于选材的情况，发表了 T.A 的《海外有什么题材》，提示大家要把握华侨的特点，发掘丰富而有意义的题材，包括与"当地的民族、国家互相接触交流"，在对日斗争中的"英勇的故事"，"华侨在异国的生活"以及华侨"在祖国看到的现实"，侨眷在国内的"凄苦生活"等都可以"贯串起来，加以组织和整理，表达出华侨的思想感情，生活的特性，恰当地衬托出地方色彩和异国情调"。当时，马来亚的华侨文艺工作者曾就他们的文艺的特点展开过争论，一种主张附属，即把它列为祖国文艺阵线的一支流；另一种主张独立，即把它建成生长在马来亚土地上的文艺团体，并非中华文协的附属品。司马文森以宋芝的笔名著文表示："马来亚的文艺阵线，应该是独立的阵线，不必附属在中华文协底下。"并建议马来亚的文艺阵线应根据此时此地不同的形势来决定自己的路线，"把自身利益和马来亚人民大众利益统一起来，把自己思想感情和马来亚人民大众的思想感情融洽在一起"。类似这样的文章，在当时对解决一些带原则性问题很有帮助，今天看来，也是非常正确的。

第七是发表了一批反映海外生活的作品。《文艺生活》总 39 期和 40 期合刊，列为"马来亚人民抗敌记"专号，内有四篇专稿，即叶韵的《线球》，黄亦夫的《虎口余生》，健雄的《狼之死》和鸿鸣的《秋天的霞》。这些作品都用生动的情节反映马来亚人民艰苦卓绝的斗争。杜埃的《在吕宋平原》，是以抗日战争到战后获得"独立"为背景，描写菲律宾人民和游击队的鱼水关系，描写了中菲人民的亲密情谊。以上这些作品，由于作者对所描写的环境、生活、人物都十分熟悉，因此作品都带有浓厚的海外特点和异国情调。

一份刊物对一个地域产生影响到底有多大，是不能用也根本不可能用简单的数字来标示的，但从以上几个方面的事实，我们可以清楚地看到，《文艺生活》在海外是受到欢迎的，它确是海外广大文学青年的挚友。《菲律宾华文文学的回顾与前瞻》，是菲律宾诗人云鹤撰写的论文，文章开头就指出："菲华新文学的发展，与华文报纸及期刊有密切的关系。"在回顾各个发展时期时，又认为"菲华新文学，在第一代作者辛勤耕耘下，从 20 世纪 40 年代到 50 年代末，出现了两个高峰；一是光复初期，一是 50 年代中期"。文中虽然没有提到《文艺生活》，但我们根据事实，认定这份刊物所做的贡献，对海外的影响，是完全可以下历史结论的。

五

20 世纪 80 年代的今天，我们回过头来看《文艺生活》，回顾它走过的道路，总结它的成就，指出它不足之处，我们可以得出这样的结论：《文艺生活》是活跃在华南抗战前沿的一个重要的文艺阵地，有力地推动、促进当时华南的新文学运动，为华南作家与全国作家互相交流、互相学习，并肩战斗的一个文艺中心，同时，《文艺生活》又是为海外培育文艺骨干的一所别开生面的学校。

原载香港《大公报》1987 年 8 月 27 日

214

现代作家与福建乡土

马驰原

人民文学出版社最近出版司马文森的长篇小说《南洋淘金记》，此书于1948 年在香港《华商报》[1]上连载时，就博得广大读者热烈喜爱。

作者以白描手法描绘何章平从闽南乡下，随"水客"漂洋过海，流落在菲律宾的坎坷遭遇，展示出 20 世纪 20 年代末至 30 年代初菲岛的社会面貌：日本帝国主义横行，花旗鬼子敲诈勒索，政客奸商金融投机，流氓地痞打架斗殴，暗娼寨公开卖淫，赌窟烟馆纸醉金迷，构成一幅幅资本主义社会光怪陆离的人间相。"九一八"事变后，何章平积极参加当地华侨抗日联合会的反帝斗争，被捕判刑，出狱后被遣送出境，回厦门即奔赴闽西苏区。整部作品情节紧张曲折，引人入胜，语言质朴，口语化。

作品开头以简洁通俗的文笔，描绘 20 世纪 20 年代末闽南侨乡的悲惨生活：由于农村破产，经济重压，侨乡人民都把出洋谋生当作"淘金"，明明听到许多漂洋过海的恐怖传说，"可是青年们还被公开鼓励着'过番'去"。何章平的父亲为了让儿子取得"番客"成分，不惜花了 250 块银洋，买了一张"大字"（出国护照），往海外作孤注一掷，"这是一种公开巨大的赌博"。

---

[1] 不是刊于《华商报》，是香港《文汇报》。1948 年香港《文汇报》创刊，柯灵接编"社会大学"专栏，照他的计划，该有个连载的通俗小说，经他的提议，司马文森创作了《南洋淘金记》，从 1948 年 9 月 10 日至 1949 年 5 月 16 日在《文汇报》连载，署名：何汉章。《南洋淘金记·题记》载 1949 年 9 月 18 日《文汇报》。1949 年 12 月香港大众图书公司初版，1950 年再版，1986 年人民文学出三版。

作品还形象地展现出当时闽南侨乡的风物情调，如鹭江埠头，"无数穿着丝绸的'番客婶'满口镶着金牙，双手戴满金戒，拖着'吕宋拖'，点缀了这豪华的城市"。而另一个侨属天赐婶，由于丈夫在南洋穷困潦倒，"她做了'番客婶'，也设法去镶上几个有标记性的金牙，然而她没有得到一个'番客婶'应得的荣誉，人家在这里看不起她"。作者从微观入手，注意色调的敷设、环境的描写和当年闽南侨乡风习紧密联系起来，使作品富有地方色彩。

原载《厦门文学》1987 年第 4 期

司马文森与抗战文艺

黄夏莹[*]

　　我国现代文学史上颇有影响的归侨作家司马文森，原名何应泉，1916年出生于福建省泉州市城内一个普通家庭。他短暂的一生，先后发表作品600多万字、文学专著35部。烽烟弥漫的抗日战争，是他创作生命力最旺盛的黄金年代，他的作品歌颂中国人民抗战英勇战绩，暴露日寇的残暴，揭露汉奸散布谣言制造混乱、出卖民族利益，激扬同仇敌忾和抗战必胜信心，曾风行华南、西南和海外，在海外侨胞和南洋读者中有很大的影响。

　　司马文森从小酷爱文学，靠几年学堂打下的文化底子，在菲律宾做小店员时，他又如饥似渴地阅读各种书刊，为后来的创作奠定了坚实的基础。他16岁时在泉州开始发表小品和诗歌。1933年他加入了中国共产党。先后担任中共泉州特支宣传委员、特区宣传委员，主编《赤色群众报》（复刊版）。后因白色恐怖，泉州白区党组织遭受挫折，他被国民党追捕，1934年秋秘密转移上海。经张庚介绍，他加入了"中国左翼作家联盟"，正式开始了文学创作生涯。

在上海

　　1935年司马文森开始在《申报》《时事新报》等刊物发表短文。1936年他用林娜笔名在《光明》《新学识》《作品》等刊物发表小说《鹰》《壮丁》《土地》

　　＊　黄夏莹，先后担任中共泉州共青团特支宣传委员、特区宣传委员。

等作品。在这些作品中，他以闽南社会为背景，通过对一些平凡人物和事件的真实描绘，揭露日寇入侵前夕闽南的社会现实，反映了人们的民族意识的觉醒和抗争，洋溢着浓厚的时代战斗气息。

"七七"事变后，司马文森参加了上海文化界救亡协会，从事抗日救亡宣传工作和组织工农文艺活动。他在《救亡日报》《国闻周报》《新学识》等刊物发表文章，宣传抗日文艺的通俗化，以适应广大民众的习惯和水准。他在《再谈文艺通俗化运动》一文中指出："目前为着普通救亡运动的深入，使我们感到利用原有的文学格式是不够的，我们需要更深入、更普遍地流到民间去"，他主张"尽量利用旧形式来装新内容，由于旧小说及小曲、大鼓、皮黄等，在民间流传有很深的历史，一般大众已习惯于这种形式"。他"希望已经在埋头苦干的朋友，不畏艰难的继续干下去，想干的朋友，不妨出来试试看，只要一个地方有特殊的方言，我们就可以利用同样的方法炮制，这才算切切实实的深入基层工作，才算彻底的通俗化"。他并写了《战时文艺通俗化运动》一书，作为黑白丛书战时特刊，于 1937 年 12 月由上海生活书店出版，以推动战时文艺的通俗化，使抗日救亡的宣传更深入、更广泛。

上海沦陷后，日军占领了除租界外的整个大上海。司马文森这批进步文化人，在党组织周密、细致的安排下，分三批撤退。一批组成救亡工作队沿京沪线去武汉；一批由海道乘英国船去广州；另一批则留在上海隐名埋姓继续坚持斗争。司马文森是属于朝广州撤退的一批，同走这一路线的还有郭沫若、夏衍和救亡日报社的同人。

在广州

1937 年 12 月 8 日，司马文森一行抵达广州。9 日，司马文森和郭沫若、林林、都风等一起参加了广州的"一二·九"3 周年纪念大会。这时的广州，进步的群众性文化活动比较活跃。国民党当局、广东军阀余汉谋对这批左翼文化人表示"热烈欢迎"。余汉谋"欢迎"这批文化人有其原因：一来余虽以投蒋反陈起家，但他一向反蒋，与蒋矛盾极深。二来余比较开明，拥护抗日统一战线主张，愿与我党合作。党组织决定把这批文化人留在广州参加抗日救亡活动。这样，广州的抗日救亡活动加上这批左翼文化人如虎添翼，更加活跃。司马文森参加到广东文化界救亡协会宣传部工作，《救亡日报》是主阵地。12月25日，司马文森在广州《新战线》第二期发表《抗战文艺的路》，署名林娜。文章指出抗战文艺"内容应该是抗战，反汉奸的。它的形式，应该是通俗的，为大众所能接受的。唯有大众听得懂、读得懂的作品，才能算是真正抗战文艺，才能算是大众文艺"。

1938年1月11日，司马文森在广州《救亡日报》发表文章《不要看轻自己的武器》，署名林娜。批评广东某些戏剧工作者轻视街头戏剧演出的错误观点，强调街头戏剧演出的重要性，指出："戏剧与歌咏，在动员民众、鼓动民众、组织民众的效能上，是最为直接、最为有力的。每一个戏剧工作者都应该把自己看成一位民族革命战争中的战斗员，成千成万的人，要在我们手中组织起来、动员起来的。"他主张抗战文艺工作者应该深入到群众中，将各种抗日救亡情形、事实和斗争，有血有肉地表现出来。

不久，第四战区长官司令部政治部成立，尚仲衣教授当上了三组（宣传组）上校组长，他把从上海来的左翼文化人拉去扩充宣传组。于是，在组织安排下，这批左翼文化人便有不少穿上军装做起"官"来了。司马文森在三组挂少校军衔。7月31日，他与夏衍等人参加广东文学座谈会，检查抗战一年来文艺创作工作和商讨"八一三"献金运动，在会上，他指出抗战文艺的几个特点：一、各流派作家均把笔集中于抗战；二、创作出新的文学风格；三、以短小精悍的形式出现，表现着复杂的现实。接着，他的报告《死难者——广州在轰炸中之一》是在茅盾主编的《文艺阵地》发表的第一篇文章，愤怒地揭露、控诉日军侵略广州狂轰滥炸、残害中国人民的滔天罪行。他还踊跃地参加第四战区政治部组织的"保卫大广东""保卫大广州"的宣传周活动。

台儿庄大战后，广州吃紧。10月底，长官司令部人马悄悄撤出广州。经党组织精心安排，《救亡日报》及一部分人沿西江水路撤往广西桂林，大部分人员组成"抗宣队"深入农村。司马文森"官"职在身，随政治部三组撤往粤北韶关、翁源一带，坚持抗日救亡宣传活动。党组织指定石辟澜为三组地下党小组负责人，同组的党员有司马文森和黄新波。1939年1月，何家槐主持召开了韶关文艺界会，司马文森主讲"文艺通讯员运动"，他主张"抗战文艺运动也应成为群众的，打破以往编杂志、写文章的圈子，把种子传到各农村、工场，特别是营房和战壕去"。4月16日，《文艺阵地》发表了司马文森从曲江寄来的信，信中说："从广州北撤后，感想与题材甚多，惟因工作忙碌，有时又提不起心情，一直没有写过东西。寄上短文两篇，照预定计划是要在一个总题目《粤北散记》下写它十几或二十几个短篇，每篇又有它的独立性。"

1939年初，国民党发动反共高潮，张发奎主持战区，司马文森这批文化人成了张的"眼中钉"。张在"总理纪念周"上公然攻击共产党。那些靠摩擦吃饭的"摩擦"专家也找上这批文化人，冷言冷语地讽刺、侮辱，行动又被人监视。针对这种情况，党小组开会研究，认为这样下去已无意义，上级也批准撤退，我们要做好撤退准备。接着，国民党当局则以"改组"为名，把石辟澜、黄新波、司马文森这些"嫌疑重大"的人"遣散"。组长尚仲衣教授认为大势已去、毫无作为，也自动要求"遣散"。这时，党组织也发来通知："形势已变，如无条件在广东坚持，可到桂林，工作已有安排。"

在桂林

桂林是当时广西的省会，全省政治、军事、文化的中心，它的战略地位重要，是西南大后方的大动脉、枢纽，有铁路可通湖南、广东、贵州，进可攻，退可守，在桂林还有不少天然岩洞，空袭时可防空。司马文森初到桂林，暂住太平路救亡日报社址。党安排他到广西地方建设干部学校校本部当指导员。他在干校坚持写作，宣传抗战，他对中华全国文艺界抗敌协会桂林分会的工作大力支持协作，经常参加进步文艺团体举办的各种座谈会，时刻关心文坛的新动向，在理论上认真探索造成国统区抗战文艺低潮的原因，为掀起抗战文艺运动新高潮而大造舆论。他应邀参加了戏剧春秋社主持的《国家至上》《包得行》演出座谈会。在《救亡日报》发表了《向世界提出控诉》的文章，强烈控诉、抗议日机轰炸的罪行。在《国民公论》发表了评论文章《散步在宣传圈内》，作为"七七"二周年纪念征文特辑，并发表了《两年来抗战工作的经验与教训》的特约文章。司马文森大声疾呼："为了民族的生存，为了抗战的辉煌前途，甚至为了工作者自己，要求大家不要光做表面工作，而要真正深入工农兵群众中去。"1939 年 10 月 2 日成立的"文协桂林分会"，是党领导下，桂林文艺界抗日民族统一战线的战斗团体，司马文森连任六届理事会理事，和王鲁彦、巴金、夏衍、田汉等同志一道，积极从事"文协桂林分会"的组织领导工作，他先后担任出版部、组织部、儿童文学组的负责人。当汪精卫公开投敌叛国时，他和夏衍、艾芜等著文愤怒声讨汪逆，打响了全国文艺界讨汪第一炮。为了培养文艺青年，在分会主办的两期文艺讲习班上，司马文森主讲"文艺写作过程研究""文艺的题材与主题"。他积极参加分会发起的"保护作家合法权益"运动，与茅盾、田汉、胡风等被推选为九人领导小组成员。他的报告文学《粤北散记》在《文艺阵地》连载，反映了广东抗战形势，人民斗争，揭露了粤系军阀在第一次反共高潮到来之前反共、反人民的丑恶面目，强烈控诉了日军侵华罪行。他以大无畏的英雄气概和出色的斗争艺术，同国民党当局压制民主、破坏宣传、出版自由的行为展开针锋相对的斗争。

"皖南事变"后桂林气氛紧张，李克农领导的八路军办事处被撤销，《救亡日报》和一些抗日进步刊物相继被迫停刊，夏衍等进步文化人先后撤离桂林。广西地方建设干部学校情况也非常紧张，干校被说成是共产党大本营。在这种情形下，党为了保存革命实力，决定把突出的机构、人员撤退。司马文森奉命留守桂林坚持党的抗日文艺阵地，并负责联系和领导文化系统地下党的工作。对于那些经过千辛万苦到桂林，找不到八路军办事处、找不到组织要到解放区去的，司马文森设法联系撤走途径，走不了需要留在桂林的人员，司马文森得想方设法帮助他们解决生活问题、找工作。

司马文森居住在七星岩一幢新建的木屋的楼上，在一种压抑和期待的心境下，构思长篇小说《雨季》，并在《种子》第一期发表散文《期待》，形象地反映了他迫切期待中共南方局派人指导工作和向往光明、胜利的心情。"已是半夜了，四周仍然使人起了肃杀的感觉，池塘里的蛙声也喑哑了，我突然感到窒息起来，呼吸短促了，于是我就走近窗去，窗门打开，就有一股冷气随着冒入，我打了一个冷噤退后了……我离开那儿了，可是却没有把那面窗重新关上，因为我坚信，第二天它将给我带来黎明。"果然有一天，在木屋楼上，来了一个不速之客，微笑地递给司马文森一封信，看完介绍信后，司马文森兴奋得要把客人抱起来。这位老李，是上级党派来的，并带来胡公的问好（当时称周恩来同志为胡公）。

不久，新成立了一个出版社——文献出版社，老板和孟超熟悉，想办一个文艺杂志为他的出版社打打招牌。孟超找司马文森商量"请你办个文艺月刊，出版许可证我有办法弄到"（孟超在桂系军队内的"国防艺术社"挂中校军衔，在广西壮族自治区党部内颇有几个熟人）。司马文森认为与出版社合作，办文艺杂志可以为抗日斗争服务，于是就创办了大型文艺杂志《文艺生活》月刊。

秋天，司马文森夫妇由民主人士张健甫介绍到汉民中学执教，继续承担联系上级党组织南方局和进步文化人士工作。司马文森在《在桂林的日子》一文中，反映了当时的心境："我已经找到一份职业，在一家中学教书。这对我在桂林隐蔽下去有利。我教书，编杂志，而在夜深人静，则用沉重、愤懑心情在写《雨季》。多么闷人的雷雨天呀！沉闷，沉闷，气压低得使人喘不过气。可是，在浓密的云层内隐藏有阳光。那光芒四射的阳光，暂时在阴雨弥漫中运转着，它会冲出、它会继续普照大地的。党的统一战线政策，就是这个光辉四射的太阳，它会冲出，它会胜利。"

但是，雨过并未天晴，那家中学对司马文森这个"左派文人"也不放心，借"聘约已满，不再续聘"为由，把司马文森"遣散"了，在短短四年中，司马文森"光荣"地三次被"遣散"。离开学校后，他主要精力投入创办《文艺生活》月刊，高举抗日文艺的旗帜，坚定宣传党的抗战主张、坚持抗战、团结、进步；反对投降、分裂、倒退。《文艺生活》得到全国各地著名作家、诗人、评论家的关心与支持，在海内外读者中颇有影响。《贵州日报》发表王伴石写的书刊介绍《文艺生活——司马文森主编》，文章指出：这是"目前一本比较优秀的刊物，是在《文艺阵地》《抗战文艺》等停刊后，荒凉而冷漠的文艺园地之中的一株齐木，一棵劲草"。《文艺生活》是综合性的文艺刊物，发表小说、诗歌、杂文、随笔、剧本和文艺评论，主要撰稿人有郭沫若、欧阳予倩、夏衍、田汉、邵荃麟、艾芜、周钢鸣、穆木天、熊佛西、骆宾基、黄药眠、何其芳、碧野、姚雪垠、林焕平、陈残云、秦牧、沙汀、王西彦、何家槐、柳亚子、孟超等，实力雄厚，充分显示了司马文森杰出的组织才干和活动能力。该刊 1943 年 8 月被国民党广西当局勒令停刊，共刊出 3 卷 18 期，在宣传抗战救国，抨击国民党反动政策的斗争中发挥了巨大作用，是当时全国屈指可数的进步文艺期刊。

1944 年秋，日本侵略者逼近桂林。根据南方局在桂南、桂西、桂北开展抗日武装斗争的部署，司马文森被任命为中共桂北特支书记，安排进步文化人士撤离桂林后，带领桂林地下党文化支部的成员杨繁、何谷、郑思、吉联抗、徐行平等到桂北建立根据地，开展抗日武装斗争。1944 年秋冬，司马文森联合融水地方党组织组建抗日青年挺进队，交杨繁（队长）、何谷（副队长）领导；对国民党的散兵部队进行统战，整顿组建抗日别动纵队，担任政治部主任，安排郑思担任镇国政工队队长，吉联抗负责宣传。在桂北还活跃柳州日报地下党支部领导的柳州日报自卫队。司马文森作为中共桂北特支书记，与郑思作为桂林文化支部代表，和《柳州日报》支部代表罗培元、张琛，以及融县党支部代表路璠、陶宝恒组成临时桂北工委，共同协调领导三支抗日游击队，战斗在桂北，坚持到抗战胜利。

原载《福建党史》1988 年第 5 期

东南亚华文文学的扶持者司马文森

任伟光

司马文森（1916—1968）是中国现当代知名作家、报人。他的作品以描写东南亚华侨社会和华侨生活为主要特色，受到读者的瞩目。透过司马文森的文学活动和创作，可以使我们了解到中国现代文学与东南亚华文文学的关系。

一

司马文森与东南亚华文文学 [1] 发生较密切的关系是在抗战以后。那时他在广州、香港主编《文艺生活》月刊。《文艺生活》是 1941 年在桂林创刊。出了两年多，国民党中宣部因其倾向进步，以"节约纸张"名义，命令"停刊"。抗战胜利后《文艺生活》在广州复刊，仅出 6 期，就被国民党当局查封。当局者没收了文艺生活社的全部财产、稿件和存书，文艺生活社的工作人员被迫流亡香港。面对国民党政府的迫害，文艺生活社的工作人员并没有屈服，他们在司马文森的主持下，再次在香港复刊了《文艺生活》。《文艺生活》在广州，特别是在香港复刊后，由于国民党政府的"封锁""严禁入口"，几乎"和内地读者隔绝"。主要的读者是东南亚一带华侨，这样，司马文森以《文艺生活》为阵地，为扶持、发展东南亚华文文学做了许多工作。

东南亚华文文学是在中国"五四"新文学运动的直接影响下产生发展起来

---

[1] 指的是 1919 年以来的新和文学。以下所提的"东南亚华文文学"均指此。

的。它既适应了东南亚侨居国社会的发展，又继承、发扬了中华民族的优良传统，独树一帜，成为南洋新兴文学的一种独特形式。由于殖民地社会的特殊环境和现代社会的不断变化，东南亚华文文学的演变十分急剧和繁杂，文学运动重心的转移很频繁。根据这样的特点，司马文森十分关心东南亚华文文学运动的动态，及时提出精辟的意见和看法。比如，1947—1948 年，马华文艺界展开了关于"马华文艺独特性"问题的讨论，"要求马华文艺工作者站在马来亚人民的立场从事创作活动，要求创作马来亚人民文艺，要求马华的独特形式"。这场讨论在马华新文艺运动中有划时代的意义。对此，司马文森积极组稿，邀请郭沫若、夏衍、金丁等人写文章参加讨论。郭沫若的《关于"马华化"问题》，夏衍的《"马华文艺"试论》这些在当时有相当影响的文章就分别刊登在《文艺生活》海外版第一、二期上，除此之外，《文艺生活》还陆续发表了《注意海外文艺读者对象》《海外有什么题材》等文章，从海外华文读者对象和创作题材的角度，谈到马华新文学应该以表现马来亚生活为原则，支持马来亚华侨青年创作"当时当地"的"土生文艺"。又比如，对东南亚华文文艺界提出的关于建立文艺界统一战线、开展通俗文学运动、开展文艺通讯员运动等问题，司马文森都通过《文艺生活》组织讨论，发表看法。他认为，东南亚华文文学应该积极开展通俗文学运动和文艺通讯员运动，因为这有利于华文文学的普及和发展，并且提出了具体的实施办法。司马文森的这些意见和办法，倾注了他对东南亚华文文学的关怀。

司马文森不仅关心东南亚华文文学运动的动态，而且也热情地培养、扶持东南亚华文文学家及其作品。综观东南亚华文文学的发展，我们可以看到这样一个现象，就是在作家队伍方面，它与中国现代文学有很大的不同。它不像中国现代文学那样，除了各个时期有众多的作家外，还有少数作家，比如鲁迅、郭沫若、茅盾等人，始终站在时代的前列，成为新文学运动的中坚。东南亚华文文学的作家队伍新陈代谢很快，有的作家由于不见容于殖民地的社会环境而离境，有的作家因为其他文化部门或社会运动实际工作的需要而转行……致力于新文学创作的作家常常只有几年的历史。所以，努力培养、扶持海外华文文学作家及其作品是很有必要的。为了发展东南亚华文文学，司马文森通过招收"文艺生活社"社员的方式，发掘、培养海外文艺人才，把港澳和南洋的华侨文艺青年团结在周围，开展进步的文艺活动。为了提高东南亚华文作家的创作水平，司马文森请中国现代文学中的名作家向青年华文作家介绍创作经验，如郭沫若、巴金都曾应邀结合当时海外华文及海外华文作家思想、创作上存在的问题，写文章谈自己的创作体会，给予海外华文作家热情的指导。这些关于创作经验谈，后来都结集收在《文艺生活选集》中。司马文森也积极向海外华侨文艺青年推荐中国现代文学中成就较高的作品，介绍解放区的秧歌剧、小说、诗歌，作为他们创作的借鉴。与此同时，他鼓励文艺生活社的社员和海外青年华文作家大胆进行创作实践。他告诫他们，不要怕幼稚，要勇于练习，但发表作品时要"胆大心细"，"切忌草率"，因为"草率往往是一切艺术的致命伤，它会毁损艺术，也损毁自己"。为了推动他们的创作，司马文森在《文艺生活》月刊上登载大量东南亚华文作家的作品和译作，比如，揭露帝国主义势力迫害侨胞罪行的短篇小说《在新加坡的监狱里》；歌颂马来亚人民为自由民主而战的《马来亚之歌》；出自海外无名青年之手的连载报告《马来亚人民抗敌记》；还有金丁译的《印度尼西亚杂文选》，林林翻译的《菲律宾诗选》等都登载于《文艺生活》。一直到1950年南洋华侨文艺界和青年在香港创办赤道出版社，编辑《南洋文艺作品选集》、"赤道文艺丛书"，司马文森仍在繁忙中给予热情的支持，使丛书较顺利地出版了十多册。

司马文森能够为推进东南亚华文文学的发展做大量的工作，与他所处的社会环境和时代有一定的关系，可以说，特殊的社会环境和时代为他的工作提供了便利的条件。如前所说，当时司马文森在香港，除了主编《文艺生活》月刊外，他是香港"文协"的常务理事。香港的言论较内地自由，而且由于地理位置的便利，司马文森能够广泛地接触到东南亚华文作家及其作品。加上抗战开始后，许多中国作家前往港澳、东南亚一带，暂避日本帝国主义和国民党政府的迫害，司马文森与他们保持较密切的联系。这一切对司马文森能够较及时、准确地把握东南亚华文文学的发展、变化的信息，开展进步的文学活动，扶持东南亚华文创作创造了必要的条件。

司马文森不遗余力地支持东南亚华文文学与他对开展这一工作的积极态度分不开。司马文森曾说：他与文艺生活社同人努力办好《文艺生活》月刊，为海外读者服务，促进东南亚华文文学的发展，是为了"要敲响福音的钟，播真理的种子"，"要向真理飞翔"，[1] 是"想把自己一点力量贡献给大家"[2]。

功夫不负有心人，司马文森的工作在华文作家中产生了一定的影响。许多东南亚华文作家从他的工作中得到帮助，受到启发。比如作家韩萌说："全面内战，我被迫去出生地马来亚谋生。去那异邦的商业社会，亲戚们要诱我弃文从商，而自己因家败父亡，家庭负累重，正彷徨不知所措。这时，见报上登出司马文森的《文艺生活》已在香港复刊，而且以招收社员方式，把港澳和南洋的文艺青年团结在周围，这一佳音给我不少力量……我说服一批进步青年学生加入文艺生活社，自己也拿起笔来……""《文艺生活》可以说是影响我走上文艺道路的一个主要标志。司马文森正是一位可敬辛勤的引路人。"[3]《文艺生活》也以进步的思想，生动活泼的形式，浓郁的地方色彩吸引广大的东南亚读者，得到东南亚华文作家和读者的支持。许多东南亚华文作家积极向《文艺生活》投稿，有些海外读者还从经济上给《文艺生活》以帮助。比如，1947年，在国民党政府的压迫下，《文艺生活》几乎难以维持，但海外侨胞热心地为它募捐出版基金。为此，司马文森在《文艺生活》上发表《感谢侨胞为祖国文化的援助》一文表示谢意，并多次提到《文艺生活》"得到支持和发展"，是"广大读者，特别是海外社员们的热心支持"[4]的结果。海外华文作家及读者对《文艺生活》的支持，也有力地说明了司马文森工作的成绩。

二

司马文森不但热情地关心东南亚华文文学的发展，而且也用自己的创作向祖国人民介绍东南亚人民和华侨的生活。20世纪30年代以来，司马文森一直没有中断过创作反映东南亚人民和华侨生活的作品，这些作品主要有中短篇小说集《菲菲岛梦游记》《我们的新朋友》以及长篇小说《南洋淘金记》。

翻看司马文森这类题材的作品，我们可以发现其中一部分是描写东南亚社

---

[1]　出自司马文森《奇遇·序》。

[2]　出自司马文森《文艺生活选集·序》。

[3]　出自韩萌《悼司马文森同志》，刊于《广州文艺》1979年第9期。

[4]　出自司马文森《文艺生活选集·序》。

会的风土人情，充满了异国情调。这部分作品大多是在 20 世纪 30 年代和抗日战争时期写的，收入《菲菲岛梦游记》中。在这些作品里，司马文森以充沛的感情，明朗的笔调和朴素的语言，描写了菲律宾人民的劳动生活，尤加里琴的悠扬乐声，椰林海滨的优美景色……一幅幅生动明丽的图画，吸引了国内众多的读者。

司马文森的另一部分作品是描写东南亚华侨社会和华侨生活的，这部分作品在司马文森的创作中最具特色。东南亚华侨为数众多，源远流长。他们以自己的辛勤劳动，为侨居国的社会经济发展做出了巨大的贡献。长期以来，东南亚华侨身受殖民主义者的压迫和歧视，他们保留了本民族的文化传统和风俗习惯，并与祖国大陆保持着密切的关系，他们在当地逐步形成了自己的华侨社会。司马文森这部分作品正是用真挚的感情、质朴的语言，向读者描绘了这个华侨社会的生活，讲述了东南亚特别是菲律宾华侨的血泪和欢乐、劳动和斗争、思绪和感情，包括他们同当地人民的亲密交往，和平相处，他们对故乡的深情眷念，他们对祖国的拳拳赤子心……我们可以长篇小说《南洋淘金记》为例作具体的阐明。《南洋淘金记》以菲律宾的岷埠、巴那第地区为活动背景，通过主人公何章平远渡重洋，到菲律宾谋生的遭遇，广泛而真实地反映了"九一八"事变前后菲律宾华侨社会的生活和斗争。在小说中，作者全面形象地为我们描绘了菲律宾华侨社会的生活情景：文伯、廉伯、天赐等老华侨创业的艰难；何章平、红娟等"新客"难堪的入境检查以及他们到菲律宾后的不幸遭遇，经济不景气给菲律宾华侨带来的失业危机；以二哥为首的合兴公司的伙计们与奸商的斗争；菲律宾革命组织负责人沈清源、王彬带领广大华侨进行的反日活动；以奸商黄见山为代表的菲律宾上层华侨的腐败生活；国民党戴主委如何与奸商合股倒卖日货，"进步党"总理陈文总如何与高级殖民专员勾结，控制南洋上层社会，镇压华侨进步活动的经过；还有菲律宾华侨社会中帮会组织的活动；在殖民主义者挑动下，华侨与当地人民的冲突；等等。小说反映的生活面十分广阔，历史的纵深感也很强，给人留下难以磨灭的印象。值得一提的是小说为我们描述了"九一八"事变后，菲律宾华侨社会的反日爱国运动。"九一八"以后，日本帝国主义加速了侵华的步伐。东北三省的沦陷，华北一系列丧权辱国条约的签订，给菲律宾华侨社会以很大的震动，激起了菲律宾广大华侨的公愤，"整个侨区就像一座火山似的爆炸了"。出自民族的义愤，岷埠、巴那第地区的华侨先是自发反日，砸日侨商店宣扬日本在中国东三省的所谓战果的玻璃橱窗。后来在菲岛革命组织负责人沈清源和王彬等人的领导下成立了抗日联合会，进行有组织的斗争。他们发动请愿，到国民党驻菲领事馆，要求南京政府抗日救国，收复失地，他们积极抵制、清查日货，查封了奸商黄见山、黑社会头目宋大哥等人的库存日货；他们还为抗日部队募捐经费，反日爱国运动蓬勃展开。就是在亲日分子暗杀了华侨抗日联合会主要领导人沈清源，菲律宾殖民当局根据国民党总支部提供的名单，逮捕了参加反日爱国运动的积极分子的情况下，岷埠和巴那第华侨也没有停止斗争。他们向倒卖日货、发国难财的奸商发警告信，炸亲日分子的货仓，继续坚持战斗。岷埠、巴那第华侨的抗日爱国行动是菲律宾、东南亚地区华侨抗日救国运动的缩影。菲律宾华侨同广大华侨一样，他们大多是在中国沦为半殖民地后，被迫出国谋生。他们虽然远离祖国，但血缘的联系，落叶归根的思想，对乡土的怀念，以及异国殖民者的压迫，使他们深深地感到自己的命运与祖国的命运是联系在一起的，因此，他们的爱国感情和行动往往表现得十分强烈。《南洋淘金记》准确地把握了这种情绪，生动地再现了菲律宾华侨的斗争，从而显示出积极的社会意义和美学价值。

假如说《菲菲岛梦游记》侧重反映了南洋当地人民的生活，《南洋淘金记》着力描述了菲律宾华侨社会的战斗，那么，短篇小说集《我们的新朋友》则大笔抒写了东南亚人民对中国人民的友谊。第二次世界大战后，东南亚各国人民先后摆脱了殖民压迫，走上民族独立的道路。特别是在新中国成立以后，中国人民站起来了，中国在世界上的地位发生了根本的变化。中国政府鼓励华侨加入当地国籍，落地生根，与所在国人民一起，反对帝国主义和殖民主义的压迫，共同建立自己新的国家。这样，华侨与当地人民的关系进一步密切，中国人民与东南亚各国人民的友谊也有新的发展。作者在《我们的新朋友》一文中，突出描写了这种变化，描写了印度尼西亚人民和中国人民的真挚友谊。在小说中，无论是马古鲁岛来的姑娘，沙拉迪迦的农民，或是峇厘海滨旅馆前卖纪念品的小姑娘们，还是喜欢了解中国、训练"福鸟"讲中国话的里娜……他们无不对访问印度尼西亚的中国朋友表示最热烈的欢迎，给予最盛情的款待。

司马文森在自己的作品中及时向中国人民传达了印度尼西亚人民对中国人民的这种深情厚谊。

司马文森能够如此生动地描写东南亚人民和东南亚华侨社会的生活是有相当深厚的生活基础的。司马文森出生在福建泉州一个小商贩的家庭里。父亲终年劳累，仍无法换来一家人的温饱。司马文森的幼年是在忧虑与困顿中度过的，曾随"水客"漂洋过海，到菲律宾谋生。在菲律宾，他先后当过学徒、店员、伙计，饱尝了人生的冷暖、世态的炎凉。由于亲身的经历和广泛的社会接触，司马文森十分熟悉菲律宾人民的风俗习惯，了解菲律宾华侨社会的生活与战斗。而且，回国以后，司马文森一直在华南、香港一带活动。新中国成立后，他还担任了中国驻印度尼西亚大使馆的文化参赞，对外文委第三司的领导工作。生活是创作的源泉，司马文森这些不平凡的经历为他创作反映东南亚人民和东南亚华侨生活的作品奠定了良好的基础。可以说，没有这样的经历，他就写不出像《菲菲岛梦游记》《我们的新朋友》那样充满南洋生活气息的作品，也写不出《南洋淘金记》那样反映菲律宾华侨生活的现实主义力作。

司马文森关于东南亚生活题材的作品虽然数量不多，但在他整个创作中却占有重要的地位。1934年司马文森参加中国左翼作家联盟，开始了他的创作生涯。当他在文坛崭露头角时，就得到了茅盾的关怀和赏识。1939年，司马文森写了14篇《粤北散记》的散文和报告文学。这些散文和报告文学具有强烈的现实感，燃烧着作家如火的爱憎，它们大胆赞美光明，抨击黑暗，鞭挞民族败类，讴歌抗战英雄，茅盾看了以后给予充分肯定，认为是具有战斗力的现实主义的作品。茅盾的关怀给司马文森以极大的鼓舞，他的创作热情一发而不可收。司马文森写的主要作品有：长篇小说《雨季》《人的希望》《南洋淘金记》《风雨桐江》；中篇小说《希望》《尚仲衣教授》《转形》《成长》《菲菲岛梦游记》；短篇小说集《奇遇》《蠢货》《孤独》《我们的新朋友》；散文集《粤北散记》《过客》《少男少女》《新中国的十月》以及电影剧本《海外寻夫》《娘惹》《南海渔歌》等。综观其作品，我们可以看到，他主要的着笔点是华南社会的底层，通过叙述华南人民在旧社会的苦难生活，在抗战和内战时期的斗争事迹，对国民党统治下的旧社会和日本侵略者作猛烈的抨击。尽管如此，反映东南亚人民和华侨生活的作品在司马文森全部创作中的重要地位却不容忽视。

因为，自从这些作品发表以来，一直作为司马文森创作中最有特色的部分吸引着广大的读者。特别是《南洋淘金记》的出现，在司马文森创作中更具有不同一般的意义。《南洋淘金记》克服了司马文森早期作品中存在的构思平淡、提炼不够、意念大于形象、缺乏一种震慑人心的内在力量的弊端，以其丰富的内容，稔熟的创作技巧"引起人们的广泛注意"。《南洋淘金记》标志着司马文森创作的成熟，"对后来的岭南文学产生了重要的影响"。[1]因此注意研究司马文森这部作品是十分必要的。

三

司马文森努力扶持东南亚华文文学，积极写作反映东南亚人民和华侨生活的作品，对推动东南亚华文文学的发展，丰富中国现代文学描写东南亚生活的小说创作，促进中国人民与东南亚人民的文化交流做出了一定的贡献。

司马文森的贡献首先表现在他关心支持东南亚华文文学、推动东南亚华文文学的发展。

东南亚华文文学的产生和发展与中国现代文学有密切的关系。特别是第二次世界大战以前，它无论在指导思想、文学运动、文艺思潮或文学创作诸方面都受到中国新文学的深刻影响。从指导思想看，东南亚华文文学贯穿着反侵略、反封建的基本精神，它以人民大众为主要的服务对象，具有新民主主义的文学性质。从文学运动和文艺思潮看，1925年以后东南亚华文文学的文学团体的繁兴；1928年以后的新文学运动；1934—1935年的"大众语"运动；1937年以后的抗战文艺运动，以及由此派生出来的救亡戏剧运动、通俗文学运动、文艺通讯员运动；等等，都可以看成是各个时期的中国现代文学运动、文艺思潮振荡辐射的余波。从文学创作看，中国作家的创作风格、文学技巧等常常成为东南亚华文作家吸取营养的对象。战前，许多华文作者模仿、学习鲁迅、郭沫若、茅盾、巴金、郁达夫等中国新文学作家的创作表现技巧。而且，许多华

---

[1]　出自连介德、韩江：《司马文森和他的〈风雨桐江〉》，刊于《海南大学学报》1984年第4期。

文作品写的是中国题材，它们反映了中国北伐革命期间、大革命失败以后，以及"九一八"以后的历史面貌。这些作品的作者在感情上常常流露怀乡恋旧的情绪。由此可以想见，东南亚华文文学受中国现代文学影响的深刻程度。

东南亚华文文学虽然接受了中国新文学思想精神的影响，接受了中国作家创作艺术的陶冶，但它毕竟是东南亚华族社会的一种教育工具，一种反映东南亚各民族人民的思想感情、生活愿望，包括政治要求的语言艺术。它在反映侨居国社会现实，适应侨居国社会发展的过程中，必然要形成一种自己的独特形式。事实也是如此。东南亚华文文学从萌芽时期开始，就不断出现一些取材于东南亚社会现实，暴露殖民地黑暗现状的作品。这些作品的内容涉及猪仔的贩卖，店员、工人、人力车夫的悲惨生活，青年男女学生的反封建斗争，经济不景气等方面的问题。而且从1927年起，东南亚华文文学界的一些作家也有意识地提倡发掘当地题材，写反映东南亚当地人民生活的作品。因此第二次世界大战结束后，马来亚华文界发生的关于"马华文艺独特性"的争论，在东南亚华文界是有代表性的，它反映了历史发展的必然性。司马文森看到了这种历史发展的趋势，以《文艺生活》为阵地，在人们对东南亚华文文学的发展方向发生争议时，提倡写反映当地题材的作品，并给这些作品以扶持，这对东南亚华文文学朝着反映东南亚社会现实、适应东南亚社会发展的方向前进，"成为代表国家多元化文化结构不可缺少的一部分"，无疑是起了促进作用的。

司马文森的贡献也表现在他以独特的题材、主题和写作技巧丰富了中国现代文学描写东南亚生活的小说创作，增进了中国人民对东南亚人民和东南亚华侨的了解。

翻开中国现代文学史，我们可以看到，早在20世纪20年代初期，中国现代文学史上就出现了反映东南亚人民生活的作品，以后这类题材的作品一直持续不断，经久不衰。不过，这类题材的作品一般是短篇小说，长篇小说很少，而且多数取材于当地人民的生活和风物人情，即使有描写华侨在海外的生活的，也是以写个人的遭遇和经历为主。以华侨社会生活为题材的作品极少见。而司马文森的小说虽有描述菲律宾人民生活的篇章，但构成其创作最有特色的部分，恰恰是那些反映东南亚华侨社会生活的作品。可以说，长篇小说《南洋淘金记》以其独自的题材，开阔了中国读者的眼界，开了中国现代描写华侨社会生活的长篇小说的先河，填补了反映东南亚生活类型小说在描写华侨社会生活方面题材的空白。

主题寓于题材之中，是从题材中提炼出来的。由于题材不同，司马文森小说揭示的主题也与现代其他反映东南亚生活题材的小说不同。我们将司马文森的创作与许地山、艾芜的创作做一比较，就可以看出这种区别。许地山小说的题材有些取自缅甸、马来亚人民的生活，比如《命命鸟》《缀网劳蛛》《黄昏后》《醍醐天女》等，有些选于华侨在海外的经历，比如《枯杨生花》《商人妇》等。不论是前者还是后者，许地山的主要笔墨是用在写他们对人生、婚姻、家庭的看法，小说的基本主题是反封建的。艾芜的小说大多数取材于滇缅边境底层人们的不幸，通过描写偷马贼、鸦片走私者、小偷集团等"被挤出社会的人"的遭遇，暴露滇缅边境社会的黑暗；艾芜还有一些小说取材于缅甸人民的生活，歌颂缅甸人民反对英国殖民主义者的斗争。许地山和艾芜先生所展现的主题在现代文学史上是有代表性的。然而，司马文森的小说主题却与他们不同，司马文森的小说集中反映了东南亚华侨创业的艰辛，他们对中国的热爱，我们可以从他的作品中看到华侨历史命运和战斗历程，感受到华侨对祖国的深厚感情。从这个角度说，司马文森的小说为现代文学史上反映东南亚生活的小说增添了新的主题。

不仅如此，司马文森小说在创作技巧上也有新的突破。同样是富有南洋色彩，一般反映东南亚生活的小说注重南洋风物景色和人情习俗的描绘，传奇色彩较浓。而司马文森的小说很少直接孤立地去描写南洋山水风光、风土人情作环境气氛的渲染。他常常是抓住东南亚华侨社会的独自特点，即这个社会具有相当浓厚的封建宗法色彩，人和人，社团和社团之间是以乡族为纽带，但又受到当地和西方殖民者的影响，把对南洋风光习俗的描写同对东南亚华侨社会特殊的社会结构、经济层次、生活习惯、道德意识、文化形态、思想风貌的刻画交织起来，从而构成自己作品中的南洋特色，因此，尽管他的笔触是那么简洁、朴实，却充满了艺术魅力。司马文森的小说为如何写出南洋地方特色提供了新的创作经验。

总而言之，司马文森在推动东南亚华文文学的发展，增进中国人民对东南亚社会的了解，密切中国现代文学与东南亚华文文学的关系中起了积极的作用。今天，我们在研究中国现代文学与东南亚华文文学的关系时，是不应该忘记他的。

原名《司马文森与东南亚华文文学》，

载于菲律宾马尼拉《世界日报》，1987 年 3 月 2 日

收入《现代闽籍作家散论》，更名《东南亚华文文学的扶持者司马文森》

厦门大学出版社，1989 年 7 月

司马文森：传奇生涯与开阔艺术

杨 义[*]

一、战火中的审美选择

华南作家的一个重要代表是司马文森（1916—1968）。他的生平就是一个传奇故事，他正是带着传奇性的人生经历，展开丰富多彩的艺术探索，从而展示了一个颇为开阔的艺术世界的。他原名何应泉，曾用名何章平，笔名有林娜、耶戈、马霖等，生于福建泉州一个小贩家庭。12岁时跟随"水客"到菲律宾的马尼拉当童工，跑街卖菜，到橡胶园割树胶。回乡读书后，17岁当了中共泉州特区委员会委员，编辑地下刊物《赤色群众报》。次年，即1934年在上海加入左联，开始向《申报·自由谈》和《时事新报》副刊投稿，在《作家》《光明》《文学界》等刊物上，以林娜笔名发表最早的小说《鹰》《呆狗》《入籍》《壮丁》和《土地》，描摹了闽南土地上愁苦的面容和强烈的爱憎，并编辑出版了记录他在菲律宾生活的散文集《岛上》。1937年上海沦陷后，他随《救亡日报》撤至广州，其后进广东韶关四战区政治部参与编辑《小战报》，挂少校军衔。1939年春赴桂林，在建设干校和汉民中学任教，并于1941年创办《文艺生活》月刊。1944年"湘桂大撤退"后，留在桂北敌后，整编游击队，任纵队政委。在亦书亦剑的生涯中，他成了桂林文化城旅居最久、创作力极旺盛的作家之一。

---

* 杨义，中国社会科学院学部委员，社科学院文学所研究员、博士生导师。

他是带着浑身硝烟、一腔悲愤进入桂林文坛的，因而他的战地题材小说具有明显的纪实性，颇有一点与抗战初期凭一腔热情去架空设想的战争小说不同的艺术滋味。纪实中篇《天才的悲剧》（即《尚仲衣教授》）在《文艺阵地》发表后，1940 年由桂林南方出版社印行，出版者介绍道："全书四万言，在生动、流利的文字中，洋溢着作者真挚的感情，是传记文学的一种新型作品。"主人公尚仲衣教授是留美博士，广州青年崇拜的偶像。他放弃中山大学教授职位，任四战区政治部宣传组上校组长。广州大疏散时，把妻室遣散去桂林，随军到了粤北山区。夜宿破庙，经常失眠，但他还能以身作则，割断对以往的"美国绅士式生活"的留恋，捏着鼻子吃那种简直给牲畜吃的饭食。"摩擦"专家们却对他飞短流长，说他吃不惯苦，要辞职"到后方去当美国绅士了"。他脸色憔悴，染恶性疟疾住院，呓语中怀念孤单的妻子，骂"狗东西"排挤他。他办事认真而不善处世，总喜欢把同事起草的文件删改得头破血流。又不愿与"摩擦"专家们拿"狗性交"一类话题来闲聊，更不愿媚态可掬地用纱布为顶头上司擦马灯，因此在政治部主任换人的时候，他便由于思想"左"倾而被免职。但他依然留在江上客艇中，为演剧队解释政治问题，鼓励大家不要失望。最后他在南去香港时，覆车身亡。作品以质朴平实得类乎新闻记事的笔调，记录故人光风霁月的人格行状，重现了一个知识分子纯洁高尚灵魂在旧军队中的悲剧。诚若作家在初版《序》中所说"我却从他身上看出了整个时代的悲剧，他的命运代表着这个时代进步的文化工作者的命运，他的悲剧代表了大多数文化人遭遇的悲剧"。

桂林时期的司马文森采取了与整个抗战文学大体一致的审美思维定向，一方面鞭挞抗敌营垒中的腐朽势力，另一方面显示在暗影中成长着的民族意志。前者有中篇小说《南线》，暴露"雄踞南方战线"的"常胜将军"走私自肥，设防空虚，致使战局一败涂地。后者有中篇小说《成长》（即《宋宪国》），以带点忧郁的喜剧味的笔调，写一个被骗入伍的学生兵，在正规军中被讥为"傻子样"，被关禁闭惩罚，其后不辞而别，在乡村自卫队中用砍柴刀缴获敌人的一挺轻机枪和两支步枪，当了机枪班班长。不过，真正形成作家的艺术个性的是融汇这两种审美思维方向，并渗进柔婉动人的爱情故事的作品。比如那部描写抗战运动中青年剧团内部爱情与事业之纠葛的中篇小说《希望》，就被出版界誉为"一篇有血有泪的作品"。而在这条审美思路上取得更引人注目的成功的是长篇小说《雨季》。

这部长篇小说的扉页题词，引用了罗曼·罗兰的一句话："为什么要把生命给了我们？为了克服它！"他那支清丽深婉的笔，写的就是借一个冰清玉洁的爱情故事，阐发人在烽火连天的岁月，对现存的生命形态的克服和超越。第四战区游击支队司令部政治部主任方海生，坐火车去桂县向司令长官述职。从报端得知，工商界名人孔德明已把纺织厂迁至桂县，而且事业兴盛。这位工厂主是他在上海读大学时的同学，看不惯"日以沉醉于花天酒地为乐"的富家子弟行动，时常资助负有"团体使命"的方海生。其后，方海生在孔公馆躲避搜捕半个月，编织了一个躲避情人纠缠的时髦理由，颇获孔德明热情而多幻想的新婚夫人林慧贞的好印象。上海"八一三"战事爆发以后，孔德明工厂内迁，方海生随救亡团体参加南京、武汉的保卫战，在广东参加了游击队，从此音讯全断。当方海生在桂县重访孔公馆的时候，孔德明已飞往昆明主持分厂开幕典礼了。林慧贞本来购阅过20册有关边疆苗瑶研究的书籍，想到内地体验神秘奇幻的边民风情的。但是，充当丈夫装饰品的单调的家庭生活，使她陷入寂寞和空虚之中，惆怅地反省在国家多灾多难之秋，自己"徒然当了鸟笼中的金丝鸟，鹦鹉架上的绿毛鹦鹉"。方海生的来访，并向她讲述了在敌后所见的人贩市场、人肉店铺和游击队出生入死的故事，使她陷入甜蜜而苦恼的迷恋，隐约感到又找回了那失去的青春。

这是一部具有浓郁的心理剖析色彩的小说，它在人物心灵的颤动和波折中，窥探着、剖析着人际的和历史的哲理。作品意味深长地写出人们如何睁开"心灵的眼睛"：

> 记得她曾读过纪德一本薄薄的叫作《田园交响乐》的小说，作者在那儿告诉了读者说：当你瞎了，不用眼睛来生活，你是幸福的；但是，当你眼睛睁开了，用眼睛来生活，那你会不幸。

当他们午后晚间在公馆花园盘桓的时候，她表示对温室般的家庭生活已经厌倦，渴望打开家庭牢笼的门，"到旷野中去，自由呼吸且生长着"。方海生感到："你已睁开眼睛来面对着现实，自己看出人生的意义，也看得出在人生中，在那华丽的装饰底下，还有着无数腐化的窟窿；你不甘寂寞，不甘于闭着眼睛生活，你憧憬着未来的光明！这是一个惊人的进步。"心灵的眼睛一旦睁开，给他们带来的是情感和理智的刑罚，他爱她，但也爱孔德明，尤其爱自己的事业。她却责备他把一个女人绝望的心点燃之后，自己反而退避了。最后他为道义抑制感情，留信一封，重返前线。不过，这不是心灵惩罚的终结。林慧贞因方海生的离开，感到生命黯然失色，抱病卧床，对丈夫从昆明归来，冷漠失态。孔德明感到世事变迁，人生如梦，在狎女伶中寻找心灵的安慰。她为了争取"做人的权利"，到古岭儿童教养院当战难孤儿的教师，连孔德明乘快艇来劝她回家，她也不愿再回去当家庭牢笼中的金丝鸟了。这里写的是一个不仅厌弃家庭牢笼，而且追求新的生命形态的娜拉。作家在亚热带郁闷的雨季中，为时代的生命追求写了一曲心灵之歌。他是带着堂吉诃德式的倔劲儿执笔的，《雨季·后记》说：尽管"在我们文坛上确实充满了'冲''杀'等类的英雄史诗"，"我却没有从报章上去搜集英勇故事再加工制造的才能"。这位自认"并非圣安东，并非圣人"的作家，受了朋友间一个真实故事的诱惑，因此"鼓起勇气，下了决定，把这曾经怕挨骂过的作品写下去"。由于它是通过爱情的三棱镜来呈现时代情感的流向，通过睁开心灵眼睛来超越固有生命形态的，其清柔细丽之处，具有南派作品的特殊风采。

随之写成的中篇小说《折翼鸟》，在人生体验上也许较之《雨季》没有多少进展，却把情感的抒情意味交融在疏野荒凉的废园风光中，加浓了象征的抒情意味。全书贯穿着这样一个意象：暴风雨后，"我"在荒废的公园纪念碑旁荆棘丛中，发现一只羽翼破裂的洁白美丽的雌鸽，便抱回家中调养，它因不能与鸽群一道飞翔而焦躁，伤愈后就抖擞精神汇入鸽群之中了。小说就在这个意象的映衬下，揭示了人折断了理想的翅膀，不能重返旷野、蓝天的悲哀。女主人公虔，是"我"数年前在学校救亡团体中的情侣，然而她选择了一个同样爱她的同学，回广西小县城中过少奶奶生活了。当"我"逃避搜捕而到这个小县城之时，她的丈夫已咯血亡故，她纽扣上挂着一串钥匙，已是拥有三百担租谷的土财主家中的当家媳妇了。"我"的出现，在她空虚的灵魂中投进一星火花。她经常陪"我"在荒芜的公园中，回忆学生时代奔走呼号的生活，她感到唯有此时，才能脱去人生的面具，"思想是我自己的，情感也是我自己的"。小城的谣言中伤着他们的"淫行"，她的公婆一方面用秘藏的金叶珠宝诱惑她，另一方面威胁着要用家法惩治她。她彷徨了，既担心从笼子飞向旷野，断绝了经济来源；又对宗祠前"示众"和活埋不贞的寡妇的习俗感到恐怖。在"我"离开小城的时候，她坐舢板送行，以感伤和乞怜的语调要求"我"不要记恨她，说"现在我不能走，可是，我并不从此断念"。应该说，这部作品的格调比起《雨季》，是更带铅灰色的，更为压抑与低沉。女主人公不仅要在富足的家庭生活和空阔的新的人生旷野之间进行选择，而且要负担着内地小城千年承袭的宗法礼俗的压力。作家在写这部小说之前，曾离开桂林到"一个真正是内地小城市"去度暑假，他吃惊于抗战洪流竟没有使这种内地小城的生活方式有多少改变，"我又看见从前我们那个古老的国度，以及它的无数悲喜剧了"[1]。作家心灵的灰色印痕，在这部中篇小说中释放出忧郁的音符。他以言情的渠道，通向小城文化心理的深处。

法国文豪罗曼·罗兰的《约翰克利斯朵夫》，似乎在司马文森的审美意识中压下过深深的辙痕。长篇小说《人的希望》，又引用这部杰作的一段描写，作为《代序》：

> 圣者克利斯朵夫渡过了河。他整夜在逆流中走着。他的结实的身体，像一块岩石一般矗立在水面上。左肩上顶着一个娇弱而沉重的孩子。……快要颠扑的克利斯朵夫，终于达到了彼岸。于是，他对孩子说：
> ——我们终究到了，多沉重！孩子，你究竟是谁啊？
> 孩子答道：
> ——我是即将来到的日子。

正如克利斯朵夫倔强地负重前行，寻找明天一样，《人的希望》探讨的是青年的意志问题，是"人类向上的意志和战斗热力"的痛苦的歌。作品一开头，

---

[1]　出自《小城生活·序》，四川乐山三五书店 1943 年 9 月初版。

就鸣奏着倔强的生命的旋律。香港培元中学 16 岁的少年朱可期，以短小精悍的身躯包藏着一颗偷天换日的雄心，在广州举行的全省大中学校运动会的撑竿跳高赛中，使一些高大雄伟的对手纷纷落马，一举夺冠，成了破远东撑竿跳纪录的英雄。然而，在越过横竿的瞬间，他竿断腿折，落了一个终身残废。小说把它的人物抛入生理缺陷的绝境，又在这种常人难以忍受的绝境中，锤炼着、淬砺着人物卓尔不群的精神强度。也许它的心理描写还存在某些不甚从容、不甚充分之处，但它峭拔郁抑的运笔，却使一个残缺的心灵在自卑和自强的交战中，发出逼人的光华。在小商人的家庭中，大哥把他视为累赘，逼得他愤而要求分给一间铺面和一些资金，开办"新生书店"，独立地去求生、搏斗。但他终日埋头读店里的书，不善经营，终至亏空、倒闭。幸而结识常到店里买书的贫穷画家陈明鸿，他主动担任朱可期的义务教师，并鼓励他："身体上的伤残，并不足以判定一个人是否会有成就，贝多芬就是一个聋子，他的最有名的交响乐是在他耳聋后作成的。"朱可期被介绍到电影院当美术广告员，他以深沉的痛苦，画出在痛苦中挣扎和呼号的有力的作品，竟然使教会学校的女学生梅丽影为这位断腿英雄的艺术与生命交融的神迹而怦然心动了。以崇仰和怜悯而支撑的同居生活，并不能安静地把两个倔强的灵魂联结在一起。社会的冷眼不必说，而他首先要求人家把他当"人"看，而不是看作"断了后腿只能用前腿在地上爬的畜类"。他们曾把感情裂缝的弥合，寄托在即将出世的婴孩身上，然而不足月的婴孩落地夭折，使希望像彩虹一样转瞬消失，于是两人含着深沉的敌意分手了。为了疗治他心灵无所寄托的孤独感，朋友介绍他到安南河内的《华侨日报》当美术编辑。他以政治漫画配合社论，率先披露了汪精卫卖国罪行，在日本领事馆干涉下，被警察押解出境。陈明鸿看了他这一年的画册，激动地祝贺他的成功在全香港任何画家之上，为他筹备了个人画展。他不愿乞求党国寓公和文化界巨头的捧场，结果招来了报章文字的诬蔑和谩骂。四面楚歌之时，离他出逃、沉海自杀而被渔村小学教员救起逼婚的梅丽影，又出现在他身边。不过，她的家已断粒多日，她帮他整理房间，只是为孩子换取点食物。当他要求她"永久满足"自己之时，她又一去不复返了。他幻灭之余，只是神往着到粤北前线，加入战地服务队。这是现代小说史上较早以理解的心情写残疾人的特异之作。字里行间充满悲愤，充满心理旋涡，以一个残疾人百折不挠的坚韧意志，在超越自卑感、孤独感和幻灭感中，冲击着社会的平庸、势利和险恶，痛苦地开拓着生命之路。它的文气是激荡的，几乎没有一时一地给人物提供灵魂的避风港，处处风狂雨骤，使人物的意志在绝望中求生，在孤独中升华，在四面楚歌中突围，这就是作品所要宣告的"人的希望"。在奇人异行间，它采取的心理描写艺术，既带有几分陀思妥耶夫斯基的残酷，也带有几分罗曼·罗兰的理想主义光泽。

二、南洋闽中特殊的光与色

司马文森有两副笔墨：除了他悲郁缠绵的心理小说之外，更具有艺术特色的是他对南国南洋风情民俗作多姿多彩的写真的风俗小说。他把人们带进桂林的雨季，带进广西腹地悲郁的湖上，带进闽南"水客"漂洋过海的轮船上，带进菲律宾蛮风未改的滨海小城，带进民风质朴而强悍的桐江、青霞山之间。这种奇特而开阔的风俗彩绘，是作家少年时代传奇性的游历，在他渐入中年的心灵中梦魂萦绕的投影。他正是在一幅幅风俗彩绘中，体验着山水的精魂、人间的苦难和历史的行程的。

风俗是古老的人生形式在特定地域的历史沉积，它往往包含着司空见惯的喜剧，或麻木不仁的悲剧。作家是以悲天悯人的胸襟，剖示着这种人间活化石的。在司马文森桂林时期的十余部短篇集和中篇小说里，3万字的《妖妇》便以展示南洋的民俗化石，给人增添了一种历久难忘的人类的神秘的沉重感。它这样描摹菲律宾的滨海小镇的情调：

> 在这个小地方过生活，虽不如在城市里之有趣，散漫、单调、枯寂，然而，一住久了，却也有它的风趣。……天色还没有全亮，在街上，就能听见运货马车的铃声叮叮当当地响，杂以车夫睡意未清的吆喝声。它们是从20里外，载着货物到菜场来卖的。……女贩子打扮得整整齐齐的，头上盘着高髻，露着臂膊，上身是一件长不及腰的袒胸的短套衫，下身围着花布纱笼，赤足上拖一双木拖鞋。从车上跳下，叫车夫把货物起卸到自己的摊位上后，便趁天色还早，坐在摊架

上，张开被槟榔染黑了的嘴巴，抽廉价的香烟，一边谈她们的行情，给自己的邻人生些是非。不久，管理员梳洗停当，打扮得像一个花花公子，白制服、短统靴，摇着牛皮鞭呼呼的响，直从顶楼下来。……一到女人圈子里，他就比任何时候都更活跃了，他在她们面前站着，一手伸出去逗一逗她们的下巴，挤眉弄眼的，要是对方是一个风骚人物，他就会俯到她的耳朵旁去偷偷地说几句下流话，或者乘人不备时摸一摸她的乳子。……那女贩子，半推半就地瘫倒在他的怀里，容光焕发地对她的同伴使着眼势，好像这是一件光荣无比的事情。于是，有的人乐开了，叫他们再来一个；有的满肚子醋意在地下吐着口水，偷偷骂着骚货……

在这种以受侮辱为光荣，从看热闹中寻乐趣的风俗气氛中，发生了一个比野兽还要野蛮的悲剧故事。一天清晨，管理员打开菜场铁门，发现一个 20 来岁，面孔略黑，端庄动人的女人，睡在肉摊板子上，解开她的裤子检查一番之后，就把她逐出菜场了。管理员每晚都有编好号的女贩子陪宿的，轮到这晚陪宿的情人因丈夫阻难而没有来，于是他找到这个来历不明的女人，以准许她在菜场过夜为条件，把她奸污了。但是第二晚他照例锁上菜场铁门，致使她流落街头，被两个醉汉挟持到海边哨所轮奸。她原是邻省小地主的女儿，聘了一个华侨游击商人，父母双亡后，丈夫变卖产业，便不明去向了。女巫说她前世是男身，伤害 5 个妻妾和无数妇女，上天降罚，10 年后才能苦去甘来。于是她浪迹天涯去寻夫，以一颗赎罪的心承受种种男人的侮辱。面包店的美国老板以 3 磅面包把她玷污后，管理员在大庭广众中渲染面包师要她舔他的梅毒，并施了妖术使她下部滴血。这引动了小镇中的老头子和青年人，夜夜爬进她栖身的哨所，实行他们白天所不齿的兽行。管理员又说她怀了身孕，以一瓶啤酒打赌，唆使一个偷马贼把她抱到理发店，脱裤子验身。小镇的贵族妇女终于不能坐视这个"妖妇"把丈夫、儿子引坏，告发到镇公署。警察所长让她在拘留所生下小孩之后，又秘密地对她进行身体"审查"，然后以"妖法害人"为理由，把她押解离开她等待丈夫归来的神迹出现的海边哨所。小说采用类乎波兰显克微支《炭画》的阴暗色调，写天涯海角的小镇半人半兽的民俗，正如行文中所说:"在这谜一样的国度里,神统治着成千成万愚昧而忠诚的人民,他们相信在不意中常会有非人力所能及的奇迹出现。"他们以赎罪感来忍从官吏、警长的犯罪,而且老老少少的庸众也麻木不仁地充当这种犯罪的胁从。冷峻的行文背后,含蕴着忧心如焚的启蒙意识,它写异域民俗,不是诱惑人们去寻找海外仙境,而是要人们谛视与我们民族有着共同命运的海天之际以人为妖的地狱。

司马文森小说的民俗意味的进一步增浓,是在他旅居香港的时候。1946年1月,他和陈残云在广州复刊《文艺生活》(光复版),创刊《文艺新闻》,任港粤文协常务理事。在刊物遭当局查封之时,主持"十五家杂志联合增刊",发起"反封禁"运动。同年夏,把《文艺生活》转移到香港。并于1948年1月改出海外版,发起"文艺生活社"社员运动,在新加坡、缅甸、马来亚、菲律宾、旧金山、加拿大、巴西、中国香港诸地设立分社,共有社员1500人。1949年赴北京出席第一届政协会议,返港后任香港《文汇报》总主笔,华南电影工作者联谊会理事。直至1952年1月被港英当局递解出境,回到广州。此期间,著有长篇《南洋淘金记》《海外寻夫记》《香港淘金记》,以及电影剧本《南海渔歌》《海角亡魂》《海外寻夫》《火凤凰》《血海仇》《娘惹》等。

《南洋淘金记》(大众图书公司1949年版)是现代文学中较早出现的充满辛酸血泪的华侨创业史长篇小说。它写得苍茫开阔,悲凉而激昂,如风俗长卷一般展示了20世纪二三十年代之交闽南乡民出洋寻找黄金梦的风气,对华侨生存于帝国主义势力和菲律宾土著排外势力之间的艰难处境予以深切的同情,并且揭示了在华侨帮派势力和官方党政势力钳制下,华侨爱国热情的高涨。它明显地继承了章回小说的某些传统,把《雨季》注意心理描写的笔墨转移而注意描绘社会风尚和风云,情节跌宕多姿,写来大刀阔斧。14岁的农家少年何章平,拿着父亲以250块银圆高价为他买来的"大字"(出国居留护照),抱着单纯而美丽的梦,乘上去菲律宾的轮船。同船的女客红绢,因丈夫讨了有钱的番婆,把她弃若糟糠,加入了千里寻夫的行列,却在"水口王"的关卡上,备受裸体检疫之辱。章平的二哥在岷埠合兴公司当管仓员,公司老板黄见山囤积日本货发财,娶有当地肥婆、花旗女人、西班牙女人和土著少女,经常演出争风吃醋的悲喜剧。二哥无力安排章平,只好请人介绍他到乡间小镇的杂货店当个"白吃白做"的学徒。杂货店伙计臭泉,动用柜台货物勾引土著少女,触发土著人的排华情绪，与日本人有联系的警察所长煽风点火，酿成了土著人攻打、抢劫华侨店铺的风潮。章平被二哥接回岷埠，此时红绢已同丈夫闹翻，而认尚义社女巫清姑当"契妈"。清姑唆使尚义社先锋大将吴丑，伏击红绢无情无义的丈夫，痛打在妓院嫖"霸王妓"的阳春社小头目，引起华侨帮派会社尚义社和阳春社交恶，经常在街头械斗。不久，日本人在中国东北制造万宝山事件的消息传到菲律宾，岷埠侨区也发生了日本人殴打爱国华侨的事件。何章平所在的华侨青年互助会发起成立抗日救国联合会，到中国驻岷埠总领事馆请愿对日宣战。在群情激愤之时，吴丑飞起石头砸了日本三井公司装有把满洲归入日本版图的地图的大玻璃橱窗，被警察拘捕。抗日救国会推动《国民报》刊发吴丑爱国被捕的新闻，揭露总领事和党部书记压制抗日浪潮的阴谋，迫使这些党政要人保释吴丑出狱。吴丑参加了救国会抵制日货小组，查点了合兴公司库存的日货，连夜拦截尚义社偷运进来的大批日本海味。此时，红绢凭着姿色，取代了清姑在尚义社头目心中的位置，并指派心腹杀死已经同吴丑相亲相爱的清姑。总领事馆和华侨巨商忌恨民众反日行为，派流氓暗杀了抗日救国会首领，迫使救国会转入地下活动。何章平也被判处徒刑，押解回"唐山"。

这是一部以传奇性的人生历程为主要线索的奇特的社会剖析小说。全书18章23万言。也许后4章政治意识有点外露，显得文气匆迫；但前14章把华侨从大陆带来的帮会制度、阶级制度，和这群"掘金者"闯荡江湖的豪放精神，在沧海神秘岛上错综交织，写得虎虎有生气。它把作家中年时代对华侨创业和这群远离乡土者的爱国情思的历史反思，融合在作家少年时代血泪童工生活的深沉回忆之中，使善恶、邪正诸色人物的谈风作派，婚姻家庭变异，命运人品分化，商情政局浮沉，都开阔而浑厚地跃然纸上，并且带有浓郁的风俗画色彩。即便一些夹叙夹议的地方，也渗透着华侨命运特殊的悲凉感，如第1章写道：

最先据说华侨的祖先们用木船漂过重洋，发现这荒漠岛屿，就如鲁滨孙一样，刻苦去经营聚集了财富，一下子土人攻击来了，房子被焚毁，人也被杀了！可是，他们不气馁，一批一批地去了，且一年比一年的增多。……这是一种公开巨大的赌博，父亲把年青儿子作了赌注，妻子迫着自己丈夫。尽管有多少恐怖的传说，在骗取人们的眼泪，而那热衷掘金梦的人们却不为所动。有一个故事说：一个年轻男子过了番，发了财，和土女结了婚。然而，他毕竟是中国人，他想家，家中还有年老父母和年轻妻子。可是那土女和他订了九十九天内回去的约。她背地给他一种草茶吃……然而，他是太粗心大意了，过了一百天还不知道回去，而伏在心里的毒便发了，他吐着白沫死去。年青的妻子们，只想自己男人出去掘金，并不被这个恐怖故事吓怕，她说：我的男人不是那一号人。另一个故事说：一个水土不服的"新客"，在船上染了热病，大家都认为还有救，然而，外国船长命令了水手把他装在布袋里，投进海中。他永远回不了家了，同他的亲爱土地告别了，做父母的说，这虽然是很危险的，可是没关系，他们的儿子健康得很，神灵会保佑。

这里采用带民间色彩的小故事，把一个前程未卜的掘金梦渲染得悲凉和恐怖。由于作家对侨民生活异常熟悉，这部长篇小说常用这种大情节套小故事的手法，在历史和现实的交错中，生发了出洋谋生者的命运苍凉感。

尽管作家在浪迹天涯，他的艺术之根依然是深深地扎在闽南侨乡的。他在《南洋淘金记》一文中，写侨乡儿女凭着求生意志出洋；又在《风雨桐江》一文中，写侨乡儿女凭着求生意志上山。这两部长篇意境开阔，可以看作他写侨乡的艺术双璧。1952年他回到广州，任中南作家协会常务委员，《作品》主编。1955—1962年，调任驻印度尼西亚大使馆文化参赞。回国后，任中国对外文化联络委员会西亚、非洲司司长。1964年，出任驻法国大使馆文化参赞。在两任文化参赞期间，他反映侨乡文化另一侧面的《风雨桐江》（作家出版社1964年版）付梓了。

写革命战争史题材，是五六十年代的文学风气。《风雨桐江》的特点，是写大规模革命战争的前夕侨乡社会包括革命者和叛徒、农夫和侨眷、土匪和豪绅、囚徒和军阀等各阶层人物的动态，以及他们间文的和武的冲突方式，展示了有人出生入死，有人屈膝投降，有人叱咤风云，有人巧取豪夺的丰富多彩的社会人生相。因而它不是以写战争场面见长，而是以社会剖析见长的。1935年，刺州特支部由于出了叛徒，遭破坏而瘫痪。新任特支书记老黄化装为石匠，与出入进士第的秘密革命者林天成接上头，一道到了离城百十里的青霞山脚下下木村。下下木和上下木两村，本是许姓一条龙脉传下来的。大房与小房因为析产而结怨，代代人都有械斗。上下木的许天雄在一次械斗中，把下下木的许三多的大哥砍成五块，霸山为寇。此时，镇守刺州的"铁血将军"周维国宴会乡绅，组建民团，委任"南区王"许为民当南区乡团司令。与许为民平分秋色的许天雄未得封赏，愤而派"飞虎队"乡团大队部，洗劫许为民用来敛财聚宝的繁华小镇。林天成从下下木回到刺州，即与进士第的秘密革命者蔡玉华成婚，并以她的伯父蔡监督私人秘书的身份，出入于刺州上流社会之间。他发现《刺州日报》的奇特人物吴启超是伪装左派的蓝衣社骨干，便安排青年文艺社的成员离开刺州，并发动因犯家属演出"大闹法场"事件。由于叛徒出卖，他们夫妇先后被特务绑架。留在下下木的老黄，派许三多陪寡嫂越过青霞山，回邻县的娘家，把那里的农民"兄弟会"改组为赤色农会。又由许三多率领"打狗队"，击毙周维国派驻南区乡团部的少校特派员。这引起周维国加强南区的兵力部署，并收买许天雄部下"飞虎队"的头目哗变，乘机进驻上下木，并攻入下下木。在此期间，蔡玉华逃出虎口到青霞山，在老黄组建的刺南游击支队任副政委。游击队乘许为民和许天雄余部内讧之机，迅速收复了下下木和上下木作为根据地。

值得注意的是，《风雨桐江》是同类题材作品中较富有侨乡民俗色彩的一种，革命史和民俗中的交融是其重要的特色。它给自己的人物设置了颇为独特的身世、家族、社会人事背景，以及形态各异的行为方式，不少人物仿佛是从乡风民俗的深处走出来的。连革命者家世的独特性和丰富性，它也没有忽视。比如林天成出身石雕世家，"他祖父雕石龙，他父亲刻石狮子，是全省数一数二的能手"，"他们一生精力都用在为地主、官僚建造高楼大厦、陵园墓地，细心地把一块块从荒山上开下的青石，雕成生动瑰丽的龙、凤、狮子、麒麟、梁山好汉，供人欣赏，自己住的却还是败瓦泥墙的破屋，吃的还是三餐番薯稀粥"。

如此出身的人物，和祖父是晚清进士、伯父是监察院委员、自己是端庄秀丽的"校花"的蔡玉华，终于结成患难与共的眷属，可见革命是如何改变人们的门第观念，它在几分传奇性中包含着平民性。至于一些下层民众，他们的身世经历更是在侨乡民俗中浸透了社会的血泪。顺娘的丈夫是个穷华侨，他被诬有偷盗罪而斩首之后，婆婆又把顺娘装进猪笼，卖给"快活林"妓院。她不从而自杀气绝，被母亲赎尸后复活，因而她走上革命道路，乃是人在绝境中求生。另一个革命群众蔡老六的经历，洒满了侨工的斑斑血泪。他年轻时在新加坡当苦力，把欺负中国码头工人的"红毛"打进海里，坐了 5 年苦工监，刑满后被递解出境。烟鬼父亲却在家里奸污了他的老婆，生了一个女孩。他一气把父亲追打得爬不起来。其后听从革命者的劝导，分清父亲、老婆，一是渣滓，一是牺牲者，总算维持了家庭沉默的平静。他挑起鱼虾担子走村串巷，口才好，编出许多革命的"褒歌"，教育民众。

这部长篇小说极有魅力的地方，是它善于根据闽南社会风尚，写出形形色色带有新鲜感和乡土气的爱情婚姻。许三多陪伴苦茶大嫂走娘家，夜宿清霞寺，吐露他们间久经压抑的爱情，是符合山村寡嫂可以改嫁小叔的礼俗的。

潭头乡的华侨富商沈常青为白痴儿子娶了一个风骚少女，是符合宗法制传宗接代习俗的，却因风骚少女有了外遇，诬陷他"资敌"，身陷囹圄。土匪许天雄的女儿双枪许大姑，看不起她的追求者——"飞虎队"头目许大头是一介莽夫，这也是符合绿林人物独往独来的天性的，却导致许大头被官军收买，在哗变中杀死许天雄和许大姑。在这类男女相引相斥之中，以摆渡少女阿玉和诗人黄洛夫的爱情最有诗情画意。桐江渡船上的阿玉，以其粗野、泼辣的"褒歌"和文雅的诗人酬对，给小说增添了不少青春气息。黄洛夫因青年文艺社受特务的注意，从刺州逃到她的小艇上避难。小艇穿行于鱼儿跳跃、芦苇丛中鹭鸶争鸣的江面上，使黄洛夫感到梦境都是新鲜的。晚间她和衣屈身躺在船头，让黄洛夫睡在舱板，还叮嘱道"不要封建，不要胡思乱想睡不着，我们船家人都是睡在一条船上的"。她出入设防森严的刺州城门传递情报，从来不受守门兵的搜身，笑容满面地把几条生猛肥大的鲜鱼送给"老总"下酒，若遇有守城兵要向她动手动脚，便倒竖怒眉，声称不再从这倒霉的城门进城，使守城兵想要吃鲜鱼，就别动这浑身是刺的姑娘。她那俏皮纯真、落落大方的举止，使热情诗人黄洛夫心折于她充满乡野青春活力的自然美，两人难分难舍，终于在水上结成患难夫妻。应该指出的是，黄洛夫（其后还有阿玉）主办的通俗油印报《农民报》，投射有作家早年担任中共泉州特区委员时，编辑地下刊物《赤色群众报》的影子。

从作家的传奇经历而言，《风雨桐江》可以看为《南洋淘金记》的海内"续编"，包含作家丰富的社会人生体验。这就难怪人们称赞道："这部 30 多万字的小说，以优美的民族风格标示了司马文森在创作道路上的里程碑，不论在构思、描写、语言、故事情节，都显示了司马文森在探索民族化的艺术上取得了极其可喜的成就。"[1]

原载《中国现代小说史》，人民文学出版社，1991 年

---

[1] 出自曾敏之：《司马文森十年祭》，载 1978 年 7 月 20 日香港《新晚报》。原文中关于出洋、回国的时间，根据档案进行了校正。

司马文森抗战时期的报告文学

王耀辉

　　"风雷激荡，如火如荼的时代培养了许多新型的人物，司马文森就是其中突出的一个。"（秦牧语）他从一个饱含血泪的华侨童工，被这风雷激荡、如火如荼的时代生活推向斗争的第一线，成长为一个革命作家。他才思敏捷，勤奋写作，不管是在艰苦的地下工作时期，还是在戎马倥偬的斗争生活中，他都从没有忘记利用手中的笔来记录大时代的风云变幻。他的一生以自身的经历和见闻，写下了《雨季》《人的希望》《南洋淘金记》《转形》《孤独》《奇遇》等许多长、中、短篇小说和散文、报告文学，给现代文学宝库增添了宝贵的文学遗产。

　　司马文森原名何应泉，1916 年出生于福建泉州的一个小贩的家庭。童年时代漂泊到南洋当童工，15 岁回故乡，当他还在中学念书的时候，就受到革命思想的影响，参加了党的地下工作。17 岁加入中国共产党，并担任过泉州特区的特委，主编党的地下刊物《赤色群众报》。1934 年，因泉州的地下党受到破坏，他旋即转移到上海继续从事地下活动。不久，加入左联，并以林娜的笔名，在左联的文艺刊物《光明》《作家》和《文学界》等发表小说。20世纪 40 年代初，他在桂林主编了颇有影响的大型文艺刊物《文艺生活》。

　　司马文森是我国现代报告文学运动的领导者之一。抗战爆发后，他接受了党的委派，从上海到广州国民党的军队中去工作。当时，国共合作为抗战的文艺活动提供了有利的条件。他与周钢鸣等领导了南方的工农兵文艺通讯运动，成为文艺通讯运动广州总站（包括广州、福建、贵州和湖南部分地区）的主要领导人之一。这个时期，他写了理论著作《文艺通讯员的组织与活动》（大众出版社出版，1938年），与同年出版的周钢鸣的《怎样写报告文学》，共同指导了南方文艺通讯运动的开展。

司马文森在《文艺通讯员的组织与活动》一书中指出："文艺通讯员运动"的"主要意义应该是把文艺从狭隘的圈子解放出来，把文艺运动从少数的作家身上，从少数知识分子身上，展开成为一个广泛的群众运动"。这样，不但是"文艺大众化的实践"，同时也"加强了文艺的战斗性"。他还指出："文艺通讯的中心主题不单要去表现那些积极的题材，同时也要消极地去暴露现实。"在他的指导下，广州文艺通讯总站还举行了"五月文艺通讯竞赛"，对文艺通讯员运动的开展起了很大的推动作用。

司马文森不仅是一位文艺通讯运动的领导者，而且是一位出色的报告文学家。抗战时期，他除了小说创作外，还写了许多有影响的报告文学作品。从1938年7月开始，他先后在《文艺阵地》杂志上发表了《死难者》《模范老爷》和以《粤北散记》为总题的一系列报告文学作品，产生了较大的影响。1940年，他分别出版了报告文学集《粤北散记》《一个英雄的经历》和中篇报告文学《尚仲衣教授》，其中《瀚江的水流》和《尚仲衣教授》已成为抗战时期报告文学的优秀作品。当时香港"文协"还专门为《尚仲衣教授》的发表举行过座谈会。1947年4月，作者又据此扩充、修订出版了单行本（文生出版社出版）。1945年出版的《大时代中的小人物》（上海杂志公司出版）则是由上述三个集子删减改编而成的。

司马文森的报告文学创作实践了他的理论主张，即"不单要去表现那些积极的题材，同时也要消极地去暴露现实"。其时，作者所在部队在广州沦陷后，从广州撤退到粤北山区。他一方面看到人民群众与抗战力量仍然坚持着艰苦卓绝的斗争，在作品中记录了他们的英雄事迹；另一方面也看到国民党军心涣散，反共投降的活动日益加剧，在作品中予以无情地揭露。作者在《粤北散记·题记》中说："因为自己是在广州部队中工作，并且有极多的机会去呼吸这一动荡中跳跃着的气息。这气息使我懂得更多世故，学会做人，使自己从狭隘的世界中摆脱出来，使自己成长了！"时间虽然只有一年半光景，"但是它对我个人的影响却是非常之大，我很珍惜这一段日子，我十分热爱它，因此我愿意把它记录下来，替自己短短的生活行程留一点痕迹"，也"替历史留一点痕迹，供今后抗战史家参考"。

司马文森的报告文学大约分为四类：

第一类作品是反映广州沦陷前夕敌机轰炸的残酷，控诉敌人屠杀广州人民的罪行。《黄花祭》《仇恨的种子》《六月的羊城》和《模范者》等记录这方面的情况。1937年6月的一天，敌人出动了60架飞机对广州进行轮流轰炸，作者在作品中记下这样一段事实："死难者的尸骸，在路上或行人道上，七零八落地散布着；他们是在极度惊慌中被炸死的，其中妇孺占多数。这些尸首大半是不全的，有的被炸去半个头，有的被炸破肚子，流出了肚肠。最让我感动的是一个壮丁，他直到临死前还紧紧地抱住他被炸断的一只大腿。"（《死难者》）作者在他的作品中，对这种惨不忍睹的暴行进行了强烈的控诉！

第二类作品是记录从广州撤退到粤北山区的艰难历程和山区人民的自卫斗争。这一类作品有《野火》《在谷中》《来自东江的童话》《乡村自卫团》《少年队》《浈江的水流》和《曲江河畔》等。《野火》和《在谷中》揭露国民党对广州战局的发展毫无准备，因此在撤退时，军队、车辆、难民和部队的随从家属以及公务人员等乱成一团，塞满了整条公路。撤退的车辆找不到部队，部队和撤退人员又找不到车辆。加上天气炎热、干燥，山路崎岖又年久失修，每移动一步都感到异常困难。"往往走了十几里路还找不到吃的和喝的。"有时前面撤退后，后面又断路，车辆和人都无法前进，大批人马只好忍受着疲惫、枯竭和饥饿。有的拖着沉重的步伐，行走在贫瘠的山地上，喝点溪水充饥，有的就只能在山谷中等到天明。这都是国民党消极抗战所带来的恶果。

在这种情况下，失却家国的人们，急切地盼望着重回家园，日夜盼望着燃烧的野火早点把山烧平，以便更快地看到自己的家园。但是，人们知道等待是没有用的，因此他们自动地组织起来进行斗争。《乡村自卫团》《少年队》等，就是描写乡村的人们自觉地组织训练，"严防汉奸和土匪"，为保卫"残破的城市，为自己的家园、土地、农具、耕牛和妻女而搏斗"。正如毛主席所说的"战争的最深厚的根源在于民众"。只要群众觉醒了，他们团结起来，拧成一股绳，进行斗争，他们就可以形成一股无坚不摧的力量。为人称道的《浈江的水流》深刻地说明了这个问题。日本侵略者在进村之前，利用浈江两岸强弱两方的宗族矛盾，对他们进行挑拨离间，妄图分而治之。进村之后，他们就派捐派款，敲诈勒索，调戏妇女，无恶不作。于是强弱两族的人们看清了敌人的阴谋诡计，便迅速地觉醒过来。他们消除了误解，增强了团结，决心"要用武力把鬼子赶出去"！经过 25 天的战斗，他们终于在抗日部队的帮助下，消灭了来犯的敌人，重建了家园。这件事说明了民族的团结高于一切，民族的利益高于一切；没有民族的团结，就不可能战胜敌人，也不可能有自己的家园。

第三类作品是表彰抗战军民的英雄事迹。《一个英雄的经历》《马》《东江一少年》和《吹号手》等都是属于这一类作品。《一个英雄的经历》描写一位二等兵，在战斗中与部队失散后，他机智地骗取了一个迷失方向的日军中尉的信任，然后把他引到一个村庄的拐角处，使劲儿地抽打马屁股，当他掉下马后，在老百姓的帮助下，活捉了这个敌人。《马》中的马夫，把俘获的一匹日本战马，牵到距日军警戒线只有二三里地的草料场喂养着，不料这匹战马被日军的吹号声所吸引，跑回营地，年轻的马夫便化装成为"皇军"，穿过敌人的哨所，进入敌人的营地，趁着夜黑风大，又从马房里牵回那匹战马，并带回大大小小的一群马匹。这两个故事虽然都带点"偶然性"，但都表现了抗日战士的机智勇敢。故事曲折生动，读来动人心魄。《东江一少年》和《吹号手》描写少年英雄的故事。这些少年英雄虽然都还未成年，但在斗争中表现得非常勇敢。他们在民族危难的关头，同父兄一样担当保卫祖国、争取民族解放的任务，承担着同父辈一样的牺牲。他们的精神和事迹也将同父辈一样载入中华民族的抗战史册。

第四类作品是鞭挞大时代的落伍者和丑类。如《大时代中的小人物》和《渣滓》（原名《新时代的旧渣滓》）等。前者描写一准尉司书，他贪生怕死却又不断地做着"升官梦"，结果死于一次敌人的大轰炸中；后者描写一个女人在逃难中同家人失散，她在途中遇到了她丈夫的一位朋友，在她的要求下，这位朋友为她在部队中安排了一名服务员的工作。可是，她被战争吓破了胆，随即带着绝望的情绪离开了部队，最后被敌人用刺刀活活刺死。于是作者哀叹道："你为什么不死于手榴弹下，却死于一种绝望的心情？……"战争是个冶炼场，它可以使人变得勇敢，使人成为英雄；但也可能使人变成胆小鬼，成为大时代的"渣滓"。这一类作品，可以使人看到某些大时代斗争的落伍者和丑陋的灵魂。

　　在司马文森的报告文学中，中篇报告《尚仲衣教授》占有特殊的地位。这篇作品不仅为抗战时期的报告文学提供了一个新的品种——"人物志"，而且真实而深刻地为我们刻画了一位文化斗士的形象。作者自己认为"此稿我颇为满意"，"在所谓文化人无用论盛极一时的时候，这是给他们沉默的回答"（见作者给《文艺阵地》编者的信，该刊第四卷第三期《文阵广播》）。尚仲衣教授是一位正直的爱国知识分子。他留学过美国，进过美国的研究院，获得博士的学位。回国后在北平当过大学教授。从表面上看，他很像"一个十足的美国式绅士"，而实际上他是一位非常谦逊的实际工作者。"一二·九"运动发生时，他因支援爱国学生而坐过牢。国民党当局劝他说：只要肯承认"错误"，便可以放他"自由"。但是，他坚决地回答说："我不能这样做，我是一个中国人，中国人来救中国是正大光明的！我没有错，为什么要承认（错误）呢？"他坚决不向国民党当局屈服。由于这种严正的爱国主义立场，他被国民党反动派视为"眼中钉，肉中刺"，甚至被诬蔑为"共产分子"。抗战前夕，他离开了颇为"奢侈的大学教授生活"，从北平到上海参加全国救国会，后来到广州还担任过"抗教社"特种训练班的班主任，"和学员们一起过着集体生活"，在实际工作中埋头苦干，深受学员们的爱戴。抗战爆发后，广东战区成立，他被物色担任了第四战区政治部的一位上校组长，与司马文森、叶以群[1]、郁风、黄新波等一起工作。在工作中，他精神焕发，对工作表示了强烈的信心。他说："怕什么，只要对工作有信心，天下没有做不成功的事业。"他还经常警告大家："不能有一丝一毫的骄傲自大的心理。"他对一些做文化工作的朋友"做事不负责，散漫，没有组织性，缺乏计划"等作风痛心疾首，对旧式的官僚机构和公务员的流行习气，有很深的成见。因此，他立意改革，并且常常"以改革者自负"。他的工作确有成效，但最大的缺点是过于天真，尤其缺乏对人事方面的观察能力。因此难免受到了那些"狗似的人"的暗算和"摩擦"专家们的排挤。他很天真地认为自己的工作是"为抗战"，是光明磊落的事；但他不了解有些人就

---

　　[1]　不是叶以群，可能指叶兆南（又名孙大光，和司马文森不属同一个党支部）。1938年根据中共广东省委书记张文彬的指示，司马文森等同志到四战区政治部三组工作。三组组长：尚仲衣教授；三组共产党支部书记：石辟澜；成员：司马文森（别名林曦）、黄新波。

是不让你抗战。这些人"他们自己不做事，却怕人家做事"；他们想做"官"，却怕别人做官。所以那些"狗似的人"和"摩擦"专家们就把他当作"挡箭牌"，对他进行诬蔑和攻击。为了"统一战线"，他虽然照样忍耐和工作着，但那些"狗似的人"和"摩擦"专家们却不能容忍他工作。正当他被工作累病的时候，迫害就来了；反动派来了"新主人"，逼他"移交手续"。但他坚定地回答说："我什么都已准备好了，只要在一个钟头内，我便可以把移交手续完全做好；但是对不起得很，我不能先向他提出辞呈，至于理由却十分简单，因为我是要对国家负责的，他喜欢不喜欢我是另外一回事，当国家觉得我还可以替它多服务一天的时候，我是没有权利可以把这一天的责任放弃的！"这些掷地作金属声的语言，充分表现了一位爱国知识分子的严正而崇高的立场。但是，当他准备离开工作岗位到香港去时，反动派制造的车祸把他杀害了。他的死是对国民党反动派排挤、打击和陷害爱国知识分子的有力控诉！

继《尚仲衣教授》之后，作者又发表了第二篇"人物志"《善良的将军》。这篇作品揭露了国民党在战略上的失败，赞扬了这位"将军"坚持抗战的精神。文章写得很悲壮。广州沦陷前夕国民党已把军队"集中在江西，在武汉外围"，致使广州形成了敌人的"包围圈"。前线部队纷纷退却。有的"未及接触就四散的溃退了"。将军只好把广州交给宪兵司令和警察局局长，自己准备退到清远去指挥作战。但他尚未到达清远，警察局局长已经把六七千人的队伍丢掉，自己先于将军逃到清远了。将军对警察局长这种"弃职潜逃"的行为，十分愤慨。他解除了警察局局长的武装，并命令把他抓起来，准备枪决。后来，在副总司令的劝说下，让警察局局长重回三水，收容残部，以便"将功赎罪"。但将军终于引咎要求处分，并在他离职时，以自己的名义举行了一个告别"酒席"。在酒席上，他沉痛地说："我×某人从事革命凡20多年，从来没有像今天这样失败过，中央处罚我是应该，广东父老骂我也是应该，我愿意承受这一切罪名"，"……但要说我×某人不抗战，不拥护中央抗战国策，不拥护委员长的领导，我×某人愿死在全国同胞面前，也不承认……"他在悲痛的气氛中要求大家为"争取抗战的最后胜利"而干杯！这篇作品在赞扬这位将军抗战精神的同时，也使我们看到国民党最高当局的腐败与无能。这位"善良的将军"的结局，只说明他是国民党最高当局的牺牲品而已。作品对国民党最高当局腐败无能的揭露比较深刻。它使我们，也包括那些坚持抗战的国民党官兵大开眼界！

　　司马文森的报告文学反映了风雷激荡、如火如荼的抗日战争的一个侧面。他的作品所记的虽然是一鳞片爪，但合起来却使我们看到大时代血肉斗争的壮貌。正如作者所说的："我们现在所处的时代是一个悲剧的，同时又是英雄的时代。"在这个时代中，一个古老而衰弱的民族，用自己的血、肉、腐朽的武器，去抗击着现代化武装的强敌，"本身是悲剧的，同时也是英雄的"。多少人抱着"战栗"的心情投入了保卫祖国、争取民族解放的斗争旋涡，有的充当了悲剧的角色，无声无息地死去；有的却在战斗中成长，成了时代的英雄（见《一个英雄的经历》代序《悲剧而英雄的时代》）。司马文森用他的笔记录了"这一段血肉的斗争过程"，它即使我们看到在民族生死存亡的斗争中，英雄们的战斗风貌，也使我们看到时代"渣滓"的沉沦，以及国民党当局的腐败无能，使我们看到这场历史演变的真实过程。

　　首先，司马文森报告文学最突出的特色是朴实、自然，全没有半点矫揉造作。他根据自己的经历和见闻如实地记录、如实地描写；他的作品跟抗战初期报告文学存在的公式化、概念化不同，给人的感受是具体的、真实的，因而也是生动的。正如作者谈到自己的写作情况时所说的"有把握，可以写了，我才动手写，没有把握，不能写，我就不写"。因此，行文自然、朴素，具有较高的艺术性和真实性。

　　其次，他很善于从大时代的急剧变幻中拮取那些具体的、有意义的"片断"，如实地记载下来，给人具体而深刻的感受。这些"片断"，"有的从一个地方所发生的事件出发，有的从一个人物的批判介绍出发"，着眼于具体事实，反映时代斗争的风貌。

　　最后，在写作方法上，他采用了"散文式"的写作方法。这样可以动员多种表现手法，对事件和人物进行具体描摹，而在不同的作品中也表现出不同的写法，避免单调。如侧重记事的报告文学《粤北散记》，大都能突出对事件和场景的描写，使人读后如亲临其事，亲历其境，其中《野火》和《在谷中》尤为突出；侧重写人的报告文学集《一个英雄的经历》，以及"人物志"《尚仲衣教授》和《善良的将军》则突出人的精神面貌。如尚仲衣教授的正直、嫉恶如

255

仇，忠贞报国的精神；"善良的将军"的忠厚、善良，对部下贪生怕死的愤慨等，都写得极为生动。特别应该指出的是，作者虽然"采用散文式"的写法，但这一类作品大都带有生动的故事情节，读来颇能引人入胜，甚至也可以作为小说来读，如《瀜江的水流》等。

总之，司马文森在抗战时期的报告文学，表现手法比较多样，避免了抗战初期报告文学那种"直接记录经验"的"平铺直叙"的毛病，给人的感受是具体的、真实的、生动的。特别是那些写人的作品，能够围绕对人物的精神品质的描写，同时以人及事，使人看到人物精神品质的可敬、可爱与可恨，也昭示事件的发展动向。因此，我们可以说，司马文森的作品显示了抗战时期报告文学创作在"质"方面的提高。

原载《华侨大学学报（哲学社会科学版）》1994年第1期

司马文森的抗战纪实文学

司马小萌

今年9月18日，是"九一八"事变80周年，也是中国人民英勇抗击日本帝国主义侵略80周年。中国共产党资深的文化工作者、统战工作者，著名作家和外交家司马文森，在当年抗战最激烈的最后9年里，创作并发表了大量抗战文学作品。其中反映我国南方国统区，如上海、广州、南京、桂林等城市以及广东、广西两省军民抗日的纪实文学作品，就多达100万字。从不同视角，反映了南中国战场在这个悲剧而英雄的抗战烽烟中的事件与众生。

自全面抗战爆发，司马文森先后在上海、广东、桂林文化界救亡协会担任重要工作，并在中共南方局、八路军桂林办事处直接领导下，经历了四年的军旅生活，包括四战区、广西地方建设干校、抗日游击区。丰富的阅历，为他的写作提供全方位、多层次的素材。他在《粤北散记·题记》中写道："我觉得我们这次的抗战，其意义非常重大。在这件大事中，每一片断、每一细节的记录，只要它是真实的，都足以作为历史纪念碑的珍贵材料。"他认为：悲剧的与英雄的交织成抗战时代，许多英雄的事迹没有被全国各大报纸写文章报道过，却在民众的口中彼此传递着。我们的文艺工作者，不应该让这些有血有肉的东西流失，即便是一些零碎的记录也好。

抱着这样的想法，司马文森写作从不松懈，他以敏锐的观察力、独特的视角，从1937年至1946年，创作了近400万字的抗战文学作品，其中纪实文学作品占了很大的比例。

司马文森的报告文学、散文、战地作品，以其厚重的历史内涵和独特的创作方式，在战时文学作品中占有重要的位置，至今仍成为文学史上有价值的战时报告文学中的名篇之一，对促进我国文学运动的不断向前发展产生了深远的影响。

在这些作品中，有描绘 1937 年"八一三"后上海街头情景的《上海三月记》，有表现上海军民奋起反抗侵略的《保家乡》《砍不断的头》；有揭露日寇在南京疯狂大屠杀的《血泪话金陵》；有记录 1938 年 4 月 10 日日寇对广州没有设防的人口密集区进行灭绝人道的狂轰滥炸的《仇恨的种子》和《六月的羊城》；反映广东、广西两省军民抗战的作品，在书中占了很大篇幅。有颂扬南中国前线抗战士兵的作品：《一个英雄的经历》《马》《吹号手》《少年队》等。士兵们用热血灌溉过的地方，将永远在历史上留下不可磨灭的光辉！有颂扬勇敢投身抗战的中国知识分子的作品：《尚仲衣教授》《战工第八十三队》等。中国的知识分子们以纯洁而崇高的灵魂，面向着祖国的独立与解放，还有颂扬人民大众的英勇和抗战决心，如《乡村自卫团》《蠢货》《东江一少年》《花开时节》等。司马文森以纯朴、生动的笔触，歌颂了南中国抗日战线的士兵与民众用血和肉创造出来的悲壮的抗战史迹，表达了坚决抗日、抗战必胜的信心。

由于年代久远，"文革"又经历浩劫，司马文森的抗战文学专著均已绝版。经过司马文森的几个女儿在全国各地乃至国外广泛搜集，司马文森抗战纪实文学作品选《南线》，即将出版发行，这是一本极具历史价值和文学价值的珍贵作品。

原载《新民晚报》2010 年 9 月 20 日

一个悲剧与英雄的时代

司马小苹

  在 1931 年"九一八"日本发动侵华战争、我国人民奋起抵抗 80 周年的今天，由我姐姐司马小萌主编、我和妹妹司马小芹选编的司马文森抗战纪实文学选《南线》，由团结出版社在北京出版了。此书收录了父亲在他 21 岁至 29 岁期间，写于 1937 年至 1946 年的 40 篇纪实文学作品，父亲以他敏锐的观察力，从不同视角刻画了这个悲剧而英雄时代的众生相，记录了我国南方国统区，尤其是广东、广西两省，还有上海、广州、桂林、南京等城市中军与民的抗战史迹。

  对于中国人民那一段艰苦卓绝的、充满了血与泪的抗战史，今天的年轻人了解得少之又少。《南线》，以朴实逼真的纪实文学手法，还原历史，回顾历史，并启发我们深刻地思考历史。这本书收录的所有文章，都曾于 1937 年至 1946 年间在国内各大报刊公开发表过；有不少作品，新中国成立前已结集成书出版。这本身就是对日本侵华的有力佐证。

  《南线》所收集的司马文森作品，从写作的时间段来看，是从 1937 年全面抗战开始，一直延续到抗战胜利后，跨越 9 年。写作的题材则十分广泛，"工农兵学商，一起来救亡"，各阶层的人物在书中都有生动的体现。从写作的体裁来看，有短篇，也有中篇；有时采用特写手法，有时则采用散文形式。至于书名，我们采用了父亲当年在报纸上连载的一部中篇小说的名字，这部中篇就叫《南线》，后来结集出版后改名为《转形》。我们觉得，用《南线》这个书名，可以比较准确地表达出"我国南方抗日战线"的含义。父亲用他的笔，鼓励坚决抗敌，宣扬抗战必胜，明确表达了"唯有抗日才有生路"的中心主题，在当时产生了很大影响。

军队、"军校"、游击区的经历提供了丰富的创作源泉

父亲出身于福建泉州一个劳动人民家庭。他1931年参加革命，1933年加入中国共产党。1934年18岁时在上海参加了左联，随即参加上海文艺界抗敌活动，从那时起他已开始了报告文学的创作，在《光明》半月刊、《报告》杂志上发表纪实文学作品。1937年"七七"卢沟桥事变后，父亲和胡愈之、王任叔、钱俊瑞等在上海文艺界救亡协会宣传部工作，参加了"文救会"机关刊物《救亡日报》的创刊工作，先后在《救亡日报》发表了50多篇文章，参加编辑副刊《文艺通讯》《新干部》《儿童文学》。上海沦陷后，随报社同人撤退到广州。在广州，父亲和文艺界友人推动文艺通讯员运动，倡导通讯、速写、报告文学的写作，组织文艺讲座、培训班，组织抗战文艺通讯竞赛；并推动抗战壁报、文艺通讯员总站的建设，倡导把抗战文艺的种子传播到各农村、工厂、营房和战壕去。他写作出版了抗战文艺专论：《战时文艺通俗化运动》《怎样办壁报》《文艺通讯员的组织与活动》等。

8年全面抗战期间，父亲有4年的军旅生涯。1938年，在国共合作、展开民族抗日统一战线的情势下，父亲和石辟澜等同志到广东第四战区政治部三组从事抗战宣传工作，直至1939年国民党反动派掀起第一次反共高潮，被遣散。

中国文化中心随着上海沦陷，广州、武汉相继失陷，转移到内地，桂林文化城成为全国抗战文艺的中心之一。云集在桂林的文化人有1000多人，全国闻名的有郭沫若、夏衍、巴金、邵荃麟、周钢鸣、林焕平、端木蕻良、田汉、欧阳予倩、瞿白音、张曙、胡愈之、范长江、孟秋江、陶行知、杜宣和司马文森等。文化机构有57家：中华全国文艺界抗敌协会桂林分会、全国木刻界抗敌协会、全国戏剧界抗敌协会桂林分会等。演出团体有223个：话剧队、戏曲队、乐队等。报社、出版社、书店180家，印刷厂110家。桂林抗战文化工作，无论质和量，均为全国第一。父亲从文艺界抗敌协会桂林分会1939年成立，到桂林1944年沦陷，历任各届理事，负责出版、组织、儿童文学等工作，

为坚持抗战、进步、团结，反对投降、倒退、分裂、颓废做了大量工作，成为桂林文化城抗日救亡文化运动的积极参与者、组织者和领导者。在中共南方局领导下，1939 年《救亡日报》在桂林复刊，为加强对桂系的统战工作，八路军桂林办事处处长李克农将周钢鸣和父亲从《救亡日报》抽调到广西地方建设干校，协助教育长杨东莼掌握全校工作，编辑校刊，培训从泰国回国参战的机工，为教育长作报告提供意见，直到皖南事变再次被遣散。皖南事变爆发后，八路军桂林办事处被迫撤退，《救亡日报》被封闭，父亲坚守桂林文化城抗战文艺阵地，继《文艺阵地》《抗战文艺》停刊后，1941 年至 1943 年创办了大型文艺期刊《文艺生活》，成为国统区抗战、进步文艺的一面旗帜。桂林时期是父亲创作的高峰期，创作了长篇小说《雨季》《人的希望》；中篇《天才的悲剧》《转形》《希望》；短篇小说集《一个英雄的经历》《人间》《奇遇》《小城生活》《孤独》《大时代中的小人物》《蠢货》；散文、报告文学集《粤北散记》《过客》等，为抗战文学做出重大贡献。父亲常用的笔名有：耶戈、林娜、林曦、马霖、何汉章、宋芝等。

1944 年秋桂林文化城被日寇炸成废墟。父亲奉中共南方局的指示，带领桂林文化系统的党员到桂北开展抗日武装斗争。他和郑思作为中共桂林文化支部负责人，和柳州日报社党组织罗培元、张琛，地方党组织陶宝恒、路璠，共同组成中共桂北工委，领导活跃在桂北的三支抗日武装，直到日本投降。军队、"军校"、游击区的经历，为父亲提供了丰富的创作源泉。

抗战胜利离不开枪杆子、笔杆子

《南线》生动记述了 1937 年"八一三"后上海街头民众的痛苦与愤怒，如《上海三月记》；揭露了日寇南京大屠杀的疯狂无耻和惨无人道，如《血泪话金陵》；痛斥了对广州不设防区狂轰滥炸的灭绝人道暴行（包括历史上轰动的 1938 年 4 月 10 日广州大轰炸），如《仇恨的种子》《六月的羊城》。书中，有颂扬国统区前线抗战士兵的作品：《一个英雄的经历》《马》《吹号手》《少年队》《砍不断的头》等。有颂扬英勇投身抗战的中国知识分子的作品：《尚仲衣教授》《战工第八十三队》。有颂扬人民大众的英勇顽强与抗战决心的，如《乡村自卫团》《蠢货》《东江一少年》《花开时节》等。还披露了抗战时期一些令人痛心疾首的事情，大敌当前还纠缠于宗族间械斗的《瀚江的水流》；发国难财的《夏忠寅》；被趁火打劫强暴的《三个女壮丁》；为小团体利益不顾大局的《争夺》；无法承受危难的悲剧人物《大时代中的小人物》《沉沦》《父子》。《模范者》《狗》《成长》等揭露了国民党政府和军队内的腐败现象。《同居人》《仇恨》则揭示了战争是人类的悲剧，在给中国人民带来巨大伤害的同时，也给日本人民带来创伤……

书中不乏经典之作，例如《吹号手》，新中国成立后曾被推荐为中学生课外读物，还有《马》《东江一少年》《一个英雄的经历》《蠢货》等，故事叙述得有血有肉，让人在沉重中不禁发出一丝会心的微笑。有的作品，新中国成立前已被国外译成了英文或俄文。影响最大也最值得一提的是《尚仲衣教授》，父亲把一个"以纯洁而崇高的灵魂，面向着祖国的自由与复兴"的知识分子——广州中山大学教授尚仲衣，刻画得栩栩如生、入木三分。

父亲认为对一切不正确的观点不该予以宽容，对宿命论倾向，对企图忍辱停战、不愿长期抵抗的倾向，对把国家、民族与个人家庭的命运分割开的倾向和其他坏的倾向，必须给予打击。不过，方式应该是诱导的、教育的，不是攻击，也不是斥责。汉奸分子在种种掩护下进行出卖民族利益的阴谋，在军事要地放信号，破坏后方的交通，制造谣言，挑拨离间，散布不正确的悲观失望空气，动摇抗战的信心，造成后方的混乱局面，实行出卖民族、出卖领土的政治阴谋。汉奸的毒辣不亚于敌人的飞机大炮。父亲认为对一切的汉奸理论，必须给予严重的打击。从他的作品中可以随处看到对不正确观念的批判，以及在事实的教育下民众的觉醒。

众所周知，中国共产党领导的抗战，是在解放区和国统区文、武两条战线同时进行的。一批优秀的共产党员活跃在国统区的抗日战线，包括前线和后方，在白色恐怖中宣传党的抗战主张：坚持抗战、进步、团结，反对投降、倒退、分裂、颓废。在动员群众、宣传群众、组织群众方面做出重要贡献。枪杆子、笔杆子，应该说，抗战胜利离不开这两杆子。

香港时期是父亲创作的另一个高峰期。1946年后，他历任中共香港工委文委委员、华南分局文委委员、中共港澳工委委员、中南军政委员会文教委员、香港《文汇报》总主笔兼社长。创作了《南洋淘金记》《海外寻夫记》等大量华侨海外题材的小说、散文；电影剧本有《火凤凰》《海外寻夫》《血海仇》《故乡》等。1949 年 9 月，他同胡子昂、李铁民等人一起，从香港到北京参加中国人民政治协商会议第一届全体会议和开国大典。对新中国的无限热爱，落实在他的笔锋中。他几乎一天一篇地写下出席这次会议并参加开国大典的感受，并即刻发稿到香港《文汇报》《大公报》，率先向海外报道。10 月 25 日回到香港后，他很快结集出版了散文集《新中国的十月》。2009 年，在新中国成立 60 周年、中国人民政治协商会议成立 60 周年的日子里，我将这本书和父亲其他的有关作品结集成《会师新中国的十月》，由华文出版社出版了。

父亲司马文森作为中国共产党资深的文化工作者、统战工作者，中国著名作家、外交家，经历了中国历史上急剧变化、动荡的时期——国内革命战争、抗日战争、解放战争，以及新中国的成立、建设。他一生创作了大量文学作品，数量最多的就是抗战文学。其中反映我国南方国统区军民抗战的纪实文学作品，是中国作家中数量最多、题材最广的一个。这是他留给祖国人民的宝贵文学财富。

在近现代历史上，中国多次遭遇帝国主义列强的侵略。尽管人民英勇抗击，尽管在一些战役中获胜，但在腐败的政府统治下，均以签订屈辱的不平等条约宣告结束。唯独抗日战争，中国人民取得了战胜日寇的完全胜利。这不仅是全球反法西斯的胜利，也是中国人民顽强不屈的抗争结果。因此，抗战文学永远定格在这辉煌的历史中。

原载《北京晚报》2011 年 9 月 26 日，有删减

抗战时期司马文森在桂文学创作成就

文丰义[*]

司马文森在桂短短的五六年时间里，虽然每天都要从事大量的社会活动，并不能全神贯注地从事文学创作，但他争分夺秒，挤时间抓空闲，以强烈的创作愿望，高昂的生活激情，废寝忘食，以横溢的才华在诗歌、散文、杂文、报告文学、小说、剧本、文艺评论等创作领域里广泛地驰骋，先后创作发表了百余部作品，出版了 17 部散文、报告文学、短篇小说、中长篇小说、童话故事。他在桂创作的作品占据着他一生中创作的所有作品的很大部分。其数量之多，内容广泛全面，以及他的"高产"的程度，在所有文学作家中可以说是少见的，而且在我国现代文学史上也是极为罕见的。由于他热情的创作和辛勤的耕耘，在文学创作上的空前大丰收，是他在桂林生活中的重要内容，也是他对桂林文化城运动所做贡献中成绩最卓著、贡献最大的一个方面。其创作的内容、题材和形式大致可以归结为这样几方面。

一、以揭露国民党的军政腐败，抨击封建残余势力为特点的小说创作

随着抗战形势的不断发展，以及国民党执行片面的单纯的军事抗战路线，在正面战场节节失利后，进而又出现了国民党反动派的消极抗战，积极反共的

* 文丰义，广西抗战文化研究会副会长、桂林抗战文化研究会会长，八路军桂林办事处纪念馆副馆长、研究员。

假"抗日"局面。为使文化服务于抗战的目的，继第一篇以暴露国民党军队中假"抗日"的讽刺小说《华威先生》出现后，全国文艺界针对"要不要暴露黑暗"的问题进行了大论争，而且大部分进步文化工作者认为"暴露黑暗问题是国统区进步文化面临的一个重要任务，文学创作上仍然需要暴露与讽刺"[1]。司马文森也认为："在彻底执行文艺服务抗战这一正确目标底下，我们不止应该表现这些有害于当前抗战的不良现象，且应该是每个工作（者）当前最主要的写作任务。""张天翼的《华威先生》曾替我们画出了一条新的协作路线……但这还不够，我们还得努力，还得更多方面地去发掘、去表现，须知只有使这些被逼恶劣的不良现象彻底澄清，才能使我们的抗战更和胜利接近。"[2]再加上他亲身经历了国民党军队的那一段生活，耳闻目睹了国民党的腐败、黑暗。因此，他对此更加深恶痛绝。这也正是他敢于创作以暴露腐朽、黑暗为特征的小说作品的一个重要因素，而且其题材、内容真切、新颖，能准确地切中时弊，具有较强烈的鞭策作用。

创作暴露国民党统治区的政治腐败和社会黑暗的作品，是司马文森创作中一个重要内容。他曾说过，"抗战虽使我们年轻进步，却显然还进步的不够，在我们中还存在着许多缺点，许多渣滓"[3]。因此，当他真切目睹了国民党军队的腐败与丑恶后，更深切痛感国民党顽固派对抗日进步力量的阻挠与迫害。于是在1939年以后的一年多时间里，他便在桂林创作了近20篇这类作品，大部分收入到《大时代中的小人物》中，主要作品有《尚仲衣教授》《大时代中的小人物》《渣滓》《为了单调的原故》《东江一少年》《一个英雄的经历》《吹号手》《狗》等，而且作者也认为是"自己比较喜欢的作品"[4]。其中《大时代中的小人物》一文以尖刻辛辣的笔法无情地刻画了一个既胆小怕死，又热望于往上爬的国民党下级军官，当飞机轰炸时他几乎吓得精神失常，"警报结束时仍不敢出来，当人们将他拉出来时，他连声哼着：'这生活我过不下……'"，"眼皮往下一合，便断气了"。文中淋漓尽致地将国民党军队中那种贪生怕死的丑态暴

---

[1]　出自《桂林抗战文学研究文集》，鸿江出版社，1992年。

[2]　出自司马文森：《朝低潮走吗》，《救亡日报》1940年9月3日。

[3]　出自《〈小城生活〉序》，乐山三五书店，1943年。

[4]　出自《〈大时代中的小人物〉增订本序》，上海杂志公司，1945年。

露出来了。《狗》一文则主要是写国民党军队的政治机关，到乡村做民众工作期间，上上下下都去弄村民的狗来吃，村民因这种军队的到来，只能再次逃离山村。《为了单调的原故》一文又全力描写了驻在乡下的一个国民党军队机关，因远离城镇，文化生活单调，职员中的精神情趣集中到女职员身上，以致演出一幕幕无聊古怪的恋爱纠纷。司马文森通过对作品中人物的细腻刻画，以及对事物原委的生动描写，充分暴露了国民党军队中军纪涣散，缺乏思想情操和文化修养，毫无战斗意志的腐败现象，尖刻地批评和揭露了国民党军队对敌作战中失利溃败的某些原因，以及存在的严重问题。特别是《尚仲衣教授》，通过一个爱国知识分子投身抗战阵营，最终受迫害，遭排挤的遭遇，深刻地揭露了国民党反动派压制抗日进步力量，阻挠救亡运动开展的罪行，具有极大的现实斗争意义。

司马文森在深刻揭露和大量展示国民党军队中的腐败、堕落情形的同时，也对大后方的各种丑恶现象进行了无情的暴露和抨击。其中发表在《文学创作》第 1 卷第 4 期上的《某校纪事》和 1941 年 8 月 22 日至 9 月 26 日连载于桂林《大公报》上的中篇小说《湖上的忧郁》等，所暴露的国统区腐败黑暗的社会现象，更加令国人愤怒。《某校纪事》中的校长向学生勒索财物，竟以财物的多少作为学生品行优劣的标准。教师生活糜烂，玩女人，耍无赖等，所谓上梁不正下梁歪，学生根本无法学好，胸无大志，如何报国？如此黑暗的校园，其实就是整个国统区黑暗的缩影。《湖上的忧郁》一文写的是大后方乡村中"一个不幸女人的许多阴惨故事"。司马文森竭力反映国民党军政的腐败黑暗，暴露国统区的独裁专制，令人窒息的气氛，意在让广大民众知道"……在我们抗战大后方，还有多少不能使人满意的人，多少使人不能满意的现象，必须铲除，必须更新"[1]。教育人们放弃对国民党抗战所抱的幻想，为唤醒进步的人们起来抗战，团结在以中国共产党为首的抗日民族统一战线旗帜下，发挥了相当有力的宣传作用。

---

[1] 出自《文学创作》第 1 卷第 4 期《某校纪事》附言。

二、以唤醒青年抗战意识，探索新一代成长道路的教育指导性小说的创作

司马文森小说创作的另一个重要内容是探索青年一代的成长道路。主要以激励青年一代的抗战热情，展示在抗战中成长起来的年轻人的精神风貌，指出中国抗战胜利的真正希望之所在，同时对引导青年一代的健康成长，具有一定的启发性和教育作用。这类小说作品主要有长篇小说《雨季》《人的希望》，中篇小说《希望》《折翼鸟》以及小说集《蠢货》中的部分。

以表现"一个真正的人性的觉醒"为目的的长篇小说《雨季》，是他创作这类作品的第一部长篇小说。小说通过青年夫妇孔德明、林慧贞对人生道路认识的不同，以及林慧贞与孔德明及其大学同窗好友方海生之间的恋爱、家庭纠纷等的生动描写，表现出在轰轰烈烈的抗战运动中被唤醒的青年女性代表林慧贞，在冲破"像囚犯一样被幽禁着"的封建家庭环境，重新去探索新的人生道路，追求新时代的理想爱情与幸福，以一颗爱国求新的心情悄然离开优越富裕的家庭，而投入到抗战的洪流中去，到儿童教养院"教唱抗战歌曲"，开始了新的战斗生活。女主人公林慧贞作为新时代具有反抗精神的新女性，从封建家庭妇女转变为不图享受、不向封建旧势力低头，毅然投奔新的抗战生活的勇敢女性，其追求光明的勇气和勇敢的斗争精神，在鼓舞广大知识青年"在抗战中觉醒"，"大胆向旧社会幽囚过多少女性的牢笼宣战"[1]的斗争中具有十分重要的作用。当时"对推动人民群众走向团结和斗争，迎接新中国的建立起了积极作用"，许多知识青年受到启发教育后冲破重重阻力，走向了革命的光明道路。

司马文森在创作《雨季》后，针对当时"青年人在持久战中如何鉴定意志"的社会议论问题，又创作了另一部长篇小说《人的希望》。小说中的朱可期，双腿致残后，不是消极沉沦，而是以顽强的意志成长起来，自学成才，最终成为一名画家，并决心到战地去工作。"他既可以用这双木腿走过他从未走过的路，为什么就不能到战地？"作者创作的意图就是要求青年人"最主要是在于正面发扬人类向上的意志和战斗热力"，起到"正风导俗作用"[2]。小说中朱可

---

[1]　出自《大公报（桂林版）》1943 年 9 月 24 日。

[2]　出自司马文森：《人的希望·后记》。

期在人生的道路上坚忍顽强，奋发向上，堪称当时抗战青年的表率，在青年中是有相当的感染力。此外司马文森又创作了中篇小说《希望》，通过青年主人公热情工作和生活、爱情等方面的高尚情操，又为青年人塑造出进步的一类可敬可佩的青年楷模。而且还有歌颂坚持抗战工作，艰苦奋斗的青年女性的《路》；有描写在旧势力重压下，深入基层艰苦工作的基层女干部苦闷的《回乡》；有揭示抗战青年身上弱点，展示他们成长和进步中痛苦过程的《王英和李俊》等。这类作品，大量反映抗战大时代青年人生活成长的各个方面，对引导青年在伟大的抗战斗争中磨炼自己"向上的意志"，发挥出"战斗热力"，做抗战的中坚力量，起到了较为积极的教育和启迪作用。

三、充满美好幻想的儿童文学的创作

司马文森在热情创作暴露小说和反映抗战青年成长过程的启迪性小说的同时，还利用在"文协"桂林分会负责出版部儿童组工作的机会，积极带头创作儿童读物，尽量满足抗战时期少年儿童健康成长的需要。并于 1940 年 11—12 月，相继先后主持召开了"当前儿童戏剧报告会"等各种形式的会议，对促进桂林儿童文学和儿童戏剧的创作、演出，以及儿童读物的出版工作，发挥了重要的作用。

为推动在桂几十个儿童团体和广大儿童在抗战宣传中发挥出积极的作用，司马文森不仅从组织上关心儿童运动的发展，而且还从关心儿童身心健康成长出发，具体负责《救亡日报》副刊《儿童文学》栏目，大力撰文批评轻视儿童文学创作、出版工作中的错误倾向。他在《夜记》一文中曾说道："少年读物的编纂供应问题，现在似乎又重新地引人注意了……这（项）工作的开始被注意无论做得好与坏，总是一件可喜的事。不过，我们也不应以它的量的众多为满足，更重要的是要注意它的质量已经比以前提高了，能否满足我们青少年读者的要求。"[1]他在紧张的创作工作中，先后创作了《菲菲岛梦游记》《渔夫与鱼》等一批富有浪漫情调，深受少年儿童喜爱的童话故事，对活跃儿童的抗战宣传

---

[1]　出自司马文森：《夜记》，载《野草》1941 年 2 月 1 日第 1 卷第 6 期。

活动，繁荣少儿读物的创作、出版做出了极大的贡献。

四、以写实感人为特征的报告文学的创作

司马文森创作小说的题材相当广泛，他善于写实，直接反映抗战前线战况和军队生活的报告文学，是他在文学创作上的又一大杰出的成就。广州、武汉失守后，随着国民党正面战场南移，直接反映中国南战场战况的战地通讯和报告作品在1939年后开始出现。特别是司马文森在国民党军队生活了一段时间，目睹了前线的一切，更清楚地了解这方面的材料，更能深刻地认识这方面的问题。其中他创作的《粤北散记》便是当时有名的优秀报告文学中的代表。

在报告文学的创作中，注重材料的真实性，内容的新闻可读性，是他在这方面获得较大成功的重要因素。他所创作的《粤北散记》系列，除了有几篇是在广东曲江写的外，绝大部分是1939年来桂林后完成的，而且这些作品也基本上是在桂林的刊物上发表的。除1939年至1940年在《文艺阵线》上发表了10多篇，并注有"粤北散记之×"的副标题外，1940年5月他将创作的一些散文、通讯作品以《粤北散记》书名交大地出版社出版，共收录作品15篇。同年7月，桂林生活书店又出版了他的散文、通讯集《一个英雄的经历》，内收《马》《东江一少年》《一个英雄的经历》《吹号手》《大时代中的小人物》《渣滓》《狗》《土地》共8篇。另外还在《文艺阵地》上发表了篇幅最长的纪实性作品《记尚仲衣教授——粤北散记之十四》，后又改名《天才的悲剧》，由桂林南天出版社单独出版。司马文森的著名报告文学《粤北散记》系列，实际上也就包括《粤北散记》《一个英雄的经历》《天才的悲剧》这三大内容。

司马文森的报告文学以"战斗的素绘"为其主要内容特色，广泛反映抗战的中国社会的各个方面，虽不能说"足够交织成一幅抗战的中国的缩图"[1]，但其中的《吹号手》勾勒出抗日小战士英勇作战的英姿；《一个英雄的经历》报告了爱国战士奋勇杀敌，智擒俘虏的英雄事迹；《来自东江的童话》叙述了敌后游击队与日寇作机智斗争的传奇故事；《乡村自卫团》记载了敌后民众抗敌

---

[1]　出自《桂林抗战文学史》，广西教育出版社，第63页。

团体建立和艰苦斗争的历程;《一个战时工作队的生活杂记》反映了知识青年在抗战熔炉里生活和成长;《野火》写出了敌机轰炸后带来的灾难和仇恨;《新时代的旧渣滓》暴露了国统区政治腐败与堕落;《尚仲衣教授》记录了进步知识分子在抗战中认真工作而遭国民党军阀排挤的种种情况等。这些准确而全面地反映抗战大氛围中存在的各种复杂的问题,对人们认识各种问题和现象给予了实质性的指导,并引起了大后方民众的热烈关注,产生了相当积极的社会反响。

司马文森的报告文学、散文、战地作品,以其厚重的历史内涵和独特的创作方式,在战时文学作品中占有重要的位置,至今仍为文学史上有价值的战时报告文学中的名篇之一,对促进我国文学运动的不断向前发展产生了深远的影响。

原载《八路军桂林办事处纪念馆研究文集》,
广西师范大学出版社,1989 年

司马文森对桂林抗战文化城的贡献

文丰义

现代著名作家司马文森，原名何章平，曾用笔名林娜、林曦、耶戈、马霖、宋芝、何汉章等从事文学创作。他 1916 年出生于福建泉州。自幼家境贫寒，曾到菲律宾当过童工，经受过苦难生活的煎熬，亲身体会到社会的黑暗和政治的腐败。司马文森 15 岁返回家乡，就读黎明中学，投身革命，17 岁加入中国共产党，1934 年到上海，加入中国左翼作家联盟。抗战爆发后，他在上海、广州积极从事救亡宣传和统战工作。1939 年春，他由广东韶关抵达桂林，积极开展党的文化救亡工作，并开始了他一生中成果最丰硕的文学创作活动。抗战期间，他在桂林可以说是他人生中最辉煌的时代。

——

司马文森从小酷爱文学，参加革命后，在进步文艺作家的影响下，凭他的勤奋和对生活的熟悉，很早就从事了文学创作，1934 年他在上海加入中国左翼作家联盟后，1935 年便以"林娜"笔名发表小说，在文坛上崭露头角，成为一名负有社会责任感的以反映现实生活、贴近社会实际为主要特征的现代文学工作者。由于生活的磨炼和实践中的亲身感受，他以满怀的激情，饱蘸情感的笔触，创作出一篇又一篇揭露黑暗，反映生活，催人奋进的鸿篇巨作，对发展和丰富中国现代文化艺术宝库有很大贡献。

抗战爆发之初，司马文森在上海积极从事抗日救亡文化活动。为广泛团结进步文化工作者，巩固党的抗日民族统一战线，贯彻党的抗战方针政策，他奔走呼号，热情宣传，把整个热情和精力都投入到滚滚急浪的抗日洪流中。"八一三"事变后，上海沦陷，大批文化人相继转移，司马文森也随《救亡日报》负责人郭沫若、夏衍等一道撤往广州，并任该报的义务记者。为了抗日统战工作需要，他识大局、顾大体，服从党组织的安排到国民党军队里工作，参加第四战区长官部政治部第三组（宣传组）活动。广州沦陷前夕，又随余汉谋长官部迁往韶关、翁源等粤北山区，继续从事抗日宣传和统战活动。由于国民党反动派阴谋发动反共高潮，他和抗宣队等的抗日宣传工作不断遭到监视、污蔑和讥讽，逐渐被反动派视为"眼中钉"和反动派反共的障碍。司马文森于1939年5月与黄新波等被国民党以"嫌疑重大"为名"遣散"，在党的重新安排下，经过艰苦辗转和路途的磨难，从韶关来到比较有民主政治气氛的西南文化名城——桂林，接受新的战斗任务。从此也开始了他一生中创作成果最丰、活动最繁的那一段不寻常的人生。

二

司马文森初到桂林，就全身心地投入进步的文化教育工作。在党组织的安排下，他以指导员的身份积极参与创建和办好"广西地方建设干部学校"的工作，认真贯彻执行党的抗战方针和路线，培养共同开创了一条国统区通过统一战线合作办学的成功之路，在短短的两年时间里培养了4000多名基层抗日骨干，同时培养出大批抗战积极分子和有用的人才，直接对前线和后方的抗战做出了贡献。

"干校"是党对桂系进行统战工作的产物。在特殊的政治背景下，以杨东莼为首的"干校"地下党组织，在八路军桂林办事处处长李克农的亲自领导下，仅仅依靠地下党组织的力量，在办学中始终坚持党的"坚持抗战，反对投降；坚持团结，反对分裂；坚持进步，反对倒退"的政治方针，参照延安抗日军政大学和陕北公学的办学经验和教学内容，主动担负起培养抗战干部的时代使命，将"干校"办得有声有色，成为国统区内一所新型的干部学校。

司马文森作为中国共产党地下组织的一员，与其他同志一道，积极对进步学员灌输中国共产党的抗日主张和抗战方针政策，加强对学员学习马列主义和毛泽东著作进行秘密辅导。他具体负责"干校"的文艺辅导工作，把校内的文艺活动搞得生动活泼，恰到好处地把宣传抗战和对各阶层进行统战工作的内容融合在文艺活动中。他鼓励学员撰写文章，在他办的刊物上为进步学员开辟了学习园地。如在他主编的《救亡日报》副刊《新干部》上，发表了第一期学员秦川、曾敏之等人的思想境界较高、内容进步的文章。

"干校"从创办开始就十分注重党在学校中的领导作用，学校实际负责人杨东莼不仅经常请示"八办"处长李克农，时刻保持与"八办"和广西工委的密切联系；校内还成立了省内两个党支部。司马文森作为一名工作经验相当丰富的秘密党员，不仅担任了外省支部的支委，协助支部书记周钢鸣工作，而且还具体负责干校的文书事务，担任杨东莼的政治秘书，主编干校的校刊。1940年4月1日，他代表干校，接受了日本反战同盟西南支部赠送的一面锦旗。还代表杨东莼参加了中苏文化协会桂林分会的筹备工作。他与周钢鸣等同志共同协作，协助和配合杨东莼在干校开展一切活动，从而保证了党在干校中的绝对领导地位和工作的顺利开展，还不失时机地发展党员新生力量。正是有司马文森这样一批兢兢业业地坚持战斗在国统区的中共党员，使干校始终围绕着为抗战服务，为抗战办学的目的，把干校办成党在国统区对各阶层、各党派进行统战工作的一个成功典范。

三

司马文森在桂期间，不仅以旺盛的精力投入到文学创作活动和教育统战工作中去，而且还在当时创作极不自由、文网森严，大部分文艺刊物纷纷被迫停刊或遭查封，出版行业日趋萧条的情况下，排除阻力，知难而上，大力创办文艺刊物，活跃文坛，重振桂林的出版业。1941年9月，他首先在艰难中创办了综合性的大型文艺月刊《文艺生活》，发表小说、诗歌、散文、剧本和文艺评论，为作家们开辟了一个广阔驰骋的创作原野。这在宣传抗战救国，冲破令人窒息的森严文网，抨击国民党反动独裁专制的斗争中，发挥了重大的作用。

司马文森在编辑出版《文艺生活》的发刊词中明确表示：目的是"致力于

文艺抗战工作"，在于加强抗战文艺作品的创作，多发表一些反映抗战现实的文艺作品，注重作家和作品的研究，介绍一些好的翻译作品。当时为该刊撰稿的几乎包括了全国各地的知名进步作家、艺术家，主要有郭沫若、欧阳予倩、艾芜、邵荃麟、孟超、夏衍、田汉、柳亚子、何家槐、沙汀、聂绀弩、骆宾基、宋云彬、葛琴、许之乔、秦似、周钢鸣、韩北屏等。这充分显示出司马文森杰出的组织才干和非凡的社会活动能力。他编辑出版《文艺生活》，不仅坚持真实地反映国统区的社会生活和抗战现实，还努力向国统区人民大量翻译介绍苏联作家声援苏联人民的反法西斯斗争的卫国战争。《文艺生活》还特别有意地刊登反映八路军和反映游击队斗争生活的作品，如王鲁彦的《一双鞋子》和碧野的《前路》，极力地表明了刊物坚定的战斗性和革命性，以及司马文森个人的阶级立场和斗争意志。

在苦心编辑出版进步刊物，力求给桂林萧条沉寂的出版界增添了生机的同时，司马文森还随时关注着整个文化城文坛的发展新趋势。他在理论上认真探讨当时桂林抗战文艺运动走向低潮的原因，总结国统区文坛的斗争经验，极力为掀起抗战文艺运动新高潮而大造舆论。他组织在桂的文艺作家们广泛地讨论学习，并以文艺生活社的名义，于1941年11月19日支持召开了"一九四一年文艺运动的检讨"座谈会，既总结了经验教训，又为以后的文艺运动指明了方向，对鼓舞文艺创作，重振抗战文坛，有力抗击国民党反动派的文化专制起了相当积极的作用。

司马文森在来桂不久，就主持《救亡日报》副刊《新干部》的编辑工作，尽力培养青年作者，围绕文艺为抗战服务的办刊宗旨积极地工作，在艰苦的1941年国民党的反共逆流里，他又倾力创办了《文艺生活》，同时，还与刘健庵、张安治、胡危舟、马卫之、李文钊等人发起组织了艺术新闻社，编辑出版了《艺术新闻》，并担任社委。他还主编出版了"文艺生活丛书"；应聘为桂林国光出版社的编辑，编辑出版了多种文艺书籍。他作为一个富有高度社会责任感和战斗精神的共产党员，激流勇进，率先垂范，为进步文化运动呕心沥血，在艰苦的政治环境中坚持党的抗战宣传阵地，使文化城进步文化运动在艰难的条件中坚持下来并有所发展，为1942年桂林文化城的抗日文化运动复苏奠定了坚实的基础。

四

司马文森来桂期间，广泛涉足于桂林抗战进步文化活动，他不仅是各种进步活动的积极参与者，而且是这场伟大的进步文化运动的组织者、领导者、推动者之一。他满腔热情地全力投身到这场广泛的、群众性的抗战救亡文化事业中。他不计个人利益，冲锋陷阵，勇往直前，成为这场如火如荼的文化抗日斗争热潮中的中流砥柱。在促进桂林抗战文化界的团结、进步，推动国统区抗战文化运动的再发展、再繁荣方面，做了大量的组织、发动和引导工作。

中华全国文艺界抗敌协会桂林分会，是在我党直接领导下的桂林文化界坚持抗日民族统一战线的战斗组织，也是桂林文化运动不断发展壮大的具体组织和领导机构。分会自 1939 年 10 月成立以来，司马文森连续五届担任理事会理事，先后负责出版部、组织部、儿童文学部等的领导工作。在领导和促进桂林文化界积极宣传抗战救国真理，与国民党反动派的文化"围剿"的斗争中，与王鲁彦、田汉、欧阳予倩、巴金、夏衍等一道共同发挥了重要作用。

司马文森作为"文协"桂林分会的领导成员之一，参加了各种进步文化活动，潜心于大量的文学创作，时刻以一个共产党员的身份和高度的社会责任感，走在战斗的最前列，担负起重要的责任。尤其，皖南事变发生后，桂林形势骤变，夏衍、范长江、周钢鸣等一大批中共党员和进步文化人被迫撤往香港，"八办"决定由尚未暴露身份的他留下来承担联系和领导桂林文化系统地下党组织的工作时，他把个人的安危置之度外，以无限忠于革命事业的高尚情操，准确地把握时机，临危不乱，冷静地分析各种情况下可能发生的问题，在错综复杂的斗争中稳住了进步文化阵地，使党的革命事业在白色恐怖下安全地度过危险期，圆满地完成了党所交给的任务。

在推动桂林抗战"文化城"文化运动不断向前发展的艰苦岁月中，司马文森时刻注视着文化城文化运动的发展方向。及时给予指导，并随时关心年轻一代文艺力量的成长。他不知疲倦地参加了"戏剧春秋"社主持的《国家至上》《包得行》等演出评论的座谈会，发表许多好的意见。他积极贯彻"文协"提出的"文章下乡、文章入伍"号召，十分重视对军队下层士兵的文化宣传教育工作，及时撰写了如《把文艺种子传播到战壕、兵营里去》等文章，真实地反映军旅生活，写出了士兵们想要讲的话，把文艺与抗战前线有机地结合起来，给前线将士很大的鼓舞。在关心青年一代文艺工作者成长方面，他与欧阳予倩、王鲁彦、焦菊隐、夏衍、胡愈之、黄药眠、艾芜等 20 人组成文艺习作指导组，专为文艺青年评阅稿件，指导写作。并举办短期文艺讲习班多期，培养了大批服务于抗战文化的新人，给文化城的发展注入了新鲜血液，增添了新生力量。此外，他还利用"文协"桂林分会这个文艺界的领导阵地，先后主持和参加了"高尔基逝世四周年纪念会""鲁迅诞辰六十周年纪念会""郭沫若 50 寿辰及创作生活 25 周年庆祝会""庆祝苏联十月革命 24 周年纪念大会"和"保障作家合法权益会"等活动，对推动桂林进步文艺的发展，丰富文化城文化生活，保障进步文艺的创作权益和地位起了一定的促进作用。

在抗战的中后期，国民党反动派实行积极反共，消极抗战，中国面临投降危机和亡国灭种的时刻，当汪精卫之流公开叛变投敌时，文协桂林分会积极组织在桂文艺作家起来著文声讨，他和夏衍、艾芜等率先举起了反汪的大旗，打响了全国文艺界讨汪第一炮，对推动国统区、香港以及海外的反汪运动做出了表率。当苏联卫国战争正在艰苦进行时，他还利用《文艺生活》这个宣传阵地，大量出版和发表了《寄慰苏联战士》《桂林文协电慰苏联人民》《中国诗歌界致苏联人民书》等书籍和文章，热情声援苏联人民的卫国战争。这对促进中苏人民在共同反抗侵略斗争中的友谊，加强世界反法西斯阵线的斗争起了很好的作用。

此外，他还参与了 1944 年 2 月 15 日至 5 月 19 日，连续在桂林举办三个月之久的享誉全国、影响世界的"西南第一届戏剧展览会"，并担任大会"戏剧评审团"的十名评审专家之一。

当 1944 年湘桂大撤退，日寇紧逼广西时，他作为桂林进步文化界代表组织筹备和参加了"桂林文化界抗战工作协会"的筹备工作，并于 6 月 28 日参加了有李济深、欧阳予倩、田汉等 600 余人到会的成立大会。此后在日军侵略的铁蹄已经逼近湘桂边界的危急时刻，"桂林文化界抗战工作协会"又专门组织文化界赴前线宣传的有"敢死队"之称的"桂林文化界抗战工作队"（简称"文抗队"），在桂林举办战前短期培训班，并邀请来一些有前线抗战宣传经验的文化人进行实战培训时，担任培训任务之一的成员就有黄药眠、司马文森、周钢鸣、邵荃麟等。

1944 年 9 月 12 日，当桂林城防司令部下达第三道疏散令，也就是最后一道疏散令时，坚持战斗到桂林抗战文化城最后一刻的司马文森、周钢鸣、韩北屏、秦似等，最后撤出桂林城。在中共南方局的部署下，司马文森继续坚持在桂柳交界的柳北地区开展敌后工作，任桂北特支书记，带领桂林地下党的文化支部党员，联合《柳州日报》及融水地方党组织成立桂北临时工委，共同领导三支抗日游击队工作。随后，又举家深入柳北山区，组织和领导开辟抗日游击区，出任抗日纵队政治部主任，与敌寇作艰苦的斗争。直到抗战胜利后，才经宜山、柳州到广州，继续筹办《文艺新闻》周刊和复刊《文艺生活》，是中共广东省委机关报《华商报》的撰稿人。

结语

司马文森抗战时期在桂林的活动引人瞩目，卓有成就。他不仅是桂林"文化城"抗日救亡文化运动的积极参与者，而且是一名功勋卓著的组织者和领导者。他以共产党员高度的社会责任感，凭借自己的聪明才干，勤恳工作，在白色恐怖形势下，推动文化城运动不断向前发展，为繁荣抗战文学创作了大量优秀的作品。桂林能够在抗战时期成为全国有名的国统区进步文化中心，应该说司马文森尽了他的一份责任，起了一定的作用的。

原载《八路军桂林办事处纪念馆研究文集》，
广西师范大学出版社，1998 年版

司马文森
创作自述

谈笔名

金芒（司马文森）

现在的作家，只用一个笔名写文章的似乎不多。笔名之用，有的是使笔扯来，久之习惯了，就成自然。有的是含有深意的，比如鲁迅先生之笔名"鲁迅"，据后人考据，就很有一番来历。但从笔名上面，也往往可以看到一个人的思想、兴趣及为人处世态度等等。

有人说笔名仅一符号而已，没有什么大不了的，今天用了，明天可以不用，已出了大名，却又当别论了。但这种符号的使用，虽不过代表有这么一个人而已，但是名字用得太怪，有时也会使文章受了一点伤害。有些人的习惯，往往有先入为主的毛病，有一点给他印象不佳了，就会对你有成见了。再有，有些人的笔名也的确用得太那个，如"金节斗仔"到底是中国人还是日本人呢？也有些用英文名字的，如 SY，又使人弄不清楚是中国人还是美国人了，其他种种例子太多了。

每个人自然都有用他高兴用的笔名写文章的权利，但是用得太怪也的确是一种非群众路线的作风。人家对你印象不佳，就很难于说起作用了。

原载香港《文汇报》1949 年 8 月 11 日

新中国小说家及其作品

司马小兰　译

二十年到三十年的短促历史，标志着这个现代文学运动从开始到目前状态的发展（在这么有限的时间里，很难说有什么伟大和富丽堂皇的作品呈现在读者的面前）。它的成长和整个民族的觉醒血肉相连。它的发展和这个国家革命力量始终保持着一致的步伐。从这个运动开始以来，几乎所有新出现的中国作家同时也是称职的革命参加者，如鲁迅、郭沫若、田汉、茅盾和其他杰出的作家们。他们多年来站在民族解放觉醒运动的最前列。他们的作品充满了革命斗争的气息、坚定性和热情。

中国现代文学运动的存在虽然只有二十年到三十年的历史，却已经建立起了它自己的革命传统。这个传统实际上就是整个国家、整个民族的觉醒，包括1919年的五四运动、1925年的"五卅"运动和过去八年来有目共睹的抗日战线。

坚持这种精神使当代中国的文学作品生机勃勃、热情奋发。正如全世界的进步作家用他们的笔起来反抗法西斯主义一样，中国的作家也加入了他们的战斗并且取得很大成绩。中国人民觉醒运动的领导者是知识分子，并由广大的人民群众支持着它，终将取得胜利。这些知识分子包括学生、艺术家、记者和文学作家。

抗战八年里，中国现代的文学作家始终和普通人民一起站在最前列并肩战斗。他们参军打仗并工作在日寇后方。他们不仅仅以新闻记者的身份进行新闻报道工作，而且是作为在那儿生活和工作的亲历者参加战斗。

这些作家一方面做动员工作和打仗，同时从不间断文学创作活动。在抗日的第一阶段，他们创作出非常优秀的报告文学和小说，如东平的《第七连》，丁玲的《我在霞村的时候》和其他。抗战以中国政府奉行一条分裂政策，在皖南突然袭击共产党领导下的新四军开始了第二阶段抗战。

留在军队内的文学工作者被开除并且列为"政治上不可靠"分子。中国面对另一个寒冬：国民党政府到处建造集中营。所有进步杂志被查封，禁止出版和发行。所有书籍和期刊必须进行严格审查。

在这种情况下，部分中国作家尽最大的努力来到解放区，他们是艾青、欧阳山、草明和其他人；中国作家之中部分人从战场返来，到了当时的文化中心，桂林和重庆。在战时内地，他们的人身安全仍然受到威胁，他们的物质生活日趋艰难，以至于他们不得不减少他们的写作热情。

在这个时期，他们的创作已经和第一阶段有所不同。如茅盾的长篇小说《蚀》，在里面作者揭露了国民党特务的残暴罪行；夏衍的长篇小说《春寒》，在里面他描写了参加抗战的年轻的知识分子如何受到国民党政府的迫害（诗人、教授闻一多在战后的昆明被国民党特务暗杀了）。沙汀描写了四川省腐败的官吏和地方上的恶霸如何鱼肉百姓。在他的短篇小说集《秋收》中，他描写了战时内地小市民贫困的生活。他描绘了一幅生动的图画。巴金、老舍和艾芜也写下了许多短篇小说和长篇小说。他们的主题（实际上整个时期的主题）主要反映了中国国民党的腐败和贪婪的统治。因而，得到发行机会的书籍极少。

与此同时，在解放区寻找避难的作家的作品的命运要好得多。他们过着自由、民主的生活。他们不必担忧每日三餐或政治上受到压迫。他们创作出一些伟大的反映人民如何和敌寇斗争的作品，有马加的《滹沱河流域》、邵子南的《李勇大摆地雷阵》、马蜂和西戎合著的《吕梁英雄传》、孔厥的《受苦人》《一个女人翻身的故事》和赵树理的《李家庄的变迁》《李有才板话》。这些都生动地证明了在一个新型的政治环境中，作家能够更好地施展他们的才能，得到更好的创作机会。

结果，优秀的作品不断涌现出来。虽然这个国家正面对着更加黑暗的日子，那些早年来的叫嚣，什么中国没有伟大的文学作品将消失得无影无踪，从我们民族广大的群众之中新的力量正在诞生。我们可以预言：中华民族的伟大史诗不久将诞生。

原载《中国文摘》（香港英文版）第1卷第7期

文艺习作散记（二）

——我怎样读书

抗战以后，读书的风气似乎也慢慢地风行起来，到处我们都能看见一些夹着一大本一大本理论书籍在跑路的青年，读书问题逐渐被注意，在青年的《自学》杂志上，关于怎样读书的文章之逐渐增多和受欢迎，以及青年工作社团关于读书问题座谈会的盛行等现象，都说明了这种优良的风气正在被养成着，而且是一天一天地在发展。

读书风气的普遍流行，不能说不是一个好现象。5 年来，我们的青年实在过于振奋了，他们跟随了整个客观环境的需要，一群一群地从僻静地区冲出来，站在各自工作岗位上，为抗战建国牺牲、苦斗，做更进一步的努力。

他们参加实际斗争，从斗争中去学习，还不断地接受书本上的知识。在前方一些比较健全的工作团队中，这种读书风气已经养成了，且有相当成就，可是在后方，这种风气反而不甚普遍，虽然也有些很喜欢读书，但是他们在学习过程中缺乏方法，或者没人指导，因而发生苦闷。比方，在我这儿就常常接到这一类的信，或从口头上提出的问题，比如：

"我们都有热情，也有共同的研究文艺兴趣，但是我们不知道怎样研究法，从什么地方读起，读些什么书？"

"我的性情和兴趣是比较接近文艺的，但是朋友们都反对，他们说文艺书籍是供人消遣的，学它有什么用？还是学哲学或社会科学吧。照道理看来，这个意见好像很对，但是我始终感到苦闷。因为这和我的兴趣是完全相反的。"

"用什么方法去研究文艺最妥当？人家介绍我先从文艺理论学起，后再读作品，我照样做了，读了好些《怎样写作》《文章作法》《写作教程》之类的书，但是我依然莫名其妙，不得要领，对于一个初学文艺者，到底要先读些什么书？"

这些问题，在广大青年文艺爱好者中，正成了无法解决的苦闷。为着要比较切实一点的来谈一谈这个问题，我想把我自己如何从书本上去学习的一点浅薄经验报告一下，这并不是说我的读书方法是最"模范"的，是每个人应该照样去模仿的，我没有这样大的奢望，我的意思是希望我这个报告，能使那些初在书本上摸索的人，作个小小的参考。

我曾说过这样的话：要学习文艺，必须先养成对文艺工作的兴趣，有了这个兴趣后，就是以后没有人鞭策你，你也能自动去摸索、去学习。要先养成兴趣，就必须读书，读你最喜欢读的书。在我们的民间，流行着极为众多的为民众所喜爱的书本。这些书本曾使他们忘记了饥渴，也使一些人想入山修道。用比较进步的眼光来看，像这一类的东西，当然有害，但是事实上有许多文艺工作者，有的最初接近的，后来并因之而养成对文艺工作的兴趣的，却也往往是这些书，我自己就是这样的一个。

这些流行于民间，且为民间所喜见乐闻的书籍，曾引起了我对文艺工作学习的兴趣，因为有了这个兴趣，我就起了想自己去找书读、去摸索的心。先前我所想的也还是这一类古老的东西，后来慢慢地把兴趣改变，开始和一些新东西接近，一经接近之后，我就不想把它放松，它正紧紧地抓住我，我也丝毫不放松它。

这和现在的一些青年朋友一样。当我最初和这些新东西接触之后，我的读书方法也还是杂乱没有计划的，那时我所知道的很少，不知道应该读哪些书，先读哪一些作家的。我曾因一个偶然的机会读到了蒋光慈的《冲出云里的月亮》，且曾大大的感动过，甚至于有好几次禁不住把眼泪都滴下来了。我就以为凡是新文艺作品都是和它一样是完好的，可以感动人，于是我就到处去找新文艺作品来读，凡是能找到的，不管它是好是坏，都拿来读，像一个饥饿的人找到他的第一块糕饼一样。后来读得多了，我就慢慢地对这些新文艺感到失望，为什么呢？因为我发觉到我后来所读的许多作品，并不本本如《冲出云里的月亮》那样的动人，能赢取我的眼泪。反之，有些甚至于使我起了反感。不

284

久我觉得我老这样读下去，是在浪费时间了。就在这时，我碰到了一个人，正如西韬在他的《意大利脉搏》里所写的《不大知名者》。他不是一个文艺作家，但是他知道许多作家的事情，以及他们的代表作品，他自己说：他从前也曾写了一点，但是只是几篇，过后便不再写了。为什么不再写？却没有说明，我们一见面，就成了要好的朋友，他和我谈过好几次话，我很佩服他底（的）渊博的学问和见解，他也很称赞我聪明。于是我就常常去请教他，但他却没有介绍我去读什么人的作品，只拿了好几册当时曾很出过一番风头的杂志给我，叫我把里面作家的作品都读了，然后问我对哪一个作家的作品感兴趣，我答了，他便去拿那个我所喜欢的作家的全部作品来给我读。读完以后，就问我的观感如何，然后他就针对我所发表的意见，详细地加以补充。他的意见往往是很深刻而新鲜的，他常常附带谈到：某个作家的思想如何，作品的优劣如何，可学习地方在哪儿，该被扬弃的地方又在哪儿。接着，他又介绍另一个作家的全部作品（或者某几部代表作品）给我，读完了，他又和我来做一番比较研究，比如这一个作家的思想如何如何，优劣点如何如何，那一个作家的思想又如何如何，优劣点又如何如何。从此以后，我觉得我的读书生活已和从前大不相同了，已不再如从前那样的凌乱不堪了，得益也就和从前大不相同了。

　　当我开始懂得去读外国作品的时候，我已经有许多朋友了。他们大半可以说是我的老师。思想和能力都比我强，我便请他们介绍作品读，他们介绍给我的作品是苏联大革命后的代表作，如《铁流》《毁灭》《一周间》《十日》《母亲》《士敏土》等，我每一部每一部的像是吞咽了一样的读着，不断地深受着感动，惊叹社会主义苏联的伟大。可是，当我完全习惯于阅读世界各国作品以后，我就再也不能满足于少数的苏联作品了。我开始读着高尔基的全部译作，我读着托尔斯泰、屠格涅夫、陀思妥耶夫斯基、果戈理、普希金、罗曼·罗兰、哈代、福楼拜、左拉、巴尔扎克的一些可能找到的中译本。当我在有系统地读着一位我所崇拜的作家的作品前，为着避免在对他的作品作全部阅读前，会引起失望情绪，我总是先找他的代表作品来读，如对托尔斯泰就是先读《安娜·卡列尼娜》，如对屠格涅夫就先读《贵族之家》，至如对果戈理就先读《死魂灵》。当我被他的第一本代表作品吸引住之后，就有新的勇气去找他的第二、第三本作品来读，反之如果第一次的对象不好，便往往会使勇气受到影响，这样，在我读完了某一个作家可能找到的许多作品之后，为着要更深刻的去了解这一位作家的价值，我就去找一些有关于这一位作家的生活、写作、经验及人家对他批评的文字来读，用这方法来研究一个作家，在我以为是很有效的。

有些人对于文学作品常常有一种不大正确的看法，他们以为文艺作品只是供人在饭余酒后消遣的东西，不能当作一件正当学问来研究。事实上，要研究一个作品，实在也不很容易。他需要有着相当丰富的学问，如果自己对于史地知识，对于社会科学知识，不曾具有相当的基础，是很难研究出一些道理来的。进一步说，如果我们对于一些成功的作家艺术价值能深刻的了解，在我们的学习和写作上，也是有很大帮助的；因为只有我们在对被研究者的生活、思想和其艺术价值，得到深刻的了解之后，才能学到他的长处。

这几年来，我都是依照了这个方法来读书，因此在我的作品中，有时能看见高尔基的影响，有时也能看见屠格涅夫的影响，有时又能看见罗曼·罗兰的影响。但我并不担心任何作家对我发生的影响，我认为一个文艺工作者，要避免人家的影响是不可能的，事实上中国的大半成功作家都曾受过人家的影响，如高尔基之对欧阳山，左拉之对巴金等便是一例。问题只是在于我们能否消化人家的影响，如果我们的消化力强，不管它是十个、二十个作家，对于我们引起了猛烈的影响，我们都用不着怕，我们如果能把这十个、二十个作家的影响溶化在一起，这影响正是我们最丰富的营养。要想创造自己作品的风格，想创造自己作品的生命的作家是不能没有这营养的。

现在，我们再回头来看一看上面所说的那几个问题，首先我以为要研究文学，必须先从文艺作品读起，不要一下子就贪读文艺理论书，读完了文艺理论书，弄通了理论再来读文艺作品，这一定会失败的。没有欣赏或写作基础的人，是无法去理解文艺理论里面所提的问题的，要做一个文艺批评家，也要有这基础，单只有理论修养是不够的。

其次，在初阅读时，要做到我在上面所举的那个实例，是相当困难的，因此也就免不了有"有什么便读什么，拿到一本就读一本"的毛病。初有了这个毛病还不打紧，问题只在初读时有没有人介绍，有没有人指导，如果有人介绍，叫我们去读一些比较能代表某一些作家的作品，这种"博览"的读法，也是需要的。不过，我以为一个基础不怎样好的初学者，还是不要太贪心一下就想去读那些为自己学力所不及的精深作品，还是从本国作家的作品读起为佳。

再次，社会科学或者哲学的修养，是对于任何人研究任何一种学问都需要的，但是，我却不同意有一种人的做法，他以为非先把哲学基础、社会科学的基础打好了，就不能研究别的学问，如文学等。这样的说法是有毛病的，社会科学或哲学是一件相当深的学问，要研究它绝不是短时间所能了解的，且只有书本上的知识也很不够，还得有生活的实践，所以说要等到把社会科学或哲学的基础完全打定了，再来学文学，一定是"此路不通"的。那么要怎么办呢？我以为可以同时并行，且你在文学作品中也常常能发现与社会科学有关联的地方，不过一个用的是抽象的例子，一个用的是具体的例子而已。马克思之重视巴尔扎克的《人间喜剧》，不是没有原因的，因为在巴氏的作品中，也有着能帮助我们对进步科学了解的东西。

最后，关于做读书笔记方面，有一个时候我也曾做过，做的方法大抵是这样：当我读完了一本书，我一定把那本书中比较罕见字和词汇，写景或者是写人的句子抄录下来，再凭自己的记忆，把全书的情节复述一遍，最后写明了自己的感想，如好处有哪些哪些，坏处有哪些哪些。这样，在一本册子里收存着，到以后你有机会去读人家对该作品的批评或是研究的文章时，你就可以自己发觉出当时的看法是否有错误的地方，还有，用这种方法，可以加深了你对那个作品的印象。

原载《青年生活》1941 年 10 月第 2 卷第 3 期

学习写作二三事

——谈模仿

一个初学习写作的人，大都从模仿开始。

模仿是不好的，然而，对一个初学写作的人是例外，好像是一个关，必经的。

我们往往能从小孩的身上看到他父母的气质，这不仅是先天遗传问题，也是后天的影响。小孩子和自己母亲，生活在一起，接触得多了，在无意中，就处处学习她、模仿她，久而久之，习惯成自然。我们常常指着一个小孩子说："这个孩子挺像他母亲！"这指的是动作、谈话神气以至于思想感情。

一个初学写作者，和一个孩子一样，他个人还在摸索中，没有固定的风格、表现技巧，可是，他和一个名家作品接近，那名家的作品感动他、影响他，正如一个母亲之对自己孩子一样，他写出来的东西，也慢慢和那名家的风格相近。

因此我们常说："某某人受某某作家影响很深。"

实际上，在中国的作家中，特别是他们的初期作品，不受人影响的很少，只是影响者不止一个作家，有时是在一个以上。

影响和模仿不同，却极有关系。

青年人搅搅文艺玩意，大都是先从模仿入手的，你读了一篇好文章，你很受感动，而印象也特别深刻，你也想照他的样子，学习写一篇，于是，你模仿了。无论是形式或者内容……尽管你这个模仿工作失败（我们相信一个初学者，想模仿名作家的作品，一定会失败的），然而，你却因此有了写作，或更

288

勤谨学习的兴趣。有许多人写作的基础，是这样慢慢打下去的。

对一个初学写作者，我不反对模仿，但是，这是有限度的。到了相当时候，就要放弃。事实上，到了相当时候也一定会放弃。在文坛上，我们只看见，受高尔基影响的作家，却没有看见一个和高尔基作品一模一样的作家，这可见用模型来制造一模一样的作家是不可能的。

原载《学习知识》1946 年 1 月 1 日第 1 卷 1 期

谈生活体验

——文艺学习散记

耶 戈

　　我以为，不一定是作家，差不多是每个人都可以写出一部非常出色的书，而这部书是汇积着他一生的生活经验、思想、学问的全部精华。像这样的例子，我们可以举出好几个来说明一下。

　　美国的玛格丽特·米切尔女士，在她出版《飘》以前，是没有人知道的，一直到她的《飘》轰动了世界文坛的时候，还很少有人知道她的来历。比如在《飘》的中译本中，译者傅东华先生就一字不曾提到她，论道理他应该有文章介绍的，然而，他找不到这类材料，他只好让它留着空白了！

　　以《飘》论《飘》，说句良心话，它确实是一部诱人的书，文章写得浅易流畅，里面写的几个人物，也的确生动如画。但因为作者的基本立场是站在顽固的地主的一面，反对民主的革新运动、反对黑奴解放，这就大大的伤害了这部作品的价值了。

　　其实米切尔女士的成功，并不是太突然的，从一些零碎材料，我们知道，她是出身自美国南部的望族，幼年时受过北部教育，基本上是反林肯和北方民主措施。她的出身不错，家庭生活也过得好，有相当舒适环境来使她接受文艺并能够精心完成这样一部作品。这部书在读者中是作为小说读的，可是在作者写作时，也许就把它当为一部类乎传记的写作。那儿的人物，不是创造出来的，假如她不熟悉那些人，她就不可能写得那样深刻。那些事件，也一定和人物一样，有着充分根据。她生活在那些人中，在那圈子里，再去写它，自然能够写得好，写得成功。读者在读着它时，是一口气下去，一泻千里。我相信作者在写它时，也一定是一口气写下去，一泻千里。

　　一个人在写文章时，当他不断地意识到自己是在制造事件和人物，他不但要写得吃力，而且这种吃力也绝不会讨好的。反之，他觉得他是在写自己生活中最熟悉的一段，写几个亲切的人物，他就觉得不吃力，并且能够写得好。

　　我还可以举出一些例子，当我在编辑室批阅从读者手中寄来的一些稿件时，我先读到某一个人的某一篇文章，我感到兴奋，因为他写得那样生动、那样深刻，于是，我把它发表了。发表之后，那位作者一时受了鼓舞，又寄来第二篇、第三篇，但我打开来读，并不觉得它好。也许在写时他花了更多时间和精力，但是他写得失败了。这是因为他写的不一定是篇篇都是自己先有了心得的东西。这种经验，我想当过编辑的人差不多都会有。

　　再如我们在杂志上阅读某些新作家的作品，读他的第一篇文章时，你觉得他写得好，很有才能，但是到了你再找到他的第二篇、第三篇文章来读时，你有时就要逐渐的失望下去了。为什么会这样呢？当编者第一次发表一个新作家的文章时，他是比较细心的，到了他已"成"了"名"之后，编者先生也就马虎起来，至于写的人，也就不如他在写第一篇文章时那样的用心了。因此，有人在批评某些人的成就时，往往先提出他最先发表的文章。

　　如上面所说的《飘》的作者米切尔女士在《飘》之后，我想她恐怕难再写第二部能够比它更好、更动人的作品。这不是我怀疑她的才能突然因成功而减低，而是她已写了自己最熟悉、最有心得的东西，以后再要写时，不得不求取一些不为自己所熟悉的材料，这可能影响着她。

　　自然，成了名后的作家，不一定个个就写不出好文章，有许多人是文章越写越好的。不过，这种例子也不是太多的，一个人要成为作家，虽然现在还没有人拿着一把尺来测量，说要有几寸几尺才能成为作家，但是，在一般习惯中，读者眼光中，是有一定水准的，这水准就是一个人得到编者和读者承认，来确定他的地位。这水准只能保证他的文章（表现艺术）不至写得太坏，却不能保证一定写得好。

　　我在上面说过，每个人起码都能够写出一篇好文章，也许有人不以为然，但我是相信的。上海出版的《西风》常常有些征文，比如说《我的结婚生活》或《我的父亲》之类，常有好文章，自然，这些文章不见得可以入大雅之堂，但它是叫人读了心动的。应征者在写这种应征文时，他可以写得好，假如叫他成为一个作家，他就写不好了。为什么，因为他在这篇文章里总结了他历年来的生活经验的精华，这该是他第一篇文章，也是最后的一篇！

我在上面讲了那么多，读者也许要怀疑我是反对大家作文艺学习的；既然好文章只能写一篇，而且人人都能写，我再费力去学习有什么用呢？假如你们这样想，那就是误会了我的本意。那我的本意何在呢？我是想从这些实例来说明一件事，那就是："文章怎样才能写得好？就是要你先能熟悉你所写的！"亦即所谓："写你所熟悉的。"自然，不熟悉的东西，不是不能写，只是勉强写了，很难写得好。茅盾先生在写《子夜》的时候，是有相当的准备时间的，那时，他差不多天天去跑上海交易所，和这些实业界大亨、投机家在一起混，有时他也客串一下，做一两笔规模比较小的。这样他慢慢地就熟悉了那一门的内幕，和他们来往得十分密切，使自己脱离了走马看花观察者立场，站到里面去，因而，他的《子夜》写得生动，人物个个入画。反之，他在胜利后出版的《腐蚀》，虽也是一部受欢迎的作品，然而，在我读来就觉得使人尚存有隔膜之感！我在《文生》上写过一篇读后感，就说道：茅盾先生对这作品中的人物虽然把握得很紧，主题也毫不松懈，但是由于他对"特务人员"的生活隔膜，文章写来，就不十分自然。我们常常可以看见作者的笔，是如何巧妙地企图避开了他所不熟悉的若干地方的描写啊！

自然，熟悉自己所需要的生活，并不很容易，也不是一天两天可以做到。说到这儿，我还是要提到我那老主张，就是一个人，不论其为要做著作家或做一个起码的人，他就必须熟悉多样的生活，打开自己和外面接触的面，且要有一种求生技能。你做一个医生，工程师，并不妨碍你去从事文学活动，反之你做了文学家后，再去学做医生、工程师就难了。

世界各国，自然有"作家"这一门职业，即所谓"职业作家"，中国当然也和人家一样有这一门职业。没做过"职业作家"的人，羡慕这一门职业的自由和无拘束，做了"职业作家"以后，又大半叹气喊穷！人一穷，就不得不设法去找生活，生活之道无非写写文章，文章一写多就难以精彩。这十年来，我们之所以看不见有什么职业作家写出成样的作品，其故即在此。做了职业作家的人，已经没有办法不再做下去了，青年人想从文艺上求点学问的，我劝你们千万不要走这条路，这是一条绝路，起码在今天是这样！

话似乎再得说回来了，我们再来谈一谈所谓熟悉生活这件事吧。当记者去采访，固然也可以使自己写作素材增加，但是一个写文章的人，在写他看得来的事情，毕竟就和他亲历得来的不同。在美国，以南北战争为题材的小说有许多，而写得能够得上《飘》水准的就不多。不是说米切尔女士文笔表现能力特别高，而是她更是能熟悉她所写的人物和事件，因而，她能够成功。体验生活的意义，不是为了写作，而是为了要创造人类事业。一个革命者，牺牲了自己的幸福家庭、地位和生命，去从事革命斗争，他不是为了这样可以使自己作品写得好，而是为了他的思想信仰。假如这个革命者，在运用他一切斗争武器之外，又能运用笔这件武器，他的战斗威力就更加强大了，慢慢地它就成了他的主要武器。体验生活的意义在于丰富自己以创造人类事业。

当一个人不知不觉地成了战士后，他没有那样多时间去考虑自己所做的事，在写作上有多少帮助，多少价值。但是过后，当他能够冷静地来思考并且运用笔做武器时候，他所体验过的东西，就成了他的无限斗争和写作的源泉。有许多作家的代表作品所写的往往就是他体验最丰富的部分。也有一种人，生活体验是丰富的，然而他之体验那么多生活，并非为了要创造人类辉煌的事业，而是为了生存上必需，为了适应自己环境。在欧美，有些并非作家的人，当他在人生路径上告了某一段落时候，他以多少年来的经验、精力完成的一部作品，这唯一的作品，有时也很成功，但这成功，也仅限于对人物的刻画、心理描写，以至于对人生琐碎生活细节的记录而已。要真正成为成功和伟大的作家，还得使自己跟着时代的方向走。

作家们要求我们的青年在从事文艺活动时，必须先写些自己所熟悉的东西，并去体验生活。这已是喊了十几年的老口号，并不是新意见。假如学习者，真有这样决心，我的具体意见是：应打开自己视野，扩大和现实生活接触的面，多从事各种有助于自己理解现实生活的活动，多结交朋友，同时要关心时局，参加实际的民主斗争！

原载《青年知识》1946 年 11 月 10 日新 12 号

谈读古典作品

——文艺学习散记

耶 戈

外国文学被介绍到中国来，有些考古学者说是在唐朝，有的又说是在宋朝，说在唐宋以前就有的，也很有些。但是正式被介绍进来的，却是在满清朝被八国联军打得落花流水之后。那时，中国人以拳头、大刀、符箓，想靠奇迹来抵挡洋人的洋枪、洋炮，自然要一败涂地。这一败，人命的牺牲，物质的损失还在其次，最大的损失是中国人那种自高自大、唯我独尊的精神崩溃无遗了。一直到这时，他们才如梦初醒的发觉到中国是落后到怎样程度，才知道自己是在什么样的贪官腐政的统治底下。于是革新运动起来了。八国联军时，在军事上，由于我们吃了洋人的败仗，深感自己生存被威胁，不得不设法向人家买些洋枪、洋炮，并使自己的军队学会了洋操。在经济上，由于五口通商及各种不平等条约的限制，自己无法拒绝与西洋人交易，也就没有办法不去接受他们随着经济军事侵略带进来的文化了。如初期被介绍到中国来的外国作品，大都是一些宗教书和带点启蒙意味的科学书。

中国经这样多年的封建统治，文化不但没有进步，在几次文字狱之后，一些旧有的文化，反而大量的被戮杀了。因而西洋文化侵入之后，就像一潭死水被人投进了石头，马上有了反应。那些不满现状，醉心于改革运动的革新分子，像灯蛾追求光明一样的追求着。在当时，怎样利用西洋文化来改造中国，似乎也曾被热烈的争论过。

一些科学类，实用的书籍被介绍进中国之后，有人就马上去涉猎西洋的文艺作品了。我不敢说林纾是介绍西洋文艺进中国读书界的第一人，但他对于沟通中西文艺这一点上，功绩之大，却是不可抹杀的。林纾本人不懂英文，而他却醉心于西洋作品，而且就翻译了好几十部小说到中国来。他的工作方法，现在讲起来是很可笑的，但是在当时，除了用这方法外，是很难于找到解决方法的。他的译述工作，先是由一个精通洋文的人，把某某书内容大略的介绍给他，等他决心翻译它了，就由那个人逐句地读出来，把意思讲解给他听，然后再由他译成中文。严格说一句，这种文章只能算是编写，不能算是翻译。后来，有人把原文和林纾的译文对读，却发觉到出入很有限，这只能说是林纾工作态度的严谨而已，不能说方法是对的。林译的西洋小说，在当时读书界虽起了影响，却始终未能形成一个运动，一直到"五四"之后，中国文艺界才把介绍工作当成一个运动。

西洋小说被作家直接从原文译成中国的白话小说，是"五四"以后才有。这个被称为中国的文艺复兴运动，与其说是为了要利用西洋的文化遗产来丰富中国单薄的新文艺，不如说它是被广泛运用于推进中国人民要求民主自由，要求人性解放的动力之一。因而，在当时被介绍进来的大半是十八九世纪浪漫主义的作品，如歌德就是在那时被千千万万中国读者敬仰崇拜的一个！

由于中国新文艺的先天不足，西洋遗产一直是被作为我们新文艺作家的主要营养。许多作家在歌德、巴尔扎克、左拉、托尔斯泰、屠格涅夫、果戈理以至高尔基的影响下成长了！阅读外国作品，向外国作家学习，成了一时的狂热。在这样狂热的气氛底下，许多在国际上有了定评的古典作品因而也慢慢被介绍进来。新中国的文艺运动，虽诞生在这个有悠久文化历史的国土上，而精神却始终是被西洋文明支配着。今日的中国青年，对歌德、雪莱、拜伦、托尔斯泰、巴尔扎克、左拉有了相当认识，而对李白、杜甫、白居易、曹雪芹、吴敬梓却反而相当隔膜。

青年有将"向什么学习"一问题，就问于作家的，作家们有的就劝他们多读古书，从古书里学习。有的就说："除向生活学习外，应多向书本，特别是已有定评的世界古典名著学习。"

持前论者，早在鲁迅先生前，就有施蛰存因劝青年去读《庄子》《文选》，而给鲁迅先生痛骂了一番。尽管这种论调大成问题，但是自以为是的现在还是大有人在，有些人主张着青年该读读古书，美其名曰为向古典文学作品学习，为使他的论证得到充分支持，竟说鲁迅先生杂文写得好，就是因为鲁迅先生旧书读得多的缘故，意思大有"你们想学习鲁迅吗？想要和他一样伟大吗？先去读通古文再来学写文章"。而持后论者，现在却已是很普遍了。

对古典作品的看法，有过一个时候，我们是太过于强调了，认为凡是古典的东西都是好的，又过一个时候，太过于忽视了，认为一切古典东西都是落伍反动的。在这两种极端见解之外，还有一种见解，认为从外国翻译过来的古典作品是好的，而本国的东西是要不得的。对于这些见解，我以为都有可批评之处。某些有定评的古典作品，在它那个阶段的历史意义上也许是好的，但当那个历史阶段过去之后，它的意义就减少甚至于是相反的。因此我们对于古典作品的看法，要如历史家一样多去了解它存在的社会环境，以及它底产生的社会历史背景。我们对它不能没有原则，没有条件的接受。须从新的立场，带着批判态度去批判地接受它。把古典作品，认为完全有害的东西，拒绝接受，也和没条件接受下来一样是错误的。文学正和别的学问一样，是需要传统的，一个没有文化传统的年轻国家，假如它不从多方面去吸收人家的遗产和优良传统，它也产生不出好的艺术作品来。今日的美国即是一个例子，今天美国在世界上不论政治、科学都站在领导地位，但美国的文学始终幼稚落后的，它还不及英、法、德以至于一些小国。尽管它吸收了欧洲不少文化精粹，而它的成就依然是落在人家后头的，今日苏联的文艺是辉煌的。然而，造就它辉煌的是从帝俄时代留下来的一些优秀的文化传统，忽视了这一点，就等于否定一切存在的传统性一样！第三个见解的来源，我以为是这二三十年来狂热于向西洋文化追逐的必然结果，过度的狂热，往往会使人的理性一时受了蒙骗，他们只知道火药的广泛作用和价格，却忘记首先发明火药的还是中国！中国文化，多少年来缺乏整理，接受不容易是真的，但以为中国没有文化遗产，或者比不上西洋文化那是错误的！做一个中国人，我以为不了解中国，这是可耻的。

熟悉了帝俄时代的作家，和当时的代表作品的人，看到今天苏联的某些作家的作品时，他摇头了，认为今日苏联作家的作品还不如帝俄时代的！今天的苏联，还找不出托尔斯泰、普希金、果戈理。在中国，情形也是一样！这是否就说明着情况的恶化，一代不如一代？不！我们要了解到托尔斯泰、普希金、果戈理的存在，是集结了帝俄时代多少年来文化传统的结果，他们的存在是由多少年代的本钱培养出来的。今天的苏联，一方面继承了旧的传统，另一方面产生新的历史文化，这种文化的继续和发展，终使未来的苏联有无数的新托尔斯泰、普希金、果戈理出来，同样情形在中国也是一样！

因此接受遗产，不但为要使你文章写得好，同时也是每个文艺工作者的义务，你既然进了这一行，你就得使这一行发展下去。

我在上面讲过，现在一般的所谓接受遗产的正确方法是批判的，有条件的接受。旧的有毒文化，我们反对让它普及，连贩夫走卒都受它熏陶，但是有人专门为它闭门研读却是我们十二分赞成的。

读中国的古典作品时，我就常常感到迷惑，好像在一个无边的森林里迷失了，渺小了。觉得我们实在不应该妄自菲薄。读外国古典作品，又使我如一叶扁舟，浮游于水天交接的大海，雄伟博大。一个颇为自负的人，我以为他应该到那迷人的森林里去游一游，到那茫茫的海上去漂一漂。这对一个求学问的人帮助是大的。

生活的体验，给了我们新鲜的血液，这种血液我们是要输给广大饥饿的读者的，而从书本上学到的东西，能够使我愉快地完成这种输血工作。一个文艺工作者的成长，就在这两个条件相互交叉之下完成的。又比如说生活的体验，正确思想方法的把握，可以给一个工作者的创造品以灵魂，而书本学习技术的锻炼，则可以给他的创造品以完美躯壳，这两者都是一样十分可贵的源泉，少不得的。

对文艺的学习，如需要对书本深研，不可以阅读一些现代作品为满足，不能胆怯、不能迟疑，大胆地让自己到那无边的森林里去探索吧，它将使你更深刻、更丰富，能够胜任地工作，胜任地斗争。

原载《青年知识》1947 年 1 月 1 日新 15 号

学习漫谈

——文艺随感录之一

　　阅读古书，常见有这样例子，那些书本的作者，似怕人家对书本的研读工作做得不够专心，因而忽视了圣贤的道理，便谆谆不倦地拿了不少理由，举出许多实例，叫人家死心读书，读得越死越好。因而，有所谓凿壁偷光的故事，说一个穷才子，因为没有钱买灯油，点灯照着读书，所以就偷偷地凿通自己的墙壁，偷隔壁人家的光来照着读。又有所谓囊萤照读，热天到了，穷才子因为没有钱买油，结果是到野外去捉萤火虫回来在晚上照着读。自然还有其他许多故事。这些苦读的人，据那些古书的作者说：后来都出了头，有的中举，有的中状元，做宰相，真可以说苦尽甘自来，或者也可以说欲做人上人，须吃苦中苦。

　　对这些故事，以我们现在眼光看来自然觉得可笑。可是中国几千年来，这些故事却感动、激励了许多走投无路的穷困才子。过去是封建社会，道理还说得过去，但是时至今日，我们大中国也称为现代而民主的国家了，我们的教育当局竟然还把它编入小学国文教材，叫小学生去感动受激励，他们的动机也许是好的，一个有好的读书风气的国家，自然比没有这种风气的国家好，不过，把各个年轻活泼学生教成近视、驼背老少年，又似乎有悖于把中国做成现代化之道。目下的情形，变化多端，各种科学正日以千里之势，在竞争着。飞机和毒气曾是大出风头过，现在已经不新奇了。原子弹再过一段也要时过境迁。不再使人生原子狂！因而，在今天，一个青年要研究学问，要成一个现代人，绝不是死死啃住几本书，甚至于有电灯不用，再去捉飞萤照着读，把眼球读的突出来，也无补于事。

要做一个现代人物，必须有现代的许多知识，而这些知识又不是死啃几本书可以收效的。我们不但要从书本上去吸收知识，还要用自己的耳朵去听，用自己的眼睛去看书本以外的东西，用自己的手去接触新事物，用自己的足去实践生活。所谓耳到、眼到、手到、足到是也。学问不是什么了不起的东西，它只不过是人生知识的汇积，一个有学问的人，是集中了若干方面特殊知识的结晶。

过去的学问家，在做文章时，是背熟读烂了圣贤书后，从那些圣贤书中得到灵感，学到了表现技巧，再表现出来。因而，古文重形式，讲究体裁，也正因如此，使人读了有千篇一律或内容空虚之感。几千年来的中国文化，相因相习，始终采用保守态度，中国虽有几千年文化，却产生不出一个文艺复兴，没有千古不朽的纪念碑作品。中国的文化史是长久的，然而它的发展被封建主义窒杀着，旧有的越保守越少下去，而新的却不曾生长出来！

现在我们来谈求学问，就有许多人迷信了旧方法，死抱住书本不放，以为书读通了，学问自然到来了！实际上越迷信书本的，越不容易使自己弄通。即使自己在书本上弄通了，也只能是咬文嚼字，摇头摆脑，一出书斋便不知所措了。陶行知先生的生活即教育，社会即学校的论调，就是想从教育的观点来改造中国的书房教育，把教育解放出来，使其成为大众的，成为社会的。从文学的观点看，我也觉得今日想获得这种学问，也要改变过去的一般传统看法。所谓传统看法是多读圣贤书，把圣贤的东西读通了，自然能够写出好文章。如果真有人把圣贤书读通，也不见得就能写出"通的"文章来，这几千年来的圣贤书没有教育出什么伟大的特殊的人才就是一例。

青年人喜欢对老作家提问题："怎样才能使文章写得通？"老作家照例也答了，有的答说，多读多写。有的加上一句："多生活、多体验"。多读是过去几千年来的老办法，论者谓：文章读得多了，自然就能领悟更多东西，多得点学问。至于多写已是进一步的看法了，以前的学问家，是不大主张学学问的人多多去舞文弄墨的，他们主张平时要养精蓄锐，到必要时就可以一泻千里，不使其中举，也要入选。多写好像是洋鬼子的主张，为什么会有这主张？大概是取写得多了自然容易写得熟练，文章一熟练就容易写得精巧！到了现在，在多读、多写之外，又有人主张要多生活、多体验了！这就是说时代在进步，因而，求学问的方法也有了许多新的见解。对这些见解，摸索过来的人，大都赞同。可是在同一的见解中，分歧也不是没有的，比如说，到现在还有人主张精读主义，就是说一个求学问的青年，想求学问，不妨多读。他的所谓"多读"，即将一本"好书"细心的精读一番，读到可以背、可以记、可以默写为止。他的理由是：好文章必须多读，才能体会出它的精义。而我则以为与其浪费了许多时间在熟记一篇文章上，不如用来读别的书，即所谓博览。

博览须不仅限于文艺这一门，一个做学问的年轻人，尽管他只有志于文艺的学习，但对其他的知识也一样必须涉猎，求学问要从博到专，有了相当的学问基础后再去求专。有许多有志于文艺的青年男女，当人家问到他们的志愿时，他们就会直率的答复你，"他们想学文艺"。而他们认为学文艺的方法，则谨在于读一些文艺书，能写点儿抒情短诗或小品，就可以成为一个文艺作家了。到了他们能够自己去猎取世界丰富的文艺智慧的时候，他们也就要感到文艺学习难，涉猎越深，也就越感到自己的浅薄无知了。读曹雪芹的《红楼梦》，你会惊骇于曹雪芹的丰富、渊博，他不论在写人物性格，写人物的背景，写作品中人物的日常生活，处处都有学问，而这样渊博的学问，从天文地理以至日常琐务，也就是人生经历智慧的汇积，不是轻易得来的！我常常这样想起，我认为做一个工程师容易，而做一个艺术家则难，为了造就科技人才，我们可以开班训练，使成千成万的工程师出现。然而，我们需要艺术家时，却无法这样做，即使这样做了，也难期许收到一定的效果。艺术是一切经验、智慧的总和，因此要做一个艺术家，就必须有超过别的学问家的经验和智慧！

作为一个文艺初习者，我要强调他们向生活学习的重要性。自然向书本学习也含有向生活学习的意义，因为有许多书往往就是某些先知或大学问家学问的汇积。然而，书本的智慧比不上实际生活中的多样和丰富。关在书斋中做学问的时代已经过去了，一个好的艺术家，同时也应该是一个工作者。书本启发了人，丰富了人们的想象，却不能使人得到更多的对实际生活的把握和斗争的智慧。高尔基是从十字街头走到书斋，罗曼·罗兰却是相反地从书斋走到十字街头，他们两个同样成为先驱，成为人类灵魂的指导者，然而，人们在接受高尔基和接受罗曼·罗兰却有了不同的程度。高尔基的作品，带来了坚实的斗争气息和呼唤；罗曼·罗兰的作品却给我们带来了小资产者更多的想象和希望，可是他和我们好像还存在着若干距离，这距离在高尔基与读者间是不存在的。思想的共鸣固可使作者与读者间距离缩短，而它也往往牵引着一个作家，以更坚决姿态去面对人生，消灭了这距离的存在。因此，一个属于大众的作家，要有一个属于大众的头脑，他以大众的思想为思想、意志为意志！

有些场合和热情的青年朋友相处，每遇他们要我谈创作经验之类的意见，往往使我非常为难，有不知从何谈起之感。其实所谓创作经验，我和大家一样，我也是从莫名其妙摸索出来的，假使说有什么不同之点，就是我面对现实，向生活挑战，迎战的勇气很够！小孩子的时代，我就梦想使自己变成游浪者（指参加革命），16 岁时，我终于实现了自己这样的志愿。以后我经过了许多不同生活，虽然每种生活所经历的时间并不长久，而我的兴趣、热情和智慧却从这些生活中得到启示和经验。书本给我帮助并不大，而生活却像一个大图书馆，我到了那个图书馆后，觉得自己渺小、不足道，因而，更使我坚决地相信，如果要使自己有更高的成就，必须多多去生活，不是在书斋里，而是在十字街头，我们要走前人走过的路，然而，不是传统的文人道路，而是新的一代的道路。我要求着，拿起笔时我是作家，放下笔，我可以拿枪，骑骏马，做一个能征惯战的战士！我可以管理工厂和农场，必要时也可以成为一个行政人员，管理政务。写作是我的最高目标，但是在能写出好的作品前，我要先做一个好的战士，好的工作者。这也许是幻想，但我相信一个意志坚决的人，是不难使幻想变成现实的！

原载《青年知识》1946 年 9 月新 8 号

文艺学习谈

　　编辑先生给我指定这样一个题目，"工友怎样学习文艺"，要我写一篇文章。这个题目，似乎太大了。我个人的修养、学识来写这样一篇文章，似乎太早了，不过既然答应下来了，不写似乎也不好意思，因此，我只能就这个题目，来发点儿感想了。

　　近一年来，自己因为负了一个杂志的编务，自然也就常常接到许多来稿。在这些稿件中，我认为有两篇是值得特别提出来谈一谈的。那两篇文章是出自两个人的手笔，而这两个人又都是工友。从作者的来信说：他是在昆明某一个工业部门的工人，平时对文艺很有兴趣，也因为常常看见一些不平的事，所以他便偷空写写文章，把他的不平告诉大家。

　　在这两篇文章中，我认为有几个共同的特点：（一）差不多都是采用速写、报告形式写出来的。（二）内容写的都是工人的生活，如物价高涨，工人生活发生困难，工头与工友的矛盾，厂主与工人的矛盾等。（三）文字很简朴，在五六千字的一篇文字中，错字、别字差不多就在一二百，可是读起来却仍然亲切、动人。（四）叙情成分少，叙事成分多，虽是平铺直叙，在故事中却自然有发展，能深深地抓住人。

　　虽然我所接到的不过是两篇，出自两个工人作家手笔的文章而已，我相信在我们千千万万工友中，能动笔写文章的、对这工作有兴趣的，一定还有很多。可见文艺这玩意儿也不全是士大夫的玩意儿，有许多工友，还能写出动人的、成功的作品，不过他们没被发现，得不到被培养的机会罢了。

　　说到这儿，就是我想到最近在《文艺生活》上连载的《苏联工厂史》来，这是一部由无数苏联工人集体写作的纪念碑作品。在这部作品中，包括了许许多多工人的自传。那些工友，在那作品中，写着他的一生经历，家庭的环境怎么样，自己从前做一些什么，后来又怎样来参加建筑伟大的社会主义工作。文章简洁、深刻、动人，和那些出自职业作家手中的作品截然不同。它也许不能给人列为艺术品，但它却都是很结实，很有生活实感。在那作品中，你看不到三角、五角的恋爱故事，你看不到感伤啊，忧郁啊等玩意儿，却会给你提供了人类最真实的情感。在读《苏联工厂史》的时候，我受到了这样的鼓舞，感到振奋；在读上面所说的那两篇原稿时，我也有同样的感觉，只是在感觉上略有不同罢了。这一类感情，我在读别的作品时得不到，可是在读这些作品时，它却深深地抓住我，这使我想起：最真实的作品，应该要有最真实的情感！而真实的情感，是产生于真实的生活中！

　　在中国我们似乎很少见到工人作家，从工人手中写出的作品，报章、杂志上发表的也很少。记得在战前，我们曾在上海做过一个时期的女工和农民的教育工作，我们曾利用女工夜校，文艺小组来给这些工人、农民以文艺训练，结果有好些女工就写出了她们的报告和速写来，特别是有一次上海大罢工，那许多暴露工厂内部生活的报告文章，都是出自工人自己的手上。在战前，就已开始写暴露农村生活文章的周白月，就是一个地道的农民，从上海他的吴淞故乡成了废墟后，他已到游击区去，现在正在成长着，成为一个更完全的文艺斗士！

　　哪个敢说在工人中没有天才？我以为在工友中天才正多着，只是被埋没了。苏联就正是一个实例，有多少工人被教育着成了业余作家，《苏联工厂史》这一部被高尔基认为是辉煌的纪念碑作品，就是出自工人自己手中，问题只是在于教养。这工作固有待于文艺界的注意，但是在工友自己，平常时的学习也很重要，一件事业的成就与否是要看两方面的，一方面是在客观上要有那样的环境；另一方面在主观上，也要靠自己去努力，不懈的努力，自己的努力，才是一个最有效的保障。

　　至于工友们应该怎样去学呢？我以为：（一）您就自己本岗位上的工作，多写报告、通讯文字，苏联有许多工人作家就是先从通讯员做起，发展文艺通讯员，在苏联是成了一种提拔工人农民作家最有效的办法。（二）争取最低限度的学习环境，每天能在工余时间，把拿去做不正当娱乐时间，拿来应用到阅读、写作方面去。（三）学习时要有恒心和耐性，须知这是一件长期性的工作，不是一天两天所能见效的。（四）多向报章投稿，这往往能提高自己的学习兴趣，如果不被录取，也不要灰心，要知灰心是成功的最大敌人。暂时我所能想到的只有这四点。

拉杂地写下这一大堆，遗漏地方一定不免，以后如果有机会，我们再来谈一谈别的问题。

原载《新工人》1942 年 5 月 1 日第 9、10 期合刊

谈文艺修养

　　抗战以来，有一个现象似乎很不好，那就是"速成主义"，什么事只求一个"快"，只要"快"，别的什么都可以不管了。因为一般心理如此，为了适应这种要求，在出版界便有大批的"怎样怎样"，"如何如何"出版物出现了。好像一抗战，青年人都突然不懂事起来，需要人来指导"如何去待人接物"，突然的退步了，需要人家来指导"如何读书"，"如何阅报"，以至于研究文学，也莫不如此。而结果是各种各样的手册都出现了，现在是连《快乐家庭手册》都有了，将来怕连性交生孩子都要有手册了。

　　有些青年人，也真以为只要把"怎样怎样"的手册一读，"如何如何"的书一研究，便什么都可以解决。你想做个剧作家吗？似乎并不难，只要把《戏剧手册》一看便得了，你想做个文学家写小说吗？只要把《怎样写作》一读便得了。这样一来，做作家似乎太容易，今天是阿猫阿狗，明天把什么书一读，便可以成"家"，摆起一副尊容来训斥青年、指导青年了。

　　这种心理是非常要不得的，大凡是一件工作或学问，都是侥幸不得的，一个成功作家其所以会成功，一个大作家其所以会伟大，绝不是从侥幸中得来的，绝不是靠几本手册之类的东西便自己成功伟大起来的。他的成功、他的伟大，都有他的必然原因，一个人能成为作家，能成为伟大作家，都曾有相当苦斗经历，都曾经过艰难的搏斗来的。这一点，我倒希望青年朋友把读手册如何之类的书籍时间、心血用来读些成功的人物传记里去，要比这个来得有益得多了。

有一个时候，有一位不认识的青年学生给《文生》投了一封搞，并付着一封信说着他的苦闷："人家告诉我：你要成个作家并不难，只要把手册等一类书详详细细的研究一番便得了，我听了他的忠告，把许许多多的手册和指导人家学习写作的书都找来读，哪里知道越读得多越觉得惘然，不知所措了，而文章写来也并不比以前进步……"

这个苦闷，我想也许是相当普遍的，因此在当时，我曾回了一封信，我对他说："不要太信赖出版商的文字宣传，他要的并不在真正使读者得到益处，他要的是在于充实自己荷包。像什么手册之类的东西，除了少数是对人有益处，如苏联文学顾问会的《给初学写作者的一封信》，茅盾的《创作的准备》，艾芜的《文学手册》等作品外，其他大半是骗人的，即使是以上几种有益的书，如果自己没有相当基础，没有相当修养，还是莫名其妙，得不到什么益处的。

你问我初学者应该怎样，我自己也是一个在摸索中的青年，这个问题应该是那些名家，那些老前辈才能解答的，不过你既然提出了，我也只好说出我的一点意见，那就是多读作品，少去接近这类使人越读越莫名其妙的书。等到有了相当基础，自己也能摸索得出一点写作的门径了，再来研究一些的确于人有益的指导书籍。"

这个意见，在现在我认为还是很切实的，因而把那信的一部分录在这里，作为我对于这个问题的一点意见。青年人的毛病，连我自己在内，都在于性急，犯"速成主义"毛病，缺乏耐性，缺乏战斗意志，不要说从事文艺工作要失败，就是从事别的工作也是要失败的。

苦斗十年、二十年，然后成功的人在我们这个时代实在是太多了，靠天才，靠自己的一点儿小聪明，想冒险，那是妄想，可笑的、愚蠢的念头。学问这件事，绝不是钱财、势力所能买到的，在××的时候，我曾遇到许多诗人，他们身上有几个钱，以为只要有钱，再把自己写的一些不三不四莫名其妙的东西拿出来自费出版，便可以马上使自己成为"诗人""作家"了。

而结果呢，可怜得很，诗集印出放在书店，放了几年销不到十本，还是自己拿来送人，送光了。除了自封为"诗人""作家"之外，谁知道他？就是拿桂林这个地方来说，无诗的诗人，无文的文人，也还不少，可是这些因某种原因而侥幸成为"诗人""作家"的活宝是不会站久的，广大读者将不认识他，将否认他。投机取巧者必然会失败，埋头下去吧，我们要做十年、二十年的苦的准备才对！

原载《自学》1943 年 6 月 12 日第 2 期

文艺笔谈

——阅读与写作（二则）

其一

最近读了一些传记，或类似传记一类的作品，使是我颇起了一番感慨。

记得奥本海曾写过一本叫《巴尔扎克的挣扎与恋爱》小书，在奥氏笔下，我们这位《人间喜剧》的作者，成了一位十分可怜又复可笑的角色。他的体魄是肥硕的，但略显笨拙，有人说他像个商人，但他却偏是个艺术家。他一生做过了许多梦，如发财的梦，如恋爱的梦等等。但是在残酷的现实打击之下，他不得不宣告他的梦被毁了，当他被人家宣布破产时，他就不得不狼狈不堪从他爱人那边，两袖清风，一身瘦骨，再回到他的工作室里，在出版家苛刻的条件底下，关着门，成天成夜地工作着，一天二十小时地工作着。正也因为这样，使《人间喜剧》有那巨大的可惊的成绩。当他在半个月或二十天，完成了一部二三十万字的巨著以后，他把稿子丢到出版家手中，拿着他应有的报酬，除了还债，又回到他爱人那儿去了，一直到他又洗空如囊了，不得不再被债务迫得关在自己那密不通风的室里工作为止。

巴尔扎克为什么工作呢？奥本海告诉我们说："为了债。"他一生都在债主的监视中度过，银钱的事，永远和他结下不解缘分。这是一个天才的悲剧，也许正因为有了这一个悲剧，这个不幸然而是伟大的作家，替我们留下了一部怎么样的法兰西的兴衰史，一大堆辉煌的成绩！

在上海一个工人区的亭子间里，我第一次读着陀思妥耶夫斯基的《罪与罚》。这部作品使我忘记了一切，不管是睡觉或是吃饭，我都没有离开它。当我读完了最后一页，我伤心地哭了，我为那些被侮辱与被损害的人的命运而哭，我为这世界的不幸而哭，有近一个月，我的精神是在不妥的失常的状态中。从此，我爱上这个一面络腮胡子的俄罗斯作家，我把他当作偶像一样的崇拜。我想，这样伟大的一个作家，他会受多少人的崇拜，多少人的热爱，该会是多么幸福的啊！因此，我就觉得他是幸福的了！

有一次在一家旧书摊里，我搜到一本标明是陀思妥耶夫斯基的夫人亲笔写就的回忆录，书名这时已经忘记了，于是我就把它买来，并且连夜的读完了。

当我读完了这一部真实而动人的类似传记作品时，我的美丽的梦破毁了，我完全使自己陷入于绝望中了。我所爱的人，一个伟大的人，为什么终是这样的一个人，他不但是一个可怕的赌徒，有羊痫风，且曾被流放到西伯利亚，他竟是一个"疯子"，多么不堪想象啊！我失望了。

但是在另一部作品里，却给了我无限的安慰。它告诉我：是什么使陀思妥耶夫斯基成了"疯子"，是沙皇的虐待和西伯利亚的流放；是什么使陀思妥耶夫斯基成了这样一位不朽的天才的作家，也是沙皇的黑暗政治和西伯利亚恐怖的经历，天才易于遭遇不幸，也正因为这不幸使人成功不朽！

和陀思妥耶夫斯基同样使我钦佩和绝望的是托尔斯泰。

在一本叫《托尔斯泰之死》的作品里，使我赤裸裸的看出了这位人类智慧的象征的悲剧，虽然这悲剧是缺乏政治形式，虽然在这儿没有流放，没有压迫，却有着怎样可怕的蚀虫，在慢慢地侵害着他，破坏了他的短促的生命啊！——那不是别的，那是托尔斯泰的家庭悲剧，然而这也不是单纯的家庭间的纠纷，两个力量的斗争。托尔斯泰夫人是代表了另一种落后的反动力量，她活活地把托尔斯泰谋杀了。因为托尔斯泰的存在在沙皇的俄国简直是一个恐怖的威胁。我讨厌托尔斯泰夫人，讨厌托尔斯泰家庭，那不是一个家庭，那简直是一个窒息人的牢狱，一个变相的沙皇的监狱！

我又想起了米开朗琪罗来了，这个可怜但是伟大的画家，在罗曼·罗兰的笔下是成了一个怎样出色的角色呢？他以一个艺术家的资格奔走王宫和教廷，受过宠爱，但他不安于位，他要做点政治上的小斗争，他参加叛变了，但在被压服后，他却又不得不厚颜匍匐在王族的脚下。他们要他操作，为教堂画天花板，他的背驼了，骨瘦了，身体成了畸形了，但是人家仍不能满足，仍要责备他，等到他的工程完成，受了喝彩，自己却寂寂无闻的从人世中被抹去了。

这是一幅血淋淋的画图，一个御用文人的悲剧落场，古今中外不知有多少这类事，有人安慰了自己说：历史上留下的霸王有几个？不幸的艺术家却永远成了不朽。这是不错的，可是我们的艺术家们应该遭受不幸？为的是——天才都是悲剧的吗？

我要向人类社会提出控诉！

和米开朗琪罗有差不多是同样遭遇的，是服尔德，这个天才的戏剧家，也是在宫廷中出出进进的人物。当一个主子为了一时的兴致，而需要着他时，他便得宠了，他正因为他的得宠，却同样替自己招来了无数敌人，因此在他失宠时，他不得不流亡，不得不时时受着追捕，不得不在边境上盖着避难别墅，于必要时，可以临时逃出国境。弄到后来，便不得不分头在几个地方、几个国家境内设下避难所了。因为他曾几次下了狱，他害怕监狱，不过，他的骨头还硬，不大妥协——凡是不朽的天才，都有这种美德，结果虽然还能得到一个荣誉的归宿，但是他的一生却遭遇了多少不幸，多少打击！

不错，天才都是不幸的。然而，我们要知道他们都是成功和伟大的，而他们的不幸，成功和伟大也正因为他们都是站在时代的最前哨！

其二

记得茅盾先生在《创作的准备》一文里，曾对初习写作的青年这样说：在初习写作时，拿些什么题材来作你的写作对象呢？写人物！苏联出的什么《新文学教程》之类的作品，也是这样告诉我们，拿人物作为我们学习写作的对象。其实，一部有血有肉的文艺作品，根本就离不开人物。没有人物，写些什么？那简直是不堪想象的。从这一点，可知学习描写人物，对于一个初习写作者，有多么的重要了！

我在一个中学教书的时候，有些爱好文艺的青年学生，常常跑到我房里来，和我讨论些怎样学习写作这一类的问题，我的答复，仍旧是那一套老生常谈的意见，写你所知的，写人物。

"可是该怎样写？从什么地方写起呢？"

这问题就难了。于是，他们要我介绍书，好让自己读了也可以照样模仿一下来写。我没有介绍什么《铁流》《毁灭》《子夜》或《阿 Q 正传》这一类作品给他们，我却介绍了几本传记给他们读。

我自己有这样一个怪脾气，写的东西喜欢从一个人物出发，以他为中心，发展整个故事，这就好像是人物志等一类的东西了。读的东西，也是以这一类作品为最合胃口，读罗曼·罗兰的《米开朗琪罗》时，使我感动到差不多要忘记一切了；黄昏时，在一片大草场上，我一个人踯躅着以至于忘记了天已经全黑了。回转宿舍，还没有上床，有一缕情思从心中油然萌生了，我捉住了一个新的主题，我渴望着来表现自己心中的无限情愫，到了再也无法压抑的时候，两天中我写了《回忆尚仲衣教授》的第一次稿。如莫阿洛的《服尔德传》，同样的使我获得不少东西。最后我不得不提出的是读罗曼·罗兰的《约翰·克里斯朵夫》，这部伟大作品和《贝多芬传》《米开朗琪罗》一样，可以说是超过了二十年来我所读的最伟大作品。

从一些成功的传记作品里面，可以获得比别的作品更丰富的营养，怕不止我一个人有这样感觉罢，从中可以得到成功人物的人生经验和教训倒在其次，最重要的我们可以学习到成功的作者怎样来处理被他描写的对象的方法，这起码对一个初学写作者是十分必要的。

向生活学习，这是一句在"原则"上全对的话，但我以为对一些尚不能给"生活"做一个明晰的定义的青年人，还是嫌太空洞了。要是你，有决心有勇气的年轻人，觉得应该多学习，下死功夫学习，还是少读几本什么教程、大全、手册之类的东西，多多去向成功的传记作品学习吧，特别是像出自罗曼·罗兰手中的那几部划时代的伟大传记作品学习！

原载《文艺批评》1943 年 3 月 1 日第 2 号

卷头语

森 *

中国在战争中被摧毁，也在战争中生长起来！

抗战以来，有多少的田园庐舍荒芜，有多少的人民流离失所；同样地，也有多少可歌可泣壮烈的事迹，在我们的前线、在敌后、在士兵与人民之间流行着。有那么多的青年，在喝血者的刺刀下丧失生命，流着光荣的血；却有更多的青年，包括了最进步和最落后的，包括了各种不同的成分和派别，从烦嚣的街头，从僻静的村庄，从一切角落站出来，排在抗敌的阵线上。

当你看见他们背着沉重的背囊，踏着坚定的步伐，在行进曲中奔走于大风沙中，奔走于烈日下，你会感动的。但是，当你知道他们是在怎样的物质条件底下，接受着抗战建国各种理论与技术的训练时；当你知道他们是用什么样的精神，克服这一切所能遭遇到的困难，而努力工作和学习时，你会更感动的！

我们敢于向世界骄傲，中国有这样优秀的青年。我们更要感谢二十三个月来的抗战，使我们有新的训练和教育干部方法的发现，使我们有无数干部养成所的设立，使我们的青年有受到更多、更高抗战建国教育理论和实践的机会。

我们是广西地方建设干部学校，是属于无数抗战建国干部养成所中的一个。创办虽还不满 3 个月，但是，我们却得到了许多新的教育和训练方法的经验教训。这儿，我们仅把两个月来所得到的对于生活、工作和学习各方面的经验教训，如实的记载下来，一面作为对自己今后工作的警惕和鞭策，一面提供

---

* 当时发表时，作者署名为"森"。

给大家作为新干部训练的参考。

我们不隐讳自己的弱点，也不菲薄已有的一点点收获。假使由于这个刊物的存在，而能使我们对于新干部的教育和训练方法上有更新的发现，能把我们一点点的微薄的力量贡献于祖国和抗战事业，那我们就已十分满足了！

原载《干部生活》1939 年 6 月 17 日第 1 卷 1 期

如何阅读世界文学名著

你来信说："我对于阅读文艺作品很有兴趣，可是朋友们常常劝我说：应该多读点外国的古典作品。我是很愿意接受他们意见的，可是该怎样读法，读哪些人的？他们却不能说、不能做出比这更具体的说明。"接着，你于是提出了，用什么方法去研究世界文学。

这是一个很普遍的问题，我听见提出这一类问题的人，你已不是第一个了，不过要答复这问题，也绝不是一封信或几千字的一篇文章所能解答得了的。在这儿，我不过就个人的一点浅薄意见，提出几个可供参考的研究方法的原则而已，是否行得通，还得看你怎样去应用。

一个人，对某一种学问发生兴趣，甚至于去研究它，有许多是由于偶然机会，因机会多，接触多，有了兴趣，有了感情，久之自然便成了研究和学习对象。

在上海的时候，我有一位朋友，因为做了一件冒险工作，给工部局抓去坐牢了。他是一个干燥乏味的工作者，只知道把自己埋到实际工作里去，对书本、对艺术是完全不感兴趣的。一个人被关在牢房中，正如飞鸟之被幽囚于笼中一样，是枯燥无聊的，特别是像他这样活动惯了的人，更加难过。他从牢房里，花了十几块钱托人带了一封信给他一个极为可靠的朋友，请他设法帮忙。那个朋友想来想去，想不出什么可资帮他在牢中消遣的方法，后来才想起读书足以消耗时间这件事来。于是，他给他秘密送去狄更斯的《双城记》原文和一册英汉字典。他也知道他那位朋友英文程度是不太行的，正因为他英文不行，他才这样做，因为他希望他能利用这段坐牢期间，把英文基础打好。那位朋友接到这两本无用的书本之后，果然就十分生气，暗自责怪那朋友无用。可是，他实在无聊得可怕，有时遇到心情好些时，便也拿着它利用翻字典查出字的方法来阅读，久之，兴趣来了，非读下去不可了。就这样，他坐了三年牢，把《双城记》仔仔细细地读完了。因为无新书读，他又开始去读字典上面的生字。到他出牢时，他已经能翻译一些文学作品，文学的兴趣也从此建立起来。所以我说，研究一件学问，机会和兴趣是很重要的，没有机会就发生不了兴趣，缺乏兴趣，便下不定研究和学习的决心。

有人说，立志是比任何一件事都更重要，这是一点也不错，但我以为立志还在发生兴趣之后，一个人对某种学问如果没有学习研究兴趣，是谈不到立志以某件工作为终身事业的。

小时候，我从不敢立志做文人。那时我不知把文人看得多高，多神圣。可是到了我能偷偷避开大人的耳目，读《三国志》《西游记》《聊斋》《东周列国》之后。我对文学已经很有兴趣，能自动找书读，找不到书读，就从父亲的钱柜里偷钱到书摊上去买小说来读。到了我的第一篇文章，在岷里拉的《全闽日报》上登出来后，我才有了自信，才立志做文人。

大凡一个人研究一种学问，或做一件事，都要有程序，因为兴趣、程度各不相同，做法也各有不同，我开始读《三国志》是在八岁，到了十三岁时候，旧小说差不多全给我读完了，而兴趣也因为年纪程度不同而改变，我便转而读礼拜六派的小说，这类小说骗了我不少眼泪，到从南洋回国，我才有机会和新文艺作品接触。然而，不久我就又开始读起外国的翻译作品了。和世界文学一接触，我的眼睛才算是真正的睁开了，意志才真正地立定，而自满，也因之和我永久告别了！

在我们老家有一句成语，叫"井底蛙，坐井观天"。意在讽刺那些眼光狭窄，易于自满自大的人。在今天，在我们周围这种"井底蛙"真有不少，有些青年人读了鲁迅、茅盾、巴金几本小说，就以为他对新文艺已经很有修养，认识清楚了。还有一些"江湖作家"写了几本不三不四自费出版的小书，就以为他和世界作家一样伟大，目空一切，自命不凡。其实，这都是"井底蛙"的见解，因为他的视野不大，就以为世界也不过这么一点点，可怜！

早有人慨叹过，说中国没有伟大作品产生，说中国新文学水准低，是否已经有伟大作品产生了，我们且不去研究它，新文艺作品水准的低下到今日却依然是事实。做过编辑的人，就常常有这样的苦恼：没有好作品，每百万字中要找出三五万字成功的东西也相当难。原因很多，作家的不够努力，也是一大原因。

前些时，有一些青年朋友到我家里来，诉说他们从中国某些作家身上得不到好处的苦闷。问我是否因为自己理解还不够，还得更广泛的去研究？当时我就劝他们别再浪费时间，多读几本好书。把要买某些人作品的钱拿去买世界文学名著。拿研究他们的时间多读几本好书，这意见，你也许以为我犯了"国外来的都是好的"毛病，实际上，我并不轻视中国任何一个作家的成就，然而，谈到他们可能给我们下一代人的东西，却实在太有限了。如果我们要吸收真正的养料，更丰富的写作源泉，光靠现代中国作家这一点点东西是不够的。我们如果是抱定学习宗旨，就应该把眼光放大、放远，不能有偏见，这也不妨碍你自己的固有立场。

你也许要说："对！我所要知道的就是这个问题，可是，我该怎样去研究世界文学作品呢？"

以我的意见：第一，当你对外国文学尚未发生信仰的时候，你必须小心选择，或请人介绍，使你得有机会去阅读一部分与你的性情趣味的文学书籍。高尔基的《草原故事》及其许多前期的作品，常是一个初和世界文学接近、接触的青年读者最忘不了的。当你的兴趣被提起，初步的信仰已经建立，便会在内心中产生一种力量，自然而然的鞭策你，使你自己不由自主地去涉猎世界文学。

第二，当你对外国文学还没研究基础以前，切不要过于相信某些文学批评家的意见，人家介绍说但丁的《神曲》不错，你便去找《神曲》来读。人家说歌德的《浮士德》伟大，你便去找《浮士德》来读。而结果就会使你大失所望，突失兴趣，其原因不在于这些作品不好，而是这些作品全属于古典的、深奥的、富于哲理的，需要更丰富的知识，历史的，哲学的，等等知识。而这，在一个初和它接触的人是极为缺乏的。因此，当你要研究它时，应先从近代的作品研究阅读起，然后再推而至古典文学作品。俄国文学和中国文

学是结着不解缘分，成了对中国作家最有影响的仓库。然而，俄国文学之成
为我们主要的研究对象，却是在他们大革命成功，有许多伟大史诗如《铁流》
《毁灭》《十月》《一周间》《士敏土》……被介绍到中国文坛之后。有许多读
者是先读了《静静的顿河》，然后才认识旧俄文学的价值，先认得高尔基，才
知道有托尔斯泰、果戈理、普希金、屠格涅夫，从现代研究起，再到古典的，
这方法是不错的。

　　第三，有人认为必先有外国文学的知识，才能开始研究外国文学。我的意
见恰恰和这个相反，我以为应先研究作品，把几个代表某几个时期的代表作家
的代表作品读完了，对于某些人，某几个时期文学的特质有相当认识了，再去
读文学史、文学批评，这帮助我们要比前者来得大。比如要研究俄国文学，就
得先从近代的苏联作家的作品研究起，然后高尔基、柴柯夫、托尔斯泰、屠格
涅夫、陀思妥耶夫斯基、莱蒙托夫、果戈理、普希金……这些代表几个时期的
主要作家的主要作品研究过后，你对俄国文学的发展流脉也有了多少观念，再
去读文学史。

　　第四，有人主张凡读一部书必须做一篇长长的读书笔记，而我则以为，研
究文艺作品和研究别的不同，尽可不必费这些功夫；有人以为书有精读和略读
两种，学校里的国文老师往往要学生背书，这叫作精读；所谓略读，就是略略
读过就算了。在社会上，那些自以为是青年指导者，动不动就叫青年去精读，
摇头摆脑的读了又读；我则以为尽可不必把太多时间浪费在这上面，宁可多
读，所谓博览群书，书读多了，进益自多。然而，也不限制我们把一本书多读
几遍，如能相隔若干时间时日，比如半年的样子，再把读过而有再读价值的书
重读一次，也是很有益的。

　　第五，研究个别作家的工作，也是件极为重要工作。如你已读过了屠格涅
夫的若干代表作品后，我劝你再去读一读莫洛亚的《屠格涅夫传》，这可以帮
你了解屠格涅夫的生平、为人、写作态度、创作方法、艺术价值等。而这对于
我们是极为需要的，一个成功作家，其所以会成功是有他冗长的苦斗的路的。
要了解他为什么要这样写而不那样写，要了解他为什么会给我们写出那么多的
典型人物，这些典型人物是出自什么样的根据，如何创造的，这是必须去从他
的传记中，从人家专门的研究著作中去求得解答的。以上所举，不过是其中一

例，实际上我们对于任何一个作家，都应该抱定这样的研究态度。

信笔写来，意见居然也有五点之多，其实要说的话还有许多，不过为了我们的时间，彼此都很宝贵，我的文章也只好在这儿带住了。

原载《国民》月刊 1943 年 11 月 15 日第 2 期

关于文艺通讯的写作

一

一个叫潘慕奇的文艺通讯员，给文艺通讯员总站写一封信来说："去年，敌机由梅经过，没有投弹，一般愚夫愚妇便说这是神明的灵应，所以来到也不敢放炸弹。又如本月 15 日敌机十余架来梅空袭，炸弹落在飞机场，没有落到他们的房子上，便又说是他们的神灵，假如不然，敌人把炸弹在城市中随便放下，也总要些人死的。……"最后他提出了"像这种事情，算不算是题材"？

这是一个值得严重注意的问题，一个初学写作的、年轻的文艺工作者，常常感到"不知写些什么"的苦闷。宇宙是太大了，太渺茫了，要写的事情又是太多了，什么是应该写的，什么是应该扬弃的，他们一点儿也把握不住自己。于是，有人就想出了一种巧妙的办法，当他想写一篇文艺通讯时，但不知该用什么形式、什么样的内容，就跑去翻文艺杂志。当他翻到某一本杂志，而且读到了某一篇文艺通讯，于是乎就如法的炮制起来，形式是一模一样的，内容也差不多，一个住在广东农村的文艺通信员，可以凭着他敏锐的想象，关在茅屋中写北方的游击战争。

我们就曾收到这样的稿件，一个住在唐家湾（虎门要塞附近）的文艺通讯员，不去写他所能知道的所见所闻的各种事实，却用了巨大的篇幅去写关于八路军大战平型关的文艺作品。

稿是写好了，但不真实，没有感动力，和一篇平常虚构的文艺作品没有两样。当人家指出了他的缺点来，他就十二分的失望。于是乎感叹着："我所见到的，听到的都太平常了，这有什么好写呢？"其实，一个在国防前线中生活着的人，他所见所闻而认为极平淡的事实，在另一个地方、另一些人看来就不觉是平淡了。这种要求新奇的观念，是应该打破的。

有一个时期，在我们的文坛上曾发生了如下现象：一个文艺工作者发掘了某一种新题材，而且受了欢迎后，第二个就照着同样的内容，把形式稍稍的改变一下，再拿来作为写作的主题。你来这一手，我跟着也来一手，于是乎大家都差不多了。这现象，从抗战展开后，也还是存在的。

比如在某一个时期住在上海的作家，曾全集中他们的笔去写难民生活，市民打汉奸；虽然，难民们的流离失所、市民抗敌情绪的高涨，是一个特别显著地存在着的事实，作家们的短视，单纯地看到表面的一面，没有更进一层去观察，描写，发掘新题材，却也是真的。结果是每一本文艺杂志翻开来一看，都是千篇一律的。现在，这现象似乎很少存在了，其实，我们也希望这现象不要再存在。

放弃了独创性的模仿，凑热闹的，人云亦云的现象，现在是不应该再存在了。那么该写什么呢？我要把一句老话再拿来告诉诸位：写你所熟识的。

从抗战发生了后，不分前方后方都已能闻到火药味了，一般的社会状况，因受战争的影响而急剧地在变着。在战区中的，由于敌人的残酷蹂躏，田园荒芜了，房舍被焚毁了，人们被奸淫屠杀，这一切染着血迹的事实，都是需要我们去表现，迅速地传播于全国同胞之前，以增强、提高敌忾的信心。不但在战区，在后方或邻战区，同样值得我们去写的也很多：如敌机的轰炸，壮丁的动员，群众的活动，生产和建设等。总括一句话：凡有关于抗战事业的题材，都是我们表现的对象。

在上面潘君所提的那个例子，是一个相当重要的题材，很可以写成一篇很好的文艺通讯。拿出活生生的事实，具体地、形象地去说明这种迷信的举动是愚笨的，是有害于抗战的。高尔基曾经说过一句话："要把人类从迷信偏见之中解放出来当自己事业之目的。"这句话是应该为每个文艺工作者拿来作重要的任务之一而学习的。

记得不久以前，台山县曾发生了如下的事情：每当敌机过境或来轰炸时，奸人即放出了这样的谣言：如果日机一来不用怕，只要跑到空地上拿一块白毛巾在头上摇着，神灵就会来保佑，不至于给飞机轰炸。有些愚民居然也相信了他们的话，照样做了，结果却有很多人不明不白的被炸死了。因为日机把他误当是奸人放着信号而丢下炸弹。如果能把这活生生的事实暴露出来，是很可以作为教育广大落后群众之用的。

文艺通讯的中心主题，不单要去表现那些积极的题材，同时也要消极地去暴露事实，批判现实。如"救国公债"这件事，政府发行了这几万万公债，原为适应"有力出力，有钱出钱"的原则，以加强对日抗战的力量。但是一到乡间去，就变成了一种苛捐杂税，被当地的土豪劣绅强征地执行了，不但不能适用"有力出力，有钱出钱"这一个原则，反而和政府本意相背，弄得怨声载道，成为有钱者不出钱，无钱者出钱的现象。这一现象是普遍地存在的，过程是相当复杂的。又如抽壮丁这回事也是毛病百出。一个忠实于大众的通讯员，如果能抓住这一些题材，加以分析、说明，用文字暴露出来，便可以写成一篇为大众所欢迎的文艺通讯了。

现在，我们再来谈一谈"怎样去写"这个问题。写作的好坏，表现力的强弱，是随着每个人的素养经验来的，写作经验多、素养丰富，自然可以写得出好作品，反之就差了。不过，对于一个文艺通讯员，并不一定要具有很深的文艺素养，很丰富的经验才能工作，因为我们都是在学习中用工作来锻炼自己。

当他在学习写作文艺通讯的时候，有几点是必须留心的，如：

（一）一个题材来了，你要好好的去把握住它的中心，范围太大了，在一篇文艺通讯中什么都装进去，自然空洞的议论多，具体的事实少，不能写得精彩的。比方，一个示威大巡行，或一个宣传演讲会，你应该注意的是几个要点，如动员方式，一般的反应，形象地、具体地表现出来，不要像一篇新闻纸上的新闻，平铺直叙的记载，到几个人，在什么地方，什么人当主席，讲些什么话，喊几个口号，散几张标语了事。这是一篇新闻纪事，而不是一篇文艺通讯。

（二）要积极参加救亡活动，才能知道当地救亡工作的中心，对那中心要有真实的了解、充分的体验，然后才能写出有血有肉的文艺通讯。一个亲身参加游行示威的文艺通讯员，所写的关于那行动的报告，一定要比一个没有参加，而只凭耳朵听来的人写得更生动、亲切。

（三）随时随地留心可以写文艺通讯的材料，最好能身边随备一小册子，无论在街上走路、开会或和私人谈话，只要有可用的材料，都可以立即记录下来。今天不能用，留在后来总会有用处的。

（四）要知道掇取什么材料，舍弃什么材料，什么是重要，什么是次要。文艺通讯员对于事件的发展过程要加以分析。如何发生，如何发展，什么是主要推动力，什么是主要的困难。发展过程有几个阶段，每个阶段中有什么特点。理论的修养，对于每一个文艺通讯员是十分必要的。

（五）写作所定的主题不要过大，抓住中心，不要说空话，宁可小题大做，不要大题小做，材料多时不妨分几个中心来写。

（六）动笔以前最好先有一个大纲，何者该写，何者该舍弃，都应该安排好。

（七）文字以文艺化为主。但须流利生动，不要作空洞的、文字上的堆砌。无关主题的描写要尽量减少。

以上七点，是每一个文艺通讯员在写作时应该具备的条件。这工作对于一个初习写作文艺工作者是非常有意义的。每一个年轻的文艺工作者，都应该拿出全副精神去学习，去运用这一副武器。

二

在这儿，第一个使我们感觉到的疑难问题，是文艺通讯应该用什么形式出现？它本身是否有固定的形式？它与报告文学、速写有什么不同的地方？

为了解答这一个问题，我们现在略略把报告文学和速写的特征，形式报告一下。

什么是报告文学？周钢鸣先生在他的《怎样写报告文学》一文中这样说："报告文学的主要特点，是将现实生活当中所发生的某一特定事件——富有新闻性和斗争性的事件，立即运用具体的形象来表现，报道给读者大众。"它底特点：

（一）把特殊生活现象和具体的社会事实（事件）迅速地、具体地报道出来。但它是依据事实，忠实的，毫无粉饰地把它的前因后果，正确的报道出来。

（二）报告文学固然是依据事实的报道，但它所依据的事实必定是为大众所迫切关心、所急需了解的。这些事实是与现实社会整个的发展相关联的事实，与社会层日益分化所发生的生活现实的事实，与民族危机日益加深的事实，或是在抗战时、战线上或后方所发生的事实。

（三）报告文学是富有新闻性的。它底目的是迅速地、正确地反映某一个事件和生活现象，同时它又是有一定目的性的。它底目的是在用赤裸的事实来说明、启发和鼓励，用不修饰、不夸张的报告，来使人走上同情被压迫者，走上新的社会方面去。

（四）要用具体的形象来表现事实。

这是关于报告文学方面的，我们再来看看速写方面的。

速写和报告文学虽是两种不同的、崭新的文学形式，但是它们中却有一个共同的地方，就是迅速地反映现实。不同的地方，速写虽也富于新闻性，但它同时也带着极浓厚的散文性。它可以反映某一事件中的某一个片段和动作，某一个人物的影像、个人的心情、一个特殊场面、生活的素描和记录。这都是用Sketch的手法来描写一个大概的轮廓。但它的写作方法，不应该是叙述的，而应该是充分的描写。报告文学除了注重上面所说的速写的各种特点外，还要把每一个整个事件的姿态、发生原因和发展过程、特征、内在的矛盾、发展的前途和社会意义，加以明快的记述。

有人说报告文学好比是一部完整的影片，而速写不过是这整部片子中的一段或数段。等于一个剧里的一个场面或几个场面而已，因此它给予读者的印象是片段的，缺少每一事件内的历史感情。

文艺通讯既不是用报告文学的形式表现，也不是用速写的形式出现，它只是报告文学的一支流，对于某一种生活、某一种事件，通过作者的主观见解，表现在文艺作品上，形式是不定的，没有像报告文学与速写一样的严格。不过从这三种形式接近的程度来说，文艺通讯是和报告文学更为接近的，它不但要把某一种现状、某一种事件表现出来，还要分析，说明它底发生原因、过程和社会意义。

不过有一点要注意到，就是一篇好的报告文学不一定要有地方性，一篇好的文艺通讯却要特别强调地方性和新闻性。

原载《新战线》1938 年 4 月 23 日第 18 期

怎样去做文艺通讯员

——答本社通讯员的一封公开信

你说："我有做通讯员的决心，也有热情，但不知道怎样去做一个文艺通讯员。"

这不单是你一个人感觉到，我相信有很大一部分文艺青年都有同样的苦闷。这苦闷是容易解决的，因为你具备了一个优秀文艺通讯员最主要的条件。热情，做通讯员的决心，无论如何是难得的。你所缺的只是写作的方法而已。

你又说："我住的是一个偏僻的村庄，在这儿一切是闷人的、古老的，从抗战发生后，这儿也起了不少变化，有许多痛心的事实也跟着发生了。我不知道把这些事实表现出来，是否有悖于文艺通讯的本质。"

这正是你所缺乏的方法，换句话说，有许多极难得的题材，放在你的面前，而你却不晓得怎样去处理和运用。

第一，我得告诉你，文艺通讯的内容是活的现实的记录，它应当是根据种种事实，用文艺的方法，加以适当的剪裁处理而成的。这不但是不违背文艺通讯的本质，相反的，恰恰是文艺通讯的本质。住在辽远的村庄，随便写点乡间的琐事——比方是风景如何幽美、心情的感觉怎样之类的，绝不是文艺通讯，尤其不是这时我们所需要的文艺通讯。

第二，你得认清文艺通讯，虽然是一种崭新的形式，但是它底形式是和报告文学非常之相像的，不过没有像它那样严格罢了。你可以写出你所看到的种种现象、感想，同时也可以做个简单的分析和描写，不同的只是报告文学是纯粹站在第三者立场，客观地表现某种现象，而一个文艺通讯员却可以比较主观

324

点、不受限制地写出你所知道、所想的。

你又说："我极愿意做一个报告文学家，但不知道怎样去做。"

这正如你不晓得写文艺通讯一样的，只是方法的问题，你想做报告文学家，这并不难，文艺通讯的写作，正是一个报告文学家初步的准备工作，你要在文艺通讯中学会了搜集材料，整理、分析和批判的初步工作，然后，你在写报告文学时，就不会发现什么大不了的困难。假使你能做一个很好的文艺通讯员，那么你也一定能够做一个优秀的报告文学家。

有热情、有决心，是一个文艺通讯员的主要条件，至于方法，是可以从经验中得来的。不用灰心，把自己的意志坚定下去吧！

原载《自由世界》1946 年第 1 卷第 6 期

关于写作题材

——文艺随笔之一

前些时候，我到一个中等学校去教书，在上作文课时，有几位同学和我谈到写作的题材问题。

他们说："我们在初学习写作时，应该找些什么题材来写呢？"

我说："找你最熟悉的。"

"是老生常谈，谁都这样说，但是什么是我们所熟悉的，似乎没有一件是我们所熟悉的，因此，像我们写篇文章也不知道从何着手了。"

"不错。"我说，"年轻人生活单纯，缺乏经验，要从它里面去找什么伟大题材是很困难的，不过，作为学习似乎也并非绝不可能，走在我们前面的许多成功作家，就是这样锻炼起来的。"

于是，我就列举了下列几个例子：

（一）现在，我们有许多青年人，一谈到高尔基就知道他是苦力出身的一个伟大作家。他的一生，从幼年而少年而青年，差不多就是一首动人的诗，他是有怎样的一个家，又怎样自己出来流浪，当小贩、伙夫、学徒、守夜人、码头苦力，等等，都是从他的初期作品中读到的，在高尔基的全部著作中，我最喜欢的除了《母亲》外，就是他带有自传性的许多作品。比如《我的童年》《我的大学》等，理由是因为它亲切、生动，使我们在读着它时，不觉得是在读书，而是在体验生活，我相信和我有同感的人，一定也不少。

高尔基的成功，是因为他有一段不平凡的生活，且能忠实地写出了那生活，在他初期的许多作品中，差不多都是很亲切，富有实感的。读着，深深的把读者抓住，使他哭、使他笑，使他哭笑不得，为什么呢？因为他写出了他最熟悉的东西，写出了那些藏在回忆中的生活。他在写作时，不过把回忆重叙一遍罢了，可是，我们在读书时，却禁不住大为骚动了。

（二）我要举的例子是屠格涅夫的创作方法，这是一个和高尔基完全相反的作家，出身贵族，有广大领地，有众多农民，长年居住国外。可是在屠格涅夫的许多作品中，他大半是属于半自传性的，比如《猎人日记》，这是他的成名作，中间差不多就全是他的童年回忆，据莫洛亚在《屠格涅夫传》一文中说，屠氏幼年时代深受他的"男性化"的母亲虐待，他从她那儿得不到安慰、得不到温暖，于是，迫得他不得不去和家中的农民为伍了。农民也十分同情这个被虐待了的少主人，他们互相安慰、互相劝勉，成了知己，这在屠氏童稚的心里深深种下同情。到后来他长大了，获得他的武器了，于是，他就让他少年的回忆活跃在纸上，成为一部不朽的名著，替俄国的农民制度敲下第一声丧钟。这成功不是偶然的，因为他写出了他的生活中最熟悉的一部分。

其他的例子还很多，可是，我不想再举下去了。

原载《自学》1943 年 4 月 20 日创刊号

夜记（二则）

一

从乡下搬进城之后，生活好像又恢复到三年前那样的闲适自由了。我知道自己在生活上有许多弱点，那就是安静不得，一安静下来就会变得散漫、沉闷的。不过，既有这样新的生活环境给你，留下来好好地读点书，多多的考虑几个学习上的问题，也未始不是一件有意义的事。因此，我留了下来，并且开始进行那几件早已准备就绪的工作。

讲到读书，最近也的确读了不少，我想把世界文学史弄通，又要研究几个主要的作家。也许心绪还没有完全平静下去，或者是多读了几本书，世故和阅历加深了，对自己和对人家的要求提高了，竟使我时时提不起勇气，把拿在手上的书本读下去，这样一来，我便不得不时时调换书本了。

四五年来，我常存有一种近于迷信的自信，以为凡是翻译过来的作品总是好东西，外国作家写的要比中国作家强，苏联的作品也一定要比其他的各国好。这个自信一直继续到今天，我才知道尚有许多地方要修正的。外国作品被介绍到中国来的不见得篇篇是好东西，外国作家也不一定比中国的强，如大仲马的《三个火枪手》就大大的比不上我国的《水浒传》，要是举例的话，还有许多。而苏联作家的作品，除了若干作家的代表作品外，其他的在写作水准上也不见得比我们强多少，这是实在话，并不是傲慢的看法。我们不否认世界文学是有许多珍贵的作品，可以给我们借鉴或学习的，特别是苏联、法国。不过我们也不能过于看轻自己，太看轻自己，过分的尊重人家也有危险的。作为一个研究者，人家积累下来的遗产固然不能不设法去了解，用功去研讨，对我们自己的祖先遗留积累下来的也不能一概抹杀，整理文学遗产的呼声已叫许久了，结果也只是喊喊而已。作家说：要建立民族形式，必须先对过去的文学遗产来一番清理工作，这是对的，但我希望不要又是喊喊而已。

二

少年读物的编纂供应问题，现在似乎又重新地引人注意了，文化生活社出了一大批，另一个叫少年出版社的，也出了不少。这工作的开始被注意，无论做得好与坏，总是一件可喜的事。不过，我们也还不应以它的量的众多为满足，更重要的是要注意它的质，是否已经比以前提高了，能否满足我们少年读者的要求。

最近在书店里面，看见从上海运到的一大批《如何学习写作》《如何学习文学》及《少年文章修养》等类的书。从它在封面上所标明的字样看来，显然是给少年读者阅读的，有这样多印刷精美、内容看来也不会参差的读物供给我们的少年读者，我真要替我们的少年朋友雀跃鼓舞了。但是翻开目录一看，却禁不住要叫我吃了一惊，要不是作者是有意这样写的，我相信他一定是长久的逗留在苏联，把中国少年的国文程度估价错误了。在一本叫作《怎样学习文学》的书里，竟对我们的少年读者大谈其古典主义和浪漫主义问题了。

放开目录不谈，再看看书本里面，只有很简单的说明，却填塞了许许多多例子，而这例子又都是从外国的文学作品里摘来的。我怀疑中国的文艺作品果真贫乏到这样地步，连给人家举例的书本都没有一本，就算是现代作家"不足道"，写的没有一篇是成功的，值得我们这指导少年读者写作的作家去举例，中国的古典作品在民间流行极广，占有广大读者层的文学名著，如《水浒传》《红楼梦》《三国演义》等书，也不见得就比所举的外国例子差。且所做的例子，我们敢相信有百分之六十是那些读者所不知道的，因为像他们这样年纪还没有到了会自动去接受外国名著的时期。

在我们的出版界，似乎正有一种不十分健康的倾向在流行着，某书店为着要出一套什么青年的自学丛书，就凭空跳下了许多指导者来，从来未见写过剧本的"作家"也居然写起《怎样写剧》来了。这个倾向在战前开始，直到目前还流行。书店为的是应急，作家也起了敷衍的心，他们都不曾想到它以后的影响，结果书贾的荷包给胀破了，而我们的青年读者也只能徒呼负负。

救救青年的声音，现在似乎又到处在喊着了，空喊又有什么用呢？目前最重要的不应该只是喊，而是要作家亲自动手来检举，在我们的出版物上来一个无情的清算，只有使这种不负责的敷衍、无原则的抄袭风彻底改变，才能避免同样事情再度发生。

原载《野草》1941 年 2 月 1 日第 1 卷第 6 期

文协六年

——一点感想，一点期望

抗战有多少年，"文协"的存在也有多少年，"文协"是因抗战而产生，也因抗战而存在，而成长！

抗战初期，有许多救亡团体，的确曾起过作用，它鼓舞人心，打击汪逆等一派卖国降敌理论，动员大众，教育人民；抗战长期化后，许多民众团体逐渐地被改组或解散，留下来的只有官办或半官办的团体，唯名之为"调整"，实际上是取消，于是乎，群众救亡从团体里被赶出去，留下的只是一块空招牌。这许多民众团体，只有"文协"似乎还好，其原因是官包办不了文艺，文艺作家到底是文艺作家，官是官，官不能代替文艺作家。即使文协能够存在、能够成长，除桂渝等地外，别的地方似乎也很可怜，有的还是一块空招牌，有人还免不了被用之于印宣言、发通电，以资破坏国内团结。桂林文协成绩是全国最好的了，自己参加桂林文协四年工作，幕中人自己检讨一下，实在只有惭愧，也许它的可贵处是在于还不至于忘了文协的基本立场，团结、抗战、民主，在于还多少能为作家们的利益着想，多少能为国家民族的前途着想，只此一点，总会就敢于下评语：全国第一！真是第一吗？惭愧，惭愧！

苏联也有文协一类的组织，苏德战争期间，人家的文协曾动员了全国作家上前线敌后，有的做通讯记者，有的参加实际战斗，结果是产生了大批得奖的文艺作品，给未来人类史留下可贵的痕迹。人家只打了三年，有那样成绩，我们是打了七年。可是我们有多少作家上过前线？我们有多少可得奖的作品？又是惭愧，惭愧！"抗战"的文协，只能留在后方，为增加稿费发出呼吁，写空信给贫病作家，叫出版家发现天良，叫贫病作家用一点精神安慰来治疗病体。惭愧，惭愧！

军中文化喊得震天价响，而参加在前线工作的文艺工作者，给赶回大后方为柴盐油米而焦头烂额了，作家并不要人家怎样优待他，他只求人家把他当人待！他们可以拿出血肉服务于祖国的解放斗争，然而，人家拒之于千里之外！

民主宪政，是当前中国的一件大事，政府有了实行决心，人民也有了奉行意志。我们所求的不是文字上的渲染，我们要求的是实惠：给我们更多的写作和出版的自由，给我们更多服务于抗战，为祖国不朽战争写作的机会吧！苦、贫、病没人怕，怕的是失去做人的权利。

文协成立六年了，回顾一下觉得多少尚可以使人安慰。不过瞻望了未来，尚多有使人惘然之感。本着民主、抗战、团结的三大目标，希望文协跨大步伐前进；本着民主、抗战、团结的三大目标，希望中国的作家也跨大步伐前进！

原载《大公晚报》1944 年 4 月 6 日

谈普及和提高

关于文艺大众化中普及与提高问题，文坛上曾有一度争论。有人以为既然要普及就不能提高，有另一种人却说，要是的的确确能做到普及，它本身就已提高，普及和提高是一个东西，不能分开的。

这问题，到了现在似乎已有了结论，那就是要普及必须是提高，也就是说文艺大众化工作不再停留在抗战初期的旧瓶装新酒的阶段，利用旧形式，填进新内容。换一句话说，所谓真正大众化文艺，应该是新的为大众所喜闻乐见形式和新的内容。

事实上这几年来，由于摸索的结果，我们已有这种作品出现，三年前，我们已读到孔厥的《苦命人》，在《愿望》十期上，最近我们又读到他的《毛泽东和吴满有》。在广州几次音乐会、文艺欣赏会我们也听到许多歌曲。如费克《五块钱》，安波秧歌剧《兄妹开荒》和《开会来》等。这些作品，我以为都是很好的大众化文艺作品。内容真切，所表叙的又都是大众的生活和意志，读来容易，听来清楚，既不是完全利用旧形式，却也带有浓厚的中国气派，乡下人可以接受，高级观众也不觉其为鄙俗。

有人以为大众化工作容易做，以为换换调子，填填词句就行了，其实这是误解了大众化工作。他们把大众化工作只理解为普及而忘记了它本身也是提高的。其实要做到普及就必先提高，写作家不把自己的写作水平提高，是非常难于做到深入和普的。我们读孔厥的《苦命人》时候，也许觉得利用民间口语来写作并不难，可是到了你动手来写，用民间口语来写时，你就会处处感到困难。我以为

333

一个从事大众化工作的人，如果不把自己从书房里解放出来，和民众生活在一起，思想和战斗在一起，他的文章是无法做到普及的。因为生活不深入，表现手法尽管有如何如何的高，也无法使自己作品深入。西北的文艺工作者，这工作其所以做得相当成功，就是因为他们能够解放自己，到人民中去生活、去学习，这不光是叫作家下乡去"采访"，而是要作家从书房里回到民间，先做一个人，然后再来做作家。而在大后方，现在是普遍着人还没有做好，却要做作家了，而且还以为自己是"权威"。把门关得紧紧，把自己完全和现实生活脱离，却呼喊着："为大众！为大众！"靠这种"理论家"来做大众化工作，才是可怪！然而，我们的理论家却以为这样才能使自己"重"起来。

西北文学作者，改造运动的结果，将使文艺作者完全和人民结合在一起，因之写出来的东西也就不同了。这不是意识着自己在"做"大众化工作，而是由于生活的改变，自自然然做出来的。孔厥是这样文艺工作者中的一个，他在动笔前决不会以一个作家身份去填小调那种心情来写作的，他要感到他的工作是自然的流露。他就是这样为人民的喜怒哀乐而写作。这种倾向，从最近艾青和何其芳一些作品里也可以多少看到一点儿。

大后方和光复区的整个文艺界，步调、风习又回到战前的纷乱情况中了，各种各样不良倾向正在抬头，不过，我们相信，正如民主是世界潮流不可以抗拒的一样，文艺大众化一定要成为未来中国文艺运动的主流，我们希望进步的或自诩进步的文艺工作者，要有能勇敢地去面对现实，投身在民主斗争中，和人民生活在一起，呼吸在一起，战斗在一起！

原载《文艺世纪》1946 年 4 月第 1 期

谈 写

弟弟：

在上一封信里，我们谈了一个问题："读"，在这一封信里，我想和你谈"写"。

在这个社会，做人本来就不容易，要做一个好人，更是困难。写文章和做人一样，也是不容易的，要写出好文章更是困难。中国有四万万五千万人，像你这样有志于求学，学习写作，甚至于有野心做文艺作家的，似乎不少。然而，二三十年来，新文艺的成长很快；而作家却还是那么几个。这就说明做一个文艺家不是那么轻便容易的。

我说这些话，不是想吓你，打冷你学习的热情；只是说走这行门路，工作艰苦，要能忍耐，有勇气坚持下去。古语有云："天下无难事，只怕有心人。"一个人只要有决心，有勇气，哪件事情不会成功的？

话似乎得说回来了，我们还是来谈"写"。一个初学写作的人，要怎样写呢？我从前在中学教书，就有许多青年对我提起了这个问题。我告诉他们说："想写的时候就写。"他们又问："写些什么？"我还是一句老话："写你所熟习的。"他们觉得这话很笼统，不大明白了。又问："什么是我们所熟习的，我们似乎是什么都熟习，又什么都不熟习。"对了，问题就在这儿，我要和你谈的也就是这个问题。

一个像你这样年纪的人，还没有进社会大门，没有人生和社会经历，对事、对人都只有一知半解。然而，说你们不懂吗？也的确懂得一点。因此说：

335

"什么都是我们所熟习的，又似乎什么都不熟习。"人生和社会经历，不是一天就有，它是时间的堆积。而我们的学习也和它一样，是由时间慢慢堆积起来的，所谓长到老，学到老。今天是惘然、无知，明天就不是这样；人就是这样进步来的。

我们不能等自己对社会、对人生有了很深刻的了解以后再来动手学习写作。因此，在你这样年纪，有了这个勇气和决心后，也可以动手学写。生活经历丰满的人，有他写作的题材，你的生活经历少，也可以写你对那些简单事物的观念，目的在学习并不一定要发表。写得不好，丑，都没有关系。只要我们长期写下去，学习下去，一定可以写得好的。

可是，要用什么格式来写呢？有人主张用诗的格式，有人主张用小说的格式，又有人主张用散文或戏剧。而我什么都不赞成，我以为一个初学的人，要养成自由习惯，不要斤斤计较什么格式，受形式的限制，这是挺坏的。在你这样程度和年纪，我以为有一种格式最适合，那就是用日记格式。但也不要受日记形式的限制。有什么就写什么，一篇一万字可以，三言两语也可以。顺笔写来，从心所欲。天天写，不断地写，有所感就动笔写，写久了，你的笔就会熟练，文章也就逐渐的写好了。这是我个人的意见，结论是要学习写，先从写日记学起。

哥哥

原载《少年时代》半月刊 1946 年 2 月第 2 期

笔的方向

——关于文艺建设的二三断想

抗战胜利之后，中华全国文艺界抗敌协会，为适应和平建国的要求改称为"中华全国文艺协会"。在政治协商会议结束时候，1月26日以张道藩为首的文艺作家，在重庆成立了"中华全国文艺作家协会"，两会之差在前者为"文艺协会"，后者为"文艺作家协会"，这两个团体之不同，从它的名称上已经说明了。同时文协总会也曾为此事发出通告（见广州《文艺新闻》第1号）。有人为这事表示忧虑，以全国各党派正在融合一致谈团结统一时候，文艺界却露出了分裂象征，未免是以后和平建国的一大损失。对这个问题，我的看法则和一般看法略有不同。

在抗战期间，由于要集中意志、集中力量对付共同敌人——日本帝国主义，各种派系不同的文艺工作者，从不同的角落、从不同的看法走向统一。统一在民族解放斗争上，"文协"的存在就是这样的一个统一体，不过，我们也要知道，统一并不违背理论斗争的原则，八年来，正如表现在军事政治上一样的，这种斗争并没有停止。

中国抗战的特点之一，尽在全民响应抗战之中，有一部分人为了自身利益或者要求满足自身所代表的那个阶级利益，对抗战表示怠工甚至于反叛，广大人民力量则始终站在第一线，坚持着抗战和保护人民的利益。这两种力量同时存在，并且一直在斗争着，八年来，力量对比起了极大变化。

有人以为执政党既没有抗战决心，为什么能坚持到胜利到来？我则以为这是因为客观形势促成的，力量对比有了变化之后，领导中国抗战已不是执政党一党的事，它已起不了决定作用，只有人民力量才能起决定性作用！中国的抗战就是在这样的拖着，一步一步艰难地拖下去一直到了胜利到来。军事如此，政治也还如此，在文艺战线，表现在这两种斗争中，也是一样明显。八年来，我们出现了不少人民作家，人民的作品，可是也出现了一些死抱着"艺术尾巴"，甚至于比这个尾巴更坏的倾向的文艺作家，他们置身在战争以外，歌颂着与战争无关的事物，以色情无聊的故事来吸引读者，迎合大后方公子哥儿、小姐、太太、发国难财的新式商人的口味，他们很能叫座，也以叫座为他们写作的第一个目的。可是广大的作家，则在最艰难的环境和最艰难的处境中，写着他们坚实而不为大后方一些荒淫分子所欢迎的作品。这种形势，从抗战开始到结束，一直保持着那么长的一段距离。

抗战八年，统一不了人民和反人民的军事和政治的两条路线斗争形势，同样的在文艺阵线上也如此。可是，两个力量的对比已有了变化，就是这个变化保证了八年来的抗战，也保证了今日政治协商会议的成功，反人民路线甚至于还在妄想，独裁分子已无法施其技。也就是人民作家和作品，占了绝对压倒优势，保证了抗战文艺的人民作风和它的优良传统。不过八年来，由于各种条件限制，使人民文艺路线还扫荡不了那些封建遗毒、色情堕落的文艺倾向。

记得，好像有人这样批评过：抗战来，由于统一战线要求团结，要求各党各派人士忠实民族解放斗争，进步的文艺作家放弃了自己更高一层的斗争任务，无条件的服从抗战，结果使自己作品局限在抗战这一单调的主题上。抗战，抗战，大家只为抗战而写作。这不但表现在作品内容的单一，同时也表现在理论批评工作的贫乏，一直到抗战将近结束前，这个错误才被清算出来！中国的抗战不单纯击溃敌人的进攻，也是把旧中国带上一条新路——革命的新民主主义的道路！

胜利意外的到来，不但使政治民主化遭遇了困难，也使那些有堕落倾向的残余势力得到喘息伸展机会。他们的世界从重庆、昆明一些小天地中被解放出来，冲向全国各大光复城市，那些城市人民在敌人手中受了八年的麻醉教育，这些带了抗战伪装和糖衣的堕落作品出现，正能满足了他们的要求。光复后的上海三个月来出了近二百五十种杂志，近一百几十种的书籍，可是内容坚实作风健康的有几个？书商为了迎合广大光复区的落后要求，在大量翻印着《间谍夫人》，什么风情画《鬼恋》之类的无聊作品，坚实的抗战作品被搁置在另一边。这种倾向现在继续发展着，从抗战阵营中分出来的堕落文人正在有意无意和汉奸文人合流，他们的声势也许会逐渐大起来。

抗战一结束，好像是发条松了一样，大家似乎都觉得身心自由一点，束缚减少了，大家不再服从一个神圣的最高原则，而战前一切小宗派彼此排挤现象也随之而生，在重庆听说为了赶着派代表参加政协，有在一夜之间成立了一个政党的滑稽喜剧，文艺界同样情形也在酝酿，同人性杂志会大量增加，各种各样新奇古怪的旗帜又要竖起来了。在文艺阵线内这种力量分化并不使我们奇怪，即使这个分化将造成短时期文坛的混乱。然而，这是无损于文艺作家为和平建国服务的！相反的，这个分化可以使广大人民更看清了对方，反人民的路线、反人民分子，不再在全国人民面前伪装自己穿着彩色衣服到处招摇、欺骗读者了。张道藩先生和他的那些文艺作家，一向如有他们自己的见解，然而为了抗战，使他们也受了多少委屈。现在局面澄清了，他们另组了文艺作家协会，可以用他们自己的那一套来从事他们的工作，而读者也将因之而减轻了一层负担，这是一个好现象。

《和平建国纲领》，虽为我们今日应该共同遵守的原则，正为抗战建国纲领一样。然而，今天的形势和以前已经大大不同了。战时，为了统一力量于民族解放斗争中，我们放弃了对许多人的正当指责和要求，我们斗争的方向是向着敌人，自己内部的问题则被暂时放过一边。在今日，各党派已取得了合法地位，政治民主化允许了各种各样见解，除了法西斯和汉奸的公开传播，正为竞选大会的候补人一样，每个主张、见解不同的作家，都可以利用他的武器来获得群众拥护。不过，我们要注意，今日中国的民主基础还没有稳固，顽固派伪民主随时都可以歪曲它，把民众带上相反的道路，由此民主文艺家的任务是显得更加沉重和困难了！

所谓"战后文艺建设问题"，已有许多人发表过意见，依据了以上自己的几点见解，我以为今后民主文艺工作者的中心任务是在集结自己力量，统一见解，对那些含有汉奸毒素的倾向堕落的文艺作家和作品，展开广泛的扫荡和清除工作，和平建国是一条比抗战更艰难的道路，然而是一条必经道路。要走完它，扫清它的障碍，需要民主的文艺作家坚韧地努力，勇敢搏斗！

原载《愿望》周刊 1946 年 2 月 27 日第 7 期

▎两件工作

我提议用下列这两件具体工作，作为文协香港分会在 1948 年的工作中心：

一、抗战八年，中国文艺界虽说存有若干偏向，然而也不该把它的成就抹杀，因此，我以为公允不偏的给予它以适当评价，是十二分必要的。给八年抗战的文艺活动做总结的时候是到了，为完成这工作，文协应该设立一个专门委员会，分诗歌、戏剧、理论、小说、报告文学、绘画等组分别检讨做结论。把各部门的总结合起来写成一部抗战文艺史。

二、方言文学运动在华南是普遍展开了，它对南洋各地的影响就我所知是十分大的。这一运动今后还应和马来亚的马华文艺运动结合在一起，因而留港作家，特别是搞理论工作的朋友，应多关心南洋各地文艺运动，在理论上、在技术上去帮助他们建立自己的文艺。为使这一运动深入展开，我认为应有这么一份丛刊出版，专刊讨论方言文学的文字和创作的方言作品。这工作可交文协方言文艺创作组来支持。

原载《智识份子的道路》香港文协纪念五四特刊，1948 年 5 月 4 日

谈取材

—— 以《风灾》《景明楼上的舞会》《种子》《周求落魄记》为例

在上一期《文生》上，我们发表了海兵《风灾》和蓝泯的《景明楼上的舞会》两篇报告；这一期，我们又发表了小海燕的《种子》和戈云的《周求落魄记》，同样也是两篇报告。

《风灾》发表后，我们曾接到一些读者的来信，对它表示赞许。这一期的《种子》和《周求落魄记》，在编者看来，也以为是两篇颇为可读的作品。

在我现在写的这一篇文章里面，我不想来检讨这四篇报告的优缺点及其艺术价值如何，我是想以它做个例子来研究一下，目下我们在写作上有哪些素材值得去注意。

这四篇文章，《风灾》写的是香港占四大渔区的第二位的长洲，在今年 7 月间一次大风灾时渔民们所遭遇的惨剧。我们都知道，被称为"大憺仔"的渔民，一向是被陆上人所歧视，特别是陆上一些流氓、土霸敲诈、剥削的对象。渔民们平时在他们的压迫下已是"有苦无处申"了，遇到大灾难到来时，这些平时以鱼肉蜑民为生的流氓、恶霸对他们不但不加以同情，反而趁火打劫，如《风灾》一文中所写的，不过是无数悲剧中的一个而已。

《景明楼上的舞会》，是以侧面来反映今年 8 月间汉口，美空军集体强奸中国妇女事件的。这事件哄开之后，在国内外各报均有详细的刊载，也是今天中国现实生活中无数悲剧的一个。作者在配合着整个反美帝侵略中国的野蛮行为中，紧抓了这一个题材加以暴露。

《种子》，在香港生活过的人一定很熟识他所写的那几种少年人的典型。他们受难，斗争，受锻炼，受考验，有的堕落，有的向上，但大都在摸索，想去找一条活路，正如被埋下的种子一样。

《周求落魄记》，所写的周求，正如我们在《种子》中所见的，住在香港广州的人，对他是不会太陌生的。一些生活不下去的人，被迫去走私冒险，有的侥幸发达了，做起鳄鱼头。然而好景不长，被更大的吞下了，没落下来，落魄了！在这个地方有多少像做梦般浮上去，又像做梦般跌了下来的人呀！

四篇报告有四个不同主题，也代表了四种不同的素材。

有时，看到一些年轻人写来的信，诉说："平凡的生活，所见所闻全是些荒淫无耻的生活，有什么好写的呢？"或有人认为，自己所过的生活的确丰富，就不知从哪里写起，哪些是可写的。我想就这些问题，来说一说自己的见解。

第一，有些青年朋友自以为自己所过的生活太平凡，没有什么可写的。他以为要写作，总要找些不平凡的素材。什么才是不平凡的呢？有的想写土改，有的要写解放战争，或一些被认为写轰轰烈烈事件。这样一来才能合乎自己的主观愿望。但这种生活，不一定为自己所熟习，想写写不来，写出来了又不见精彩，结果呢，悲叹于自己的低能，缺少了去试一下的勇气。但这种思想，我以为是不正确的，即以《风灾》作者为例，他从事渔民的教育工作达十多年之久，每天接触了他们，熟悉他们的生活，甚至于同他们一起呼吸。他没有想到这种生活能够帮他写出好的作品来，十几年来只过一种生活是相当单调的，而对这种生活也有点儿近乎麻木了。所以当初我鼓励他把这种生活写出来时，他也曾有"没有什么可写"的感觉。慢慢，当他了解到这工作正如他从事于十多年来渔民教育工作一样重要时，他动手把他认为该告诉给大家的事情事实写出来了，他在不自觉中得到成就！

有些人生活在诗的生活里，而不知道它有诗的成分，可是当他沉下气，把这种生活上的特征提高到思想认识上来分析、比较，他就会发觉到这种生活异于别种生活，他就能看出这种生活可贵的一面。想找新鲜而忽视了自己生活中特别可取的素材，那是一般初学写作者的通病，这种通病是没有弄通了"写你所熟识的"那个珍贵写作原则的缘故。

再以《景明楼上的舞会》一文为例，我就怀疑作者是被那题目新鲜所吸引而去写它的，结果他就没有《风灾》的成功。为什么呢？前者是熟习了那生活，对它有不自觉的深厚情感，所以写来亲切感人。后者只是抽象的表现了那"新闻事件"的经过，作者的目的似乎在于报道，没有更深沉的感情在。一篇作品，要写到真能感人地步，实在不简单。它只有素材还不够，因为每天我们所见在报上刊出来的素材就不知有多少，然而不见得它就全可以写成作品。即使成了作品，希望它成功的也不会太多。不必害怕生活中有平凡的东西，只要它是真实的。高尔基少年时代所过的流浪生活，在当时看来，也没有什么特别的，只为生活到处走走，找找事情做。可是到了他开始来写《我的童年》《在人间》和《我的大学》时，他已不再觉得它的存在是平凡的了。他把自己经验过的生活，加以分析、提炼，最后一些富有典型性的"不平凡"东西出来了。有了生活和斗争经验的朋友，其所以觉得自己所体验的生活是平凡的，没有什么可以写的，就是少了这武器，缺乏了这种认识，这也正是我们要学习的，那就是要怎样学会了从现实生活中间、从现实斗争中间去把握我们所必需的题材。

　　第二，一个生活在这样五花八门城市里的人，是容易被那些表面东西所迷惑的！在这儿，有最有钱的人，有比纽约、巴黎更高的享受，有最美丽的女人，同样，也有一些完全在人的生活水准下过活的人们！这是一个典型的殖民地城市，在这城市中，可以写的东西就不知道有多少！过去曾有人强调指出过：要表现"此时此地"生活，这口号其实并不新鲜，现在出版的一些报纸副刊，就充满了这一种表现"此时此地"生活的文章。不同的是他们采取了完全和我们所谓表现"此时此地"完全不同的见解来处理它。到底我们所要表现的又是哪些题材呢？我想在上面所指出来的四篇作品中，已大体的给我们指出了一个方向，如在《风灾》中展开的主题，在我是认为不仅在此地，也可以说是全中国从未被注意过的新主题。此地有四个大渔区，养了近10万渔民，占全人口1/15，他们怎样过活，有什么痛苦，有什么问题，很少有人去关心到他们。在《种子》中所写的一些流浪儿童，《虾球传》曾经接触过这个主题，然而虾球只是其中的一个，有更多流浪儿童，需要我们更多去注意他，描写他。在《周求落魄记》中所接触的，在华南一带它也是无穷无尽捡拾即是的。周求不过是其中一个，比他更大的有那些靠飞机走私，用女人下体走私，用兵船走私的，小点的，有"水客"式的走私。一个在建筑公司当水泥匠的读者告诉我，他说他们当泥水匠的有许多悲哀和不平，他们在一块荒地上，把一幢一幢的洋房建筑起来，却又永远住不到它，房子一落成了，他们便被赶走，换来了一些不劳动的男女享受着。报纸每天提供了我们注意目标，一个女人因为出洋丈夫不知下落，带了她六岁大的孩子去跳海。一对贫贱夫妻为了一角过海的轮渡资发生了命案，这又不都是很难得的题材？

第三，有一个读者，看见《景明楼上的舞会》来信问道："看在新闻纸上的素材是否可以利用来写作？"我的答复是肯定的，可以写，那要看你怎样写法。比如"土改"，在华北已在普遍进行，在那边的人写它不成问题，在南方，我们缺乏了那种生活，又怎能写得好呢？我想举葛琴在《大众文艺丛刊》上所刊的《结亲》一文来做例子，它的主题同样也是反映了和"土改"有关系的一些事件，然而她只从地主们在解放军来前的各种奇妙的想法，侧面的去反映它。而这些地主们的巧妙想象是她所熟习，或易于经过调查研究得到的，因此写出来相当亲切！《周求落魄记》作者是从调查研究中去吸取素材，并非他亲身有了那种经历。唐海的《臧大咬子传》也是凭深入的调查研究得来的材料写作而成的。所以我说，我们写的东西，不一定要自己亲身去经历，但即使是用调查研究得来的，也要经过消化，把它变成自己血肉中的一部分，不能如写新闻记事一样的处理它。

和上面所谈问题有关的，我想再来谈一谈我们在处理这些素材，或把握这些素材时的态度问题。那就是说，我们站在什么立场上，是肯定它还是否定它，有的说，我们要否定，有的说，不要全写黑暗面，光明也该写一写。这使我想起了在上一期《文生》上夏衍先生所写的那篇文章，他认为目前写作主题写方生应重于写未死的，也就是说暴露黑暗我们是要的，但也不能无视于当前新的现实，新生的力量已经逐渐的壮大起来了！我们对旧中国要无情的采用否定的送终态度，对新生的中国要给他们以欢欣和鼓舞！所以在这一期杂志上，我们特别重视了《种子》，它并不算是什么了不起、成功的作品，然而它给我们指出了一条路，如在香港这批流浪儿童不是全不可救药的，他们也有自己小小上进的志愿，如果能给他们适当教育和改造，还是一批可为的新生力量。

原载《文艺生活》（海外版）1948 年 10 月 15 日第 7 期

难忘的回忆

生死永相依

——怀念司马文森

雷维音[*]

（一）

漓江春寒日，

与汝相逢时，

携手踏征途，

生死誓与共。

黑夜长漫漫，

星火照征途，

疾风知劲草，

红心永向阳。

劲松迎风立，

* 雷维音，文化部对外司离休干部，2013 年病故。1939 年参加革命，1941 年和司马文森结婚，任《文艺生活》《文艺新闻》《新中华画报》编辑，中共华南分局外宣机构中华书局《中华画报》《小朋友》编辑。1955 年后从事外交工作，任中国驻印尼、驻法国使馆秘书、使馆安全保密委员、党支部委员，从事调研、安全保密工作。广东作家协会会员，著有《奇异的乡土》《春晓》《丁玲学习的故事》等。司马文森、雷维音夫妇育有六女：司马小兰、司马小萌、司马小莘、司马小芹、司马小维、司马小加，在学校个个品学兼优，工作中人人独当一面、被评先进。

青藤绕枝笑，
怎奈风雨摧，
依依不忍去。

枝枯藤自在，
傲然迎寒霜，
应知枯藤苦，
生死永相依。

（二）
山雨欲来风满楼，
生离死别不低头。
壮志未衰身先死，
儿女牵衣泪不休。

（三）
夜深沉，
人已瘦，
亡魂知何处？
唯有梦中见！
梦中见，梦中见，
相对无言泪如雨，
空惆怅！

童年的记忆

司马小兰[*]

父亲、母亲、我和妹妹们组成了一个和睦热闹的大家庭。我很爱我的家庭，不仅因为我深深熟悉家庭中的每一个成员，尤其是因为我的家庭是一个革命的奋进的家庭。

老一辈和我

爸爸老说我是捡来的，他老是当着妹妹们开我的玩笑。不过今天我可真不高兴了，我明明是妈妈生的嘛，怎么会是捡来的呢？——这个玩笑一点根据都没有！要是往常我就不吭声了，不过今天我非要让他承认"错误"不可。我气呼呼地说："从哪儿捡来的？"爸爸哈哈大笑起来，把我拉过去，像是认真又像是开玩笑似的说："真的！"真的？我才不信呢。他又笑了："好，明天我带你去看一个朋友。""谁呀？""就是那个捡你的人。"这才真是一个奇怪的谜呢！

爸爸向来是说到做到的，第二天他就带我上这位朋友家去了。我们走在广州郊区的田间小路上，那些金黄的稻田啦，绿竹林啦，黄澄澄的橘子树和红

---

* 司马小兰，司马文森的大女儿，毕业于北京外国语学院英语系，中国电影家协会正译审。在《世界电影》《世界电影动态》《大众电影》《世界文化》《北京晚报》等报刊发表几百万字的译作，向读者介绍海外获奖电影《铁面人》《泰坦尼克号》《珍珠港》《哈利·波特与魔法石》《太阳的背后》《红磨坊》《尖峰时刻》《指环王》等。本文由司马小莘从大姐司马小兰上中学时的作文中选出。

色的野玫瑰、纵横交错，互相点缀。笑红了脸的太阳乐融融地俯视着大地，一群群毛茸茸的小鸡"吱吱喳喳"地叫着追逐夺食。晨风带着土地的清香轻轻掠过，引起竹株的一阵窃窃低语，连那皱着眉头的小溪也潺潺地唱起歌来。

爸爸正沉思着。"爸爸，你们是老朋友吗？""嗯，我们已经9年没见面了！"我忍不住了："爸爸，到底怎么一回事，您讲讲吧！""好的，孩子，听爸爸讲！"他取出打火机，点燃一支烟，看着我，说："那还是在抗日战争的时候了，组织调我到广西桂林一带领导游击队，那时候，妈妈生下你刚几个月就得了重病，只好暂时躲在老乡家养病。你太小，一连跑了好多老乡家都不肯收留你，实在没有办法只好把你带到游击队去。游击队里条件差，没有什么东西给你吃，只能弄些米汤喂你，看着你一天天瘦下去的样子，大家真着急啊，可是又有什么办法呢？为了革命，个人的一切都应该牺牲啊！可是即使是没粮食了要吃野菜，大家仍然要把最后剩下的一点点米留给你，就连重伤员都不肯吃这点米啊！谁不是把你当作亲生孩子一样看待？

"有一次，鬼子又要搜山了，上级命令我们火速转移，谁知就在这次转移中忘了带你走。一个同志跑回去救你，他自己差点送了命！"

"啊，他是谁呀？"我拉着爸爸的手，攥得紧紧的。"哦，他——是一个老游击队员。父母都在鬼子飞机炸柳州时被炸死了，家里只剩下他和他的弟弟。他没掉一滴眼泪，把弟弟托给邻居照看，就连夜摸上山来参加了游击队……"

父亲的话在我耳边回响着，我透过眼泪的薄雾，仿佛看见了一幅幅神圣的图画："一个黑瘦的年轻人跪在惨死的爹娘的坟前默默宣誓：'放心吧，我一定为你们报仇！'他眼里没有眼泪，没有悲哀，只有永不熄灭的熊熊怒火。

"'收下我吧，我要报仇啊！'他在游击队队长面前请求着，眼里露着固执而坚决的神情。

"敌人打来了，在转移途中他听到了游击队的孩子被留在山洞里的消息。'孩子是革命的后代，是我们的接班人，我要救她！'他眼里出现了果断、焦灼的神情。

"大火烧着树木，他咬着牙在火海中挣扎，一只手紧紧护着胸前的孩子，爬呀，爬呀，再前进一步就是胜利！

"后来，他把你带回部队时，已经连说话的力气都没有了。看了他的样子，你简直无法想象他刚才会有那么大的力量！啊，他的衣服被树枝撕破了，又被大火烧焦了，右腿上的血已经结成一片片血块，血还依然不断地流着，满是一道道血痕的脸苍白得吓人，却在微笑……"

"爸爸。"我实在听不下去了，心里有好多话要说，却又哽住了。我觉得，爸爸是那么信任地看着我，"明白了就好，你要记住，小兰，永远地记住，你的命是用同志的鲜血换来的！不错，你是我们的孩子，可你还是游击队的孩子，是千百万革命前辈的孩子！——是革命的后代！"

我紧紧握着爸爸的手，一句话也说不出来。"走吧！"爸爸笑着说，我才发觉：我和爸爸都站住好半天了。是的，爸爸没有说错话，我真的是"捡"来的。

"丁零零……"爸爸在按电铃了。"咿——呀——"两扇朱红色的院门开了，闪出一个小姑娘好奇的脸，"哎，——爸爸！"她喊着。不久，一阵木头敲击石板的咚咚声由远处传来了，一个瘦高的壮年人从屋里出来了，他穿一身洗得发白的蓝制服，左腋下夹着一个枣木手杖，一跛一拐地慢慢走来。爸爸急忙迎上去，还差五步路光景两人脸对脸地愣住了，猛地那人扔掉手杖，喊着："同志！"呼的一下向爸爸扑来，两个人紧紧抱住了。假如有个作家或画家在的话，他一定会立刻把这种生动的场面写下来、画下来的，难道世界上还有比"同志"这个称呼更为亲切、更为宝贵的东西吗？

"同志，同志。"我默默地反复地说着。"小兰！"爸爸在叫我，他们两个微笑着看着我。我觉得，他们太相像了，不仅说话的手势和口吻相似，甚至于连看我的神情都是同样的亲切，那就因为他们是同志！"我和你们也是同志呀！"我想着，就跑过去和他们站在一起了。

我们什么话也没说，也不需要说什么了，"同志"不是已经说明一切了吗？

我用尽全身力气，足足吸了一口新鲜空气。看哪！在那茫茫苍苍的天穹上飞着一只苍鹰，同时一只小鹰紧紧追随着它。我非常喜欢那只大鹰，因为它飞得那么老练，那么沉着！可是我也非常喜欢这只小鹰，虽然它飞得不够老练，可是你看！它是飞得那么勇敢，那么顽强！

珊瑚

一个晴朗的夏日，爸爸带我来到了海滨。这里天空明净，万里无云；蔚蓝的大海平静地躺着，只有那些调皮的浪花不时涌上海滩。我们走在平坦的沙滩上，我马上被那些各式各样的贝壳吸引住了，贪婪地拾着，不知不觉越跑越快。

"哎——小兰，不要跑远了，你来看，这是什么？"爸爸在后面使劲地喊着。

我回过头。爸爸正在晃着手里的什么东西。我赶忙向他跑去。

爸爸递给我那个东西，原来不是螺蛳也不是蚌壳，它像是棵小树似的长着一些枝枝杈杈，上面还有许多凹凹洞洞的花纹。爸爸告诉我，这是块白色的珊瑚，有的珊瑚还是红色和蓝色的呢。多么可爱的小东西呀！我十分高兴，就问："爸爸，它是海洋里的一种植物吧？"

"哦，不是。它也可以说是一种化石吧！"爸爸沉吟着，"你可知道它是怎样得来的吗？"

我摇摇头。爸爸就讲下去："在我国的南海生活着一种小虫子——人们叫它'珊瑚虫'。它们总是成群结队地生活在一起，而且有一个有趣的习惯：喜欢一个紧挨着一个，排列得很整齐。这种虫子生命是较短的，死亡后遗骸和其他水生动物的贝壳堆积在海底，凝结为石灰质的东西。一代接一代，一代虫子死亡了，遗体就垒在前一代的遗体上，越垒越多，千百万年后终于露出海面，形成珊瑚礁。我们的这一块只是最小的，大的还能有一个岛那么大呢！……"

"那，珊瑚虫有多大呢？"我禁不住问。

"唔，是很小很小的，用眼睛几乎看不见。"

"那么小呀？"我不觉沉思起来。本来从一代珊瑚虫生下到死亡以致变成化石就要经过很长时间，何况这种虫子又这么小，一块小小的珊瑚礁不知道要有多少代的小虫遗骸来积累，那么，一块小礁从海底长出海面甚至变成一个大岛又要多少时间呢？在汹涌澎湃的大海中这一切的进行该是怎样的缓慢、艰巨和曲折啊！我想起蜘蛛结网的坚韧和愚公移山的艰难，但是这些和珊瑚虫造岛来比，显得多么微不足道啊！

"爸爸，小小的珊瑚虫真伟大呀！"

"唔，"爸爸看着我，"这说明了一个真理啊，做事不怕小，成绩不怕小，只要踏踏实实，坚持不懈，长年累月就会做出大事业来。不仅工作上如此，学习上也如此，你说对吧？"

我点点头，还想说点什么，可是又找不到恰当的词句来表示。我又仔细地看了看手中的这块小珊瑚，唉，小珊瑚啊小珊瑚，我的意志力还不如你呢，到底是什么力量使你能够从看不见的微生物变成一个大岛呢？

海浪不知道什么时候爬到我的脚跟前来了，大海还是那样神秘而平静。也许就在这个时候，小小的珊瑚虫又在建造新的岛屿了吧？

原载香港《文综》第 9 期，又载《泉州文学》

2014 年第 11 期，有删节

司马文森 20 年祭

司马小萌[*]

    星期天，清晨，响亮的电话铃声把我从睡梦中惊醒——是大妹妹司马小莘的电话："我现在去八宝山。你去吗？"八宝山？我一时没反应过来。"你忘了？今天是爸爸去世 20 周年……"小莘不无责备地说。霎时，如雷轰顶！

    20 年了，整整 20 年。

    在爸爸去世 10 周年的时候，我曾经在他担任过第一任主编的《作品》杂志上发表文章，题目为《战士终究是战士——悼念我的父亲司马文森》。这好像还是前不久的事情。然而，岁月无情，一晃，又是 10 年过去。

    原谅我，爸爸！我没有同小莘一起去看您。因为，我承受不住回首往事的悲怆。更何况，一看到昔日您那高大魁伟的血肉之躯，如今却变成黑色的小骨灰盒，置身在暗色帷幕后的一排排木格当中，我的心，就冷得打战！爸爸，那不是您，不是您！

    北京八宝山革命公墓烈士灵堂——在中国，应该是在天之灵最荣耀的安息所，只有达到一定级别干部的骨灰，才有资格安放在这里。然而，这荣耀，却掺和着血和泪，掺和着控诉与愤怒。

    小莘比我坚强。每年清明，她都要骑上自行车，行几十里路，去八宝山革命公墓看望爸爸。姐姐司马小兰也比我坚强。记得在 1968 年 5 月 22 日，爸爸被"造反派"从家中抓走，当晚就被折磨致死的那天，我和妹妹们哭得死去活

---

[*] 司马小萌，司马文森的二女儿。

353

来。而她，却没有当众流一滴泪，冷静地带领我们同"造反派"斗争。只有在夜深人静之时，我才听到她床上传来的呜咽声……

爸爸，在您倒下、永远站不起来的时候，可怜的妈妈只有43岁。是她，以人世间最大的勇气，带领我们6个还在上学的女孩子，蹚过眼泪流成的深潭，继续艰苦的人生之路。我们，永远以您为荣。并由衷地感谢您和妈妈赋予我们的顽强、刚直和不屈。这，就是为什么我们在失去所谓"干部子女特权"之后，还能鼎立于社会，成为人们称为"有出息"的司马家六姐妹的原因。翻译、记者、干部、医生、讲师、音乐工作者……爸爸，为您的6个女儿骄傲吧！

我们更为您骄傲，爸爸！在我国的外交战线上，有多少人还在怀念当年的"司马参赞"。您待人热情诚恳，一视同仁，从无高低贵贱之分。几年前，偶然碰到您生前所在机关的木匠，他这样对我说："你爸爸真是个好人啊！他从不把我们当作粗人，他拜我作师傅，下班后跟我学木匠活……"他的眼里闪着泪光。如今家里摆放的两个不甚精致的小书架，就是当年爸爸的"作品"。

爸爸是1933年入党的干部，那年他才17岁。但他从不以此为资本向党讨价还价。在权力、地位面前，他始终淡然处之。我清楚地记得他的一句话，他说："职务并不能表明一个人价值……"我牢牢记住了爸爸的话，并且用它支配了我的人生观。

然而对待文学，爸爸则是满腔热情。繁忙的外事活动之余，在浩瀚的文学森林中漫游，这，才是爸爸的快乐所在。司马文森，您的名字有多深的寓意！

爸爸去世以后，有不少叔叔阿姨无比惋惜地对我说："你爸爸是我国驻外使馆的文化参赞中最优秀的一个！"是的，他为发展我国与印度尼西亚、与法国、与众多亚非国家的文化交流，做出了卓越的贡献，曾多次受到外交部和周总理的夸奖。同时，作为一位著名作家，在他52岁短暂的一生中，共有几十部作品问世，成为文化参赞中最有文学造诣的一位。几天前，正在学习新闻专业的丈夫告诉我，在古代汉语课上，当老师讲到中国姓氏中的"司马"一姓时，这样说："大家都知道，司马文森……"当时，他心里不由得荡起一种自豪感！香港《文汇报》驻京记者小阮，在一次记者招待会上见到我时，郑重提出，希望得到爸爸当年的手稿作展品，在香港《文汇报》40周年大庆展览上展出。因为，爸爸在 20 世纪 50 年代初期曾担任该报的总主笔兼社长。小阮这样向周围的同行们介绍我："司马小萌——她的父亲是我们报社的老前辈……"啊，爸爸，请接受女儿们的敬意，您使她们感到光荣！在我们的相册上，保留着您当年率领上海杂技团参加第一届新兴力量运动会的照片；保留着您和杨朔叔叔等著名作家一起出席亚非作家代表会议的照片……您的足迹已深深印在了"历史"这本巨大的教科书上。您的名字，永远留在《中国名人辞典》《中国作家词典》中。您的作品：以您的童年生活为样板、最早描述中国劳工苦难出洋经历及生活的长篇小说《南洋淘金记》，反映了 30 年代福建人民如火如荼的革命斗争的长篇小说《风雨桐江》，也在这几年陆续再版，受到广大读者欢迎。在北京出版社，一部由妈妈和小莘参加编辑的您的作品研究专集（我国"六五"计划重点社科项目"中国现代作家研究资料"丛书之一），正在等待付印……曾举办过竖琴独奏音乐会的小妹妹司马小加，是个多才多艺的姑娘，她发誓要把您的《风雨桐江》搬上电影银幕。她真的做到了。目前，一部由她编剧，由她的丈夫、青年导演吴子牛导演的上下集影片《欢乐英雄》《阴阳界》，已在您的故乡泉州开拍……

　　是谁说过："热爱生活的人，永远不会死。"哦，是您说的，爸爸。您热爱生活，您是永生的人。二妹妹小芹说，她在梦里不止一次见过你，三妹妹小维从遥远的加拿大来信，经常提起您。我们心里都清楚，您永远在我们身边。不信，喊一声"爸爸"，准能听到您的回答……

原载《男子汉》1988 年第 2 期

《寻亲图》和它背后的亲情

司马小莘[*]

　　家中收藏有杜展潮赠送给我的父母亲的一幅《寻亲图》画，是杜展潮作的指画。一片竹林下，6 只可爱的雏鸡，它们在觅食，在找爸爸妈妈，寓意我们 6 个姐妹对父母的依依亲情。画的左侧书写：赠送司马文森同志及司马嫂，"咱们爸爸妈妈呢？"雨夜戏作此《寻亲图》的指画，落款：展潮，1963 年 8 月 10 日。

　　那时我正在北京育才学校读书，第一次看到指画，一幅不用毛笔、仅用手指也可以画得精彩的画！我惊叹画得生动，为寓意在画中的骨肉亲情感动。没有经历过别离之苦的人，很难体味、很难绘画出被万水千山阻隔的骨肉亲情；那同时也是纵然有万水千山，也无法阻断的亲情。

　　不知父亲和杜展潮何时相识？

　　杜展潮是华侨，抗日战争开始从南洋回国参加革命，是《新华日报》的记者，参加了 1946 年 5 月 15 日在邯郸创办《人民日报》的工作。当时想请毛泽东题写报名，但他在延安，于是想到集字，罗林、杜展潮接受了这个任务，找到毛泽东的几个题词，凑足"人民日报"四字，画格子放大，描成《人民日报》第一个报头。

　　杜展潮 1960 年冬担任新华社山西分社社长，筹备山西省摄影学会。此时父亲在中国驻印度尼西亚大使馆担任文化参赞。父母亲于 1962 年秋天离开印度尼西亚回国，1964 年中法建交，父亲即担任中国驻法国大使馆文化参赞；那

---

　　[*] 司马小莘，司马文森三女儿。

时杜展潮曾担任中国驻越南大使馆文化参赞。也就是说父母亲和杜展潮的来往只有两三年，在这短短的两三年间，杜展潮是家中的常客，我们放学回家常能见到他瘦瘦的身影，他常在晚饭后遛弯到我们家来。妈妈说，杜展潮和爸爸是属于见面熟的一类友人，不过从没有见过他的夫人和孩子，只知道他和老母亲一起生活。经常遛弯到我们家来的还有陆浮（人民文学出版社编辑）、卢耀武（原我国驻罗马尼亚大使馆文化参赞）、张映吾（曾任我国驻苏联大使馆文化参赞）以及文艺界友人。

父亲和杜展潮相交如故，可能因为他们有不少共同点。比如，父亲虽以小说家著称，但同时也是新闻人，他曾担任《救亡日报》的记者、编辑，香港《文汇报》的总主笔兼社长，中国新闻社理事。父亲和杜展潮都是有才华，有生活情趣，热爱生活的人；都有在南洋生活的经历，他们同时都是新中国文化外交战线的战友。杜展潮喜欢指画、摄影，颇有造诣。父亲会唱很多歌，曾和陈歌辛合作，创作新歌剧《胜利公债》（1950年在广州上演）；和马可合作创作《中国—印度尼西亚友谊之歌》（由中国、印尼两国歌唱家演出，中央人民广播电台多次播放）；和马思聪合作创作《中国非洲友好歌》。在父亲调到外交部工作前，我们在广州生活，家中有父亲的大鱼缸，下班后他常带我去街角处买金鱼和鱼虫；阳台上则摆满了母亲的花。父亲喜欢和亲友一起逛花市（广州）、厂甸（北京）、班芝兰（印尼），东看看、西转转，兴致勃勃。

不知杜展潮作《寻亲图》指画的灵感，是否源于我们姐妹们联名给陈毅外长写信一事？

当新中国成立不久，人们过着和平安宁生活的时候，父母告别了祖国和亲人，远渡重洋，站上外交工作岗位，面对西方国家对新中国的外交封锁，努力开拓工作新局面。从1955年到1962年，父母在中国驻印尼大使馆工作七年间，父亲只回国探亲一次，我们彼此的思念只能通过书信，由外交部的信使传递；父母只能从照片上看到孩子们在长高、长大。父亲常感叹：家书值千金！信使们知道父母十分期盼我们的信，有时为了赶路只能短暂停留，即便是夜晚，也要敲开父母的房门，父亲就连夜起床给我们写回信。如果信使到达时没有接到我们的来信，父母就会难过，母亲甚至会失眠，怀疑是否出了什么事，是不是有孩子生病了。为了国家的利益，父母亲长期在国外工作，我们出于对父母的思念，长时间的骨肉分离，于是姐妹们联名写信给陈毅外长，要求调父母回国工作。消息传到使馆，父亲给我们写了信，信中讲："我们的家是美好的，大家在一起生活是一种享受。但是既然大家都是战士，或即将成为战士，是战士就难免要上前线，也要养成四海为家的习惯，这也具体体现了我们的国际主义。"父亲虽然批评了我们："应该把个人利益放在国家和党的利益之下，这是原则问题，不能马虎，外交工作不是看上去那么轻松，实际非常艰苦，有时比在前线打仗还艰苦，但是这条战线的作用却很大，做好了工作，对我们的国家、党贡献都很大的。"但同时，我相信，父亲是为我们对父母的亲情感动的，他曾多次向朋友们提及此事。据说，陈毅外长看到我们的信，并没有生气，也没有认为我们的行为荒唐，而是对身边的工作人员说：这几个孩子提得好，我们应该关心外事人员的家庭生活。也许正是因为这封信，父母才能于1962年秋离任回国，我们才得到十余年间全家人在一起度过的珍贵的一年的时光，而我们因为在寄宿制学校学习，只有周末才能回家，因此全家人都十分珍惜在一起度过的每一天。就在这一年多时间内，父亲又奉命出国3次：参加在印尼举行的亚非作家常设局会议、亚非作家执行委员会会议；到阿尔及利亚参加签订两国文化合作协定，到摩洛哥、突尼斯访问，带领中国艺术团到印尼访问演出，为参加新兴力量运动会的中国运动队助威。每次从海外回来，侨委廖承志主任约见父亲，只要我们在家，父亲就带我们一起去，大人们谈话，我们到小放映室看电影；中调部孔原部长约见父亲时，只要我们在家，父亲带我们一起去西苑机关，大人们谈话，我们在院子里玩耍；父母亲在家时，总能收到许多演出票，只要我们在家，父亲就带我们一起去。哪怕只是短暂的车程，父亲也珍惜和家人一起度过。直到1964年春中法建交，父母亲再度离开我们。

父亲的笔名中，有一个没有中文含义的笔名"耶戈"，从1935年开始使用，伴随了父亲一生的文学创作，我觉得它一定有寓意！1934年秋天，父亲因参加革命，被国民党反动派追捕，年仅18岁，被迫离开家乡到上海，前途未卜、生死未卜，他怀念故乡，还有那些一起出生入死的战友、父母和亲人。为了中国人民的民族独立、解放事业，为了创建新中国，父亲转战南北，没有机会回家乡；解放后，新中国成立17年，父亲在海外工作13年，那是另一个弥漫硝烟的战场，工作繁忙，仍然难得有机会回故乡。我的印象中，父亲唯一回过家乡是 1953 年，为拍摄反映新中国成立后侨乡巨变的大型纪录片《故乡》，纪录片中有家乡泉州的镜头，才得到机会。祖母在城门口守望了 3 天，等候爱子归来。也许父亲的笔名"耶戈"，是家乡闽南语"一个"的谐音，一个远离家乡的游子？！父亲遇害的噩耗，我们没有敢告诉年迈的祖母，但她感觉到了，亲戚来信讲，祖母变得非常不安、躁动，大概是父亲的魂魄，越过万水千山回到了久别的家乡。不久，祖母也跟随父亲——她难得见面的、最心爱的儿子离开了人间。

人们常说往事如烟，世上许多往事并不如烟，如雕刻，如烙印，深深印在人们的脑海里。父亲对祖国、对人民的热爱融化在他的工作中、作品中，融化在众多读者、亲友们的心中。假如能用我们的生命换父亲的生命，我们 6 个姐妹没有一个会胆怯、退缩！这是人世间珍贵的亲情，生死相依的亲情！

原载《海内与海外》2010 年 7 月号，有删节

难忘的回忆

——怀念父亲司马文森

司马小芹*

在我珍贵的记忆里，

留下一双难忘的眼睛，

它是那样毫无保留的忠诚，

又是那样的善良、热情；

它像干练战士那样刚强无畏，

又像孩子般好动新奇；

它总像在期待着什么，

好像有很多很多话还没说尽。

每当想起这双眼睛，

我心潮澎湃，感情难抑，

我仿佛

又听见了那可亲的声音，

又看到了那熟悉的身影。

爸爸呀爸爸，

您在哪里？

您可听得见

我千遍万遍在心底呼唤您？

---

* 司马小芹，司马文森四女儿。

360

在我面前有一个高高的小伙子，

脸庞上有一双无畏的眼睛，

他刚刚十七岁，

还未脱离孩子的稚气，

却是一个干练的战士，

准备把自己的一生，

献给那面庄严的党旗。

他不顾温饱、漂泊不定，

只是为了党的事业，

为了大众的事情。

一张张《赤色群众报》，

像火种播向四方……

他日夜奔波不停。

身旁闪动特务的眼睛，

时常都有同志被处死刑，

而他仍然义无反顾，奔波不停。

我又看到了，

在高高的马背上，

小伙子那矫健威武的身影。

他曾和同志们一道，

冒死出入弹雨枪林。

在一次激烈的战斗中，

尖尖的竹签刺穿了脚底，

至今还留下瘢痕青青。

望着爸爸那慈祥的面孔，

听着他那不紧不慢的声音，

我心中激荡着无限柔情。

怎能想象，

爸爸就是那个莽撞的毛头小伙子?

又怎能想象,

爸爸曾在硝烟中飞马驰骋?

但这却是真实的,非常真实的事情。

在阳光普照的年代里,

血染的土地上

生活着千万个舒适安逸的家庭,

而他却成为外交战线上的老兵。

离别了用鲜血换来的一切,

离别了祖国和亲人,

带着党和人民的信任,

他又踏上了遥远的路程。

还是那副坚毅的脸庞,

还是那双无畏的眼睛,

他的脚步没有放慢、放轻,

而是更加豪迈、坚定。

等待他的,

将是变幻的世界风云。

繁重的工作压不垮,

反华的气焰吓不倒,

心中诵念着党深切的嘱托,

耳边倾听着人民期望的声音。

熬干了心血,

耗尽了精力,

骄傲守卫着那面鲜艳夺目的五星红旗,

这红旗是他最宝贵的生命,

为了使她永远高高地飘扬,

他愿做一个忠实的卫兵。

他脚下那绵延不断的足印，

绕过炎热的千岛之国，

绕过烈日炎炎的非洲，

又向白雪皑皑的欧洲蔓延……

别人的家庭总能欢聚，

好像并没有什么新奇，

而我们团聚一次是那样不易，

每一天都格外珍惜。

我们围坐在父母身边，

热烈讲述一周的生活和学习，

谈论着国内外的重大事情。

我们快活地吵闹着，

这是一个多么快乐的大家庭，

爸爸的眼睛在愉快地微笑，

这时他显得格外年轻。

大家说起十年前的一件小事，

那是父母出国离别的前夕，

昆明湖的小船上传来两个孩子的哭声，

那么伤心、凄厉……

爸爸总是笑话我们，

但我们却看到，

在他的眼角已闪动泪星。

我们知道，

爸爸是多么爱我们，

他是多么不愿意和我们分离。

我们知道，

爸爸是多么热爱祖国的大地，

他说，祖国的空气是那么清新自由。

他甚至把逛商店当作一件乐事，

东转转，西逛逛，兴致勃勃。

当我们不懂事地上书陈老总，

请将父母调回国内工作。

他又是那样对我们生气：

党的需要就是志愿，

战士要四海为家。

啊，爸爸，

我们懂得了，

懂得了一颗老战士的心。

但你并不老，

你永远年轻，

你永远洋溢着青春的活力。

而这个忠诚、热忱的老兵，

在"文化大革命"中一个令人窒息的中午，

被"造反派"押出家门，

再也没能回来。

爸爸呀，爸爸，

你不能倒下，

你还有很多热情和精力，

不该离开我们这样早。

你正当五十二岁的壮年之际，

总是那样爽朗地笑，

那样开怀地谈，

我们怎能相信，

你就这么悄悄离去，

没有一声嘱托，

没有一句叮咛……

你一生风雨漂泊，历尽艰辛，

在三十六年漫长的革命生涯中，

你始终勇敢、坚定，

你是拿笔的战士，

你是拿枪的战士，

你是捍卫五星红旗的忠诚士兵！

你将一腔热血染红旗帜。

这鲜红的血迹任何人也涂抹不了。

乌云遮不住太阳，

我们相信真理的光辉，

终将照亮祖国大地的每一角。

如今啊，满天乌云驱散，

万物恢复了它本来的面貌，

党给你做出了公正的结论，

你却没有等到。

假如能换取你的今天，

我愿将自己的生命轻抛。

我将永远记忆

你那双不肯瞑目的眼睛，

挂在嘴边倔强的微笑……

你可曾听见

我永远在心底呼唤你的声音，

孩子们的心意，

你可曾知道？

我们心中的那棵大树

还是那样苍劲挺拔，

我们也要像你那样，

经得起风吹雨打。

革命后代不失本色，

我们会永远听党的话。

亲爱的爸爸，

小树已经长大，

在同志和战友中。

你放心地安息吧！

原载《彩蝶——新中国外交官的海外散记》，

华文出版社，2008年6月

注：1955年父母奉命赴中国驻印度尼西亚大使馆工作，将我（4岁）和三姐（7岁）寄宿到外交部西郊幼儿园，大姐、二姐到育才学校读小学，4个孩子留在北京，语言不通，举目无亲。临行前，父母和两个姐姐到幼儿园想再看我和三姐，一家人团聚一次。恰逢幼儿园组织到颐和园游玩，父母赶往颐和园。在昆明湖从排云殿到龙王庙的摆渡船上，我和三姐看到正在湖边赶往龙王庙的亲人，我们大声呼喊爸爸妈妈，无奈隔着昆明湖，无法奔向父母，于是号啕大哭。没等父母赶到，幼儿园老师就带领我们走开了。

父 亲

司马小加[*]

    一个小小的骨灰盒，是他最后安息的墓地。没有墓碑，没有墓志铭，只有一行纤细的白漆小字在他那张依旧微笑的脸旁隐隐闪现：

    司马文森，中共党员，1916—1968。

"他，笑得那么欢心！"

    18年前，一个没有星光的夜，我陪伴着父亲漫步在失去生气的街道上。他紧紧牵着我的手，只是默默地走着、走着。忽然，他开口了："加加，等运动结束了，爸爸就带上你们一起回福建，回老家。咱们全家在一起，再也不分开了。"我望着他那已斑白的头发，含着泪水轻轻回答："当然，爸爸，我们一起去！"

    几天之后，一个阴冷的下午，他被"造反派"带走了，只来得及给扑在窗口的我留下一个痛苦而遗憾的微笑——他知道等他的是什么，他不情愿，但毫无惧色地走了……

    多少个没有星光的夜，我独自面对在黑框中微笑的父亲苦苦发问："为什

---

    * 司马小加，司马文森的小女儿。

么，这是为什么？爸爸。"没有回答，只有他那双黑亮的眼睛慈爱地望着我，就像在那个永远逝去的中秋之夜，他对我们讲述家乡时一样……

"我们老家泉州，是个古老美丽的地方。记得是在小的时候，每天清晨，寂静的街巷里传来叮叮当当的铃声，接着就能听到一声吆喝：'喝羊奶哕……'跑出去一看，那铃铛就挂在母羊的脖子上。有钱人家的孩子，拿着碗跑去，卖奶的老头就拍拍母羊的头，'咕咕'地挤上一碗冒着热气的鲜奶，那奶的香味，飘出好远好远……"呵，泉州，家乡，我们把眼睛睁得老大，仿佛看见了摇摇摆摆走来的母羊，看见了那个被生活压弯了脊背的老头，看见了浑身闪光的塔，看见了无边无际的海洋……父亲生长的地方，多么亲切的地方！

"你们幸福呵！"父亲的眼睛里浮上了一层水雾。

"童年爸爸就不得不为家里分忧，挤在又臭又脏的船舱里，离开家乡，漂洋过海，去南洋做童工。小伙计、小店员、小割胶工，什么苦都吃尽了……"我们听着听着，心里一阵阵发酸，眼泪在眼眶里打转转。我们把这些话牢牢记在了心里。6个姐妹，期中考试、期末考试，就连平时的小测验，成绩单上都竞相出现红红的5分、100分。父亲知道了，笑得那样欢心！

"他，就是这样选择！"

"你们要做党的女儿。"父亲在国外，得知两个上大学的姐姐递交了入党申请书的时候，曾严峻地在信中写着。我们知道，他，就是这样选择的。

53年前，在古老的泉州城，一个刚满17岁的少年，在党旗前庄严举手宣誓："严守党的秘密，遵守党的纪律，永不叛党！"从此，他瘦瘦的身影出没在城市和乡村，出没在劳苦大众之间……

"亲爱的孩子们，我和妈妈都非常想念你们。想每时每刻和你们生活在一起。可是，党和国家需要我们在远离你们的异国工作、战斗，我们应该高高兴兴地服从。"新中国成立17年，父母和我们分别了13年！他们作为新中国第一代外交官，在东南亚、在西欧，在遥远的异邦年复一年地战斗着。多少个星期六的晚上，我们姐妹几个坐在月亮下面，眼巴巴地盼望，计算着父母亲休假的日期。节假日，听见别人合家团聚的欢笑声，我们只能围坐在一起，听大姐一遍又一遍地读着父母写来的信……

"笔是他的半个生命。"

"你们中间，一定会出个文学家。"记得父亲曾那样自信地望着我们。

在父亲52年的生命旅程中，他的创作生涯达36年。他从小酷爱文学，靠几年学堂打下的文化底子，他像海绵一样拼命吸取着知识的水滴。他念念不忘南洋群岛上那个他做过小店员的书店，每天夜晚，疲惫不堪的父亲便如饥似渴地阅读着架子上的书。几千册书，他全读过……靠的就是这种顽强的毅力，靠的就是这种进取精神，他在16岁便拿起笔，在家乡发表了自己的小品和诗歌。笔，是他的半个生命；笔，是他为党工作的主要武器。短短36年，他创作了6部长篇小说，几十部中篇小说和短篇小说，数以百计的散文、特写、游记、评论，他创作的10部电影剧本，有6部在香港左翼影业公司投入拍摄；他创作的话剧在刊物上发表，在舞台上演出；他的广播剧，向海外播放。他，还为孩子们写了许许多多动人、美丽的故事。在我国南方、在海外侨胞和南洋读者心目中，他是一个多产而又勤奋的作家。在他去世18年后的今天，他的作品一部部重新出版，他的名字在几百个"候选人"中脱颖而出，进入中国著名现代作家的行列。人们惊奇地发现，他的一生不仅是为党战斗的一生，他不仅是老党员、老外交官、老干部，他还是献身艺术创作的作家、文学家。人们惊叹这一切，人们在信中表达热切的愿望，盼望能够早一天看到他的文集出世……

噢，父亲，您就是漂洋过海的那个小童工？您就是泉州城里那个瘦瘦的少年？您就是那个活跃在敌后方的共产党员、青年作家、统战工作者？您就是那个身材魁伟、在讲坛上慷慨陈词的新中国第一代外交家？是的，您就是。

对我来说，您就是您，是我的父亲。

原载《慈父、良师、益友》，中国少年儿童出版社，1986年10月

儿时记忆

刘静（Jean Liu）[*]

我童年时的神话故事就是我母亲家的故事。

从很小的时候起，我就着迷于母亲讲的故事，那些来自中国、我们遥远的家乡的故事。这些故事是那么引人入胜，它们具有史诗剧的所有特质——苦难与生存、歧视与决心、艰辛与胜利。故事中的环境不论是多么难以想象，还是多么让人无法忍受，其中所有的人物都是如此的真实，在某种程度上它们成了我自身的一部分。这些故事的主人公是一位名叫司马文森的人。他就是我的姥爷。

"你姥爷生前是位著名的作家。"母亲这样对我说。

我记得我被这个启示所激动，但我那时年纪太小，无法理解姥爷所写的东西和那个时代的历史。于是我就会缠着母亲，让她告诉我姥爷是怎样的一个人。每当这时母亲就会打开我们唯一的一本有姥爷照片的相册给我看。

她会说："你看，他在所有的照片中都是那么充满活力、那么的快乐。""他在现实生活中就是这样的，和他在一起总是很有趣。"

除了那本相册之外，我们没有任何有关我姥爷的东西。这真是令人费解——如果他是一位著名作家，为什么我们没有他的书？当我问母亲时，她告诉我，那是因为在她15岁时发生的事，它夺走了她父亲的生命和所有他的著作。它发生在"文化大革命"时期，这场革命曾席卷了整个国家、我们的祖

---

[*] 刘静，司马文森外孙女。

国。1968 年 5 月 22 日，我的姥爷在遭受残酷的殴打后去世，享年 52 岁。他所有的书都被没收和销毁，他就这么走了。

每当这时，深深的痛楚和强烈的失落就会笼罩着我们，母亲会沉默不语，有时即使是关于快乐时光的回忆，也会让她说不下去。突然间，她不再是我的母亲，而是一个受惊吓的少年，那个在太平间里为她父亲的去世悲痛欲绝的少年。随着年龄的增长，我渐渐明白，母亲的伤口永远都是无法愈合的，甚至二十年、三十年、四十年后也是如此。

我想留住对姥爷的记忆，但外面的世界常常与我们的故事有冲突。在 20 世纪 90 年代初，加拿大仍然不是一个非常多元化的社会。在学校里，我们从来没有学过像我姥爷那样的中国作家的作品。事实上，除了在学校的操场上受到令人不愉快的教训外，我们在学校根本就没学过任何有关中国的东西。也就是说，如果你是中国人，那你就是异类，就是外国人；既是中国人，同时又是英雄，那是件不可想象的事。虽然我从未经历过长时间的欺凌，但在我上小学的最初几年里，听到歧视性的话语、见到歧视性的手势也是不可避免的。只有一次，事情升级了。我 6 岁时的一天，我坐在我一年级的教室里，吃着母亲为我的午餐准备的饺子，班上的一个男孩开始嘲笑我的食物。我反驳了他，但他还是继续嘲笑我。突然，他冲到我面前，用他的头狠狠地撞我的头。我倒在了地上。不久我开始呕吐，没法走路，于是我的父母被叫到学校，我被迅速送往医院。我得了脑震荡。

那个男孩没有因此受到任何处罚。11 年后，当我上大学一年级时，我在我的大学餐厅又见到了他。那时他已经是个年轻人了，看上去挺开心、挺自信。他并没有认出我，我们也没有说话。但见到他让我感到寒冷和羞愧，因为我知道他是我过后再也没有带中餐去学校的原因。

和许多在加拿大出生的移民子女一样，为了更好地适应所谓的"主流"社会，我选择了放弃我的文化遗产，但那时我并不清楚我放弃的是什么。即使在加拿大的种族格局开始改变之后——我们的国家变得更加多元文化，比以往更能够接受移民及其亲属的时候——我已经变了。从某个时候起，我一定是让自己相信我的祖先家园不再是真实的，那意味着我的姥爷也不是真实的。我渐渐远离了我们的家庭故事，也远离了我的亲戚们。我的中文能力在逐渐消失，我忘了怎么用普通话做梦。

直到我离开加拿大搬到英国，我的文化身份才经历了一次新的挑战。这一次，是我的脸和我的北美口音让我看起来与众不同。当然，我表现得还不够"中国"，而且我的外表也没让许多英国人那样会自然而然地把我和加拿大人联系在一起。我新发现的移民身份令我十分困惑。"你从哪里来？"这个问题对我来说似乎没有简单的答案。

所以当我决定在网上搜索我姥爷的名字时，我想我一定是想家了。不是想我的出生地加拿大，而是在想我母亲故事中那个祖辈的故乡。那个地方的人物是真实的，也是我自身存在的一部分。当时我并没有意识到，但在之后寻找我姥爷的过程中，我找回了那部分失去了的自我，让我重新回到了那个由于语言障碍和时空距离我曾尽力与之保持距离的世界。

在网上查找我姥爷的名字简直太容易了。我感到有点难过，因为我没能早点儿这么做。我用快忘了一半的中文在谷歌搜索中输入了他名字的四个字符：司马文森。没怀任何期望，我按下了回车键。

写于 2017 年 3 月 11 日
（司马小维、刘晓皋翻译）

后　记

骆沙鸣 [*]

　　亲爱的读者，当你轻轻地关上这本沉甸甸的《革命英杰司马文森》时，一个栩栩如生的英雄形象已跃然纸上。泉州市政协文化文史和学习委员会与中国文史出版社联合出版发行了《革命英杰司马文森》，本书从血泪童工到革命作家、家国情怀、司马文森与其创作的作品、文学活动及成就、司马文森创作自述、难忘的回忆六个专辑介绍司马文森的经历与成就。现在许多人对司马文森都非常陌生，带着对司马文森何许人也？他有什么传奇人生？他在中国文学史上有什么地位和影响力？他对人民政协工作有哪些贡献等许多疑问阅读此书，读完你定会豁然开朗、肃然起敬。通过本书的介绍让大家对这位革命文艺战士在艰苦平凡的工作中做出不平凡的业绩和贡献有一个较全面、客观、真切的认识，让我们更好地学习、传承、发扬光大先辈的优良品格和爱国情怀。

　　现在就让我们简单地为司马文森画像：司马文森是我国著名作家、外交家、革命家，曾代表"民进"出席中国人民政治协商会议第一届全体会议，是《共同纲领（草案）》整理委员会委员，也是当年参加开国大典为数不多的人物。他曾写了参加开国大典的经历，还写了许多政协见闻录……为我们留下宝贵的精神财富和珍贵史料。作为我国现代文学史上有影响、有代表性的著名作

---

　　[*]　骆沙鸣，全国政协委员、台盟中央常委、泉州市政协副主席。

家司马文森（1916—1968 年），原名何应泉，曾用名何章平，1916 年出生于世界多元文化中心、海上丝绸之路起点城市、历史文化名城、宋元中国世界海洋商贸中心——泉州市的城区东街一个普通贫苦家庭，他从小酷爱文学，1928年 12 岁的他到菲律宾做童工，15 岁开始发表小品和诗歌，第一篇文章发表于菲律宾马尼拉的《全闽日报》。1931 年他回国，曾在泉州黎明中学学习，参加共产党的外围群众组织"互济会"，其间在《泉州日报》《国民日报》发表针砭时局的诗歌、文章，以"燕子"为笔名的小品"小白兔"闻名泉州。他一开始从事创作就具有清醒的现实主义精神，并为他毕生创作奠定了基调。1932 年，任共青团泉州特支委员会委员。1933 年，他加入中国共产党，任中共泉州特区委员会委员，领导南区农会，并根据厦门中心市委的指示，复刊地下党刊物《赤色群众报》，利用闽南方言讲古、民间小调介绍时局，宣泄农民的痛苦，鼓励他们起来斗争，其中《马占山黑龙江大战日军》的时事小调，到处被人传唱，家喻户晓。1934 年中共泉州地下组织遭破坏，因国民党清乡围剿，身份暴露，组织安排他转移，在上海加入中国左翼作家联盟，正式开始文学创作，他先后在《申报》《新学识》《作家》《救亡日报》《国闻周刊》等报刊发表文章，以通俗易懂的短篇小说形式宣传抗日救亡运动。《文艺生活》月刊创刊于桂林文化城，是历经抗日战争、解放战争、新中国成立的一个很有影响的革命文艺刊物。它高举民族解放的旗帜，团结国统区一切进步作家，用文学作为武器，向敌人冲锋陷阵；为反对国民党反动派统治，为民族解放事业，为创造一个美好的未来而奋斗；它吸引了广大的文艺青年，尤其是对国统区以及东南亚一带产生过很大的影响，被誉为中华文化海外传播的灯塔。司马文森是这个刊物的创刊人和主编。

司马文森的主要著作有长篇小说《雨季》《人的希望》《南洋淘金记》《风雨桐江》，中篇小说《尚仲衣教授》《折翼鸟》《成长》《汪汉国的故事》，短篇小说《大时代中的小人物》《人间》，散文、报告文学《粤北散记》《上水四童军》《新中国的十月》，儿童文学《菲菲岛梦游记》《我们的新朋友》，电影剧本《海外寻夫》《海南渔歌》《火凤凰》等。司马文森是个战斗者，透过广泛的生活实践，敏锐的洞察力，摄取有意义的题材，文章的思想性和艺术性融会贯通，有自己独特的风格。他创作的作品题材和形式多元多样，引人入胜，发人深省。他的小说创作特点是揭露国民党军政机构的腐败，抨击封建恶势力的罪恶，针砭这一切扼杀抗日救国的生机。他的三个女儿司马小萌、司马小莘、司马小芹在抗战 80 周年之际共同选编的《南线》有许多他的抗战纪实文学。他毕生写下了数百万字的作品，发表的纪实文学作品 600 多万字、文学专著 35 部。他的血脉中流淌着爱国爱乡、爱拼敢赢、重义求真、山海交融的品格基因，他继承和拓展了鲁迅改造国民性的基本主题，不倦地摸索多种艺术因素融合的表现方法，初步形成鲜明特色的左翼文学多样化、民主化、现代化的发展道路经验。

司马文森是我国现代文学史上一位有影响的归侨作家，他以饱蘸情感的笔触和惊人的毅力，创作了一批熠熠生辉的作品，丰富了我国抗日文艺宝库，他的作品体现了革命者对抗战时中国社会观察分析，对抗战文化斗争中的经验教训的思考总结，具有珍贵的史料价值。他的长篇小说《南洋淘金记》被誉为"开创华侨文学先河"之作，中国社科院学部委员、原文学研究所所长杨义说，《南洋淘金记》是现代文学中较早出现的充满辛酸血泪的华侨创业史长篇小说。它写得苍茫开阔，悲凉激昂，如风俗长卷一般展示了 20 世纪二三十年代之交闽南乡民出洋寻找黄金梦的风气，对华侨生存于帝国主义势力和菲律宾土著排外势力之间的艰难处境予以深切的同情，并且展示尽管处于帮派势力和官方党政势力钳制之下，华人华侨依然高涨的爱国热情。他的许多作品都焕发出红色文化、华侨文化、闽南文化、海洋文化等元素融为一体的芬芳，他的许多作品能让人们更好地感受到中华优秀传统文化的魅力和讲述着新旧中国的故事。他的许多作品具有浓厚的民族特色和地方色彩，他的文学作品中的民族内容和民族形式深受读者喜爱，司马文森 30 年笔耕不辍，形成了昂扬开阔、质朴隽永、雅俗共济、情理交融的个人风格，司马文森亦文亦武投入了抗日救亡斗争，为中华民族的存亡而战，为新中国的诞生而战、为国家的繁荣富强而战。例如，1964 年出版《风雨桐江》描写的是 1935 年中央红军北上长征后，泉州侨乡人民在中国共产党的领导下与敌人展开惊心动魄斗争的故事，表现了侨乡革命新人的涌现和成长，摄制成电影《欢乐英雄》《阴阳界》获得 1989 年政府优秀影片奖，及电影金鸡奖、百花奖中多个奖项。司马文森在抗战胜利后转入广州、香港从事反内战，争民主运动及统战工作，为建立新中国而斗争。司马文森曾任中共香港工委委员，负责电影工作，其间短短一年半就创作了《血海仇》《娘惹》《海角亡魂》等6部电影剧本，均拍摄成影片陆续在中国香港与东南亚上映，创下了我国电影创作史上高产优质的先例。

本书对政协作为专门的协商机构具有存史、资政、育人作用做了粗浅素描。司马文森作为出席第一届全国政协成立大会为数不多的泉籍人士，用他质朴的笔触为新中国独特的政治体制——多党派民主协商合作制度的建立留下珍贵的记忆。我认为他就是一位受人尊敬的懂政协、会协商、善议政的优秀政协委员，在资政建言、凝聚共识、双向发力等方面有模范作用。他坚守在时代主潮流中与时俱进地保持着个性的艺术探索；他孜孜不倦地在大时代中唱响小人物的生命与心灵之歌；他始终以华侨和侨乡社会的表现者与批判者的深度思考和独特犀利眼光，创作出许多发人深省、朴实壮美的传世佳作。本书的问世将有利于进一步发掘红色故事和人物，作为爱国主义教育的乡土教材，扩大红色资源资政存史育人的作用；进一步加强挖掘整理、拓宽红色文化教育功能、广泛宣传福建红色资源的需要。只有弘扬红色传统、传承红色基因，才能代代不忘初心、牢记使命。

司马文森是一位奋战在外交战线上的卓有贡献的著名外交家和一位精力充沛的社会活动家。1955年他出任我国驻印度尼西亚大使馆文化参赞，1962年离任回国后担任国家对外文化联络委员会西亚、非洲司司长。1964年出任中国驻法国大使馆文化参赞。在外交工作岗位上，司马文森推动了第一个中国与印度尼西亚、中国与阿尔及利亚文化合作协定的签订，以及第一个中国和法国文化交流计划的签订，为新中国文化外交事业的开拓做出重要贡献。1968年5月正当年富力强、才思横溢、着手构思新的长篇巨作的司马文森被"四人帮"迫害致死，使一颗闪烁文坛红星过早陨落，使我们失去一位才华横溢、创作力旺盛、无限忠于党和人民的无产阶级作家和良师益友。本书的出版可为我们增加司马文森追寻时代主题的创作意识和依作品所体现的艺术生命力对当下社会转型期文化建设借鉴价值和启示意义，同时是对司马文森的一种纪念和敬仰的表达，也是为了更好地激励人们不忘初心，继续前行，为实现中华民族伟大复兴的中国梦而努力奋斗！

司马文森的一生是传奇的一生，是许多离乡背井、漂洋过海下南洋、打拼创业、爱拼敢赢、回国革命的华侨缩影，司马文森的创作展现了特定时代闽南文化的精神取向和有温度有厚度的"诗和远方"，演绎了一个民族自强不息和争取民族解放的峥嵘岁月。新时代这种精神将继续激励中华儿女不息向前、滋养着中华文化自信与自强，这种精神亦鼓舞着我们加快中华文化创新性发展、创造性转化和建成文化强国，以更崭新的姿态屹立于世界民族之林。

图书在版编目（CIP）数据

革命英杰司马文森 / 泉州市政协文化文史和学习委
员会编 . —北京：中国文史出版社，2020.11

ISBN 978-7-5205-2364-6

Ⅰ . ①革… Ⅱ . ①泉… Ⅲ . ①司马文森—纪念文集
Ⅳ . ① K825.6-53

中国版本图书馆 CIP 数据核字（2020）第 190276 号

责任编辑：张春霞

出版发行：中国文史出版社

社　　址：北京市海淀区西八里庄路 69 号院　邮编：100142

电　　话：010-81136606　81136602　81136603（发行部）

传　　真：010-81136655

印　　装：廊坊市海涛印刷有限公司

经　　销：全国新华书店

开　　本：787mm×1092mm　1/16

印　　张：24.75

字　　数：390 千字

版　　次：2021 年 1 月第 1 版

印　　次：2021 年 1 月第 1 次印刷

定　　价：79.00 元